AF544565

David Goodhart

THE ROAD TO SOMEWHERE

Die populistische Revolte und die Zukunft der Gesellschaft.

Wie wir Arbeit, Familie und Gesellschaft neu denken müssen.

2. Auflage

millemari.

Inhalt

Vorwort zur deutschen Ausgabe

Mit der Arbeit an diesem Buch begann ich kurz vor dem Brexit-Referendum im Juni 2016. Fertig war das Manuskript kurz nach der Wahl von Donald Trump zum US-Präsidenten im November 2016. In beiden Fällen kam der Ausgang für mich unerwartet. Aber mein Thema – dass nämlich unterschiedliche Werte und die Themen Sicherheit und Identität in den reichen westlichen Gesellschaften in Konkurrenz zu den traditionellen sozioökonomischen Themen treten – taugte durchaus zur Erklärung dessen, was passiert ist.

Mein Buch war eines der ersten, das eine allgemeine Erklärung für die „populistische Revolte" anbot. Und meine Etiketten für diese Phänomene *Somewhere* und *Anywhere* stießen auf Resonanz auch in Deutschland, wo einige Journalisten und Politiker begannen, sie ebenfalls zu benutzen. Die große Werte-Kluft in den reichen Ländern, die ich beschreibe, tut sich genau zwischen *Anywheres* und *Somewheres* auf: Menschen also, die an jedem beliebigen Ort der Welt zu Hause sind oder sein könnten – den *Anywheres*. Und Menschen, die die Welt von ihrem festen Standort aus betrachten – den *Somewheres*.

Anywheres machen etwa 30 Prozent der Bevölkerung aus. Sie sind hoch gebildet, oft mobil, legen Wert auf Offenheit und Autonomie. Ihre Identität speist sich aus den eigenen Leistungen in Ausbildung und Beruf. Somewheres machen etwa die Hälfte der Bevölkerung aus, besitzen aber ein viel geringeres politisches Gewicht. Sie sind weniger gebildet, stärker verwurzelt, legen Wert auf Stabilität und Vertrautheit. Ihre Identität beruht auf ihrer Gruppen- und Ortszugehörigkeit.

Beide Weltsichten sind, zumindest in ihren Mainstream-Erscheinungsformen, durch und durch legitim. Aber die Anywhere-Perspektive hat in den letzten Jahrzehnten ein zu großes Gewicht bekommen, seitdem die Welt mit Ende des Kalten Krieges offener geworden ist und höhere Bildung dramatisch an Zulauf gewann. Unter diesem Aspekt stellen der Brexit, die Wahl von Trump und der Aufstieg populistischer Parteien in Europa eine Art demokratische Neugewichtung dar, eine politische Korrektur als Reaktion auf die Dominanz der Anywhere-Prioritäten.

Meine Einleitung zur britischen Paperback-Ausgabe (ab Seite 16) konzentriert sich auf einige Ereignisse, die nach Abschluss des Manuskripts stattfanden, darunter der überwältigende Sieg von Emmanuel Macron bei den französischen Präsidentschaftswahlen 2017, das Scheitern der Populisten in den Niederlanden und der unerwartete Erfolg der stramm links geführten Labour Party bei den britischen Parlamentswahlen 2017.

Diese Ereignisse wurden von einigen Leuten als Beweis dafür gesehen, dass entweder der populistische Aufschwung gestoppt wurde (wie in Frankreich und den Niederlanden) oder dass die traditionelle Links-Rechts-Politik sich gegen den Aufstieg der neuen wertebasierten Politik wieder durchgesetzt habe (wie im Vereinigten Königreich). Tatsächlich erwiesen sich diese Ereignisse nur als eine Pause im Vormarsch der Populisten und der Kampfansage an die traditionelle Politik. Seitdem hat das Pendel bei verschiedenen nationalen Wahlen und anderen politischen Ereignissen wieder in eine populistische Richtung ausgeschlagen.

Die Gelbwestenbewegung in Frankreich seit Ende 2018 wird weithin als Ruf nach Anerkennung und Sichtbarkeit für die Somewheres des *France périphérique* interpretiert (um einen Begriff von Christophe Guilluy zu benutzen). Die Annahme, der Brexit könne noch verhindert werden, wurde durch den überwältigenden Wahlsieg von Boris Johnson im Dezember 2019 zunichte gemacht, bei der die alten Links-Rechts-Bindungen sich zumindest teilweise auflösten. Und in einem der wenigen Länder, in denen eine traditionelle sozialdemokratische Partei in letzter Zeit eine Wahl gewinnen konnte, in Dänemark nämlich, war dies nur möglich, weil sie Forderungen der stärksten populistischen Partei übernahm – niedrige Einwanderungsraten bei starker Integrationspolitik.

Und dann müssen wir natürlich vom Aufstieg der Alternative für Deutschland (AfD) sprechen, die seit der Bundestagswahl 2017 mit 89 Abgeordneten die größte Oppositionsfraktion stellt (*Stand Ende Januar 2019*). Für viele Menschen in Deutschland war dieses Ergebnis ein Schock, aber es zeigt nur, dass auch die normalerweise so solide und stabile deutsche Politik nicht immun ist gegen europäische Trends, die tatsächlich globale Trends sind.

Inspiriert von dem, was viele als falschen Globalismus betrachten, nämlich die Politik der Grenzöffnung während der Flüchtlingskrise, verbunden mit dem nach wie vor existierenden Gefühl der Ostdeutschen, Bürger zweiter Klasse zu sein, ist es der AfD gelungen, viele frühere Mainstreamwähler vor allem der östlichen Bundesländer anzusprechen.

Allerdings muss die Präsenz der Populisten in der deutschen Politik nicht wirklich schockieren. Das Verhältniswahlrecht in den meisten europäischen Ländern hat bewirkt, dass seit mehr als 20 Jahren populistische Parteien in den Parlamenten sitzen, und in mindestens sechs Ländern waren sie zeitweise als Koalitionspartner an Regierungen beteiligt.

Tatsächlich war Deutschland eines der letzten europäischen Länder, die eine signifikante nationalistisch-populistischen Kraft entwickelten. Ein Grund dafür ist sicher das stärkere Tabu, mit dem extremer Nationalismus nach der Erfahrung des Nationalsozialismus belegt ist. Ich glaube aber, dass Deutschland auch insgesamt ein besseres Gleichgewicht zwischen den Interessen von Anywheres und Somewheres hält als die meisten anderen westlichen Länder. Nicht zuletzt durch ein soziales und politisches System, das entwickelt wurde, um zu verhindern, dass sich die Geschichte wiederholt.

Das beneidenswerte System der dualen Ausbildung in Betrieb und Berufsschule verleiht normalen Jobs wesentlich mehr Status und Würde, als das in Großbritannien oder den USA der Fall ist. Das Gleiche gilt für die institutionalisierte Mitbestimmung der Arbeitnehmer in größeren Firmen. Noch vor einigen Jahrzehnten war der Anteil der höheren Bildung in Deutschland relativ gering, und das Land besitzt auch nicht solche elitären Bildungseinrichtungen von weltweiter Bedeutung, wie sie die USA, Großbritannien oder Frankreich kennen.

Wohlstand und Bevölkerung sind in Deutschland wesentlich besser regional verteilt. Es gibt keine Hauptstadt wie London, die so viel Talent und Wohlstand ins Zentrum zieht und die Anywhere-Welt der räumlichen und gesellschaftlichen Mobilität zur Norm macht. Etwa 70 Prozent der Deutschen leben in Städten mit weniger als 100.000 Einwohnern. Die Mitte, das „ganz Normale“, wird in Deutschland irgendwie mehr respektiert als in Großbritannien.

Das föderale System der Bundesländer und die starke Betonung der Bindung an die regionale Heimat und den eigenen Dialekt verleiht vielen Deutschen eine duale Anywhere-Somewhere-Identität in der Sprache, die sie sprechen. Die weitaus meisten wechseln mühelos von Hochdeutsch zu Schwäbisch oder einem anderen regionalen Dialekt.

Wie ich bereits in der Einleitung zur englischen Paperbackausgabe geschrieben habe, bin ich der Überzeugung, dass Bayern eine der Regionen in Europa ist, wo sich Anywhere- und Somewhere-Interessen am besten die Waage halten. Innerhalb Deutschlands, vor allem von Norden aus, wird Bayern regelmäßig als extrem konservativ angesehen. Und bis zu einem gewissen Grad ist das auch so. Die CSU ist vermutlich die konservativste Mainstream-Partei Westeuropas. Und in den kleineren Städten und auf dem Land ist Bayern ganz klar katholisch und traditionalistisch.

Aber es ist eben auch eine sehr offene und auf wirtschaftlichem Gebiet dynamische Region. *Laptop und Lederhose* heißt das Klischee. Es fällt auch Liberalen nicht schwer, sich hier zu Hause zu fühlen. München ist im Wesentlichen eine SPD-regierte Stadt (heute mit starker Beteiligung der Grünen). Dasselbe gilt für die meisten größeren Städte in Bayern, und eine der liberalsten und wichtigsten Mainstreamzeitungen, die *Süddeutsche Zeitung*, erscheint in München. Sowohl Anywheres als auch Somewheres können in Bayern ein starkes Gefühl der Zugehörigkeit entwickeln.

Weniger gut schneidet Deutschland im Hinblick auf die relativ geringe Breite akzeptabler öffentlicher Meinungsäußerungen ab – vor allem im Vergleich mit Großbritannien und den USA. Auch hier sind die Gründe historisch leicht verständlich. Man reagiert im öffentlichen Diskurs nervöser auf alle Abweichungen von einer Art Anywhere-inspiriertem „Zwangsliberalismus“. Ein Freund von mir in Deutschland schätzt, dass etwa 80 Prozent der deutschen Medien eher linksliberal eingestellt sind.

Ich bin mir sehr bewusst, dass der von mir im Text gelegentlich verwendete Begriff „besonnener Populismus“ („decent Populism“ im Original *Anm. d. Übers.*) für manches deutsche Ohr etwas schmerzhaft klingt, denn manche betrachten jedwede Form von Populismus als illegitim. Aber wir müssen unterscheiden zwischen legitimen und illegitimen Formen des Populismus. Meine Definition eines Wählers oder Aktivisten, der den „besonnenen Populismus“ unterstützt, ist die eines Menschen, der mit der großen Liberalisierung der zurückliegenden Jahrzehnte und ihren Ergebnissen in punkto ethnischer Herkunft, Geschlecht und Sexualität im weitesten Sinn einverstanden ist, auch wenn er sich selbst nicht unbedingt zur Gruppe derer rechnet, die diese Forderungen getragen und durchgesetzt haben. Ich denke auch, dass man populistische Parteien wie die französische Rassemblement National, wenn sie auf demokratischem Boden stehen, aber eine restriktivere Sicht auf die Einwanderung als liberale Politiker haben, ebenfalls als legitim betrachten sollte. Ich tue dies, weil der politische Versuch, solche Parteien auszugrenzen, allem Anschein nach wie bei den Schwedendemokraten (Sverigedemokraterna) in Schweden eher zu deren Stärkung führte.

Immer noch viel zu oft werden vollkommen vernünftige Somewhere-Ansichten und -Gefühle – beispielsweise der Wunsch nach gesicherten Grenzen und einer Bevorzugung der eigenen Bürger – als illegitim abgetan. Und dadurch wiederum tut sich eine allzu große Kluft zwischen dem auf, was Leute im Privaten sagen und was sie öffentlich äußern. So kann eine Art Zynismus gegenüber der „politisch korrekten" politischen Elite entstehen, und genau hier setzt die AfD den Hebel an.

Angela Merkels außergewöhnliche Entscheidung, die deutschen Grenzen im Jahr 2015 für Flüchtlinge zu öffnen, wurde zunächst fast euphorisch begrüßt. Die Menschen waren verständlicherweise von einer Art Nationalstolz auf diese ungewöhnlich großzügige Geste erfüllt, bis hin zur üblicherweise konservativen BILD-Zeitung. Nach den sexuellen Übergriffen in Köln am Silvesterabend 2015 kippte die Stimmung um in Skepsis und bahnte einer eher kontroversen Diskussion über das Vorgehen in Sachen Flüchtlingskrise den Weg.

Tatsächlich wird diese Diskussion zumindest in einer Hinsicht in Deutschland mindestens so hart geführt wie in Großbritannien, wenn nicht sogar härter. Dies betrifft die Zukunft des Islam in Europa. „Viele Mitgliedstaaten stehen vor der Herausforderung, eine durch Zuwanderung heterogener gewordene Gesellschaft zusammenzuhalten. Dies gilt gerade mit Blick auf Strömungen des Islams, die mit unseren Vorstellungen einer offenen Gesellschaft nicht vereinbar sind. Eine der großen Zukunftsfragen ist es deshalb, ob aus Europa heraus Impulse für eine mit unseren Wertvorstellungen kompatible Ausprägung des Islams gegeben werden können."[1] Diese Sätze stammen von der CDU-Vorsitzenden Annegret Kramp-Karrenbauer, die man wohl kaum als radikal bezeichnen kann. Ich glaube nicht, dass ein britischer Politiker eine so skeptische Äußerung tun könnte oder würde.

Unabhängig von der beherrschenden Stellung liberaler Anywhere-Weltsicht in Deutschland geht der Alltag wesentlich freundlicher mit Somewhere-Prioritäten um, als das in den individualistischeren angelsächsischen Ländern der Fall ist. So wäre es kaum denkbar gewesen, dass

Deutschland seinen Arbeitsmarkt ohne Not bereits 2004 für Arbeitskräfte aus den früheren Ostblockstaaten geöffnet hätte, ohne die siebenjährige Übergangsfrist zu nutzen. In Großbritannien ist genau dies geschehen.

Aber inzwischen gerät diese Somewhere-freundliche Kultur unter Druck. Deutschland ist auf wirtschaftlichem Gebiet immer noch stärker auf Gleichheit bedacht als Großbritannien, doch in den letzten Jahren öffnete sich auch hier die Schere zwischen Reich und Arm weiter, möglicherweise aufgrund des wachsenden Finanzsektors und der Arbeitsmarktreformen der frühen Zweitausender-Jahre mit ihren Hartz-IV-Reformen und der Agenda 2010. Und Deutschland nähert sich auch insofern den angelsächsischen Ländern an, als mehr junge Leute zur Universität gehen, nachdem die Studiendauer durch Einführung des Bachelors verringert wurde. Das könnte dem dualen Ausbildungssystem schaden, indem zu viele intelligente junge Leute in die höhere Bildung gezogen werden. Die Folge könnte eine schärfere Status-Trennung zwischen Hochschulabsolventen und Nicht-Hochschulabsolventen sein, wie wir sie aus Großbritannien und den USA kennen.

Die bessere Verteilung von Status und Respekt ist ein Problem, mit dem alle entwickelten Gesellschaften zu tun haben. Ausgangspunkt muss ein stärkeres Bewusstsein der Klasse der Anywhere-Hochschulabsolventen darüber sein, dass sie Macht und Einfluss besitzen. Es nützt nichts, so zu tun, als würde dieser Einfluss nicht existieren oder als wären die Prioritäten und Gefühle dieser Gruppe gesellschaftlicher Konsens. Wir brauchen Eliten und Elite-Institutionen, aber wir brauchen multiple Eliten mit multiplen Wegen nach oben und eine breitere Verteilung von Ansehen, was verschiedene menschliche Fähigkeiten angeht.

Auf eigene Weise zeigen uns sowohl die Gelbwestenbewegung in Frankreich als auch der Aufstieg der Populisten in Deutschland und anderswo sowie der Brexit – übrigens auch das Problem, eine Einigung zum Brexit zu finden – die Zukunft der Politik. In all diesen Fällen kommt eine manchmal noch diffuse Frustration darüber zum Ausdruck, dass das demokratische Versprechen politischer Gleichheit sich nicht so leicht in eine breitere Gleichheit in Sachen Status und Respekt übersetzen lässt. In unseren liberalen, bildungsorientierten Meritokratien (oder Teil-Meritokratien) fühlen sich zu viele Menschen als Verlierer.

Alle diese Fälle deuten auf die Gefahr der Unregierbarkeit in repräsentativen Demokratien hin. In den letzten 25 Jahren wurde in der

Politik zu viel über die Ausweitung der individuellen Freiheit und über die Möglichkeit gesprochen, dass jeder nach seiner Façon selig werden könne. Diversität wurde zu sehr in den Vordergrund gestellt und gefeiert. Mit dem Ergebnis, dass wir jetzt Mühe haben, genug gemeinsame Interessen und Bindungen zu finden, mit deren Hilfe wir tragfähige Kompromisse entwickeln können.

Politiker – oder politische Parteien, seien sie alt oder neu –, die eine tragfähige Brücke über die Kluft zwischen Anywheres und Somewheres bauen und eine neue politische Legitimität entwickeln könnten, haben viel zu gewinnen. Vielleicht ist Boris Johnson eine solche Figur. In weiten Teilen Kontinentaleuropas gilt er als Clown und Zwillingsbruder von Donald Trump. Man könnte ihn aber auch als Modell für die europäische Mitte-Rechts-Bewegung in der Art sehen, wie er die populistische Stimmung in den Mainstream umlenkte. Bei seinem Wahlsieg 2019 verlagerte er seine konservative Partei in Wirtschaftsfragen und der Regionalpolitik nach links. Er zog damit auch eine Wählerschaft aus der Arbeiterklasse an, die seine Partei, zumindest soziologisch gesehen, zu einer echten „Ein-Nationen“-Tory-Partei machte.

Kontakt und Dialog sind für den Weg über die neue Kluft zwischen den Wertvorstellungen noch wichtiger, als sie es im Hinblick auf den alten Links-Rechts-Graben waren, weil es viel schwerer fällt, in soziokulturellen Fragen – wie Einwanderung oder die Zukunft der Familie – Kompromisse zu finden, als dies bei sozioökonomischen Fragen wie Steuern oder Ausgaben oder Wohlstandsverteilung der Fall ist. Es gibt viel weniger Möglichkeiten, die Differenzen zu überbrücken.

Nach der ausgedehnten liberalen Hegemonie der Ära nach dem Kalten Krieg und der anschließenden populistischen Gegenreaktion darauf warten wir immer noch auf ein neues Gleichgewicht. Im Moment scheint es schwer erreichbar, aber wenn die politische Klasse der Anywheres mehr emotionale Intelligenz zeigt und bereit ist, genau den Pluralismus zu praktizieren, dem sie sich verschrieben hat, dann sollte es durchaus möglich sein, ein solches Gleichgewicht zustande zu bringen.

*

Ein paar Gedanken zum Schluss: Noch ist es zu früh, um zu sagen, welche Art von Veränderungen die Covid-19-Krise für unsere Gesellschaften und Volkswirtschaften und für jeden von uns als Individuum bringen wird. Ich habe dieses Buch vier Jahre vor dem Ausbruch der Covid-19-Krise abgeschlossen – aber ich denke, es hat erhebliche Bedeutung für die Richtung, die uns die Corona-Krise wahrscheinlich vorgeben wird. Wenn die Krise einen Paradigmenwechsel für die westlichen Gesellschaften darstellt, dann ist es ein Paradigmenwechsel, der zum Teil bereits im Gange war, vertreten durch den Brexit, die Wahl Donald Trumps und den Aufstieg des europäischen Populismus.

Die meisten Leser dieses Buches werden von diesen Entwicklungen enttäuscht gewesen sein. Ich teile diese Enttäuschung ein Stück weit. Aber ich glaube auch, dass sie, zumindest in ihren gutartigen Formen, eine legitime demokratische Neugewichtung darstellen. Sie sind ein Schlag gegen die Radikalität der Globalisierung: Gegen eine beispiellose Offenheit gegenüber dem Handel und den Menschen, die Vielen in unseren Gesellschaften zahllose Vorteile, aber vor allem weniger Begüterten und eher konservativ denkenden Menschen die Erfahrung von Disruption und Unbehagen beschert hat.

Zu lange haben sich die Mainstream-Politiker ihre Beschwerden nicht angehört, und populistische politische Entrepreneure sind aufgetaucht, um sie zu vertreten. Die gebildeten, mobilen, beruflich erfolgreichen Menschen in unseren Gesellschaften, die ich als die „Anywheres" bezeichne, haben im Allgemeinen von den Veränderungen der letzten Jahrzehnte profitiert. Sie haben ihre eigenen Präferenzen für Offenheit, Autonomie, soziale Fluidität und Traditionsfreiheit als moralisch überlegen gegenüber den gesellschaftlich eher konservativen Werten vieler ihrer Mitbürger gesehen. In diesem Buch geht es zum Teil um die Überdominanz der Anywhere-Schwerpunkte in der westlichen Politik, die dann eine politische Reaktion hervorrief.

Ich denke, die Reaktion auf Covid-19 wird diese Neugewichtung noch verstärken. Die Corona-Krise hat einige der Nachteile von Hyper-Konnektivität und Hyper-Globalisierung offenbart – nicht nur die Art und Weise, wie ein Virus innerhalb von Stunden den Globus umrunden kann, sondern auch die Abhängigkeiten, die durch global ausgedehnte Lieferketten entstehen, die Verwundbarkeiten, die durch eine globale Arbeitsteilung entstehen. Dies ist kein Argument für die Aufgabe des Freihandels oder der Globalisierung, sondern für den Einbau von mehr Vorbehalten und nationaler Widerstandsfähigkeit.

Auf einer grundlegenden Ebene wurden der Nationalstaat und die nationalen Sozialverträge gestärkt. Natürlich brauchen wir immer noch internationale Zusammenarbeit, und dies geschieht intensiv unter Wissenschaftlern und medizinischen Experten, aber in einer Krise schauen wir auf die nationalen Regierungen, nicht auf die EU oder die UNO, um uns zu schützen und uns sagen zu lassen, wie wir uns verhalten sollen. In einer Krise wie dieser werden die lokalen Kräfte und die uns Vertrauten gestärkt, eine Agenda, die sich in hohem Maße mit der Sorge um die Umwelt über sorglose, ressourcenverschlingende, länderübergreifende moderne Lebensweisen überschneidet.

Vielleicht hat die Krise vor allem die versteckte Verdrahtung unserer Abhängigkeit nicht nur von den Gesundheits- und Versorgungssystemen, sondern auch von den ganz grundlegenden Dienstleistungen offenbart, die unsere Gesellschaften jeden Tag am Laufen halten – die Menschen, die in den Supermärkten Regale einräumen, die Fahrer der Auslieferungsfahrzeuge, die Menschen, die die Lebensmittel- und Arzneimittelversorgungsketten verwalten und den Hausmüll entsorgen. Viele von ihnen sind relativ ungelernt und schlecht bezahlt. Aber es stellt sich heraus, dass die meisten der wichtigsten Arbeitskräfte (abgesehen von den medizinischen Fachkräften) keine Menschen mit Universitätsabschluss sind. Ja, natürlich brauchen wir immer noch Experten, vor allem wissenschaftliche und medizinische, aber unsere kognitive Meritokratie hat eine Vorstellung von Fertigkeiten und Leistungen gefördert, die zu sehr auf die Manipulation von Daten und nicht auf Dinge ausgerichtet ist, und auf den IQ statt auf den EQ oder die emotionale Intelligenz.

Unsere Gesellschaften wurden für einen Moment in die Pause geschickt – ein ausgezeichneter Zeitpunkt, um darüber nachzudenken, was für uns wirklich von Wert ist. Es besteht natürlich die Gefahr der Voreingenommenheit durch die „Corona-Bestätigung“ – die Neigung, die eigenen Annahmen darüber, wie sich die Welt entwickeln sollte, durch die Krise bestätigt zu sehen. Aber ich glaube, dass der Corona-Schock zu einer Neugewichtung unserer Gesellschaften im Interesse der verwurzelten und weniger gut ausgebildeten Menschen, die ich die Somewheres nenne, beitragen wird. Er könnte auch eine gewisse Versöhnung zwischen der liberaleren Anywhere- und der konservativeren Somewhere-Weltsicht nach sich ziehen, wenn es uns gelingt, ein breiteres Spektrum menschlicher Prioritäten und Fähigkeiten bei der Verteilung von Belohnung und Prestige angemessen zu berücksichtigen.

Einleitung

Bei der Veröffentlichung dieses Buchs Ende März 2017 gab es viele sehr unterschiedliche Reaktionen. Aber in einem Punkt waren sich alle einig: Das Timing war perfekt. Denn dieses Buch bot als eines der ersten eine Erklärung für die beiden Aufreger des Jahres 2016 an: *Brexit* und *Donald Trump*, und zwar mit Blick auf die Spaltung der Wertesysteme in den entwickelten Demokratien.

Im Kern lautet meine These: Eine starke Minderheit von hoch gebildeten und mobilen Menschen – ich nenne sie *Anywheres* –, die Autonomie und Offenheit schätzen und mit gesellschaftlichen Veränderungen mühelos zurechtkommen, dominiert seit einiger Zeit unsere Gesellschaft und die Politik. Daneben gibt es eine ebenfalls große, jedoch weniger einflussreiche Gruppe von Menschen – ich nenne sie *Somewheres* –, die stärker verwurzelt und weniger gebildet sind. Diese Menschen schätzen Sicherheit und Vertrautheit und sind stärker an Gruppenidentitäten gebunden als die Anywheres und sie haben das Empfinden, dass ihre eher konservativen Werte in den letzten Jahrzehnten in der Öffentlichkeit an den Rand gedrängt wurden, was das politische System destabilisiert, sodass das Pendel nun in die andere Richtung ausschlägt – der Brexit und die Trump-Wahl sind Beispiele dafür.

Seit der Erstveröffentlichung dieses Buches Anfang 2017 ist einiges passiert, nicht zuletzt die Wahlen in Großbritannien, Frankreich und den Niederlanden, was auf eine Gegenreaktion der Anywheres gegen den Vormarsch der Somewheres von 2016 schließen lässt. Zumindest der Vormarsch von Somewheres-Prioritäten könnte vorerst gestoppt worden sein.

Es ist nicht so, dass die Somewheres ausschließlich populistische Parteien wählen – aber praktisch die gesamte Wählerschaft der Populisten stammt aus der Gruppe der Somewheres. Die wichtigsten populistischen Parteien in Frankreich und den Niederlanden erreichten starke Wahlergebnisse (der Front National kam beim zweiten Wahlgang der Präsidentschaftswahl auf fast 34 Prozent, die PVV erreichte 13 Prozent und wurde zweitstärkste Kraft im niederländischen Parlament), aber sie konnten erwartungsgemäß den Sieg nicht für sich verbuchen und scheinen ihr Wählerpotenzial damit ausgeschöpft zu haben. Mehr noch: Emmanuel Macron führte in Frankreich einen Wahlkampf als „stolzer Anywhere“ und erreichte ein bemerkenswert hohes Ergebnis bei der Präsidentschaftswahl, auch wenn es nicht so aussieht, als könne er die Spaltung der französischen Gesellschaft überwinden.

Und wie sah das unerwartete Wahlergebnis in Großbritannien 2017 aus? Einige Analysten interpretierten das relativ starke Abschneiden der Labour Party unter Jeremy Corbyn – unmittelbar gefolgt vom tragischen Brand des Grenfell Towers – als Rückkehr zum Zweiparteiensystem. Ein Zweiparteiensystem mit einer klaren Trennung zwischen Links und Rechts, das die Wertanalyse vom Typ Anywhere-Somewhere mit ihrer stärkeren Betonung soziokultureller Faktoren überflüssig machte.

Aber das Wechselspiel zwischen den beiden großen Parteien über Klassenschranken hinweg setzte sich fort, und genau dies stützt das Hauptargument des vorliegenden Buches, nämlich dass wir eine größere politische Annäherung zwischen Schichten und Wertegruppen im Hinblick auf ökonomische Themen beobachten können, und gleichzeitig ein größeres Auseinanderdriften im Hinblick auf kulturelle Fragen wie Sicherheit und Identität. (Es war auffällig, wie wirtschaftsfeindlich sich die Wahlprogramme beider großer Parteien darstellten.)

Im Großen und Ganzen neigten wohlhabendere Wähler weiterhin zu den Torys, aber nach Aussage der umfassendsten Wahlbefragung durch YouGov stieg der Anteil der Tory-Wählerstimmen aus der Arbeiterschicht (C2DE) dramatisch von 32 Prozent im Jahr 2015 auf 44 Prozent im Jahr 2017, also höher als bei der Labour Party (42 Prozent) und ebenso hoch wie der Wähleranteil aus der Mittelschicht (ABC1). Die Torys konnten fast 60 Prozent der früheren UKIP-Wählerstimmen auf sich vereinen, Labour nur 18 Prozent. Und einige traditionelle Labour-Sitze im Parlament, Mansfield beispielsweise, gingen an die Torys. Labour konnte dagegen vor allem in Mittelschicht- und Universitätswahlkreisen wie Bristol West, Hove und Hampstead dazugewinnen. In der Gruppe der Akademiker und Manager (AB) erreichte Labour fast 40 Prozent. Der Wechsel zu den Tories unter den Brexit-Wählern aus der Arbeiterklasse verstärkte sich bei den Wahlen im Dezember 2019 sogar noch mehr und trug zusammen mit dem Zusammenbruch der Labour-Stimmen zu Boris Johnsons stattlicher Mehrheit von immerhin 87 Sitzen bei.

Der Corbyn-Effekt, der letztlich zum Stillstand nach den Wahlen führte, weil die beiden großen Parteien nur 3 Prozent voneinander entfernt lagen, wurde von John Gray kurz nach der Wahl zusammengefasst. In einem Artikel im *New Statesman* schrieb er: „Corbyn hat einige der stärksten Kräfte auf der gegenwärtigen politischen Bühne zusammengeführt: den antikapitalistischen Radikalismus der Jungen, die von den Sünden der Geschichte unbeeinflusst sind, den bourgeoisen Kult um die persönliche Authentizität und das nackte Eigeninteresse, das sich als selbstverliebte Tugend darstellt."

Die parlamentarische Pattsituation spiegelt möglicherweise einen tiefergehenden Stillstand zwischen den Werteblöcken der Anywheres und Somewheres, eine soziokulturelle Spielart der ökonomischen Blockade zwischen Mittelschicht und organisierter Arbeiterschicht in den Sechziger- und Siebzigerjahren, die schließlich von Margaret Thatcher durchbrochen wurde.

Das letzte Kapitel dieses Buches stellt die Forderung auf, dass die zentrale Aufgabe der Politik heute darin bestehen muss, eine neue Verständigung zwischen den Prioritäten der Anywheres und Somewheres in unserer Gesellschaft und Kultur zustande zu bringen. Die Wahl von 2017 hat gezeigt, wie schwer dies den beiden großen Parteien fällt. Als ich das Buch Ende 2016 schrieb, hatte ich den Eindruck, die Lösung würde am ehesten von wachsamen Anywheres wie Theresa May kommen, die begriffen hatten, dass unsere Politiker zu wenig auf die besonnenen populistischen Instinkte der Somewheres gehört hatten.

Tatsächlich schlug May, unterstützt von ihrem Berater Nick Timothy, eine plausible Einigung vor, die die Haltung der Somewheres zum Brexit und zur Einwanderungspolitik ernstnahm und gleichzeitig auf für die Konservativen neuartige Weise linke Forderungen zu Themen wie Sozialer Wohnungsbau, Managergehälter, Mitbestimmung, technische Bildung und höhere Sozialleistungen aufgriff. Das Problem war nur, dass all diese Forderungen von oben herab aufgezwungen wurden, während die traditionelle *Tory*-Basis noch gar nicht bereit dafür war. Am stärksten galt das für den Bereich der Sozialleistungen.

Die britische Politik ging also 2017 in einem Zustand der Verwirrung in die erste Phase der Brexit-Verhandlungen, sie befand sich in einem Spagat zwischen einem Somewhere- und einem Anywhere-Brexit. Und so blieb es die große Aufgabe für Politiker und politische Parteien, einer neuen Verständigung zwischen Anywheres und Somewheres, den mobilen akademisch gebildeten Eliten und den eher lokal gebundenen Menschen mit ihren konservativen Wertvorstellungen Stimme und Form zu geben.

*

Aus der öffentlichen Diskussion über dieses Buch habe ich viel gelernt. Viele Kritiker wollten lieber über Technologie sprechen (weil die nächste technologische Revolution mit den Jobs der heutigen mobilen Eliten möglicherweise dasselbe macht, was die vorangegangene mit den Jobs der Somewheres getan hat), oder über die wirtschaftliche Entwicklung (keine Finanzkrise, keine Stagnation der Löhne, kein Populismus). Andere widersprachen der in ihren Augen zu einfachen binären Spaltung in Anywheres und Somewheres. Allerdings diente diese Vereinfachung zunächst auch dem Zweck, Aufmerksamkeit auf das Buch zu lenken, dessen Inhalt dann aber sehr viel mehr Grau- und Zwischentöne in Bezug auf die großen Wertegruppen sichtbar macht. Ich spreche darin auch von einer großen Gruppe *Inbetweeners* zwischen den beiden Extremen, ohne mich damit jedoch, wie ein Rezensent bemerkte, intensiver damit zu beschäftigen.

Meinen Kritikern gegenüber habe ich zwei Punkte hervorgehoben, die im Buch vielleicht nicht deutlich genug werden. Erstens: Beide Weltsichten, die ich beschreibe, sind legitim, auch wenn sie in einigen grundlegenden Bereichen in Konflikt zueinander treten. Zweitens: Die Bezeichnungen stammen zwar von mir, die Wertegruppen aber sind einfach da. Akademisch gesprochen: Die Datenlage (basierend auf Quellen wie den britischen Social Attitudes-Umfragen) zeigt, dass sie existieren, wenn man den Menschen die richtigen Fragen stellt.

Tatsächlich nehme ich mit einem gewissen Maß an gesundem Menschenverstand an, dass Menschen, die beispielsweise in Sachen Einwanderung eher restriktiv denken, sich auch Gedanken über Staatsbürgerschaft und gemeinsame Verhaltensnormen machen. Man kann mir nun vorhalten, dass die von mir angenommenen Anteile der einzelnen Gruppen und Untergruppen (vor allem der Anteil der besonnenen Populisten) nicht ganz so klar zu definieren sind. Aber die darin enthaltene Unschärfe führt lediglich zu kleineren Differenzen.

Wohlmeinende Kritiker machten korrekterweise aufmerksam auf das Fehlen des Themas Religion und dessen möglicher Bedeutung beim Brückenschlag zwischen der lokalen Verwurzelung einzelner religiöser Gemeinschaften einerseits und der universellen Weiträumigkeit vieler Glaubensrichtungen andererseits hin.

Mehrere Leser wiesen darauf hin, dass ich nicht darüber spreche, wie stark Kunst und Architektur von der Anywhere-Kultur dominiert sind. David Lucas argumentierte, ein großer Teil der Anywhere-Architektur sei gesichtslos und ohne den Schmuck, der eine traditionelle Form visuellen Storytellings sei. Roger Scruton hat zutreffend darüber geschrieben, wie häufig moderne Kunst jeder Vorstellung von Zuhause widerspricht.

Wichtig war mir auch die Kritik, dass ich nicht genug auf den metaphorischen Charakter des Begriffs *Anywhere* hinweise. Selbstverständlich haben auch die mobilen Eliten ihre Wurzeln. Aber die Mehrheit der „Nestflüchter“, die irgendwann ihre Geburtsstadt verlassen, um zu studieren oder sich beruflich weiterzuentwickeln, und nicht zurückkehren, schlagen eben an neuen Orten und in neuen Netzwerken ihre Wurzeln. Tatsächlich sind sie häufig in starken Wahlgemeinschaften in liberalen Anywhere-Hochburgen wie Brighton oder Stoke Newington angesiedelt. Und in solchen Gemeinschaften können „Echokammern“ ebenso entstehen wie bei den Somewheres.

*

Drei Themen haben mich seit dem Schreiben dieses Buches stärker beschäftigt, und ich möchte die Gelegenheit nutzen, um hier kurz etwas zu sagen über Familie, Leistungsgesellschaft und Freihandel.

Eigentlich hatte ich erwartet, dass das Kapitel über die Familie die meisten Kontroversen auslösen würde, und so war ich denn auch positiv überrascht, als es doch nicht die befürchtete polemische und polarisierende Aufmerksamkeit bekam. Bevor ich das Buch schrieb, hatte ich über diesen Bereich nie groß nachgedacht. Meine Mutter war noch recht prä-feministisch un-emanzipiert, aber Geschlechtergleichheit gehörte mein gesamtes Erwachsenenleben hindurch zu den Grundwerten der liberalen Akademikerkreise, in denen ich mich bewegte. Als ich jedoch für das Buch über die Tendenzen der aktuellen Politik nachdachte, stellte ich zu meiner Überraschung fest, wie sehr diese Politik auf die Prioritäten einer relativ kleinen Gruppe von Frauen konzentriert ist, denen ihr berufliches Fortkommen extrem wichtig ist.

Bei den Parlamentswahlen 2017 wurde von allen Parteien auf Familienpolitik abgehoben, aber in den Wahlprogrammen kamen die real existierenden Familien kaum vor. Man muss kein hartgesottener Traditionalist sein, um sich zu fragen, ob viele unserer derzeitigen Probleme nicht zumindest teilweise in einer Vernachlässigung des privaten Bereichs wurzeln.

Ich meine Dinge wie die Krise im Pflegebereich, die durchaus mit dem Nachlassen familiärer Verpflichtungen zu tun hat. Wohnraumprobleme werden durch die sinkende Zahl stabiler Ehen verschärft. Dass wir heute auf Arbeitskräfte aus dem Ausland angewiesen sind, ist durchaus auch der wirtschaftlichen und kulturellen Ablehnung großer Familien geschuldet. Ganz zu schweigen vom ansteigenden Stresslevel und der Zunahme von psychischen Erkrankungen speziell bei jungen Menschen, dem Fluch der Einsamkeit, unter dem Millionen ältere Menschen leiden, und der Schwierigkeit, genug Pflegekräfte zu finden, weil sie zu wenig wertgeschätzt und unterbezahlt sind.

Eine zentrale Herausforderung für die heutige Politik besteht darin, dem häuslichen Bereich seine Würde und sein Prestige zurückzugeben – will sagen, ein Elternteil sollte in der Lage sein, länger zu Hause zu bleiben. Das wird in der Regel, aber nicht generell die Mutter sein, und damit ist nicht gemeint, dass die Fortschritte in Sachen Gleichberechtigung und Autonomie von Frauen, die in den vergangenen Generationen erreicht wurden, zurückgefahren werden sollten.

Im Augenblick läuft alles dem häuslichen Bereich entgegen, obwohl alle Umfragen zeigen, dass die Menschen das nicht wollen. Am oberen Ende geht es um Gleichheit am Arbeitsplatz und eine Minimierung der Auswirkungen von Mutterschaft auf die Karriere berufstätiger Frauen. Am unteren Ende, bei den alleinerziehenden

Müttern mit niedrigem Einkommen, geht es darum, sie darin zu unterstützen, dass sie so viel wie möglich berufstätig sein können und so zum Haushaltseinkommen beitragen – und Steuern zahlen. Die wichtigsten Punkte im Wahlprogramm der Konservativen zum Thema Familienpolitik betrafen die Parität von Männern und Frauen im öffentlichen Dienst, bessere Möglichkeiten für Männer und Frauen, Elternpflichten zu teilen, und eine weitere Erhöhung des Kindergeldes (die jedoch nur dann gezahlt werden soll, wenn das Kind von Nicht-Familienmitgliedern betreut wird, während man selbst arbeitet).

Die Ambivalenz Familien gegenüber geht einher mit der Abnahme religiöser Überzeugungen und des traditionellen Bildes vom weiblichen Altruismus einerseits sowie einer eher individualistischen Lebensweise von Männern und Frauen andererseits. Stand Juni 2017 waren mehr als ein Drittel aller Führungskräfte in der EU kinderlos, sei es freiwillig oder unfreiwillig. Und er geht einher mit der wachsenden Ökonomisierung des öffentlichen Lebens.

Im Übrigen ist die heutige Entwicklung zunehmend von der Annahme getrieben, Geschlechterunterschiede im Berufsleben sollten nicht nur verändert, sondern komplett überwunden werden. Männer und Frauen sind nicht nur gleich, heißt es, sie haben auch dieselben Prioritäten. Und der Niedergang der Mainstream-Familie mit zwei Elternteilen wird als unvermeidlich angesehen, als Ergebnis von Entscheidungen, die Menschen nun einmal treffen, wenn sie die Fesseln der Tradition abstreifen.

Wohlhabende Akademikerfamilien halten sich selbst durchaus an konventionelle Familienmuster, predigen aber nicht, was sie praktizieren. Und sie verschließen leichthin die Augen vor den weniger stabilen sozialen und ehelichen Normen der geringer gebildeten Niedrigverdiener. (Dasselbe Muster haben der konservative Charles Murray und der liberale Robert Putnam auch in den USA aufgedeckt.)

Keiner unserer Mainstream-Politiker wünscht sich ein Zurück in die Fünfzigerjahre. Doch die größere Autonomie von Frauen und die zentrale Bedeutung von Berufstätigkeit sind so stark betont worden, dass wir zwei ebenso wichtige Ziele aus dem Blick verloren haben: den Respekt vor den Lebensentscheidungen zahlreicher, sehr unterschiedlicher Frauen, vor allem derjenigen, die ihre Familie an die erste Stelle setzen – und den Erhalt der Zwei-Eltern-Familie auch in einer Zeit größerer moralischer Freiheit.

Der Kampf um Gleichheit ist doch längst gewonnen. Meine beiden Töchter erleben so viele oder so wenige Hindernisse auf dem Weg zu beruflichem Erfolg wie meine beiden Söhne – zumindest bis sie Kinder bekommen. Im Interesse eines echten Pluralismus kann unsere Gesellschaft sowohl eine egalitär-androgyne Lebensweise unterstützen – bei der Männer und Frauen alle Aufgaben gleichermaßen teilen – als auch eine modifizierte Version der Arbeitsteilung unter den Geschlechtern, bis hin zu einem Modell, bei dem Mütter und gelegentlich auch Väter auf eine Berufstätigkeit verzichten.

Es besteht ein riesiges Gewinnpotenzial für jede politische Partei, die bei diesem Thema wirklich auf den Somewhere-Mainstream in Großbritannien hört. Ein Ende der Benachteiligung des häuslichen Sektors wäre fair, populär und würde nebenbei auch noch helfen, staatliche Gelder zu sparen. Es wäre Ausdruck einer modernen konservativen Gesellschaftspolitik, die wirklich Sinn ergibt.

*

Der zweite Bereich, bei dem ich das Gefühl hatte, nur an der Oberfläche von etwas viel Größerem zu kratzen, war das Thema Leistungsgesellschaft/soziale Mobilität. Denn unter all den Veränderungen, die zahlreichen Somewheres in unserem Land in den letzten Jahrzehnten das Leben schwer gemacht haben, liegt eine große Verschiebung: der Aufstieg höherer Bildungsabschlüsse und kognitiver Fähigkeiten zum Goldstandard gesellschaftlicher Wertschätzung.

Vor wenigen Generationen führten sehr viele Menschen Tätigkeiten aus, die relativ wenig kognitive Fähigkeiten verlangten, dafür aber jede Menge Erfahrung. Dadurch waren die Arbeitsplätze dieser Menschen geschützt, und dieser Bereich der handwerklichen und industriellen Produktion bot sogar gewisse Aufstiegsmöglichkeiten. Heute wird für die Mehrheit der Jobs in Großbritannien entweder ein Universitätsabschluss verlangt oder überhaupt keine Qualifikation.

Und da man dort wohnen muss, wo man studiert, und da zudem London eine so große Bedeutung besitzt, stehen kognitive Fähigkeiten und sozialer Aufstieg immer in Verbindung mit dem Verlassen seines Zuhauses. Wer studiert, muss in der Regel seine Wurzeln kappen und zum Anywhere werden. (Diejenigen, die das getan haben, stellten beim Brexit-Referendum übrigens die Mehrheit der Brexit-Gegner, während diejenigen, die an ihrem Heimatort blieben, die Mehrheit der Brexit-Befürworter ausmachten.)

Heute leben immer noch drei von fünf Briten in einem Umkreis von 40 Kilometern rund um den Ort, wo sie im Alter von 14 Jahren gelebt haben. Aber die wenigsten von ihnen sind Absolventen renommierter Universitäten. David Morris stellte eine wachsende Spaltung innerhalb der Akademikergruppe fest zwischen denjenigen, die an mehr oder an weniger angesehenen Universitäten studiert haben. Diejenigen, die an Universitäten der sogenannten Russell Group ihre Ausbildung gemacht haben, verfügen eher über eine vollständige mobile Anywhere-Erfahrung. Sie haben sich weit von ihrem Herkunftsort entfernt und haben ein internationales Miteinander von Studierenden erlebt. Diejenigen, die die früheren Polytechnischen Hochschulen besuchten, haben sich weniger weit von ihrem Herkunftsort entfernt, viele leben immer noch zu Hause. Und an diesen Universitäten gibt es wesentlich weniger ausländische Studierende.

Soziale Mobilität ist das Mantra aller politischen Parteien. Das Mittel, um sie zu erreichen, war jedoch immer nur eine Ausweitung der höheren Bildung, wovon die Mittelschicht und Südengland unverhältnismäßig stark profitiert haben. Nach Aussage von Allen Simpson liegen 70 Prozent der obersten 20 Prozent sozial mobiler Regionen in London und dem Südosten des Landes, während Yorkshire und Humberside, also der Nordosten und die westlichen Midlands praktisch nichts davon haben. Wir haben in den letzten Jahrzehnten so etwas wie eine Erb-Meritokratie ins Leben gerufen.

Jeder will die bestqualifizierten Leute für die richtigen Jobs gewinnen, und die meisten finden nichts dabei, wenn Schlauköpfe welchen Hintergrunds auch immer so weit reisen, wie ihr Talent reicht. Aber in Oxford, Cambridge und den Top-Positionen der Wirtschaft gibt es nur eine begrenzte Anzahl an Jobs, und in jedem Fall beruht diese Annahme auf einer recht eng gefassten Vorstellung eines guten und erfolgreichen Lebens.

Kann man ein solches Leben nicht auch in Rotherham im Süden Yorkshires führen? Bildungsministerin Justine Greening bezweifelt das. In einer Rede vom März 2017 über soziale Mobilität sagte sie: „Ich denke gerade an meine Jugend in Rotherham, wo ich mir zum

Ziel setzte, etwas Besseres zu finden – viele der Dinge, von denen wir hier geredet haben: einen besseren Job, ein eigenes Haus, einen interessanten Beruf, ein wirklich herausforderndes Leben ... Ich wusste, da draußen wartet etwas Besseres auf mich." Ich bin sicher, ich hätte mir auch gewünscht, aus Rotherham wegzukommen. Aber die unbedarfte Art, mit der eine Ministerin behauptet, man könnte in einer Stadt mit 120.000 Einwohnern kein erfülltes Leben führen, deutet darauf hin, dass etwas wirklich nicht stimmt in unserem Land.

Es kann auch einen gesellschaftlichen Wert haben, dort zu bleiben, wo man ist. Und der Beitrag zum gesellschaftlichen Zusammenhalt, den Menschen leisten, die treu an einem Ort bleiben, sollte von Politikern stärker gewürdigt werden. Ein Leser schrieb mir die traurige Geschichte von einem Nachbarn im Osten Londons, der jetzt Ende 60 ist und immer noch in dem Haus lebt, in dem er geboren wurde. Die Leute nannten ihn den „Sheriff", weil er jeden in seiner ethnisch gemischten Straße kannte und die Quelle war für allerlei Klatsch und Tratsch. Aber nachdem die Bevölkerung jetzt viel schneller durchwechselt, kennen ihn viele eben nicht mehr und wissen auch nicht, dass es „seine" Straße ist.

Wie Joan Williams in ihrem Buch *White Working Class: Overcoming Class Cluelessness in America* schrieb: „Viele sehr fähige Menschen aus der Arbeiterschicht träumen nicht davon, zur oberen Mittelschicht mit ihrer ganz anderen Kultur zu gehören, sondern wollen in ihren eigenen Gemeinschaften den eigenen Werten treu bleiben, nur eben mit mehr Geld in der Tasche."

Das also ist wohl der neue „dritte Weg" unserer Zeit. Wie können wir eine offene, mobile Gesellschaft – und Elite – erreichen und dabei sinnstiftende (will sagen: stabile) Gemeinschaften höher schätzen? Wie können wir Erfolg und sozialen Aufstieg fördern, ohne automatisch all jene als Versager zu betrachten, die nicht aufsteigen und auch nicht wegziehen wollen – oder können?

Auf dem Weg zu einer neuen Verständigung soll es nicht darum gehen, in illiberale Zeiten zurückzufallen. Die große Mehrheit hat die Liberalisierung der letzten Jahrzehnte im Hinblick auf ethnische Durchmischung, Geschlechtergleichheit und Sexualität ja durchaus akzeptiert. Es geht darum, Status und gesellschaftliche Wertschätzung ebenso umzuverteilen wie Geld.

Und der Freihandel? Nun, die große Mehrheit der Menschen in Großbritannien und den USA arbeitet im Dienstleistungssektor, nicht im Handel. Aber die Diskussionen über den Handel haben eine breitere Bedeutung, wenn es um nationale Kontrolle und Souveränität geht.

Wie Michael Lind und andere beschrieben haben, ist es klar, dass Wirtschaftsvertreter den Nutzen des Freihandels über- und seine Kosten unterbewerten, vor allem, wenn es um Beschäftigung geht und Verbraucherinteressen keine große Bedeutung haben.

Technologie ist ein starker Faktor im Hinblick auf Arbeitsplatzverluste im Produktionssektor, aber der Handel ist ebenfalls ein starker Faktor. In einem wissenschaftlichen Aufsatz haben David Autor, David Dorn und Gordon Hanson festgestellt, dass 55 Prozent der US-Arbeitsplatzverluste in der Produktion von 2000 bis 2007 durch den Anstieg chinesischer Exporte verursacht wurde. Wie Milton Keynes schon sagte: „Die Idee des Freihandels tut so, als würde man den Leuten auf der einen Seite kündigen und in sie auf der anderen wieder anstellen. Doch sobald dieser Zusammenhang gekappt wird, bricht das gesamte Konzept von Freihandel zusammen."

Seit den Sechzigerjahren ist das globale Wirtschaftswachstum rückläufig, von über 5 Prozent in den Sechzigern auf unter 3 Prozent in den 2000er Jahren. Und dies trotz der Tatsache, dass die Wirtschaftsintegration deutlich gestiegen und der Welthandel wesentlich freier geworden ist.

Ähnliches gilt für Freihandelsabkommen wie NAFTA. Robert Wade argumentiert, es habe für Aktienbesitzer und Topmanager in den USA, in Kanada und Mexiko große Gewinne gebracht, während das Wirtschaftswachstum in Mexiko selbst sich nur dahinschleppt und die durchschnittlichen Reallöhne in Mexico City mittlerweile niedriger liegen als in Shanghai. Diese Hinweise lassen zumindest den Schluss zu, dass der Freihandel nicht hingenommen werden sollte, ohne dass man ihn hinterfragt, zumal er dazu neigt, nationale Regeln der Wirtschaftsethik außer Kraft zu setzen, denen Unternehmen sich früher quasi verpflichtet fühlten. Arbeit ist heute nur noch ein globaler Produktionsfaktor. Der globale Handel mit hochqualifizierten Dienstleistungen ist wohl auch deshalb so viel schwächer, weil die akademisch gebildeten Anywheres in einer stärkeren politischen Position sind und sich vor globalem Wettbewerb schützen können.

Einige sanfte Formen von Schutz, die auf fest verwurzelte nationale Vorlieben Rücksicht nehmen und die Regeln lokaler Wertschöpfung bewahren, sollten nicht von vornherein von irgendwelchen internationalen Wirtschaftsinstitutionen über Bord geworfen werden.

Nationen, die zusammenarbeiten, um ihre gemeinsame Kraft innerhalb der Weltwirtschaft zu stärken, verfolgen damit oft einen Weg der Vernunft, aber manchmal ist die Medizin eben auch schlimmer als die eigentliche Krankheit. Das mussten die italienischen und griechischen Regierungen feststellen, als die EU ihnen während der Euro-Krise praktisch ihr Verhalten und sogar ihre Zusammensetzung diktierte.

Der Aufstieg des technokratischen Staates und hoch kollaborativer Strukturen wie der EU scheint den politischen Eliten gleichbedeutend mit der Kontrolle über globale Kräfte. Von den Nicht-Eliten jedoch wird er oftmals als Kontrollverlust wahrgenommen. Entscheidungen werden weiter weg gefällt, von Institutionen, denen die Somewheres nur wenig Identifikation oder Loyalität entgegenbringen. Und wie Iain Martin beschrieben hat, sind internationale Institutionen oft kaum noch verhandlungsfähig, weil sie durch die widerstreitenden nationalen Interessen ihrer Mitglieder behindert werden. Genau aus diesem Grund hat Brüssel bisher so wenig effektive Regularien im Hinblick auf Tech-Giganten wie Apple, Amazon, Facebook und Google zustande gebracht (auch wenn Google jetzt wohl eine hohe Strafe wegen Verstößen gegen das Wettbewerbsrecht zahlen muss): Die führenden Länder haben unterschiedliche Prioritäten. In Deutschland geht es um den Schutz der Privatsphäre, in Frankreich um die nationale Kultur und in Großbritannien um Sicherheit.

*

Bleibt die Frage: Wo funktioniert die Verständigung zwischen Anywheres und Somewheres am besten? Kleinere europäische Länder wie Irland oder Dänemark haben sich eine nationale Intimität bewahrt, die verhindert, dass die Anywheres zu sehr abheben. Vielleicht verdient auch Schottland unter der Regierung der SNP, der Scottish National Party, größere Anerkennung für den Versuch einer Verständigung zwischen Anywheres und Somewheres im Rahmen des gemäßigten schottischen Nationalismus.

Unter den größeren Ländern scheint Deutschland ein besonders gutes Gleichgewicht erlangt zu haben. Ähnliche Verhältnisse finden wir in Österreich und der Schweiz, die freilich viel kleiner sind. Dort gibt es kein London und keine derart international aufgestellten Universitäten, die das Gleichgewicht gefährden. Der Fokus auf die Mitte und die lokalen Besonderheiten ist wesentlich stärker ausgeprägt. Außerdem gibt es eine hoch entwickelte Mitbestimmung in der Wirtschaft, und das System der dreijährigen Berufsausbildung verschafft selbst den einfachsten Jobs ein hohes Maß an Respekt. Hinzu kommt das föderale System der Bundesländer, das vielen Menschen eine starke regionale Identität verleiht – die auch in den Dialekten hörbar wird.

Die deutschen Anywheres in Politik und Medien sind nach wie vor wachsam im Umgang mit einem anderswo vollkommen normalen Nationalgefühl und neigen zu postnationaler Political Correctness, wie man sie nicht zuletzt während der Flüchtlingskrise 2015 beobachten konnte. Aber es gibt einen Teil von Deutschland, der sich von diesem Trend teilweise abgekoppelt hat: Das konservative katholische Bayern ist vielleicht die Region in Europa, die am besten funktioniert. Hier verbinden sich gesellschaftspolitischer Konservatismus und ökonomische Dynamik. Es gibt den Spruch, die Anywheres würden Gesellschaft als Laden betrachten, die Somewheres als Zuhause. Bayern ist ein Zuhause mit einigen sehr, sehr guten Läden.

*

Ein Letztes: Ich bin in den vergangenen Monaten häufig gefragt worden, ob ich den Liberalismus retten oder beerdigen will. Normalerweise antworte ich darauf, dass ich keins von beiden will. Ich wünschte mir nur, der Liberalismus würde praktizieren, was er zum Thema Pluralismus predigt, und davon absehen, den Somewheres die Anywhere-Prioritäten aufs Auge zu drücken. Eine Anywhere-Politik mit emotionaler Intelligenz muss in der Lage sein, individuelle Freiheit und Minderheitenrechte auf der einen Seite und ein starkes Gefühl der Zusammengehörigkeit auf der anderen Seite miteinander zu verbinden.

Der amerikanische Soziologe Daniel Bell hat von sich selbst gesagt, im wirtschaftlichen Bereich sei er Sozialdemokrat, in der Politik ein Liberaler und in gesellschaftlichen und kulturellen Angelegenheiten einigermaßen konservativ. So oder so ähnlich stellt sich die „verborgene Mehrheit" dar, die in den entwickelten Demokratien allzu oft eine schweigende Mehrheit ist. Ich kann nur hoffen, dass die jüngsten Wertekonflikte, wie sie durch den Brexit und Trump, aber auch durch die politischen Pattsituationen in Großbritannien und anderswo repräsentiert werden, dazu führen, dass diese Mehrheit eine Stimme erhält.

1 Der große Graben

Der Brexit und die Wahl von Donald Trump – die beiden größten Protestabstimmungen in der Geschichte der modernen Demokratien – markieren nicht den Beginn der populistischen Ära in der westlichen Politik, sondern ihr Erwachsenwerden.

Spätere Betrachter werden die ersten Jahre des 21. Jahrhunderts – mit diesen beiden Abstimmungen als Höhepunkt – als den Moment betrachten, von dem an eine Politik der Kultur und Identität das Rechts-Links-Denken in Frage stellte. Die sozio-kulturelle Politik fand ihren Platz gleich neben der traditionellen sozio-ökonomischen Politik – also neben dem Geld.

Als ich dieses Buch Anfang 2016 plante, wollte ich unter anderem vor der kommenden Gegenreaktion auf den politischen Status quo warnen, vor allem gegen den „doppelten Liberalismus" auf ökonomischem und sozialem Gebiet, der die Politik in Großbritannien und Amerika mehr als eine Generation lang beherrscht hat.

Der Schlag kam dann früher, als ich es erwartet hatte, aber er kam nicht aus heiterem Himmel. Tatsächlich war er weithin vorhergesagt und über Jahrzehnte hin absehbar gewesen. Großbritannien hat lediglich den Anschluss an Trends gefunden, die auf dem europäischen Kontinent und in den USA bereits etabliert waren. Der Geist der neuen politischen Ära zeigt sich in der breiten Unterstützung populistischer Parteien quer durch Europa, die vielfach inzwischen bereits mitregieren, in einer hartnäckigen Opposition gegen Einwanderung im großen Stil, in der Wahl Donald Trumps in den USA, in der Entscheidung für den Brexit, im Erfolg der Scottish National Party, im linken Populismus von Jeremy Corbyn vor der britischen Unterhauswahl 2017 und in den Einbrüchen zahlreicher Mitte-Links-Parteien in Europa. Dieses Buch konzentriert sich auf Großbritannien, zieht aber die Trends in Europa und den USA mit in Betracht.

Die Brexit-Entscheidung und die Trump-Wahl waren unerwartete Siege, sie verdankten sie einer großen Zahl unzufriedener weißer Wähler aus der Arbeiterschicht. Diesen Wählern ging es mehr um ein Gefühl des Verlusts kultureller Identität aufgrund von Einwanderung und ethnischen Verschiebungen, weniger um ökonomisches Kalkül.

Doch diese beiden Siege sind durchaus unterschiedliche Phänomene. Trumps Selbstdarstellung als „Starker Mann“ ist radikaler in Ton und Inhalt als alles, was in der westlichen Politik bisher üblich war, und wiegt selbstverständlich viel schwerer als der Brexit. Wenn Trump seine isolationistischen Wahlversprechen hält, wird die Welt möglicherweise in Handelskriege und eine Weltwirtschaftskrise abrutschen, ganz zu schweigen von Russlands größerem Handlungsspielraum in seinem regionalen Umfeld. Wenn Trump seine Wahlversprechen aber aufgibt, wird ihm das die Kerngruppe seiner Wähler sehr übel nehmen.

Es ist kaum zu erwarten, dass die liberale Demokratie über den Haufen geworfen wird, nicht einmal in den USA. Die Bereitschaft zum Kompromiss und zu einer zivilen Ordnung ist fest verankert, und für die überwiegende Mehrheit seiner Bevölkerung wird Amerika ein Land des Überflusses bleiben. Und in Großbritannien wird ein großer Teil der Politik weiterhin entweder technokratisch oder vom alten Links-Rechts-Denken geprägt sein. Es wird nach wie vor um die Fragen gehen, wie man staatliche und private Finanzierung von Infrastruktur und Sozialwesen am sinnvollsten kombiniert und man Ungerechtigkeit vermeidet. Doch seit der Jahrhundertwende sind in der gesamten westlichen Politik Stimmen laut geworden, die sich mit nationalen Grenzen und dem Tempo der Veränderung beschäftigen. Und diese Stimmen sind Musik in den Ohren von Menschen, die sich an den Rand gedrängt fühlen durch eine offenere, ethnisch durchlässige Bildungsgesellschaft und Wirtschaft, die von und für die neuen Eliten entworfen wurde.

Viele liberal denkende Menschen in Großbritannien und anderswo fühlen sich ausgesprochen unwohl bei der Vorstellung, diesen Stimmen und politischen Kräften mehr Raum zu geben. Sie betrachten die Feindseligkeit gegenüber der Offenheit, die für eine europäische Integration und eine globalisierte Wirtschaft nötig ist, als schlicht irrational, wenn nicht fremdenfeindlich.

Einige dieser für den Verbleib in der EU votierenden Menschen wachten am Morgen nach der Brexit-Abstimmung mit dem Gefühl auf, in einem fremden Land zu leben. Sie erlebten unter umgekehrten politischen Vorzeichen genau das, was eine Mehrheit der Bevölkerung offenbar jeden Tag empfindet.

Seit Jahren stimmt mehr als die Hälfte der britischen Bevölkerung einer Aussage zu, die in etwa lautet: „Großbritannien hat sich in letzter Zeit bis zur Unkenntlichkeit verändert. Manchmal fühlt es sich an, als lebten wir in einem fremden Land, und das ist ein sehr unbehagliches Gefühl." Ältere, weniger gut ausgebildete und weniger wohlhabende Personen stimmen dieser Aussage am ehesten zu. Aber auch in anderen Gruppen ist die Zustimmung weit verbreitet.[1]

Selbst wenn man berücksichtigt, dass Meinungsumfragen oft eine gewisse Neigung zum Meckern befördern, ist dies eine erstaunliche Aussage in einem Land, das so stabil, friedlich, reich und erfolgreich dasteht wie das heutige Großbritannien. Ähnliche Verhältnisse finden wir in den USA, wo 81 Prozent der Trump-Anhänger sagen, das Leben sei besser als vor 50 Jahren.[2] Was passiert da?

Viele britische Kommentatoren sehen „offen versus geschlossen" als neue politische Trennlinie. Tony Blair hat dieser Spaltung im Jahr 2007, kurz vor dem Ende seiner Amtszeit, eine Rede gewidmet, in der er sagte: „Die moderne Politik hat weniger mit den traditionellen Rechts-Links-Positionen zu tun als mit einer, ich würde sagen, modernen Entscheidung zwischen Offen und Geschlossen."[3]

Damit hatte er zum Teil recht, aber es gelang ihm nicht zu begreifen, warum so viele Menschen seine Version von „offen" so wenig attraktiv finden. Um das zu verstehen, müssen wir die große Wertekluft in der britischen Gesellschaft betrachten, die in vielen anderen entwickelten Gesellschaften auf die eine oder andere Weise ebenfalls zu finden ist. Die alten Unterscheidungen von Klassen- und Wirtschaftsinteressen sind nicht verschwunden, aber sie werden zunehmend von einer größeren, lockerer gewebten Unterscheidung überlagert: der zwischen den Menschen, die die Welt von jedem beliebigen Standpunkt aus betrachten – ich nenne sie *Anywheres* –, und den Menschen, die sie von einem klar definierten, unveränderlichen Standpunkt aus wahrnehmen – den *Somewheres*.

Nun beherrschen die Anywheres aber unsere Kultur und Gesellschaft. Sie sind gut in der Schule – Vernon Bogdanor spricht von der Schicht der Examensabsolventen. Sie verlassen in der Regel noch vor ihrem 20. Lebensjahr ihre Heimatstadt, um irgendwo zur Universität zu gehen, und ergreifen im Anschluss einen Beruf, der sie nach London führt. Manche verbringen sogar ein oder zwei Jahre im Ausland. Dabei entwickeln sie eine Art mobiler Identität, die auf ihrem Erfolg in Bildung und Beruf beruht und sie ganz allgemein in die Lage versetzt, sich an neuen Orten mit neuen Menschen wohlzufühlen und selbstbewusst mit veränderten Situationen umzugehen. Wir sprechen in diesem Zusammenhang auch von „mobilen Eliten".

Die Somewheres sind eher verwurzelt, und ihre Identität ist ihnen von Geburt an mitgegeben: schottischer Farmer, Arbeiter aus Nordengland, Hausfrau aus Cornwall. Ihre Identität ist an die Zugehörigkeit zu einer Gruppe und an spezifische Orte gebunden, und genau deshalb empfinden sie schnelle Veränderungen oft als beunruhigend. Eine Kerngruppe der Somewheres sind die sogenannten *„Abgehängten"*, hauptsächlich ältere weiße Männer aus der Arbeiterschicht mit geringer Schulbildung.[4] Sie gehören zu den ökonomischen Verlierern, seitdem es immer weniger gut bezahlte Jobs für Menschen ohne formale Berufsqualifikation gibt, und sie gehören auch zu den kulturellen Verlierern, weil die ausgeprägte Arbeiterkultur ebenfalls verschwunden ist und ihre Einstellungen im öffentlichen Diskurs an den Rand gedrängt wurden. Das ungute Gefühl der Somewheres gegenüber jüngeren gesellschaftlichen Entwicklungen reicht aber weit über diese Kerngruppe hinaus und macht sich in allen gesellschaftlichen Gruppen bemerkbar – umso mehr, je weniger mobil die Menschen sind. In den letzten Jahrzehnten ist die geografische Mobilität zwar gestiegen, aber 60 Prozent der Briten leben nach wie vor im Umkreis von 40 Kilometern dort, wo sie auch schon im Alter von 14 Jahren gelebt haben.[5]

Natürlich gehören die wenigsten von uns voll und ganz zu einer dieser Gruppen. Wir alle sind von einer Mischung erworbener und mitgegebener Identitäten geprägt, und die Minderheit derjenigen, die sich keiner Gruppe zuordnen lassen, ist gar nicht so klein. Selbst die kosmopolitischsten und mobilsten Mitglieder der Anywhere-Gruppe halten die Verbindung zu ihren Wurzeln aufrecht, und selbst die am stärksten verwurzelten Somewheres in einer Kleinstadt fliegen im Urlaub mit easyJet ins Ausland oder unterhalten sich über Skype mit Verwandten in Australien.

Außerdem ist ein großer Teil der traditionellen britischen Elite ganz klar in Südostengland und London verwurzelt, in ein paar alten Eliteinternaten und Universitäten. Tatsächlich sind sie heute noch stärker an den Süden des Landes gebunden als früher, weil viele einflussreiche Familien aus den großen Städten des Nordens und der Midlands nach Süden gezogen sind. Doch selbst wenn Teile der Elite sich geografisch gar nicht so weit wegbewegt haben, sind sie deutlich weniger als frühere Generationen mit den Somewheres verbunden – als Landbesitzer, über die Kirche, die Armee oder als Arbeitgeber. Sehr wohl sind sie aber mit den neuen Eliten verbunden. Nicht zum ersten Mal in der britischen Geschichte hat die alte Elite die neue absorbiert, in diesem Fall die aufsteigende Bildungselite der Meritokraten, die zum Teil aus niedrigeren Gesellschaftsschichten stammen oder einen Migrationshintergrund haben. Dabei hat die Elite ihren traditionellen Konservatismus gegen eine eher liberale Anywhere-Ideologie ausgetauscht. Denken Sie etwa an George Osborne (ehemaliger Politiker der Konservativen und Schatzkanzler in der Regierung von David Cameron – *Anm. d. Übersetzers*), bei dem sich rechter Wirtschaftsliberalismus und linker Gesellschafts verbinden.

Wie auch immer: Die Gruppen der Anywheres und Somewheres decken sich nicht mit den herkömmlichen gesellschaftlichen Kategorien. Es handelt sich eher um lockere Verbindungen von Empfindung und Weltsicht. Beide Gruppen umfassen eine große Vielfalt von Menschen und sozialen Typen. Unter den Somewheres finden sich Rentner aus der Arbeiterschicht Nordenglands ebenso wie Bewohner der Kleinstädte rund um London, die die *Daily Mail* lesen. Und unter den Anywheres finden sich geschliffene Manager ebenso wie radikale Professoren.

Die Etiketten stammen von mir, die beiden Wertecluster jedoch nicht. Sie werden in einer ganzen Reihe von Untersuchungen zu Meinungen und Werten sichtbar. Und immer wieder zeigt sich, dass die Anywheres bis zu 30 Prozent der Bevölkerung ausmachen, während die Somewheres etwa die Hälfte der Bevölkerung stellen. Der Rest lässt sich keiner Gruppe zuordnen.

Dieses Buch und die Betrachtung der Kategorien Anywhere und Somewhere sollen einen Rahmen zur Verfügung stellen, um zu begreifen, was in der gegenwärtigen Politik vor sich geht. Dieses Buch ist auch ein Plädoyer für einen weniger halsstarrigen Anywhere-Liberalismus. Die Anywheres haben in der letzten Generation viel Einfluss gewonnen. Ihr Gefühl, ein politisches Anrecht darauf zu haben, wurde nach der Brexit-Abstimmung und der Trump-Wahl überdeutlich. Der Populismus in seinen vielen Spielarten entstand als ein Gegengewicht zu ihrer Dominanz in der gesamten entwickelten Welt. Dieses Gegengewicht kann durchaus destruktiv sein. Wenn wir den Populismus hart angehen, dann müssen wir aber auch die Gründe für seinen Aufstieg hart angehen. Und einer dieser Gründe ist das Übers-Ziel-Hinausschießen der Anywheres.

Aus Meinungsumfragen und eigenen Beobachtungen habe ich eine lockere Vorstellung der Anywhere-Ideologie zusammengestellt, die ich auch als „progressiven Individualismus“ bezeichne. Es handelt sich um das Weltbild mehr oder weniger erfolgreicher Individuen, die sich durchaus auch um die Gesellschaft kümmern. In diesem Weltbild spielen Autonomie, Mobilität und Originalität ein viel größere Rolle als Gruppenidentität, Tradition und gesellschaftlicher Konsens in punkto Glaube, Flagge, Familie. Die meisten Anywheres kommen mit Einwanderung, europäischer Integration und der Verbindlichkeit der Menschenrechte gut zurecht – alles Bereiche, in denen nationale Vorstellungen eher an Bedeutung verlieren. In ihrer Mehrheit sind sie nicht anti-national eingestellt, sie können sogar recht patriotisch sein, aber letztlich betrachten sie sich als Weltbürger. Anywheres befürworten die Leistungsgesellschaft. Die Meritokratie und die meisten Formen von Gleichberechtigung (nicht unbedingt auch auf wirtschaftlichem Gebiet) sind selbstverständlich für sie. Wenn Interessen von Anywheres betroffen sind – und das gilt für alle Bereiche, von Bildungsreformen bis hin zur Ehe für alle –, gehen die Dinge schnell voran. Wenn nicht, wird die Entwicklung zäher, wenn überhaupt etwas passiert.

Im Gegensatz dazu sind die Somewheres in gesellschaftspolitischen Fragen ihrem Instinkt nach eher konservativ und gemeinschaftsorientiert. Im Großen und Ganzen sind sie nicht besonders religiös, anders als ihre Entsprechungen in den USA, und nur wenige ganz am rechten Rand hängen autoritären Ideologien an oder sind durchgängig fremdenfeindlich. Sie sind gemäßigt nationalistisch, und wenn sie Engländer sind, erkennt man sie mühelos als solche. Sie fühlen sich unwohl angesichts vieler Aspekte kultureller und ökonomischer Veränderungen – Masseneinwanderung, eine Leistungsgesellschaft, die sie überfordert, fließendere Grenzen zwischen den Geschlechtern. Sie denken nicht durchgängig eher „geschlossen“ als „offen“ , aber sie wünschen sich eine Form von Offenheit, die ihnen keine Nachteile bringt. In ihrer großen Mehrheit sind sie moderne Menschen, für die die Gleichberechtigung von Frauen, Minderheitenrechte, ein gesundes Misstrauen gegenüber Macht und Herrschaft, Meinungsfreiheit, Konsum und individuelle Entscheidungsrechte so selbstverständlich sind wie die Luft, die sie atmen. Zum Teil wünschen sie sich dieselben Dinge wie die Anywheres, aber es dürfte alles langsamer und gemäßigter vor sich gehen. Ihr Weltbild – auch hier handelt es sich um eine Zusammenstellung aus Meinungsumfragen und eigenen Beobachtungen – lässt sich am besten mit einem Begriff zusammenfassen, den viele als Widerspruch in sich betrachten: „besonnener Populismus".

Die relative Machtlosigkeit der britischen Somewheres in jüngerer Zeit zeigt sich unter anderem im beklagenswerten Zustand der Berufsausbildung und in der erbärmlichen Vergütung von Auszubildenden angesichts einer nur noch an Schul- und Hochschulabschlüssen interessierten Gesellschaft. Sie zeigt sich in dem doppelten Infrastruktur-Versagen des Staates, was Wohnungen (im Südosten) und öffentlichen Nah- und Fernverkehr (im Norden) angeht. Und sie zeigt sich in der Benachteiligung des häuslichen Sektors in der Familienpolitik.

Beide Weltbilder, das der Anywheres und das der Somewheres, sind berechtigt und legitim, und die Unterschiede sind weder neu noch überraschend. Was sich jedoch verändert hat, ist die Machtbalance und die Zahlenverteilung. Bis vor 30 oder 40 Jahren dominierte das Somewhere-Weltbild. Es war ein integraler Bestandteil des britischen *Common Sense*. Aber im Verlauf von zwei Generationen entstand ein neuer Anywhere-Common-Sense, der die alten Verhältnisse in Frage stellte und teilweise ersetzte.

Dafür sind vor allem zwei Ursachen verantwortlich: das Erbe des Babyboomer-Sechziger-Jahre-Liberalismus und die Ausweitung der höheren Bildung, die eine Schlüsselrolle dabei spielte, dieses Erbe weiterzuverbreiten. Heute treten wir in eine dritte Phase ein – die Brexit-Entscheidung und die Gegenreaktion der Anywheres bei der Wahl 2017. In deren Folge ist keines der beiden Weltbilder mehr so dominant.

Die rasante Ausweitung der höheren Bildung in den letzten 25 Jahren – und damit einhergehend der Aufstieg von Bildungserfolg als hauptsächlichem Kriterium für gesellschaftliche Wertschätzung – war eine der wichtigsten und am wenigsten verstandenen Entwicklungen innerhalb der britischen Gesellschaft. Für viele stellte sie eine Befreiung dar, für andere ein Symptom ihres sinkenden Status.

Die Anywhere-Welt mit ihrer geografischen und oft auch sozialen Mobilität, ihrer höheren Bildung und Orientierung am beruflichen

Fortkommen war einst einer kleinen Elite vorbehalten. Heute ist sie zwar allgemein zugänglich, aber eben nicht für alle. Denn gleichzeitig hat das postindustrielle Zeitalter für viele Somewheres die Möglichkeit manueller Arbeit abgeschafft, den Status von Männern mit niedrigem Einkommen gesenkt und den Gesellschaftsvertrag gelockert: Weder die Reichen noch die Arbeitgeber empfinden heute noch dieselbe Verpflichtung „ihrer“ Arbeiterklasse gegenüber wie früher.

Doch man kann und darf die Somewheres in einer Demokratie nicht ignorieren. In den letzten Jahren haben sie in England wie auch in Europa generell und in den USA durch Donald Trump eine Stimme erhalten: in den etablierten Parteien, in neuen Parteien und ganz außerhalb von Parteistrukturen. In Großbritannien hatten sie einen großen Anteil am Ausgang des Brexit-Referendums und an den Wahlen, und indem sie den Meinungsforschern immer wieder sagen, wie viel Sorgen sie sich um das Thema Einwanderung machen, halten sie genau dieses Thema ganz oben auf der Tagesordnung der britischen Politik.

Die Anywhere-Ideologie kann gar nicht anders, als rastlose Veränderung anzufeuern. Denken Sie noch einmal an Tony Blair, der 2005 auf dem Labour-Parteitag sagte: „Ich höre Leute sagen, wir sollen die Globalisierung stoppen. Dann können wir ebenso gut versuchen, den Herbst aufzuhalten, der auf den Sommer folgt … Diese sich verändernde Welt ist indifferent gegenüber Traditionen. Sie verzeiht keine Schwäche und hat keinen Respekt vor alter Reputation. Sie kennt keine Bräuche und keine althergebrachten Regeln. Sie ist voll von Möglichkeiten, aber nur für diejenigen, die sich schnell anpassen, ohne zu jammern, die offen, bereit und fähig zur Veränderung sind.“ Das sind die Worte des Vorsitzenden einer Partei, die historisch genau jene Menschen repräsentierte, die von der kapitalistischen Modernisierung am wenigsten profitierten.

Wenn Veränderung allen nützt, so wie es bei einem breit aufgestellten Wirtschaftswachstum oder einem verbesserten Gesundheitssystem der Fall ist, treten die Konflikte zwischen den beiden Weltbildern in den Hintergrund. Aber wenn der Eindruck entsteht, Veränderung würde nicht allen nützen – wie bei den zwei Massenphänomenen, die immer wieder genannt werden, der Masseneinwanderung und einem System höherer Bildung für fast die Hälfte der

Schulabsolventen –, dann erhebt der unterdrückte Populismus der Somewheres seine Stimme.

Eines der impliziten Versprechen moderner demokratischer Bürgerrechte ist ein gewisses Maß an Kontrolle über das eigene Leben. Am leichtesten erklärt sich das als das Recht, Dinge aufzuhalten. Das ganz schlichte Anrecht auf ein gewisses Maß an Stabilität und Kontinuität im Hinblick auf den Ort, wo man lebt, und die Art, wie man lebt. In unserer modernen Welt können demokratische Politiker nicht einmal mehr dieses Recht garantieren, zumal wenn sie sich an einen Wirtschaftsliberalismus binden, der Fabriken exportiert und Arbeiter importiert. Man werfe nur einen Blick auf die ungeheuren ethnischen und stadtgeografischen Veränderungen, die Städte wie London und Birmingham in den letzten 30 Jahren durchgemacht haben.

Oft wird behauptet, Somewheres seien kurzsichtig und nicht dazu in der Lage, die Vorteile zu sehen, die langfristig in der Bereitschaft zur Veränderung liegen. Es ist aber eine Tatsache, dass die mobilen Eliten unserer Zeit dank eher fließender Biografien und Bildungs-Tickets besser ausgestattet sind, den Wandel für sich zu nutzen, während den Somewheres genau dies fehlt – auch auf lange Sicht.

Die Anywheres neigen dazu, den Konservatismus der Somewheres als irrational oder als Abwehrreaktion auf den Siegeszug liberaler sozialer Werte zu sehen. Durchaus möglich, aber was will man denn von Menschen erwarten, die sich von äußeren Ereignissen gebeutelt sehen, ohne politische Handlungsmöglichkeiten, ohne gesellschaftliches Selbstvertrauen oder Kontrolle über ihr eigenes Schicksal? Es versteht sich fast von selbst, dass diese Menschen sich mit aller Macht an jene Bereiche klammern, in denen sie noch ein gewisses Maß an Kontrolle ausüben können: die vertraute Routine ihres Alltags und ihrer Überzeugungen. Der Somewhere-Konservatismus hat sich möglicherweise von historischen Fallstricken des klassischen Konservatismus befreit, wie er Mitte des Zwanzigsten Jahrhunderts Teil des Bewusstseins der Arbeiterklasse war – der protestantische Glaube, Hurra-Patriotismus und die Überlegenheit der weißen Rasse. Aber der Instinkt, sich ans Vertraute zu halten, an jene kleinen Bereiche, in denen Kontrolle und Wertschätzung noch möglich sind, führt dazu, dass Somewheres den Veränderungen im Markt und paternalistischer Bevormundung durch den Staat gegenüber Ressentiments hegen.

Die meisten Somewheres sind weder bigott noch fremdenfeindlich. Tatsächlich haben sie in ihrer Mehrheit einen wichtigen Teil der „großen Liberalisierung“ in den letzten 40 Jahren absorbiert und angenommen. Das gilt unter anderem für ihre Einstellungen zu Hautfarbe, Geschlecht und Sexualität (*siehe nächstes Kapitel*). Aber verglichen mit den Anywheres waren sie wählerisch und zögerlich bei dieser Annahme, und eine Begeisterung für Masseneinwanderung oder europäische Integration kam für sie nicht in Frage. Nur wenige Somewheres sind vollständig gegen Einwanderer, aber sie sind alle gegen Masseneinwanderung. Sie glauben immer noch an die Existenz von so etwas wie Gesellschaft.

In den Sechzigerjahren wurden nicht nur traditionelle Vorstellungen und Hierarchien in Frage gestellt, diese Zeit war auch von einem weiteren Niedergang der stabilen, geordneten Gesellschaft geprägt, in der jeder seine angestammte Rolle innehatte. Individuen erlangten mehr Freiheit, ihr Glück zu machen oder zu verlieren (*siehe Kapitel 7*).

Bei vielen führte das zu Verwirrung. Die meisten Somewheres teilten den Optimismus des Babyboomer-Liberalismus nicht und stellten stattdessen fest, dass das aufkommende postindustrielle, postnationalistische und postmoderne Großbritannien auf vielerlei nicht-materielle Weise ein weniger gastlicher Ort für sie war als vordem.

Eric Kaufmann, Spezialist für die Themen Nationalismus und Ethnizität, hat gezeigt, dass es bei der Brexit-Entscheidung und der Trump-Wahl nicht nur um Bildung und Mobilität ging, sondern um grundlegende Unterschiede in den Wertvorstellungen, vor allem mit Blick auf Themen wie Ordnung und Autorität. Die Trennlinien gehen durch Alters- und Einkommensgruppen, durch Bildungsgruppen und sogar durch politische Parteien in den westlichen Demokratien.[6] Die Meinungsforscher haben einen Cluster von Fragen, bei denen es um den Gehorsam von Kindern ebenso geht wie um die Todesstrafe. Man spricht in diesem Zusammenhang von der Libertär-Autoritär-Achse. Einstellungen, die sich eher dem autoritären Ende nähern, scheinen in direktem Zusammenhang mit der Befürwortung des Brexit zu stehen (nur 11,5 Prozent der Achse gelten als autoritär, 52 Prozent als illiberal).[7]

Nur bei einer kleinen Minderheit ist eine ausgeprägt autoritäre Einstellung festzustellen, aber die breite Sehnsucht der Somewheres nach einer stabileren, stärker geordneten Welt wird inzwischen in den Parlamenten und Regierungen der entwickelten Welt hörbar. Und die Generation Z, also diejenigen, die nach 2001 geboren sind, scheint die neue Entwicklung hin zu mehr Vorsicht und Konservatismus mitzumachen.[8]

Kaufmann betont den ethnischen Aspekt dieser Verschiebung: „Einwanderung im großen Stil stellt den demografischen Einfluss der weißen Mehrheiten in Frage. Die Kluft zwischen den Weißen, die Veränderungen befürworten, und denen, die sie ablehnen, wird in der gesamten westlichen Welt zur politischen Schlüsselfrage. Verglichen mit dieser kulturellen Kluft spielen materielle Unterschiede zwischen Besitzenden und Besitzlosen … eine viel geringere Rolle.“[9]

Das stimmt mit der Auffassung überein, dass Trumps Erfolg zumindest teilweise durch seinen Appell an eine bis dahin latente Politik der weißen Identität zustande kam. In jedem Fall wird der Populismus nicht wieder verschwinden, und obwohl viele populistische Parteien instabil und allzu oft von wilden persönlichen Konflikten geprägt sind, kann man nicht erkennen, dass das Interesse an ihrem Angebot sinkt. Sie appellieren vor allem an kulturelle Ängste und ein schwer messbares Gefühl von psychologischem Verlust. Auch materielle Verluste spielen eine Rolle – eine deutliche Mehrheit der 56 Prozent Briten, die sich als besitzlos bezeichnen, hat für den Brexit gestimmt. Ginge es aber nur um ökonomische Verluste, dann müssten die Links-Populisten stärker abschneiden.

Es gibt noch einen weiteren wichtigen Aspekt: Anywheres behaupten häufig, die Entwicklungen, die sie unterstützen, seien historisch unvermeidbar. Dies gelte für Masseneinwanderung ebenso wie für die derzeitige Form der Globalisierung und den Niedergang festgefügter Gemeinschaften. Tatsächlich sind reiche Gesellschaften viel weniger mobil, als die Anywheres annehmen, und dasselbe gilt für die Menschheit im Ganzen: Nur gut 3 Prozent der 7,3 Milliarden Menschen auf diesem Planeten leben außerhalb ihres Geburtslandes, und dieser Anteil ist in den letzten Jahrzehnten nur unwesentlich gestiegen. Vor gerade 25 Jahren lag die Netto-Einwanderungsquote in Großbritannien bei gleich Null. Es ist eine Tatsache, dass die Zuwanderung in reiche Länder seitdem drastisch gestiegen ist, aber das ist im Wesentlichen ein Ergebnis politischer Entscheidungen. Einwanderung im großen Stil ist kein Naturereignis.

Auch die ökonomische Globalisierung, zumindest im technischen Sinne, ist weniger weit entwickelt, als oft angenommen wird. Wenn man Globalisierung definiert als die Entstehung einer geeinten globalen Wirtschaft mit transnationalen Unternehmen, weltweiten Produktionsnetzwerken und wenigen Barrieren für den freien Verkehr von Waren, Arbeitskräften und Kapital, dann stehen wir noch ganz am Anfang.

Wenn von Globalisierung die Rede ist, geht es hauptsächlich um Handel, Finanzen, Transport und Kommunikationstechnologien sowie um Migration. All dies sind internationale Phänomene, und wenn nicht, lassen sie sich leicht internationalisieren. Selbst in diesen Bereichen ist der Einfluss aber viel geringer als zumeist angenommen, und all diese Aktivitäten werden von nationalem Recht reguliert – oder von internationalen Abkommen, die ihrerseits von nationalen Regierungen vereinbart wurden. Nach Aussage des Transnationalitäts-Index der UN-Konferenz für Handel und Entwicklung entfallen selbst bei den hundert am stärksten weltweit operierenden Unternehmen fast die Hälfte ihrer Verkäufe, ihrer Vermögenswerte und ihrer Beschäftigten auf das Herkunftsland – dessen formellen und informellen Schutz sie überdies genießen.[10]

Hinzu kommt, dass die große Mehrheit der Arbeitskräfte in den entwickelten Ländern im Dienstleistungssektor beschäftigt ist, der den einheimischen Markt bedient, nicht aber die globale Wirtschaft. Und auch wenn viele Staaten die Kräfte des Weltmarkts in Betracht ziehen müssen, spielen nationale Einflussfaktoren wie Steuerpolitik, Zölle und Wohlfahrtspolitik eine unverminderte Rolle. Die Globalisierung der letzten Jahrzehnte hat auf willkommene Weise das Gleichgewicht von Macht und Wohlstand weg von reichen westlichen Ländern wie Großbritannien in Richtung zu sich entwickelnden Ländern wie China und Indien verschoben. Aber es gibt keinen Grund, warum diese Entwicklung die ärmeren Bevölkerungsteile in den reichen Ländern benachteiligen oder warum sie hergebrachte nationale Präferenzen außer Kraft setzen sollte.

Die globale Offenheit der letzten 25 Jahre war aufs Ganze gesehen ein Segen für den größten Teil der britischen Bevölkerung, aber der Segen nimmt deutlich ab, je weiter unten man im Einkommens- und Bildungsspektrum lebt. Doch die konkreten Formen der Globalisierung sind nicht in Stein gemeißelt. Sie beruhen auf politischen

Entscheidungen und können verändert werden. Wenn die Anywhere-Technokraten, die die World Trade Organisation (WTO), die EU, die Internationalen Gerichtshöfe für Menschenrechte und so weiter dominieren, zugeben müssten, dass ihre Version der Globalisierung das Ergebnis von Entscheidungen ist – keine unausweichliche Naturgewalt wie die Jahreszeiten (wie Tony Blair behauptete) –, dann wären sie gleichzeitig gezwungen, uns zu überzeugen, dass dieser Weg erstrebenswert ist. Und das ist viel schwieriger, als sich hinter das Argument der Alternativlosigkeit zurückzuziehen. Fakt ist: Eine bessere Form der Globalisierung ist möglich, und eine Weltordnung auf der Basis vieler Somewhere-Nationalstaaten, die zusammenarbeiten, ist attraktiver als ein großes supranationales Anywhere.

In diesem Buch will ich zeigen, dass die Anywheres in Großbritannien, einschließlich der Hauptstadt-Eliten auf der linken und rechten Seite des politischen Spektrums, die die Interessen der akademischen Oberschicht repräsentieren, in den letzten Jahren die politische Agenda bestimmt haben, unabhängig davon, welche Partei gerade am Ruder war. Und sie haben dabei allzu oft ihre Partikularinteressen mit dem Allgemeininteresse gleichgesetzt.

Es trifft durchaus zu, dass die Anywheres einige gesellschaftliche Trends auf ihrer Seite haben. Jeremy Cliffe, ein Journalist des *Economist*, spricht in diesem Zusammenhang von der „Londonisierung" des Landes: steigende Mobilität und Einwanderung, weitere Verbreitung höherer Bildung, gesellschaftspolitischer Liberalismus der jüngeren Generationen, trennende Effekte sozialer Medien und Niedergang vieler traditioneller Bindungen.[11] Aber viele dieser liberalisierenden Trends sind reversibel, vor allem dann, wenn die Automatisierung mit den Jobs der Anywheres das anstellt, was sie zum Teil schon mit denen der Somewheres gemacht hat. Unabhängig davon kann man sich keine Welt vorstellen, in der nicht zumindest eine große Minderheit von Menschen echte Somewhere-Werte vertritt – die Hälfte der Bevölkerung wird immer in der unteren Hälfte des Einkommens- und Fähigkeitsspektrums liegen..

In diesem Buch wird der Begriff Liberalismus so oft verwendet, dass ich vielleicht doch einmal etwas darüber sagen sollte. Wir sind heute alle Liberale, von Nick Clegg (ehemaliger britischer Vizepremierminister – *Anm. d. Übersetzers*) bis hin zu Nigel Farage (Mitgründer der Brexit-Partei und in Zeitschriften gern als „Mister Brexit" bezeichnet – *Anm. d. Übersetzers*), zumindest in dem beschränkten Sinne, dass wir alle an den Rechtsstaat, die Menschenrechte und die Gewaltenteilung glauben. Daneben gibt es aber spezifischere Arten von Liberalismus, die heute eher mit dem Begriff assoziiert werden: die Revolution in Sachen Bürgerrechte und Gleichberechtigung, die in den Sechzigerjahren begann und die wir als gesellschaftspolitischen Liberalismus bezeichnen, und die marktwirtschaftliche Revolution der Achtziger, die wir als Wirtschaftsliberalismus bezeichnen. Vertreter des gesellschaftspolitischen Liberalismus sind nicht unbedingt auch Wirtschaftsliberale und umgekehrt, aber die beiden Gruppen haben sich in den letzten 25 Jahren einander angenähert, nachdem die gemäßigte Linke eher marktwirtschaftliche Tendenzen entwickelte. Dieser „doppelte Liberalismus", von dem ich hier schon gesprochen habe, beherrscht die britische Gesellschaft seit Anfang der Neunzigerjahre und zeigt starke Überschneidungen mit dem progressiven Individualismus der Anywheres.

Man könnte auch von dem liberalen Weltbild der Babyboomer sprechen. Denken Sie an Leute wie Richard Branson (Gründer des Plattenlabels *Virgin*, Airline-Betreiber und Investor – *Anm. d. Übersetzers*), den „Hippie-Kapitalisten": individualistisch, auf Autonomie und „Mach dein Ding" konzentriert, misstrauisch gegenüber allem, was national ist, breite, aber flache Bindungen. Solche Liberale kümmern sich durchaus auch um soziale Gerechtigkeit, aber wie der amerikanische Sozialpsychologe Jonathan Haidt es ausdrückte, sie verstehen andere politische Impulse oft nicht, etwa Treue, Autorität, Glaube …

Verglichen mit traditionellen Gesellschaften besitzen moderne Gesellschaften einen schwach ausgeprägten Konsens, was Moral und Politik angeht. Für viele Liberale liegt gerade darin unsere Freiheit. John Stuart Mills berühmtes „Schadensprinzip" – „dass der einzige Zweck, um dessentwillen man Zwang gegen den Willen eines Mitglieds einer zivilisierten Gemeinschaft rechtmäßig ausüben darf, der ist: die Schädigung anderer zu verhüten" – entspricht dem individualistischen, ja libertären Ethos, den ein Teil des modernen Großbritannien vertritt: Leben und leben lassen. (Dabei ist „Schädigung" ein zweideutiger Begriff, der heute von radikalen Studenten ausgedehnt wird, um Gesetzesübertretungen zu legitimieren.)

Wir sollten uns aber daran erinnern, dass Mill gegen den Konformismus und die autoritären Strukturen der viktorianischen Gesellschaft rebellierte. In unserer viel liberaleren und von Diversität geprägten Gesellschaft verdienen gemeinsame Normen ebenso viel Schutz wie die Freiheit.

Der Schaden, der durch eine sich langsam abkoppelnde Gesellschaft verursacht wird, ist schwer auszumachen, aber er ist real genug. Allerdings kümmert sich der Liberalismus nicht allzu sehr um gemeinsame Normen oder hält sie für etwas willkürlich Festgesetztes. Wie kommt ein David Goodhart dazu, Ihnen vorzuschreiben, was Ihre Normen sind? Warum nicht irgendjemand anderer? Auf welcher Grundlage einigen wir uns über gemeinsame Normen? Auf irgendeine übergeordnete Autorität können wir uns nicht verlassen, denn die liberale Moderne hat im Namen der Freiheit und des Rechts auf individuelle Entscheidung die religiösen und moralischen Autoritäten entmachtet. Und so bleibt uns nur noch die liberale Einigung darauf, dass wir uns nicht einig sind.

Allerdings ist der moderne Liberalismus alles andere als eine inhaltslose Technik zur Versöhnung verschiedener Ansichten. Vielmehr zwingt er dem Rest der Gesellschaft das Weltbild der mobilen, studierten Elite, eben der Anywheres, auf. Einige Teile dieses Weltbilds, beispielsweise die Vorstellung von der Gleichheit der Geschlechter, sind in den allgemeinen Mainstream übernommen worden, einige aber eben auch nicht, die Auflösung nationaler Bindungen beispielsweise. In diesem Punkt sind sich Anywheres und Somewheres alles andere als einig.

In diesem Buch geht es im Wesentlichen um Großbritannien, aber ich denke, viele hier diskutierte Themen betreffen auch andere reiche Demokratien. Außerdem geht es in diesem Buch im Wesentlichen um hellhäutige Briten, die nach wie vor etwa 80 Prozent der britischen Bevölkerung stellen. Aber die ethnischen Minderheiten sind ein zunehmend wichtiger Aspekt. Minderheiten können zum Inbegriff der rasanten Veränderungen werden, die Teile der alteingesessenen Bevölkerung verunsichern. Aber sie sind auch Teil des Anywhere-Somewhere-Spektrums. Bei oberflächlicher Betrachtung erscheinen sie als Anywheres, weil sie in der Regel weniger stark an britische Traditionen gebunden sind, nicht zuletzt weil diese Traditionen sie in der Vergangenheit ausgegrenzt und gedemütigt haben. Sie neigen eher dazu, die Offenheit zu unterstützen, die ihnen und ihren Familien überhaupt erst den Weg in dieses Land gebahnt hat.

Aber sie haben auch ein großes Interesse an sozialer Stabilität, neigen zu stärkerer Religiosität und vertreten häufig eher konservative Vorstellungen bei Themen wie Familie und Geschlechterbeziehungen als die weißen Briten, sodass sie durchaus zur Somewhere-Richtung neigen können. (Einige der ethnisch sehr geteilten britischen Regionen, beispielsweise die Industriestädte des Nordens, beherbergen parallele Somewhere-Gruppen.)

Es ist an der Zeit, dass die Anywheres ihre Haltung überdenken, auf die Somewheres herabzublicken, welcher Hautfarbe auch immer. Es ist an der Zeit, eine Haltung als legitim zu betrachten, die Veränderung mit Verlust gleichsetzt, und ihre eigenen Gefühle und Intuitionen anzupassen. Michael Ignatieff, der frühere Vorsitzende der kanadischen liberalen Partei, hat in einer Reaktion auf den Bericht des früheren stellvertretenden britischen Ministerpräsidenten über die Koalitionsregierung von 2010 geschrieben: „Clegg leidet unter einer schweren Form hochmütiger liberaler Selbstüberschätzung. Deshalb verblüfft es ihn so sehr, dass Leute, die er als Populisten bezeichnet, ihm die Unterstützung der Wähler vor der Nase weggeschnappt haben. Es ist kein Zeichen politischer Klugheit, sich als Stimme der Vernunft zu präsentieren, sondern elitärer Herablassung. Die Brexiteers hatten ihre Gründe, und diese Gründe gaben den Ausschlag."[12]

Oder um es mit den Worten des seinerzeit einzigen UKIP-Mitglieds im britischen Unterhaus, Douglas Carswell, zu sagen: „Die Masse ist kein Mob mehr."[13] Die Anywheres können nicht weiterhin regieren ohne die Zustimmung der Mehrheit, ebenso wenig wie die Somewheres keine politische Macht ausüben können, indem sie von der Seitenlinie her Beleidigungen ausstoßen. Die Tatsache, sich herabgesetzt und beleidigt zu fühlen, ist kein ausreichender Grund, um einen politisch unbeleckten Demagogen zum Präsidenten zu wählen.

Der Brexit und die Wahl von Donald Trump müssen nicht bedeuten, dass der Vormarsch des Liberalismus auf Dauer aufgehalten wird. Doch ein künftiger Liberalismus, der auch eine kritische Masse der Somewheres anspricht, braucht ein weniger dünnes und geschichtsvergessenes Verständnis für Menschen und Gesellschaften und ein langsameres, organischeres Konzept von Veränderung, das sich mehr Mühe gibt, die Zustimmung derjenigen zu gewinnen, die am wenigsten von dieser Veränderung profitieren.

Der Schwerpunkt des orthodoxen Liberalismus auf Entscheidungsfreiheit und Autonomie führt zu einem Unbehagen im Hinblick auf Formen von Identität und Erfahrung, die nicht auf freier Entscheidung beruhen. Dieser orthodoxe Liberalismus hält in der Theorie viel von der Idee einer Gemeinschaft, sieht aber nicht, dass eine solche Gemeinschaft sowohl aus- als auch einschließt. Für ihn sind Menschen vernunftgesteuerte Individuen mit Eigeninteressen, die zunächst einmal unabhängig von starken Gruppenbindungen oder Loyalitäten existieren. Ein großer Teil des modernen Wirtschafts- und Rechtssystems beruht auf diesem Modell menschlichen Verhaltens, und genau deshalb misslingt es in diesen Bereichen so oft, nationale Grenzen und Präferenzen mit zu berücksichtigen. Wenn man diese liberalen Voraussetzungen akzeptiert, erscheint jede Verteidigung von Tradition oder Gemeinschaft als irrationale oder, im Fall von Einwanderung, rassistisch.

Ohne einen stärker geerdeten Liberalismus mit emotionaler Intelligenz, der Anywheres und Somewheres wieder zueinanderbringt, können selbst in Großbritannien noch unangenehmere Reaktionen nicht ausgeschlossen werden. Der Brexit ist vielleicht nur ein Vorbeben, ähnlich wie der unerwartete Aufstieg der Populisten Anfang der Zweitausender Jahre in den Niederlanden. In diesem Buch geht es zu einem Teil darum, die berechtigte Haltung zu beschreiben, die hinter vielen Somewhere-Ideen und -Gefühlen steht, und sie gegen die Verachtung einiger Mitglieder der Anywhere-Gruppe zu verteidigen. Es gibt aber auch krude und fremdenfeindliche Versionen von Somewhere-Politik, die den Populismus nach ganz rechts rutschen lassen oder im bedrohlichen Gedröhne eines Donald Trump enden.

Eine Reise von Anywhere

Den größten Teil meines Erwachsenenlebens habe ich zweifelsfrei im Anywhere-Lager verbracht, und was meinen Hintergrund und meine Lebensweise angeht, bleibt das auch so. Mitte der Neunzigerjahre war ich Gründer und Herausgeber von *Prospect*, einem monatlich erscheinenden Wirtschaftsmagazin, das sich liberal und Mitte-links verortete und dem Aufstieg von New Labour 1997 positiv gegenüberstand. Doch in meiner Zeit als Herausgeber dieser Zeitschrift begann ich mich intellektuell vom orthodoxen Liberalismus zu lösen, vor allem nachdem ich einen ziemlich spekulativen Essay mit dem Titel „Too Diverse“geschrieben hatte.[14] In diesem Essay stellte ich Fragen über den Konflikt zwischen der rasant wachsenden ethnischen Diversität und dem Gefühl von Vertrauen und Solidarität, das nötig ist, um einen großzügigen Wohlfahrtsstaat aufrechtzuerhalten. Der Essay wurde im *Guardian* nachgedruckt und führte zu einer heftigen Diskussion, zumindest im Mitte-Links-Umfeld. Man warf mir „freundlich aussehenden Rassismus“ und „liberalen Powellismus“ vor.

Diese kurz andauernde Berühmtheit führte bei mir zu einem anhaltenden Interesse an den Themen Einwanderung, ethnische Diversität, Multikulturalismus, nationale Identität und so weiter. 2013 erschien dazu mein Buch *The British Dream*.[15] Und je mehr ich mich mit diesen Dingen beschäftigte und versuchte, meine anfänglich eher unbeabsichtigte Skepsis zu verteidigen, desto stärker wurde meine Überzeugung, dass die Linke falsch (nämlich zu enthusiastisch) auf das Thema Masseneinwanderung und ebenfalls falsch (nämlich zu gleichgültig) auf die Themen Integration und nationale Identität reagiert.

Was die Bereiche Kultur und Gemeinschaft anging, erschienen mir auf einmal die manchmal eher konservativen Impulse im Mainstream der öffentlichen Meinung als mindestens so vernünftig und anständig wie der individualistische Egalitarismus der akademisch gebildeten Mittelschicht-Linken, die heute die Labour Party beherrschen. Der verstorbene, aus Jamaica stammende Kulturtheoretiker Stuart Hall hat dem Liberalismus einmal bescheinigt, er sei dumm auf dem Gebiet der Kultur. Ich würde gern ergänzen, er ist manchmal auch dumm im Hinblick auf das Wesen des Menschen. Er versteht die Sehnsucht nach Freiheit und Autonomie, aber er ist blind für die Sehnsucht nach Anerkennung und Zugehörigkeit. Als ich manche Labour-Politiker, einige von ihnen gute Freunde von mir, darüber sprechen hörte, welche Vorteile Masseneinwanderung für die Staatskasse haben könnte, verstand ich, was Hall gemeint hatte. Zumal genau diesen Politikern gerade ihre alte Basis der Arbeiterschaft davonlief.

Dogmatismus und Gruppendenken sind keine Spezialität schlecht ausgebildeter Somewheres. Es trifft zu, dass progressive Anywheres zu mehr gesellschaftlicher Toleranz neigen als die Somewheres, aber bei der politischen Toleranz sieht die Sache anders aus.[16] Ich bin also eine Art abtrünniger Anywhere, bilde mir aber ein, beide Weltbilder ganz gut zu verstehen. Meine sozialen Netzwerke bestehen nach wie vor hauptsächlich aus Anywheres, aber wenn das Gespräch auf die Politik kommt, fühle ich mich oft eher als Beobachter von außen.

Das führt dazu, dass ich Anywhere-Meinungen oft in ihrer ungeschminktesten Form zu hören bekomme. Mein Mail-Eingang quoll in den Tagen nach dem Brexit-Referendum über vor wütender Verachtung linker Professoren für die ignoranten Massen. Ich will zwei Beispiele für Gespräche nennen, die ich in den letzten Jahren erlebt habe. Beide illustrieren recht gut eine meiner zentralen Thesen und unterstützen Theresa Mays Vorwürfe gegen die Weltbürger „from nowhere", die im Nirgendwo leben.

Das erste Gespräch fand bei einem Dinner in Oxford statt, im September 2011. Als ich zu meinem Tischnachbarn – Gus O'Donnell, damals noch Minister, der älteste Staatsdiener unseres Landes – sagte, ich schriebe ein Buch über Einwanderung, erwiderte er: „Als ich im Finanzministerium war, habe ich immer für möglichst offene Türen plädiert … Ich glaube, mein Job ist es, das globale Wohlergehen zu fördern, nicht das nationale."

Überrascht, eine solche Aussage von einer nationalen Institution zu hören, fragte ich den neben Gus O'Donnell sitzenden Mark Thompson – damals Generaldirektor der BBC –, ob er ebenfalls glaube, das globale Wohlergehen sei dem nationalen Wohlergehen vorzuziehen, falls beide Konzepte in Konflikt gerieten. Er verteidigte O'Donnell und sagte, er sei seiner Meinung.

Dieses Gespräch unterstreicht sehr stark, worum es im vorliegenden Buch geht. Die universalistische Sicht der beiden Männer ist absolut legitim und spiegelt möglicherweise ihre gemäßigt fromme katholische Erziehung. In manchen Kreisen sind solche Ansichten ganz normal, ich würde schätzen, dass 10 Prozent der Bevölkerung sie teilen. Als ich O'Donnell ein paar Monate später wieder traf, bekräftigte er mir gegenüber, dass ich mich korrekt an das Gespräch erinnerte, und er hat seine Sicht der Dinge in abgemilderter Form auch in Zeitungsartikeln zum Ausdruck gebracht. Mehr noch, er glaubt, dass seine Ansichten über Einwanderung im Interesse aller Durchschnittsbriten sind, auch wenn es kurzfristig Verlierer geben wird.

Aber kann es gesund für die Demokratie sein, wenn solche mächtigen Personen Ansichten vertreten, die ganz offensichtlich im Widerstreit zu den grundsätzlichen Haltungen der Bevölkerungsmehrheit stehen? Wenn es sich nur um eine Privatmeinung handelte, die keinen Einfluss auf die Tätigkeit der beiden Männer hätte, dann wäre es egal. Aber O'Donnell war ein führender Mann im Finanzministerium, wo ständig wichtige Entscheidungen zum Thema Einwanderung getroffen wurden – nicht zuletzt die Entscheidung, den britischen Arbeitsmarkt bereits im Jahr 2004 für Menschen aus den neuen osteuropäischen EU-Mitgliedsstaaten zu öffnen, also sieben Jahre früher, als die EU es verlangte, und sieben Jahre früher als andere große EU-Staaten. Er war nach allem, was wir wissen, ein mächtiger Fürsprecher der Öffnung.

Das zweite Gespräch fand 2007 statt, und zwar auf der Party zum 60. Geburtstag eines bekannten Labour-Parlamentariers. Viele führende Intellektuelle aus dem britischen Mitte-Links-Spektrum waren anwesend, und irgendwann an diesem Abend wandte sich das Gespräch dem berüchtigten Gordon-Brown-Slogan „British jobs for British workers" zu. Diesen Ausspruch hatte er einige Tage zuvor in einer Rede auf dem Labour-Parteitag getätigt.

Die Leute um mich herum überboten sich förmlich in ihrer Empörung über diesen Slogan. Den Sieg trug am Ende Chris Huhne davon, der in der Koalitionsregierung später Minister für die Liberaldemokraten werden sollte. Er erklärte unter allgemeinem Kopfnicken, dass Browns Äußerung „schlicht und einfach rassistisch" sei.

Ich erinnere mich, dass ich ebenfalls genickt habe. Aber später dachte ich darüber nach, wie seltsam das ganze Gespräch wohl den meisten Menschen in unserem Land vorgekommen wäre. Gordon Browns Satz war ungeschickt und zynisch, aber er forderte nun wirklich nicht britische Arbeitsplätze für Briten mit heller Haut. (In einer YouGov-Umfrage wenig später stimmten 63 Prozent der Befragten der Aussage zu, Arbeitgeber sollten Anreize dafür bekommen, in Großbritannien geborene Arbeitskräfte einzustellen. Dass 22 Prozent sagten, es solle Anreize geben, britische Weiße einzustellen, ist freilich schockierend.)

An den meisten anderen Orten der heutigen Welt und vor 25 Jahren sicher auch in Großbritannien wäre ein solcher Slogan, der einheimische Arbeitnehmer bevorzugt, so banal gewesen, dass ihn kaum jemand zitiert hätte. Aber im Jahr 2007 war die Idee eines grenzenlosen Europa und globaler Bürgerrechte der Goldstandard, zumindest für diese elitäre Mitte-Links-Gruppe.

Zufällig gab es, während ich an diesem Buch schrieb, im Oktober 2016 einen ganz ähnlichen Streit über einen Vorschlag, der indirekt von Innenministerin Amber Rudd kam: Firmen sollten das Innenministerium über den Anteil nicht-britischer Beschäftigter informieren, wenn sie einen Antrag auf Arbeitserlaubnis für einen Ausländer stellten. Die Absicht dahinter war, Arbeitgebern zu signalisieren, dass sie sich möglicherweise zu abhängig von ausländischen Arbeitskräften machten und nicht genug unternehmen würden, um Briten auszubilden. Daraufhin gab es einen empörten Aufschrei der Wirtschaft und des liberalen Großbritannien. In einigen Fällen wurde es so absurd, dass man sogar Vergleiche mit der Verfolgung von Juden im nationalsozialistischen Deutschland zog. Der Vorschlag wurde denn auch schnell zurückgezogen. Auch in diesem Fall ergab eine YouGov-Umfrage eine breite Mehrheit für den Vorschlag. 59 Prozent unterstützten ihn, darunter eine knappe Mehrheit potenzieller Labour-Wähler. 26 Prozent waren dagegen. Das entspricht in etwa meiner Schätzung über die Verteilung von mobilen Anywheres und eher nicht-mobilen Somewheres in Großbritannien.

Sowohl Gordon Brown als auch Amber Rudd sprachen ein echtes Problem an. Seit den Achtzigerjahren ist die britische Wirtschaft deutlich freier und effizienter geworden, aber damit geht auch eine Schwächung der Idee vom „nationalen Corporate Citizen" einher, der impliziten Verpflichtung zur Ausbildung und Beschäftigung britischer Bürger. Je globaler und weniger fest verwurzelt große Firmen sind, desto mehr glauben Arbeitgeber, sie hätten die absolute Freiheit, ausgebildete (und in manchen Fällen auch unausgebildete) Arbeitskräfte zu importieren. Im größten Produktionssektor Großbritanniens, der Lebensmittelindustrie, stammt heute mehr als ein Drittel der Arbeitskräfte aus Osteuropa. Vor zehn Jahren lag ihr Anteil bei praktisch Null. Der Labour Party ist es nicht mal eingefallen, das zu beklagen.

Wirtschaftliche Eigeninteressen und ein progressives Weltbild mit seiner Betonung von Offenheit, Rechten und Gleichheit haben sich von den weit verbreiteten Vorstellungen von Wirtschaftsgerechtigkeit abgekoppelt. Und diese Vorstellungen ziehen den nationalen Aspekt nach wie vor mit in Betracht. Diese Abkoppelung aber schadet der europäischen Sozialdemokratie ganz erheblich.

Im weiteren Sinne wird anhand dieser Beispiele klar, wie groß die Kluft geworden ist zwischen dem säkularen, liberalen Babyboomer-

Anywhere-Weltbild, das unsere Partei-, Regierungs- und Gesellschaftsinstitutionen beherrscht, und den Haltungen ganz normaler Bürger. Diese Differenz wirkt als Riss im Leben unserer Nation.

*

In den folgenden Kapiteln werde ich zunächst in *Kapitel 2* diese Kluft detaillierter beschreiben, die sich anhand zahlloser Meinungsumfragen nachweisen lässt. In *Kapitel 3* wird es darum gehen, die britische Situation in einen breiteren europäischen und amerikanischen Kontext zu setzen.

In den darauffolgenden Kapiteln werde ich mir verschiedene Lebensbereiche vornehmen und zeigen, inwiefern sich die Perspektiven und Interessen der mobilen Eliten vom Rest der Bevölkerung unterscheiden. *Kapitel 4* beschäftigt sich mit Globalisierung, europäischer Integration und Nationalstaat. *Kapitel 5* betrachtet die Themen Einwanderung, Integration und die Verhältnisse in London. *Kapitel 6* wirft einen Blick auf das Bildungssystem und den Niedergang nichtakademischer Beschäftigung. *Kapitel 7* beschäftigt sich mit der Leistungsgesellschaft und ihren Verlierern. *Kapitel 8* betrachtet die Veränderungen des Familienlebens.

All dies sind große Themen, über die bereits ganze Bibliotheken geschrieben worden sind. Ich nehme nicht für mich in Anspruch, Experte auf einem dieser Gebiete zu sein, aber ich hoffe sehr wohl, dass ich neues Licht darauf werfen kann, indem ich sie durch eine Anywhere-Somewhere-Brille betrachte.

Das *Kapitel 9* schließlich versucht einen Ausblick und plädiert für eine neue politische Verständigung, die den Somewheres in unseren Anywhere-designten offenen Gesellschaften wieder mehr Raum gibt.

2 Anywheres und Somewheres

Unmittelbar nach dem Brexit-Referendum konnte man ein Klagelied darüber hören, dass Großbritannien in zwei Nationen gespalten worden sei. Diejenigen, die für den Brexit gestimmt hatten, wurden als Verlierer bezeichnet: Abgehängte, die weiße Arbeiterklasse der Midlands und des Nordens, dazu die Alten und auch die Torys aus dem Süden des Landes. Ihre Erfahrungen und ihr Weltbild wichen radikal von denen der Befürworter für den Verbleib in der EU ab, die als gesellschaftliche Gewinner galten: optimistisch, gebildet, Mittelschicht aus den großen Zentren und den Universitätsstädten.

Als der Staub sich gelegt hatte, wurde diese Polarisierungsgeschichte durch einen nuancierteren Blick auf die vielen verschiedenen britischen „Stämme" und ihre inneren Spaltungen in Frage gestellt – dieses komplexe Patchwork sozialer, ökonomischer und kultureller Unterschiede, wie der Thinktank *British Future* es nannte.[1] Man konnte feststellen, dass nur 37 Prozent der Labour-Anhänger für den Brexit gestimmt hatten, ebenso die Mehrzahl der Bewohner staatlicher Sozialwohnanlagen und diejenigen, die ihre Hypotheken bereits abgezahlt hatten. Und man konnte feststellen, dass es große abweichende Minderheiten von etwa 40 Prozent in den Hochburgen der beiden Lager gab: 40 Prozent der Bewohner von London und Schottland hatten für den Brexit gestimmt, 40 Prozent im Nordosten und den westlichen Midlands dagegen.

Trotzdem findet man in den ersten Reaktionen auf eine Situation oft fundamentale Wahrheiten. Die Abstimmung über den Brexit hat in der Tat eine klare Spaltung der britischen Gesellschaft ans Licht gebracht. Diese Spaltung hat nicht nur mit sozialen Schichten zu tun, obwohl die Brexit-Abstimmung vermutlich die am stärksten klassenbezogene politische Entscheidung während meiner Lebenszeit gewesen ist: Die Ablehnung des Brexit war mit 57 Prozent in den obersten gesellschaftlichen Schichten (A und B) am höchsten und in den untersten Schichten (C2, D, E) mit 36 Prozent am niedrigsten. Die Mittelschicht (C1) stimmte zu 49 Prozent für einen Verbleib in der EU.[2]

Die Trennlinie hat mit Bildung und Mobilität zu tun, tatsächlich aber betrifft sie die Kombination aus beiden. Der stärkste Faktor bei der Frage, ob jemand für einen Verbleib in der EU stimmte, war weder Wohlstand noch beruflicher Status, sondern der Bildungsabschluss. Mehr als zwei Drittel der Wähler mit einem Hochschlussabschluss stimmten für den Verbleib.[3]

Es gibt immer noch viele Dinge, die uns als Land einen. Die meisten Menschen akzeptieren das Fortbestehen und die Bedeutung des Nationalstaates, auch wenn die liberaleren Menschen ihn in erster Linie als eine Interessengemeinschaft betrachten, die sich um Steuern, öffentliche Dienstleistungen und Regeln für das Zusammenleben dreht – und nicht als eine identitätsstiftende Gemeinschaft. Viele der sogenannten „Abgehängten" akzeptieren einen erheblichen Teil der „großen Liberalisierung", von der ich im ersten Kapitel sprach, was ihre Haltung zu ethnischer Herkunft, Sexualität und Geschlecht angeht, auch wenn sie selbst alles andere als liberal eingestellt sind. Tatsächlich werden auch die groben Linien unserer Politik einschließlich einer relativ freien Marktwirtschaft mit einem starken Staat und einer starken Gesellschaft – geprägt von einem freiheitlichen und egalitären Ethos – von der großen Mehrheit akzeptiert.

Trotzdem glaube ich, dass die Brexit-Abstimmung so endete, wie sie endete, weil wir uns in der vergangenen Generation zu sehr in getrennte und einander kaum noch verstehende kulturelle Blöcke geteilt haben – eben jene zwei Stämme, die ich als Anywheres und Somewheres bezeichne.

Man sieht es zum Beispiel daran, was uns wütend macht. Als Nigel Farage sagte, er fühle sich unwohl in einem Eisenbahnwaggon, in dem niemand Englisch spricht, hallte die Empörung der Anywhere-Medien tagelang nach, obwohl nach meiner Beobachtung 60 bis 70 Prozent der Menschen im Land der Ansicht waren, er hätte vollkommen recht. Andererseits regten sich die Somewheres wahnsinnig auf, als Jeremy Corbyn bei einem seiner ersten Auftritte als Labour-Vorsitzender die Nationalhymne nicht mitsang. Die Anywheres hielten sein Verhalten eher für amüsantes Medienfutter.

In einer freien Gesellschaft gibt es viele einander widerstreitende Wertvorstellungen und Meinungen, aber wenn die Kluft zu groß wird, vor allem die Kluft zwischen der herrschenden Klasse und dem Rest, dann sind Schocks und Gegenreaktionen wie der Brexit vorprogrammiert.

Ich bin oft irritiert vom Mangel an Sensibilität der Anywheres dafür, dass ihre Ansichten für den Durchschnitt der Somewheres regelrecht verschroben wirken. Um das zu illustrieren, lassen Sie mich eine Szene beschreiben, die ich in den letzten Jahren nur allzu oft erlebt habe.

Ende 2015 nahm ich an einer Konferenz zum Thema Flüchtlingskrise teil. Es handelte sich um eine große Versammlung, bei der zahlreiche Experten alarmierende Blicke auf die europäischen Süd- und Ostgrenzen warfen, die sich zu dieser Zeit zunehmend so darstellten wie eine europäische Version der Grenze zwischen den USA und Mexiko.

An mehreren Punkten während der zweitägigen Diskussion sprachen die Forscher, Vertreter von NGOs und Regierungsbeamte über die Flüchtlingsströme, als wären sie Generäle, die Truppen über ein Schlachtfeld bewegten. So gibt es beispielsweise auf dem westlichen Balkan und in den 40 größten afrikanischen Städten einen enormen Jugendüberschuss. Gleichzeitig altert die Bevölkerung in einigen westeuropäischen Ländern in rasantem Tempo. Da wäre es doch prima, argumentierten einige Delegierte, wenn wir es den jungen Leuten aus Afrika und vom Balkan leichter machen würden, zu den alten Leuten nach Europa zu ziehen. Daraus könne mühelos eine Win-win-Situation entstehen – wenn die europäischen Politiker nur endlich Führungsstärke zeigen würden. Will sagen, wenn sie sich dazu entschließen könnten, die öffentliche Meinung stärker zu ignorieren.

Und tatsächlich schienen zahlreiche Teilnehmer diese Idee zu unterstützen, eine Idee, die geflissentlich übersieht, dass es so etwas wie eine Gesellschaft gibt. Gesellschaften sind nicht nur Ansammlungen von Individuen, die zufällig in räumlicher Nähe zueinander leben und in die man ohne Weiteres Millionen von Menschen transplantieren kann.

Erfolgreiche Gesellschaften gründen sich auf Gewohnheiten in Bezug auf Kooperation, auf Wiedererkennbarkeit und Vertrauen und auf Gemeinsamkeiten in Sprache, Geschichte und Kultur. In der jüngeren Vergangenheit waren und sind solche erfolgreichen Gesellschaften auch relativ offen für die Bewegung von Ideen und Menschen. Aber wenn unsere europäischen Gesellschaften, die Millionen von Flüchtlingen so anziehend erscheinen, weiterhin gedeihen sollen, dann brauchen sie ein gewisses Gespür gegenseitiger Achtung.

Und das heißt, der Zustrom von Menschen muss auf ein Maß begrenzt bleiben oder werden, das es möglich macht, Menschen in jenes schwer zu definierende Ding aufzunehmen, das wir „nationale Kultur“ oder „Way of Life“ nennen.

Die meisten Menschen in Großbritannien und im übrigen Europa empfanden angesichts der verzweifelten Flüchtlinge im Sommer 2015 zunächst einmal Mitgefühl. Viele von ihnen reagierten individuell, indem sie an Hilfsorganisationen spendeten, und die meisten wünschten sich, dass ihre Regierungen etwas taten, was die Not linderte. Aber dieses Mitgefühl hat klare Grenzen finanzieller und emotionaler Art. Die meisten von uns möchten gern großzügig bleiben, ohne weitere Ströme zu ermutigen und ohne einen Schaden für die gesellschaftliche und kulturelle Infrastruktur unseres Landes zu riskieren. Die starke reguläre Einwanderung der letzten Jahre hat dazu geführt, dass Großbritannien ohnehin schon Mühe hat, einige Gruppen von Neuankömmlingen richtig zu integrieren. Das gilt besonders stark für Menschen aus traditionellen, häufig muslimischen Gesellschaften.[4]

Eigentlich sollte das selbstverständlich sein, vor allem für die Idealisten, die sich auf der erwähnten Konferenz versammelt hatten – die meisten von ihnen waren eher im linken politischen Spektrum angesiedelt. Doch beim Thema Einwanderung gibt die Linke ihre normalerweise sehr ausgeprägten sozialen und gemeinschaftsorientierten Instinkte auf zugunsten eines libertären Individualismus. Warum können wir nicht weitere hunderttausend Verzweifelte aufnehmen? Was heißt schon Integration, wohin müssen sie denn integriert werden? Wir sind doch alle nur Individuen, menschliche Einzelwesen, oder? Der Universalismus der Linken, der auf ihrer historischen Verpflichtung auf die Gleichheit aller Menschen basiert, äußert sich hier nicht anders als der Individualismus der liberalen Rechten, die behauptet, es gäbe so etwas wie Gesellschaft gar nicht.

Doch wir wissen nicht nur, dass es so etwas wie Gesellschaft sehr wohl gibt, wir wissen auch, dass gute Gesellschaften von einem hohen Maß an Vertrauen und – akademisch gesprochen – Sozialkapital geprägt sind. Von Netzwerken und Institutionen, die es allen erleichtern, im Interesse des Gemeinwohls zu handeln. Der amerikanische Politologe Robert Putnam hat, wenn auch zögernd, zugegeben, dass hohe Einwanderungsquoten und eine starke ethnische Diversität das gegenseitige Vertrauen und die Vertrautheit mindern, zumindest kurzfristig und vor allem dann, wenn die Zuwanderer aus kulturell stark differierenden Regionen stammen. Die Integration von 100.000 Australiern stellt sich anders dar als die Integration von 100.000 Afghanen.

Rasch ansteigende Diversität kann auch die Bereitschaft verringern zu teilen. Die meisten Menschen teilen nämlich eher mit anderen, wenn sie eine gewisse Gemeinsamkeit spüren. Dabei geht es nicht um eine gemeinsame Herkunft oder Religion, aber irgendeine Gemeinsamkeit muss sein, zum Beispiel gemeinsame Interessen oder Erfahrungen.

Wir müssen nicht alle gleich sein oder die gleichen Wertvorstellungen haben, um einen öffentlichen Raum erfolgreich zu teilen. Nationale Gesellschaftsverträge und Wohlfahrtsstaaten sind schließlich in einem Europa entstanden, das durch Klassen und Religionen scharf geteilt war. Aber wir brauchen ein Gefühl von nationaler Solidarität, einem gemeinsamen Schicksal, das die Unterschiede überbrückt.

Ethnische Unterschiede können im nationalen „Wir" absorbiert werden, aber so etwas geht weder schnell noch leicht, und liberale Gesellschaften zögern, hier Tempo zu machen. Es zeigt sich, dass ethnisch heterogene Gesellschaften eine geringere Bereitschaft zur Umverteilung zeigen und deshalb schwächere Wohlfahrtssysteme haben.[5] Dies zeichnet sich nun in Europa ab, nachdem es in den USA schon lange offensichtlich ist. Trumps wütender Widerstand gegen Obamacare zeigt das ganz deutlich, und die weit verbreitete Wahrnehmung, die mehrheitlich weißen Vororte und Kleinstädte würden dazu gezwungen, die mehrheitlich nicht-weißen Innenstädte mit ihren Versicherungsbeiträgen zu subventionieren, gilt als ein weiterer Grund für seinen Wahlsieg.[6]

Und was, wenn die Kluft zwischen Anywheres und Somewheres selbst zu dem Gefühl beiträgt, wir seien keine geeinte Gesellschaft mehr? Wenn gesellschaftliche Klassen immer weiter verschwimmen, aber eine neue Kluft entsteht, die der Bildung und Mobilität geschuldet ist? Durch große gesellschaftliche Gruppierungen, die die Gefühle der anderen zu einigen der wichtigsten Probleme unserer Zeit nicht mehr verstehen?

Die Polarisierung zwischen den Weltbildern von Anywheres und Somewheres fühlt sich für viele Menschen zu krass an, vor allem dann, wenn sie selbst das Gefühl haben, einen Mix von Anywhere- und Somewhere-Werten zu repräsentieren. Selbstverständlich ist jeder Mensch ein individuelles politisches Wesen mit einem ganz eigenen Mix von Ansichten und Werten. Aber wir sind auch ein Ergebnis unserer Umstände und Erfahrungen, wir sind Mitglieder von Familien, gesellschaftlichen Gruppen, Bildungs- und Fähigkeitsgruppen. All das hinterlässt Spuren in uns, oft ohne dass wir es merken, und führt dazu, dass wir einer Gruppe zuneigen.

Die Wertecluster, die ich beschreibe, sind nicht mit den statischen älteren Unterscheidungen in wirtschaftliche Klassen und Links-Rechts-Kategorien zu vergleichen, sondern durchschneiden diese Gruppierungen in unvorhersehbarer Weise. Es ist durchaus möglich, ein plan- oder marktwirtschaftlich orientierter Anywhere oder Somewhere zu sein. Beide Wertecluster bilden ein Spektrum, Anywheres und Somewheres gibt es in allen möglichen Formen und Größen, und ja, es gibt eine relativ große Gruppe, die dazwischen liegt, nach meiner Schätzung etwa ein Viertel der Bevölkerung.

Doch all diesen Einschränkungen zum Trotz spiegeln die beiden „Stämme“ die Realität der zentralen Kluft zwischen Weltbildern in Großbritannien und sind als Kategorien hilfreich, wenn es darum geht, wichtige Aspekte der heutigen Politik zu erklären, darunter auch den unerwarteten Ausgang des Brexit-Referendums. Die Grundzüge habe ich bereits im ersten Kapitel dargelegt, hier will ich noch stärker ins Detail gehen.

Der typische Anywhere ist ein Hochschulabsolvent mit liberalen Ansichten. Man findet ihn in den Unterstützergruppen aller Parteien, aber besonders häufig bei den „Progressiven“: Labour, Liberal Democrats, Greens (in Schottland auch bei der SNP). In der Regel gehören Anywheres zu der mobilen Minderheit, die eine Universität außerhalb ihrer Heimatstadt besucht und dann einen entsprechenden Beruf ergriffen hat, in der Regel ohne in ihre Heimatstadt zurückzukehren. Diese Anywheres bewegen sich einkommensmäßig im obersten Viertel des Spektrums, und es gibt unter ihnen überproportional viele Menschen mit einem hohen Gefühl von Verantwortung für die Gesamtgesellschaft. Sie dominieren die Gruppe der Entscheider und beeinflussen die öffentliche Meinung. Der linke Flügel findet sich im Gesundheits- und Bildungswesen, in den Medien und im Kreativbereich, der rechte Flügel im Finanz- und Wirtschaftsbereich sowie in traditionellen freien Berufen, also unter Juristen und Steuerberatern. In London und den anderen Metropolen wie auch in Universitätsstädten gibt es besonders viele Anywheres.

Und so sieht, auf einen kurzen Nenner gebracht, ihr Weltbild aus: Sie begrüßen Veränderungen und hängen keinen nostalgischen Gedanken an ein verlorenes britisches Empire nach. Sie unterstützen voll und ganz egalitäre und meritokratische Haltungen zu ethnischer Herkunft, Geschlecht und sexueller Orientierung, manchmal auch zur Klassenherkunft. Und sie sind der Ansicht, dass hier noch viel zu tun ist. In der Mehrheit geht es ihnen nicht um eine Welt ohne Grenzen, aber sie sind Individualisten und Internationalisten ohne starke Bindungen an Gruppenidentitäten, auch nicht an nationale. Sie entscheiden sich eher für Autonomie und Selbstverwirklichung als für Stabilität, Gemeinschaft und Tradition.

Der durchschnittliche britische Somewhere gehört zur mittleren Einkommensgruppe, hat einen mittleren Bildungsabschluss und kein Abitur. Bei Wahlen neigen Somewheres eher zu den Konvervativen und zur UKIP. Viele haben früher Labour gewählt. In ihrer Mehrheit befinden sie sich nach ihrem Einkommen und gesellschaftlichem Status in den unteren drei Vierteln des Spektrums und haben in der Regel keine höhere Bildung. Die Somewheres machen eine zahlenmäßig viel größere Gruppe aus und sind viel weiter verbreitet als die Anywheres, aber ihre politische Bedeutung ist schwächer. Sie sind eher älter und stammen aus den stärker verwurzelten mittleren und unteren Gesellschaftsschichten, aus kleinen Städten oder Vorstädten, wo fast 40 Prozent der Bevölkerung unseres Landes leben, oder aus den früheren Industrie- und Fischereiregionen.

Ihr Weltbild lässt sich in etwa folgendermaßen zusammenfassen: Sie begrüßen Veränderungen nicht so ohne Weiteres. Ältere Somewheres blicken voller Nostalgie auf das alte Großbritannien zurück. Sicherheit und Vertrautheit sind ihnen sehr wichtig, und ihre Gruppenbindung ist stark ausgeprägt, sowohl in lokaler als auch in nationaler Hinsicht. Somewheres, vor allem die jüngeren, akzeptieren die Entwicklungen auf dem Gebiet der Gleichberechtigung, halten aber nach wie vor an traditionellen Familienformen fest und sind misstrauisch, wenn „alles geht“. Abgesehen von einem kleinen harten Kern unterstützen sie autoritäre Herrschaftsformen nicht, aber sie bedauern, dass die Welt nicht mehr so strukturiert und an Traditionen gebunden ist wie früher.

Weltbilder sind unscharf an den Rändern und verändern sich, aber ich schätze – und werde das im Folgenden noch genauer ausführen – dass etwa 30 Prozent der britischen Bevölkerung im Wesentlichen das soeben beschriebene Anywhere-Weltbild teilen. Etwa 5 Prozent gehören wohl zu der extremeren Untergruppe der „Global Villagers". Die Somewheres machen etwa die Hälfte der Bevölkerung aus, wobei die Untergruppe der sogenannten harten Autoritären und intoleranten Frommen bei 5 bis 7 Prozent liegen dürfte. Das restliche Viertel der Bevölkerung gehört keiner der beiden Gruppen an. Ähnliche Muster existieren in vielen anderen entwickelten Ländern, wie ich im nächsten Kapitel noch ausführen werde. Doch meine Unterscheidung in Anywheres und Somewheres beruht auf Erfahrungen in Großbritannien.

Die Haltung zur Einwanderung ist wohl zum größten einzelnen Lackmustest zwischen Anywhere und Somewhere geworden und steht inzwischen für eine allgemeinere Haltung gegenüber gesellschaftlichen Veränderungen, bei denen sich die Menschen noch wohlfühlen oder das Gefühl haben, sie würden davon profitieren – oder eben nicht.

Dass bereits im Jahr 2013 mehr als 75 Prozent der britischen Bevölkerung der Ansicht war, es sei besser, die Einwanderung in Teilen oder deutlich zu begrenzen, legt den Schluss nahe, dass selbst bei den Anywheres und in der Zwischengruppe einige in dieser Frage das Lager gewechselt haben.[7] Aber im Großen und Ganzen stimmen die Zahlen gut mit meiner Schätzung über den Anteil der Gruppen überein: 56 Prozent wünschten sich eine deutliche Begrenzung der Einwanderung – die Somewheres. 22 Prozent wünschten sich eine leichte Begrenzung – die Zwischengruppe. Und 22 Prozent wollten keine Veränderung oder wünschten sich mehr Zuwanderung – die Anywheres.[8]

Beim Blick auf Gesellschaftsschicht und Bildung finden sich entsprechende Effekte. In der jüngeren Generation ist der Anteil derer mit einem Hochschulabschluss inzwischen so groß, dass sie auf keinen Fall alle zu den Anywheres gehören können. Immerhin 30 Prozent der Hochschulabsolventen wünschten sich eine starke Begrenzung der Zuwanderung. Bei den Befragten ohne höhere (oder ganz ohne) berufliche Qualifikation lag der Anteil jedoch bei 70 Prozent. Und auf der anderen Seite der Skala finden sich 40 Prozent der Hochschulabsolventen, die die Zuwanderung nicht begrenzen oder noch erhöhen wollen – bei denjenigen ohne höheren Schulabschluss liegt der Wert bei lediglich 15 Prozent.

Ähnliche Ergebnisse zeigen sich bei Befragungen zum Thema EU. Auch hier wird die Begeisterung der Minderheit durch die Skepsis der Mehrheit gedämpft. Im Jahr 2013 wurde gefragt, ob die Menschen glaubten, Großbritannien profitiere von der EU-Mitgliedschaft. Die Antworten waren auf einer Fünf-Punkte-Skala zu geben. Nur 21 Prozent der Befragten kreuzten die beiden obersten positiven Kästchen an, während 67 Prozent der Ansicht waren, Großbritannien profitiere nur mäßig oder ein bisschen von der EU. Lediglich 12 Prozent waren der Ansicht, das Land profitiere überhaupt nicht von der EU-Mitgliedschaft.[9]

Eine im gleichen Jahr durchgeführte Befragung zum Thema: „Würde Großbritannien seine Identität verlieren, wenn mehr Menschen aus Osteuropa, vor allem aus Polen und Lettland, ins Land kämen?“ ergab im Wesentlichen dieselbe Verteilung. 60 Prozent stimmten stark beziehungsweise teilweise zu; 24,2 Prozent lehnten die Aussage stark oder teilweise ab. Und ebenfalls im gleichen Jahr erklärten wieder 24,2 Prozent der Befragten, sie fühlten sich Europa sehr oder ziemlich verbunden, während 76,2 Prozent sagten, sie fühlten sich Europa nicht sehr oder gar nicht verbunden.[10]

Das Ergebnis des Brexit-Referendums mit seinen 52 Prozent für den Austritt und 48 Prozent für den Verbleib stimmt längst nicht so klar mit meiner Gruppierung in Somewheres und Anywheres überein. Fast alle Anywheres stimmten für den Verbleib, aber auch die meisten Angehörigen der Zwischengruppe und einige Somewheres. Vielleicht berücksichtigten sie die wirtschaftlichen Argumente besonders stark, fürchteten den Schritt ins Unbekannte oder waren nach wie vor bereit, den Experten zu glauben. Aber die Werte, Haltungen, Vorlieben und Gefühle der meisten Brexit-Befürworter decken sich weitgehend mit dem Weltbild der Somewheres.

Wenn man sich die politischen Schlagzeilen der letzten etwa zehn Jahre ansieht, wird rasch deutlich, wie unterrepräsentiert dieses Weltbild war. Die Liste politischer Entscheidungen und Themen, die mit Anywhere-Denken und Anywhere-Interessen übereinstimmen, ist lang: 2003 wurde entschieden, den britischen Arbeitsmarkt für Osteuropäer zu öffnen, sieben Jahre vor dem durch die EU festgelegten Termin. 2007 wurde dem Beitritt von Rumänien und Bulgarien zugestimmt, den Tony Blair heftig gefordert hatte, sogar gegen den Wunsch der EU-Kommission. Es gab starke Unterstützung für mehr globale Wirtschaftsintegration, nicht zuletzt durch die TTIP-Verhandlungen. Die „Ehe für alle" wurde unterstützt (übrigens auch von einigen Somewheres). Die Entwicklungshilfeausgaben wurden drastisch gesteigert, es gab eine Ausweitung des höheren Bildungswesens einschließlich großer finanzieller Zuwendungen, in London wurde stark in Infrastruktur und Kultur investiert, und es kam zu einer hohen Subventionierung erneuerbarer Energien und einer ständigen Steuererhöhung für fossile Brennstoffe (beides geht inzwischen wieder zurück).

Sieht man sich dagegen die Liste der von Somewhere-Denken und -Interessen inspirierten politischen Entscheidungen an, so fällt sie deutlich kürzer aus. Dazu gehören der Sonderstatus Großbritanniens in der EU; die Zuwanderungsbeschränkung aus Nicht-EU-Ländern ab 2010; Strafrechtsverschärfungen, die zu einer größeren Zahl von Häftlingen geführt haben; die Deckelung der staatlichen Sozialausgaben; die Einführung einer Sicherung des Existenzminimums (die allerdings auch von einigen Anywheres unterstützt wird); und schließlich der viel zu späte Versuch, die betriebliche Berufsausbildung wiederzubeleben.

Im Verlauf dieses Kapitels werde ich noch zeigen, wie die beiden Gruppen und ihre Untergruppierungen sich in zahlreichen Umfragen zu Werten und Haltungen der britischen Bevölkerung immer wieder deutlich äußern. Aber zunächst wollen wir einen kurzen Blick auf das werfen, was wir über den Wertewandel in entwickelten Gesellschaften wissen.

Der Niedergang (nicht der Tod!) traditioneller Werte

Die meisten wissenschaftlichen Studien über die Entwicklung von Werten im Verlauf der Zeit sehen zumindest in Europa und Nordamerika den Anywhere-Liberalismus auf dem Vormarsch. Die detaillierteste Untersuchung ist die *World Values Survey*, die seit Anfang der Achtzigerjahre in sechs „Wellen" ihre Ergebnisse veröffentlicht. Sie bestätigt den Trend nach wie vor.[11] Es ist noch nicht klar, ob Donald Trumps Wahlsieg und der Brexit Anzeichen einer Verlangsamung oder sogar Umkehrung dieses lang anhaltenden Trends zur Liberalisierung sind.

Ronald Inglehart, ein Pionier der Thorie des Wertewandels, argumentiert, dass im Zuge der Industrialisierung von Ländern die traditionellen Werte von Religion und Achtung vor Autoritäten verdrängt werden von säkularen und rationalen Prioritäten. Dies geschieht zunächst in der Gruppe der Gebildeten. Und wenn Gesellschaften reicher werden, klammern sie sich nicht mehr so stark an „Überlebenswerte", also Sicherheiten, wie man sie in der Familie, im eigenen Stamm oder in anderen festen Gruppen findet. Stattdessen gewinnen Selbstverwirklichung und „emanzipative Werte" an Bedeutung. Diese neuen Werte legen Gewicht auf Rechte und Wohlbefinden nicht nur für den Einzelnen, sondern für alle. Und je mehr der Existenzdruck schwindet, desto offener wird das Denken, sodass die Menschen „Freiheit vor Sicherheit, Autonomie vor Autorität, Diversität vor Uniformität und Kreativität vor Disziplin" setzen, wie Christian Welzel in seinem Buch *Freedom Rising* schreibt.[12] Allerdings scheinen diese Aussagen auf Afrika, Südasien und den Nahen Osten weniger zuzutreffen.

All dies sind klassische Anywhere-Haltungen, aber selbst in reichen Gesellschaften werden sie nur von einer Minderheit vertreten. Tatsächlich handelt es sich um eine Subkultur, die von einer Gruppe amerikanischer Kulturpsychologen als WEIRD bezeichnet wird: Das Akronym WEIRD steht für Western (westlich), Educated (gebildet), Industrialized (industriell), Rich (reich) und Democratic (demokratisch). Diese Menschen neigen zu einem moralischen Universalismus und misstrauen starken nationalen Loyalitäten. Wie die *World Values Survey* betont, neigen sie auch dazu, den Themen Autonomie und Selbstverwirklichung hohe Bedeutung zuzumessen. Sie machen sich Sorgen um soziale Gerechtigkeit und Fairness und misstrauen allen Appellen an Religion, Tradition oder die Natur des Menschen, um Abweichungen von der Gleichbehandlung zu rechtfertigen. Unterschiede zwischen Männern und Frauen beispielsweise werden als kulturell und nicht biologisch bedingt angesehen.

Wir haben es hier mit dem säkularen, liberalen Babyboomer-Weltbild in Reinkultur zu tun – einem in vielerlei Weise attraktiven und nachvollziehbaren Weltbild, das aus historischen Gründen – die mit dem Empire und dem postimperialen Schuldgefühl zu tun haben – außergewöhnlich fest in den kulturellen und politischen Eliten Großbritanniens verwurzelt ist. In großen Teilen der akademischen Bildung und weiten Teilen der Medien ist dieses Weltbild der Regelfall.

Aber es ist nicht damit zu rechnen, dass dieses Weltbild jemals die Mehrheit der Bevölkerung erreichen wird. Die meisten traditionellen Gesellschaften sind „soziozentrisch", das heißt, sie stellen die Bedürfnisse von Gruppen und Institutionen in den Vordergrund. Die meisten reichen Gesellschaften heutzutage sind aber „individualistisch", stellen also die Gesellschaft in den Dienst des Individuums. Und doch finden sich in den Instinkten und moralischen Empfindungen der Menschen selbst in solchen Ländern, die zur individualistischen Moderne durchgebrochen sind, deutliche Spuren der soziozentrischen Vergangenheit.

In zahllosen populärwissenschaftlichen Veröffentlichungen ist darauf schon hingewiesen worden, zumal seit es wieder ein verstärktes Interesse an Darwin und der evolutionären Psychologie gibt. Der Mensch ist kein unbeschriebenes Blatt und stimmt im Kern nur teilweise mit dem WEIRD-Weltbild überein. Wir sind nach wie vor auch Primaten, die in Gruppen leben, und unsere Moralpsychologie wird nach wie vor von den Kräften der Evolution geformt.

Das Problem der Anywhere-Liberalen ist nun aber, dass die konservativen Somewheres das besser verstehen. Wie ein konservativer Freund es ausdrückte: „Wir haben die moderne Wissenschaft gebraucht, um uns daran zu erinnern, was unsere Großeltern einfach so wussten." Ein bahnbrechendes Buch von Jonathan Haidt, eins von vielen aus den USA, die Populärwissenschaft und politische Spekulation miteinander verbinden, trägt den Titel *The Righteous Mind.*[13] Und es erklärt, warum das so ist.

Haidt war ein Liberaler, der anfing, sich mit politischer Psychologie zu beschäftigen, um seine politische Gruppe im Wettbewerb mit den Konservativen zu unterstützen, effektiver zu werden. Auf dem Weg dorthin wurde er zu einem Zentristen, der glaubt, dass jede Seite einige Wahrheiten sieht und andere ignoriert.

Haidts grundlegende Einsicht ist einfach, aber mächtig: Moral beruht auf vielen Grundlagen und psychologischen Systemen, und die Konservativen verstehen mehr von diesen Grundlagen als die Liberalen. Liberale sind sehr empfindlich, wo es um Schaden und Leid geht (was unsere Fähigkeit zum Mitgefühl und zum Kümmern anspricht), ebenso in Sachen Fairness und Ungerechtigkeit (was unseren angeborenen Instinkt zur Gegenseitigkeit betrifft). Alle menschlichen Kulturen reagieren auf diese beiden Themenblöcke, aber die meisten reagieren emotional auch auf drei weitere Faktoren: Loyalität der eigenen Gruppe gegenüber, Autorität und eigener Glaube.

Und Haidt schreibt: „Es ist, als könnten die Konservativen fünf Oktaven Musik hören, während die Liberalen nur zwei wahrnehmen, diese aber besonders detailliert." Das bedeutet nicht, dass die Liberalen zwangsläufig falsch liegen, aber es bedeutet, dass sie sich zu sehr auf materielle Gewinne und Verluste konzentrieren und oft mehr Schwierigkeiten haben, Konservative zu verstehen als umgekehrt.

Die Idee, etwas sei heilig, ist für Liberale besonders schwer verständlich. Dabei geht es nicht unbedingt um Religion, sondern um die Vorstellung, dass einige Dinge unantastbar oder tabu sein sollten, unabhängig von ihrer Wirkung. Wenn die einzig bedeutungsvollen moralischen Konzepte Leid und Ungerechtigkeit sind, lassen sich konservative Vorbehalte gegen – zum Beispiel – Fluchen in der Öffentlichkeit, Ehrfurcht vor der Flagge oder die meisten heutigen biomedizinischen Kontroversen kaum nachvollziehen.

Haidt und seine Kollegen haben diese moralischen Empfindlichkeiten nicht aus der Luft gegriffen. Er erklärt die evolutionären Wurzeln der verschiedenen Empfindungen aus der Fachliteratur, hat sie aber auch in Meinungsumfragen im Netz und persönlichen Interviews an vielen Orten weltweit überprüft.

Die Moral, sagt er, „bindet und blendet" zugleich. Genau deshalb hat sie es dem Menschen, im Unterschied zu den Tieren, möglich gemacht, große kooperative Gruppen, Stämme und Nationen zu bilden, ohne dass die Mitglieder dieser Gruppen miteinander verwandt sein müssen.

Haidts Buch wurde zum Teil als Mittel gegen die Polarisierung der US-Politik in den Neunzigerjahren geschrieben, die die Reaktion auf die Wahl Bill Clintons und das Erscheinen der liberalen Babyboomer auf der politischen Bühne kennzeichnete.

Der amerikanische Kulturkampf hat aber bereits früher begonnen, letztlich in den Sechzigerjahren, als die jungen Liberalen ihrem Zorn gegen das Leid in Vietnam und das Unrecht gegenüber Afroamerikanern freien Lauf ließen. Als jedoch einige von ihnen anfingen, sich antiamerikanisch, antiautoritär und antipuritanisch zu verhalten, empfanden das die Konservativen als Angriff und Entweihung ihrer heiligsten Werte.

Manche Konflikte sind unvermeidlich, und Haidt findet absolut nicht, dass die Liberalen aufhören sollten, liberal zu sein. Er geht aber davon aus, dass sie größeren politischen Erfolg haben könnten, wenn sie den Konservativen nicht ständig vorhalten würden, ihre moralischen Empfindungen seien falsch, und stattdessen den Versuch unternähmen, sie in eine liberale Richtung zu lenken, indem sie ihre Ängste so weit wie möglich verstehen und annehmen.

Wenn man beispielsweise in einer Region mit ethnisch gemischter Bevölkerung Integration und Gerechtigkeit stärken will, kann man nicht nur predigen, wie wichtig Toleranz ist, sondern muss die Entstehung einer gemeinsamen regionalen Identität fördern.

Zu Haidts Grundthese gibt es zwei Variationen. Die eine stammt von dem amerikanischen Konservativen Thomas Sowell. In seinem Buch *A Conflict of Visions* beschreibt er die liberale und die konservative Sicht der menschlichen Natur, die er als „uneingeschränkte" und „eingeschränkte" Sichtweisen bezeichnet.[14] Konservative gehen davon aus, dass Menschen Grenzen brauchen, um sich gut zu benehmen. Liberale gehen davon aus, dass Einschränkungen das Verhalten negativ beeinflussen. Wenn man die Welt ausschließlich aus einem dieser beiden Blickwinkel betrachtet, wird man immer wieder Bestätigungen dafür finden, die man als Tatsachen ansieht. Wir sprechen hier von einer sich selbst erfüllenden Prophezeiung.

Haidt selbst gibt einen nützlichen Überblick über die beiden Modelle Sowells in einem Artikel für das Center for Humans and Nature. Bei ihm liest sich die uneingeschränkte Weltsicht folgendermaßen: „Die Natur des Menschen ist formbar und lässt sich verbessern … indem man die gesellschaftlichen Voraussetzungen verbessert. Eine bessere Gesellschaft ist möglich, wenn die künstlichen Schranken aus dem Weg geräumt werden. Also müssen wir die Menschen von den kleinlichen Stammesloyalitäten befreien, die Misstrauen und Krieg hervorrufen."

Die eingeschränkte Weltsicht lässt sich so umschreiben: „Menschen brauchen äußere Einschränkungen, um sich gut zu benehmen, zu kooperieren und zu gedeihen. Diese Grenzen umfassen Gesetze,

Institutionen, Bräuche, Traditionen, Nationen und Religionen. Sie entstehen langsam und organisch, können aber schnell zerstört werden von radikalen Reformern, die ihren Wert nicht verstehen."[15]

Eine zweite Variante findet sich in Karen Stenners Arbeiten über autoritäre Strukturen. Sie untersuchte, auf welche Weise liberale Anywheres unbeabsichtigt extreme autoritäre Sichtweisen unter eigentlich gemäßigten Somewheres provozieren.

In ihrem Buch *The Authoritarian Dynamic* stellt sie fest, dass autoritäres Denken normalerweise kein stabiler Charakterzug ist. Es handelt sich eher um die Neigung, intolerant zu werden, wenn die eigenen Werte oder das Gefühl von Sicherheit und Zugehörigkeit bedroht sind.[16] Rasante Veränderungen im eigenen Lebensraum können ein solches Gefühl von Bedrohung für die moralische Ordnung hervorrufen.

Stenners Theorie erklärt „die scheinbar aus dem Nichts auftauchende Intoleranz, die in toleranten Kulturen ebenso entstehen kann wie in intoleranten und plötzliche Verhaltensänderungen hervorruft, die nicht auf sich langsam verändernde kulturelle Traditionen zurückgeführt werden können."

Möglicherweise ist das eine Erklärung für die Wahl von Donald Trump, die noch vor zehn Jahren unvorstellbar gewesen wäre, oder für das plötzliche Infragestellen von Multikulturalismus und Einwanderung in den Niederlanden im Jahr 2002 (*siehe Kapitel 3*). Oder auch für den Ausgang der Brexit-Wahl, wo doch ein halbes Jahr zuvor nur 35 Prozent der Briten einen Austritt aus der EU befürwortet hatten.

Stenner erkennt den Trend zu größerer Toleranz und Offenheit an, glaubt aber, dass er das Potenzial hat, heftige Gegenreaktionen zu provozieren. Und sie warnt: „Alle verfügbaren Erkenntnisse deuten darauf hin, dass alle Förderung von Diversität, alles Reden darüber und aller Beifall dafür – also für die wichtigsten Merkmale der liberalen Demokratie – der sicherste Weg sind, um diejenigen zu provozieren, die ihrer Grundstruktur nach zur Intoleranz neigen ... Paradoxerweise scheint das beste Mittel gegen Intoleranz darin zu bestehen, dass man ständig von Gleichförmigkeit spricht, sie vorführt, darüber spricht und regelrecht feiert, wie gleich wir doch sind ... Letztlich inspiriert nichts die Intoleranten zu mehr Toleranz als ein Überfluss an gemeinsamen und einigenden Überzeugungen, Ritualen, Institutionen und Vorgehensweisen."

Meine bereits erwähnten ehemaligen Mitstreiter in Oxford, O'Donnell und Thompson, werden sich jedoch wohl kaum auf Stenners Rat einlassen. Sie gehören zu jener elitären Gruppe von Anywheres, die ich als „Global Villagers" bezeichnet habe, einer kleinen Gruppe von nicht mehr als 3 bis 5 Prozent der Bevölkerung. Sie würden komplett offene Grenzen befürworten, wenn dies politisch machbar wäre, und sehen sich eher als Europäer oder Weltbürger denn als Briten (und schon gar nicht als Engländer).

Global Villagers sind die Leute, die Theresa May als „Bürger von Nirgendwo" bezeichnet hat. Sie sind oft säkular und mobil, oft (aber nicht immer) sehr erfolgreich und in der Regel Teil von internationalen Netzwerken. Manche leben in mehr als einem Land. Man findet sie in den obersten Etagen der Geschäftswelt, der freien Berufe und bei Akademikern. Ihre Ansichten werden niemals Regierungspolitik werden, aber sie haben einen unverhältnismäßig starken Einfluss auf das Meinungsklima und helfen, eher dem Mainstream zugehörige Anywheres zu noch größerer Offenheit zu bewegen.[17]

Die meisten von ihnen stehen politisch eher links, es gibt aber auch liberale Konservative, die so denken. In einer Radiosendung von BBC 4 über Entwicklungshilfe erklärte der frühere Tory-Minister und heutige Liberale Michael Portillo, wobei er vielleicht auch nur den Advocatus Diaboli spielte: „Es ist eigentlich recht altmodisch, über nationale Grenzen nachzudenken, und recht nationalistisch zu sagen, wir müssten Menschen helfen, die nur mäßig arm sind, aber zufällig in Großbritannien leben, statt denjenigen zu helfen, die bettelarm sind, aber eben weit weg leben."

Einige führende Wirtschaftsvertreter wie Martin Sorrell und Peter Sutherland gehören ebenfalls zu den Global Villagers. Sutherland, früherer Chef von Goldman Sachs und ehemaliger EU-Handelskommissar, erklärte im Jahr 2012 vor einem Ausschuss des britischen Oberhauses, die EU solle ihr Möglichstes unternehmen, „um die Homogenität ihrer Mitgliedsstaaten zu durchbrechen." Einwanderung sei von entscheidender Bedeutung für das wirtschaftliche Wachstum, „so mühsam es auch sein mag, das den Bürgern dieser Staaten zu erläutern."[18]

Die größte Gruppe entschiedener Global Villagers findet sich im Hochschulbereich und unter den Kreativen. Als Lehrbeauftragter des Nuffield College, Oxford, habe ich in den letzten sieben Jahren irgendwann aufgehört zu zählen, wie viele Global Villagers ich dort getroffen habe, sowohl unter den internationalen Postgraduierten als auch unter den anderen externen Universitätsleuten.

Die Global Villagers als Gruppe bringen die latent autoritär denkenden Somewheres auf die Palme. Sie tun das sogar in doppelter Hinsicht: Zum einen, indem sie aktiv eine politische Agenda verfolgen, die beispielsweise die Niederlassungsfreiheit innerhalb Europas fördert – die aber das Gefühl einer Bedrohung der nationalen gesellschaftlichen und moralischen Verträge hervorruft, auf deren Gültigkeit sich die Somewheres verlassen. Zum anderen dadurch, dass sie die Vertreter abweichender Meinungen als „schlicht und einfach rassistisch" bezeichnen.

Rassismus ist ein hochpolitisierter und häufig missbrauchter Begriff, der heute allzu oft für alle Arten von Rassenstereotypen und jede kleine Parteilichkeit gegenüber einer bestimmten Gruppe verwendet wird. In der bereits zitierten Anekdote von Chris Huhne bestand diese In-Group aus allen britischen Bürgern, unabhängig von Hautfarbe oder Glaubensbekenntnis. Aktivisten auf diesem Feld und Teile der Linken wünschen sich die breiteste und lockerste Definition von Gruppenzugehörigkeit, die überhaupt möglich ist, in dem Irrglauben, damit würde Rassismus eliminiert. Tatsächlich führt der Versuch, die Diskussion zu beenden, indem man an eines der letzten großen Tabus in den westlichen Gesellschaften appelliert, nur allzu oft dazu, Menschen voneinander zu entfremden und den Begriff Rassismus zu entwerten.

Indem man buchstäblich alles als Rassismus bezeichnet, von ethnischen Säuberungen bis hin zur Bevorzugung von einheimischen Staatsbürgern und der Erwähnung der Tatsache, dass Menschen aller Provenienz sich oft dort wohler fühlen, wo ihnen die Nachbarn vertraut sind, verliert der Begriff an Präzision und Kraft. Und am Ende werden Dinge in Frage gestellt, die die meisten Menschen als vollkommen normale menschliche Empfindungen ansehen.

Wir müssen viel vorsichtiger sein, wenn wir Begriffe suchen, um das Spektrum der Angst vor dem Unbekannten über das Stammesdenken bis hin zu echtem Fremdenhass zu beschreiben. Und selbst dort, wo es sich tatsächlich um Rassismus handelt, wo Feindseligkeit oder Verachtung für eine bestimmte Gruppe geäußert wird, geht es nicht nur um Hautfarbe oder Religion, sondern darum, was diese Hautfarbe oder jene bestimmte Art, sich zu kleiden, im Hinblick auf Werte, Verhaltensweisen oder Traditionen bedeuten und in welcher Weise sie die Normen des Mainstream in Frage stellen. „Diese moralischen Besorgnisse mögen realitätsfern sein und werden routinemäßig von Demagogen verstärkt. Wenn wir den jüngsten Aufstieg von rechtspopulistischen Bewegungen verstehen wollen, kann es nicht bei dem Begriff ‚Rassismus' enden. Hier muss die Untersuchung ansetzen", schreibt Jonathan Haidt.[19]

Hochschulen und Mobilität

Die Wertekluft, die in diesem Kapitel beschrieben wird, existierte in der ersten Hälfte des 20. Jahrhunderts und in den ersten Nachkriegsjahrzehnten in Großbritannien nicht oder längst nicht in diesem Ausmaß. Je nach Klasse, Region und Bildungsniveau lebten die Menschen in sehr unterschiedlichen Welten, was ihren Lebensraum und ihre wirtschaftlichen Verhältnisse anging, aber es gab starke gemeinsame Normen: ein gewisser Glaube an die christliche Lehre, ein starker, fast schon chauvinistischer Glaube an Großbritannien und bestimmte Vorstellungen über Geschlecht, ethnische Unterschiede und Sexualität, die man heute wohl als extrem konservativ betrachten würde.

Für die meisten Menschen änderte sich auch in den Sechzigerjahren nicht viel daran. Eine Meinungsumfrage des *New Society/ Opinion Research Centre* im Jahr 1969 forderte die Befragten dazu auf, einen Rückblick auf das vergangene Jahrzehnt zu machen und aus verschiedenen Möglichkeiten diejenigen Veränderungen herauszusuchen, die ihnen am besten und am wenigsten gefielen. Die Veränderung mit der stärksten Unterstützung (51 Prozent) war die „Verbesserung der Renten". Die Veränderungen, die am stärksten abgelehnt wurden, waren die Lockerung der Gesetze rund um Homosexualität, Scheidung und Abtreibung (26 Prozent) und die „Einwanderung von Farbigen" (23 Prozent). Die Zeitschrift *New Society* schloss daraus: „Sollte man nicht eher von den ‚vorsichtigen' als von den ‚swingenden Sechzigern' sprechen … Wenn die Sechzigerjahre für die Mehrheit der Briten überhaupt eine besondere Bedeutung hatten, dann weil sie in dieser Zeit eine Chance auf ein nicht zu armes, nicht zu unsicheres Leben bekamen."

Doch in dieser Zeit öffnete sich auch die Kluft innerhalb der Wertesysteme, vor allem in den Metropolen, an den Universitäten und in der Popkultur. Am stärksten sichtbar wurde dies in den Unterschieden zwischen den Jungen, Liberalen und Säkularen einerseits und den Alten, Autoritären und Christen auf der anderen Seite.

Die Unterschiede in Bezug auf Besitz und Klasse verschwanden nicht, wurden aber um Unterschiede hinsichtlich der Lebenserfahrung ergänzt, vor allem im Hinblick auf geografische und soziale Mobilität und auf das Bildungsniveau. Eines der wichtigsten Merkmale der letzten Jahrzehnte war die Annäherung der Gesellschaftsschichten auf wirtschaftlicher Ebene und mit Blick auf die Verteilung zwischen Links und Rechts – repräsentiert vielleicht durch die Unterstützung für New Labour auf dem Höhepunkt ihrer Popularität – und dem Auseinanderdriften bei gesellschaftspolitischen, moralischen und kulturellen Themen, wenn auch innerhalb eines breiteren liberalen Stroms.[20]

In fast allen Gesellschaften gibt es seit der industriellen Revolution eine Verbindung zwischen Wohlstand und Bildung und wiederum zwischen diesen beiden Faktoren und der Mobilität. Doch mit der Ausweitung der höheren Bildung nach dem Zweiten Weltkrieg wurde das, was früher nur eine kleine Elite betraf, allmählich zum Lebensstil einer viel größeren Gruppe, und dieser Trend hat sich über die Siebziger- und Achtzigerjahre hinweg bis in die 2000er Jahre fortgesetzt.

Es gab in der Vergangenheit viele kleine Gruppen aus der Intelligentsija, darunter beispielsweise die Bloomsbury Group im London der Zwanzigerjahre, die traditionelle, gesellschaftsbezogene Sichtweisen ablehnten und eher auf individuelle Freiheit und Autonomie setzten. Doch diese Form des Liberalismus blieb ein gesellschaftliches Randphänomen. Erst Ende des 20. Jahrhunderts sickerten die Forderungen aus den Sechzigerjahren allmählich in die Gesellschaft ein, was seit Beginn der Achtzigerjahre deutlich sichtbar wurde. Indem höhere Bildungsabschlüsse zur wichtigsten Voraussetzung für beruflichen Erfolg wurden, entwickelte sich auch der meritokratische Liberalismus zum beherrschenden Weltbild der Gebildeten.

Gebildete Leute haben generell eher liberale Ansichten zu Themen wie ethnische Herkunft, Sexualität und Geschlecht, und zwar nicht unbedingt aufgrund der Bücher, die sie während ihres Studiums gelesen haben, obwohl das durchaus fördernd sein kann. Es hat mit Eigeninteresse zu tun. Wie der politische Autor Daniel Finkelstein schreibt: „Wenn Sie ein hohes Humankapital aufweisen, also gebildet und intelligent sind, was kann dann noch Ihren Erfolg aufhalten: ein System, dessen Vorurteile Erfolgsbarrieren gegen kluge Menschen errichten."[21]

Diejenigen, die Hindernisse wie Rassismus, Sexismus und die Privilegien von Eliten am stärksten in Frage stellen, kommen aus den aufsteigenden gesellschaftlichen Gruppen mit stark ausgeprägtem Humankapital und aus bereits dominierenden Gruppen, die ihren überlegenen Status über ihr Bildungsniveau legitimieren können. Die Aufsteiger – erfolgreiche Minderheiten wie britische Juden oder Inder oder sozial mobile Individuen aus den unteren sozialen Schichten – haben oft schon seit Menschengedenken selbst Erfahrungen mit Diskriminierung gemacht und betrachten nicht alle Aspekte der britischen Vergangenheit mit nostalgischem Blick.

Gleichzeitig sühnen die Nachkommen der alten Eliten, deren Eltern oder Großeltern möglicherweise für die Diskriminierungen der Vergangenheit verantwortlich waren, vergangenes Unrecht und die Unterdrückung in den Kolonien, indem sie sich ostentativ in eine liberalere Richtung bewegen.

Anywheres betrachten sich selbst generell als tolerant, sozialbewusst und progressiv, aber die Schlüsselzutaten ihres Weltbildes – Offenheit, Meritokratie, Autonomie und eine positive Einstellung zu Veränderungen – bevorzugen die Wohlhabenden, Fähigen und Mobilen, weniger die Menschen am unteren Ende der Einkommens- und Bildungsskala, jedenfalls auf kurze Sicht. Um mit diesem Widerspruch umzugehen, werden bürgerliche Anywheres oft von Identitätsfragen angezogen. Themen wie Geschlecht, sexuelle Orientierung und ethnische Herkunft sprechen sie stärker an als linke Wirtschaftspolitik. Und so überholen auch bei den Linken soziokulturelle Fragen zunehmend die sozioökonomischen. Oder wie es Mark Lilla beschreibt: Es handelt sich um eine Identitätspolitik, die selbstverwirklichen, aber nicht überreden will. Eine solche Politik hat es schwer damit, das Denken von Menschen zu verändern oder Wahlen zu gewinnen.[22]

Robert Ford und Philip Cowley haben gezeigt, dass Progressive dazu neigen, zwar gesellschaftlich tolerant, aber politisch intolerant zu sein. Fast ein Drittel der Labour-Wähler erklärt, sie wären entrüstet, wenn eines ihrer Kinder einen Konservativen heiraten würde. Im umgekehrten Fall ist dies nur bei 10 Prozent der Fall. Übrigens wären 57 Prozent der Labour-Anhänger sauer, wenn ihr Kind einen Verlobten nach Hause brächte, der der UKIP anhängt.[23]

Ungeachtet dessen ist der von oben nach unten agierende Liberalismus in den gesellschaftlichen Normen, den die kognitiven Eliten propagieren, weiterhin auf dem Vormarsch und wurde durch die Ausweitung der Hochschulbildung noch verstärkt. Tatsächlich ist sie der entscheidende Einzelfaktor, der den gegenwärtigen Anywhere-Liberalismus fördert. Noch vor 50 Jahren besuchten lediglich 6 Prozent der Schulabgänger in England und Wales eine Universität, und obwohl die Studierenden zu 90 Prozent von Privatschulen und Grammar Schools (vergleichbar mit dem deutschen Gymnasium *Anm. d. Übersetzers*) kamen, war selbst in den privilegierten Schichten der Weg an die Universität eher die Ausnahme. Doch dann kamen mehrere aufeinander folgende Expansionswellen, die 1992 in der Umwandlung der 35 Fachhochschulen in Universitäten und dem Streben nach einer echten Massenhochschulbildung in den späten Neunzigerjahren gipfelten (*siehe auch Kapitel 6*). Im Jahr 2016 besuchten fast 50 Prozent aller Schulabgänger eine Universität. Nur 13 Prozent der Studierenden kamen von einer Privatschule oder einer Grammar School.[24]

Im internationalen Vergleich sind die britischen Universitäten überwiegend als Internate organisiert. Junge Männer und Frauen verlassen ihr Elternhaus und ziehen in eine andere Stadt, die manchmal Hunderte von Kilometern entfernt ist, und leben eine Weile mit Altersgenossen aus anderen Städten, sozialen Schichten und zunehmend auch ethnischen Gruppen zusammen. Oft ist es das erste Mal, dass diese jungen Leute mit Menschen zu tun haben, die anders sind als sie selbst, und dass sie die Gelegenheit bekommen, mit neuen Ideen und Lebensweisen zu experimentieren.

Die Tradition der universitären Internate in Großbritannien beruft sich zum Teil auf das Modell von Oxford und Cambridge und die Internatsschulen der Oberschicht, die ihrerseits mit den Erfordernissen des Kolonialismus zu tun hatten. Viele Großstadtuniversitäten, die Ende des 19. Jahrhunderts gegründet wurden, oft mit einem Schwerpunkt auf den Natur- und Ingenieurswissenschaften, rekrutierten Studenten vor Ort. Der Sieg des Internatsprinzips kam mit der nächsten großen Expansion der Hochschulbildung Anfang der Sechzigerjahre, als der Robbins-Report von 1963 eine neue Welle von Internatsuniversitäten unterstützte. Die Universitäten von York, Kent, Sussex, Warwick und andere wurden in dieser Zeit gegründet. Eric Robinson, ein Berater des Labour-Bildungsministers Tony Crosland, beklagte sich darüber, dass die neuen Universitäten von Leuten gegründet wurden, die das Internatsprinzip zementieren wollten.[25]

Die Massenhochschulbildung in Großbritannien ist laut dem Bildungsforscher Guy Neave eine höhere Bildung der Eliten auf größerem Niveau. Tatsächlich sinkt der Anteil der Internatsstudenten inzwischen, weil die Gesamtzahl der Studierenden weiter steigt und die meisten ihre Lebenshaltungskosten selbst aufbringen müssen. Heute liegt der Anteil der Internatsbewohner bei 73 Prozent, 1984 waren es 92 Prozent.[26] Dieser Prozentsatz liegt immer noch wesentlich höher als auf dem europäischen Kontinent oder in den USA. Etwa die Hälfte der europäischen Länder kennt keine finanzielle Unterstützung für Studierende, sodass nur die finanzkräftigsten Familien es sich leisten können, ihre Kinder an eine weit entfernte Universität zu schicken. In den USA lebt mehr als die Hälfte der Studierenden bei den Eltern, mit Ausnahme der prestigeträchtigen Ivy-League-Colleges. Die staatlichen Universitäten verlangen auch deutlich niedrigere Studiengebühren von Studierenden aus dem eigenen Bundesstaat.

So eine Internatsuniversität kann ein kreativer und stimulierender Übergang zum Erwachsenwerden sein. Und wie wir noch sehen werden, verändern Mobilität und die Erfahrung höherer Bildung das Weltbild des Einzelnen. Die Menschen werden offener, sind weniger stark an bestimmte Orte gebunden, und letztlich verschiebt sich ihr Weltbild vom Somewhere hin zum Anywhere. Eine willkommene Entwicklung hin zu einer Gesellschaft, die egalitärer, weiblicher, weniger gewaltbereit bei der Lösung von Konflikten ist. Aber dabei können auch neue Eliten entstehen, die enger untereinander verbunden und stärker vom Rest der Gesellschaft getrennt sind, weil sie sich vor allem in ihren eigenen Netzwerken und Haltungen bewegen. Als Hochschulabsolvent, der im Internat gelebt hat, wird man eher mit den ehemaligen Mitstudenten in Kontakt bleiben als mit den nicht studierenden Freunden aus der Kindheit. Das Ergebnis kann ein liberaler Snobismus sein, eine Verachtung für fester verwurzelte Somewhere-

Einstellungen, wie sie in der Feindseligkeit und Verständnislosigkeit nach dem Brexit-Referendum zum Ausdruck kamen.

Das Prinzip der Universität gründet sich auf Vernunft und wissenschaftlichen Fragestellungen, neigt also im Kern dazu, Autoritäten und Traditionen in Frage zu stellen. Die Frage nach der Wahrheit nimmt keine Rücksicht auf nationale Grenzen.

Britische Universitäten sind deshalb von dem Grundsatz ausgenommen, nach dem ein Arbeitgeber zunächst nachweisen muss, dass kein Einheimischer einen ausgeschriebenen Job machen kann, bevor Personen aus dem Ausland angestellt werden. Wenn eine Universität einen neuen Mathematikprofessor braucht, wird sie den besten berufen, den sie weltweit finden und bezahlen kann. Dieser internationalistische Ansatz verstärkte sich in den letzten Jahren noch, weil sich auch die Zusammensetzung der Studierenden internationalisiert hat. Etwa 20 Prozent der Studierenden an britischen Universitäten kommen aus dem Ausland (13 Prozent vor dem ersten Abschluss, 38 Prozent danach). Dasselbe gilt für 28 Prozent der Lehrenden an den Universitäten.[27]

Damit wird leicht verständlich, warum die britischen Universitäten, vor allem die 24 Elite-Universitäten der Russell Group, sich so stark machen für eine Anywhere-Offenheit und gegen Einwanderungsbeschränkungen, die ausländische Studierende abschrecken könnten. Der finanzielle Anreiz für sie ist groß, denn die Universitäten können von Studenten, die außerhalb der EU zu Hause sind, zwischen 50 Prozent und dreimal höhere Studiengebühren verlangen als von britischen und europäischen Studierenden. Ein leitender Universitätsdozent aus Cambridge sagte kürzlich zu mir: „Wir brauchen die Studiengebühren der Masterstudenten aus dem Nicht-EU-Ausland so dringend, dass ich sagen kann, eigentlich nehmen wir jeden, der in der Lage ist, das Anmeldeformular auszufüllen.“

Ob die Universitäten, zumindest in den Geisteswissenschaften, tatsächlich eine objektive Lobby für rationale Forschung sind, darf angesichts ihrer politischen Uniformität bezweifelt werden. Nach Aussage einer Studie des *Times Education Supplement* haben bei der Wahl 2015 nur 11 Prozent aller Universitätsdozenten konservativ gewählt. 90 Prozent haben für einen Verbleib in der EU gestimmt.

Viele Studierende, insbesondere in den Geisteswissenschaften, sind stark von diesem liberalen und internationalistischen Ethos der höheren Bildungseinrichtungen beeinflusst. Allerdings legen Studien in den USA und der Schweiz nahe, dass viele von ihnen bereits vor Studienbeginn eher zu Anywhere-Haltungen neigen.[28] Universitäten bestätigen einen gesellschaftlichen Status, dessen Ethos mit von liberalen Haltungen geprägt ist, die ihrerseits die Anywhere-Studierenden von der Masse der Somewheres abgrenzen.

Wegen des internatsähnlichen Universitätslebens in Großbritannien ist die Entwicklung liberaler Anywhere-Werte besonders eng mit der Mobilität verbunden. Dazu kommt nach dem Studium die Bedeutung von London für die berufliche Karriere. Wer in Großbritannien groß rauskommen will, muss raus von zu Hause, muss den Somewhere-Staub von seinen Füßen schütteln und neue Bindungen zu den übrigen Anywheres knüpfen, sei es in London oder in anderen Metropolen des Landes.

Aber wenn man sich die Untersuchungsergebnisse von *Understanding Society* ansieht, stellt man fest, dass alle übrigen in Großbritannien geborenen Menschen nicht besonders mobil sind. Weiße Briten leben zu 42 Prozent innerhalb eines Umkreises von etwa 10 Kilometern um den Ort, wo sie auch schon mit 14 Jahren gelebt haben, 60 Prozent in einem Umkreis von etwa 40 Kilometern.[29] Bei den ethnischen Minderheiten, speziell bei Menschen aus Südasien, ist die geografische Mobilität eher noch geringer. Aber von den 19 Prozent, die mehr als 200 Kilometer von dem Ort entfernt leben, wo sie mit 14 Jahren gelebt haben, sind die weitaus meisten Hochschulabsolventen.

Eine andere Studie von *Understanding Society* zeigt, dass nur 22 Prozent der Hochschulabsolventen weniger als eine Viertelstunde von ihrer Mutter entfernt leben. Bei den Personen mit mittlerem Schulabschluss sind es 47 Prozent. Und 26 Prozent der Hochschulabsolventen leben mehr als zwei Stunden von ihrer Mutter entfernt, bei den Personen mit mittlerem Schulabschluss sind es nur 10 Prozent.[30]

Betrachtet man die politische Zugehörigkeit, so sind die Wähler nationalistischer Parteien am stärksten verwurzelt: Mehr als 50 Prozent der BNP-Wähler leben weniger als 15 Minuten Wegstrecke von ihrer Mutter entfernt. Zum Vergleich: Bei den UKIP-Wählern sind es 42 Prozent, bei der walisischen Partei Plaid Cymru sind es 60 Prozent, 37 Prozent bei der schottischen SNP und bei allen nordirischen Parteien über

50 Prozent. Wähler der Green Party leben nur mit 25 Prozent und die Liberal Democrats mit 30 Prozent in der Nähe ihrer Mutter.[31]

Nach Auskunft der *Citizenship Survey* von 2010 sind Menschen, die sich eng mit der Gegend verbunden fühlen, in der sie leben, häufig auch eng an ihre nationale Identität und Ethnizität gebunden. Bei Anywhere-Hochschulabsolventen ist eine solche Haltung eher unwahrscheinlich.[32]

Die große Liberalisierung

Ich habe schon mehrfach von der „großen Liberalisierung" gesprochen – jetzt wollen wir einen genaueren Blick darauf werfen. Viele Leser dieses Buches werden sie miterlebt haben, vielleicht haben Sie als junger Mann oder junge Frau auch einige der damit verbundenen Umwälzungen erfahren. Wenn Sie unter 40 sind, kennen Sie es gar nicht anders. Noch 1983 war eine deutliche Mehrheit der Bevölkerung der Ansicht, homosexuelle Beziehungen seien falsch, und es hätte ihnen viel oder doch etwas ausgemacht, wenn ein naher Verwandter eine Person mit dunkler Hautfarbe geheiratet hätte.

Die Veränderung der öffentlichen Meinung seit Anfang der Achtzigerjahre wird genauestens von den British Social Attitudes Studien (BSA) nachgezeichnet. Für diese Studien werden jedes Jahr bis zu 3000 Personen befragt, die über viele Jahre und Jahrzehnte hinweg die immer gleichen, zum Teil sehr detaillierten Fragen gestellt bekommen. So lassen sich die Antworten im Zeitverlauf vergleichen.[33] Diese Studien begannen 1983, sodass es sein kann, dass Liberalisierungsbewegungen, die bereits in den Sechziger- oder Siebzigerjahren ihren Anfang nahmen, erst seit Anfang der Achtzigerjahre wirklich registriert wurden. Jedenfalls überraschen die Ergebnisse heute kaum noch. Es gibt eine deutliche Abnahme rassistischer, homophober und männlich-chauvinistischer Haltungen, wobei diese Abnahme bei jungen und gebildeten Personen besonders drastisch ist. Eine ähnlich klare Verringerung sieht man bei der religiösen Praxis, und damit einher geht eine steigende Akzeptanz vorehelicher sexueller Beziehungen.

Bei Befürwortern der Todesstrafe und drakonischer Strafen für Kriminelle war die Abnahme geringer. 75 Prozent befürworteten sie noch 1986, inzwischen liegt die Zahl knapp unter 50 Prozent.

In einigen anderen Bereichen sind die Meinungen gleich geblieben oder sogar illiberaler geworden, unter anderem in Bezug auf Transferleistungen für Arbeitslose und Sozialleistungen generell. Die Autoritär-libertär-Achse ist weitgehend unverändert, bei den Themen europäische Integration und Einwanderung ist die Ablehnung gestiegen – auch angesichts der stark gewachsenen Zahlen –, ebenso bei der Haltung zu Muslimen und zum Multikulturalismus im Allgemeinen. Man muss dazu sagen, dass das Thema Multikulturalismus und Integration sehr komplex ist. Auf der einen Seite spielt die Hautfarbe eine deutlich geringere Rolle bei der Frage, wer in den Club der Briten aufgenommen werden sollte, auf der anderen Seite wird deutlich mehr Integration verlangt (*siehe dazu auch Kapitel 5*).

Meinungsforscher untersuchen dreierlei Veränderungen: Zunächst einmal stellen sie die Frage nach dem sogenannten Kohorten-Effekt. Ist eine Gruppe besonders betroffen, beispielsweise junge Leute? Handelt es sich um einen vorübergehenden Effekt, der sich mit zunehmendem Alter verändert? Oder ist es eine dauerhafte Entwicklung, die die gesamte Gesellschaft betrifft? Die Liberalisierung vor allem im Hinblick auf Hautfarbe, Geschlechter- und Familienrollen sowie Sexualität scheint sowohl eine dauerhafte Entwicklung als auch ein Kohorten-Effekt zu sein, wobei die junge Generation diese Liberalisierung anführt.

Werfen wir einen kurzen Blick auf die zugrundeliegenden Daten: Zunächst zum Thema Hautfarbe und ethnische Herkunft. Im Jahr 1983 sagten 57,3 Prozent der Befragten, es würde sie erheblich oder doch zu einem gewissen Grad stören, wenn jemand aus ihrer Verwandtschaft eine dunkelhäutige Person heiratete. Im Jahr 2013 lag der Umfragewert für Menschen, die es „etwas stört" bei 22,1 Prozent. 9,1 Prozent der Befragten gaben an, es würde sie erheblich stören. In der jüngsten Altersgruppe lagen die Werte bei 9,2 und 2,8 Prozent. Ältere Befragte sehen die Sache nach wie vor deutlich kritischer.

Unter den Befragten mit Hochschulabschluss sagten im Jahr 1986 44,1 Prozent, diese Situation würde ihnen etwas ausmachen, im Jahr 2013 lag der Wert nur noch bei 8,8 Prozent. 1983 gab es kaum Unterschiede zwischen der höchsten und der niedrigsten Einkommensgruppen was diese Frage anging. 2013 war die Schere weiter aufgegangen, obwohl beide Gruppen eine höhere Akzeptanz zeigten. In der höchsten Einkommensgruppe lag die Ablehnung noch bei 12,9 Prozent, in der niedrigsten bei 29 Prozent.

Wie sieht es bei den Geschlechterrollen aus? Im Jahr 1984 erklärten 42,8 Prozent der Befragten, der Ehemann solle das Geld verdienen und die Ehefrau sich um Haus und Familie kümmern. Im Jahr 2012 war dieser Wert auf 12,4 Prozent gesunken. In der jüngsten Alterskohorte fiel der Wert im gleichen Zeitraum von 16,5 auf 4,9 Prozent. Selbst bei der Gruppe zwischen 65 und 74 Jahren fiel er von 70,9 auf 18,5 Prozent. Ein gutes Beispiel also für einen dauerhaften Effekt, der sich auf die gesamte Gesellschaft auswirkt.

Bei den Hochschulabsolventen lag der Zustimmungswert 1987 bei 35,1 Prozent und fiel bis 2012 auf nur noch 4,1 Prozent. In der bildungsfernsten Gruppe fiel er von 45,2 auf 12,9 Prozent. Interessanterweise gibt es einen deutlichen Unterschied zwischen den Einkommensgruppen, der den Schluss nahelegt, dass Geschlechtergleichheit bei den Wohlhabenden und Gebildeten wesentlich deutlicher verankert ist (*siehe Kapitel 8*).

Auch bei der Bereitschaft, gleichgeschlechtliche Partnerschaften zu akzeptieren, gibt es erstaunliche Veränderungen. Im Jahr 1983 lag der Gesamtwert derer, die solche Beziehungen für immer oder meistens falsch hielten, bei 62,6 Prozent. 2013 waren es nur noch 22,2 Prozent. In der Gruppe der 15- bis 24-jährigen fiel der Wert von 60,1 auf 7 Prozent, während die Senkung bei der Gruppe zwischen 65 und 74 Jahren weniger stark ausfiel: von 80,9 auf 30,1 Prozent. Bei den Hochschulabsolventen sank der Anteil derer, die gleichgeschlechtliche Partnerschaften ablehnen, von 41,4 Prozent in 1985 auf 10,5 Prozent in 2013. In der bildungsfernsten Gruppe fiel er von 72,1 Prozent im Jahr 1985 auf 27,4 Prozent im Jahr 2013.

Parallel zur allgemeinen Liberalisierung lassen sich also deutliche Unterschiede zwischen gebildeten und weniger gebildeten Gruppen sehen. Ich möchte schließlich noch ein breiteres Spektrum von Haltungen betrachten, und zwar diejenigen, die mit den Themen Sicherheit und Identität verbunden sind: Dinge wie Einwanderung (darüber habe ich bereits früher in diesem Kapitel gesprochen), nationale Identität, Ethnizität, Recht und Gesetz. Hier werden die Unterschiede zwischen Anywheres und Somewheres noch klarer.

Umfragen zum Thema „nationale Identität“ stellen nur bei einer kleinen Minderheit echte Indifferenz gegenüber nationalen Gefühlen fest, wobei diese Minderheit in der Gruppe der Hochgebildeten und Wohlhabenden langsam ansteigt. Die Gruppe derer, die sehr stolz darauf sind, Briten zu sein, fällt dagegen leicht ab, was wohl mit dem höheren Anteil von Hochschulabsolventen zu tun hat. Mehr Einzelheiten dazu in *Kapitel 4*. Diejenigen, die großen oder zumindest einigen Stolz empfinden, Briten zu sein, liegt nach wie vor bei etwa 80 Prozent.

Die Bindung an die ethnische Herkunft ist schwerer zu erfassen, weil diese Kategorie im Alltag keine große Rolle spielt und von der ethnischen Mehrheit mit Rassismus in Verbindung gebracht wird. Aber die Daten zeigen deutlich, dass weiße Briten, vor allem aus niedrigeren Einkommens- und Bildungsniveaus sich nach wie vor eine ethnische Identität wünschen, wenn auch ohne Gedanken an Überlegenheit.

Wird beispielsweise gefragt, ob es Menschen, die die britischen Gebräuche und Traditionen nicht teilen, unmöglich sei, ganz und gar britisch zu werden, stimmt etwa die Hälfte der Befragten zum Teil oder vollkommen zu. Etwa ein Viertel lehnt diese Aussage ganz oder teilweise ab, wobei die starke Ablehnung unter den Hochschulabsolventen bis auf 40 Prozent ansteigt. Und wenn man weiße Briten direkt fragt, ob der Anteil ethnischer Minderheiten in ihrer Wohngegend für sie eine Rolle spielt, erklärt etwa ein Drittel, das sei ihnen egal, während mehr als die Hälfte zugibt, dass sie sich unwohl fühlen würden, wenn der Anteil zu hoch würde. Fragt man nach Zahlen, sagen fast 60 Prozent, eine Wohngegend mit einem Anteil von einem Viertel oder mehr Angehöriger ethnischer Minderheiten würde ihnen Probleme bereiten.

Zurückhaltung gegenüber zu viel Offenheit, eine gewisse Vorliebe für das Vertraute und die Ansicht, dass Nächstenliebe zunächst zu Hause beginnen muss, kennzeichnen die Mehrheit der Befragten bei verschiedensten weiteren Studien, in denen es um wirtschaftliche Offenheit, globale Verpflichtungen und Entwicklungshilfe geht, aber auch um die Frage, ob sich Großbritannien fremd anfühlt und was man von der Einwanderung von Muslimen hält.

Beim letzten Thema ist mehr als die Hälfte der britischen Bevölkerung der Ansicht, das Land würde langsam seine Identität verlieren, wenn mehr Muslime hier leben würden. Immerhin 35,6 Prozent stimmen dieser Ansicht deutlich zu. Unter den Hochschulabsolventen ist die Zustimmung erwartungsgemäß geringer (12,6 Prozent), ebenso in der Gruppe der 15- bis 24-Jährigen (21,7 Prozent) und im wohlhabendsten Viertel (24, Prozent). Der Anteil derjenigen, die die Aussage teilweise oder ganz ablehnen, liegt nur bei 22,2 Prozent.

Was das Thema „fremd im eigenen Land“ angeht, von dem wir zu Beginn des Buches bereits gesprochen haben, so gab es 2011 eine YouGov-Umfrage, bei der gebeten wurde, der folgenden Aussage zuzustimmen oder sie abzulehnen: „Großbritannien hat sich in letzter Zeit bis zur Unkenntlichkeit verändert. Manchmal fühlt es sich an wie ein fremdes Land, und dabei fühle ich mich unwohl.“ 62 Prozent der Befragten stimmten dieser Aussage zu, nur 30 Prozent lehnten sie ab. Bei den Hochschulabsolventen lag der Anteil derjenigen, die vollkommen zustimmten, bei nur 16 Prozent, verglichen mit 41 Prozent bei den Personen ohne Hochschulabschluss.[34] Bei US-Bürgern, die üblicherweise als optimistisch angesehen werden, liegt der Anteil der Zustimmung auf ähnliche Fragen übrigens eher noch höher.

Ähnliche Ergebnisse finden sich in einer anderen Umfrage zum Thema „Unbehagen an der modernen Welt“, durchgeführt von *Ipsos MORI* im Jahr 2014. Hier wurden die Befragten gebeten, der folgenden Aussage zuzustimmen oder diese abzulehnen: „In früheren Zeiten, als die Menschen weniger Probleme bewältigen mussten, haben sie glücklicher gelebt.“ Etwa 60 Prozent stimmten dieser Aussage zu, 30 Prozent lehnten sie ab. Bei den Hochschulabsolventen lag der Anteil derer, die vollständig zustimmten, bei 15 Prozent, verglichen mit 50 Prozent bei den Befragten ohne Hochschulabschluss.[35]

Veränderung mit Verlust gleichzusetzen wird von Anywhere-Kommentatoren allgemein als rückwärts gewandtes Denken des kleinstädtisch geprägten, provinziellen Großbritannien verspottet. Jeremy Paxman schreibt dazu beispielsweise: „Wir müssen erkennen, dass das atavistische Verlangen nach der Auferstehung toter Institutionen ein Symptom gesellschaftlicher Nekrophilie ist. Der Erfolg der Brexit-Kampagne … hat diese Krankheit zu einer Epidemie anwachsen lassen … Offensichtlich wird da versucht, die Uhr zurückzudrehen.“[36]

In der Regel wird bei solchen Kommentaren darauf hingewiesen – auch Paxman tut das –, dass die Menschen hierzulande noch nie besser gelebt haben als heute. Und das stimmt, wenn man Faktoren wie Einkommen – mal abgesehen von der Einkommensentwicklung der letzten Jahre – Gesundheit, Lebenserwartung und materiellen Komfort betrachtet. Aber in einigen anderen Bereichen ist das Leben vielleicht doch nicht so viel besser geworden: Zugehörigkeit, soziale Anerkennung, Wertschätzung der eigenen Rolle, das Gefühl, erwünscht und respektiert zu sein und so weiter.

Der Wunsch, die Uhr zurückzudrehen, ist kein törichter Instinkt, wenn man das Gefühl hat, in der Vergangenheit sei das Leben aus einem nicht-materiellen Blickwinkel tatsächlich besser gewesen.

Wir sehen also deutlich die Umrisse zweier Wertegruppen in den Umfrageergebnissen. Die Trennlinie zwischen Hochschulabsolventen und Personen ohne einen solchen Abschluss verläuft weitgehend parallel zu der Linie zwischen Anywheres und Somewheres. Wie wir bereits gesehen haben, gibt es durchaus Hochschulabsolventen mit Somewhere-Haltungen (30 Prozent wünschen sich eine deutliche Verringerung der Einwanderungsquoten), und es gibt auch durchaus Nicht-Hochschulabsolventen mit Anywhere-Haltungen. Aber die große Mehrheit der Hochschulabsolventen bewegt sich im liberalen Bereich des Spektrums, einige sogar ganz an ihrem Ende, während es bei den Nicht-Hochschulabsolventen genau umgekehrt der Fall ist. Das Alter spielt dabei eine gewisse Rolle, weil viele Hochschulabsolventen unter 45 sind und weil es denkbar ist, dass ein Teil von ihnen sich im Laufe der Zeit eher in die Richtung von Somewhere-Haltungen bewegen wird.

Weitere Belege für meine These vom „großen Graben" finden sich in der einflussreichen *British Values Survey*, die 1973 von Les Higgins und Pat Dade begründet wurde. Die Studie kommt im Wesentlichen zu denselben Ergebnissen, was die drei großen Gruppen angeht. Ihre Werte-Landkarte bezieht sich auf die Reaktion auf verschiedene Aussagen, wie etwa: „Ich finde, Menschen, die mit Unglück konfrontiert sind, haben es sich selbst zuzuschreiben. Ich sehe keinen Grund, warum reiche Leute sich verpflichtet fühlen sollten, armen Menschen zu helfen." Etwa 30 Prozent der Briten, übrigens ohne große Unterschiede zwischen Gesellschaftsschichten und Altersgruppen, stimmen dieser Aussage zu.[37]

Die Studie British Values Survey sieht drei Gruppen, die sie als *Settlers*, *Prospectors* und *Pioneers* (*Siedler*, *Goldsucher* und *Pioniere*) bezeichnet. Siedler sind gesellschaftspolitisch konservativ, der Zukunft gegenüber pessimistisch eingestellt und sehr an gesellschaftliche Ordnung und Gruppenzugehörigkeit gebunden. Hier gibt es große Überschneidungen mit der Gruppe, die ich als Somewheres (und Autoritäre) bezeichne. Sie stammen im Wesentlichen aus den unteren Schichten, allerdings gehören auch fast 20 Prozent der wohlhabenden Mitglieder aus den Gruppen A und B zu den Siedlern. Der Anteil der Siedler an der Gesamtbevölkerung ist seit 1973 von etwa 50 auf 30 Prozent gesunken.

Die Gruppe der *Goldsucher* ist optimistischer als die der Siedler, kann aber in gesellschaftspolitischer Hinsicht sowohl konservativ als auch liberal eingestellt sein. Status und Respekt sind ihnen wichtig, aber sie sind pragmatisch und nicht besonders egalitär eingestellt. In politischer Hinsicht gehören sie zu den Wechselwählern, auf die alle Parteien ihre Hoffnungen setzen. Sie machen etwa 32 Prozent der Bevölkerung aus und sind tendenziell eher jünger und wohlhabender als die Siedler.

Die Gruppe der *Pioniere* besitzt ein starkes Verantwortungsgefühl und wünscht sich eine Verbesserung der Gesellschaft. In gesellschaftspolitischer Hinsicht sind Pioniere tolerant oder liberal, Veränderungen und Diversität betrachten sie als positiv. Diese Gruppe überschneidet sich mit der Anywhere-Gruppe, ist aber etwas größer und umfasst etwa 38 Prozent der Bevölkerung.

Nach Aussage von Pat Dade zeigen alle Ergebnisse der Studie, dass in unserer Gesellschaft in den letzten 40 Jahren eine Verschiebung hin zu mehr Liberalität stattgefunden hat. Das hätten wir nach den hier betrachteten Daten auch nicht anders erwartet. Die Zahl der Pioniere steigt, die der Siedler sinkt. Pat Dade weist allerdings auch darauf hin, dass der Anteil der Siedler in den allerletzten Jahren wieder etwas gestiegen ist. Er geht davon aus, dass der Liberalismus der Pioniere derzeit ausgebremst ist und dass die Ereignisse von 2016 genau darauf hindeuten.

Die Vorreiter

Nachdem ich nun die beiden Hauptgruppen vorgestellt habe, möchte ich noch einiges über zwei Untergruppen sagen – die *Global Villagers*, also Weltbürger, von denen bereits die Rede war, und die *Hard Authoritarians*, die *Autoritären* – und eine qualifizierte Schätzung über ihren Anteil abgeben.

Als Global Villagers würde ich die folgenden kleinen Gruppen identifizieren: Bei der Studie *British Social Attitudes* im Jahr 2013 sagten 4,2 Prozent der Befragten, die Zahl der Einwanderer solle etwas oder stark ansteigen. Im selben Jahr lehnten 3,1 Prozent der Befragten eine Aussage ab, die ihre nationale oder internationale Einstellung herauskitzeln sollte: „Großbritannien sollte seine eigenen Interessen verfolgen, auch wenn das zu Konflikten mit anderen Nationen führt." Im Jahr 2014 bezeichneten sich gerade 2,6 Prozent der Befragten in allererster Hinsicht als Europäer, noch vor den verschiedenen Nationen des Vereinigten Königreichs.

Im Hinblick auf gesellschaftspolitische oder kulturelle Themen unterstützten 5,9 Prozent die Idee einer geschlechtsneutralen Familie. Sie widersprachen eindeutig der Ansicht, Männer und Frauen seien verschieden, und könnten deshalb in der Familie nicht dieselben Rollen spielen. 7 Prozent meinten, es sei nicht wichtig, dass sich Muslime in die britische Gesellschaft integrieren.[38]

Wie sieht es nun mit den *Autoritären* und *Reaktionären* aus? Eine der Schlüsselfragen ist die nach ihrem Alter, ob sie also aussterben oder sich in einer Gegenreaktion auf die Dominanz der Anywheres erneuern, wie Karen Stenner meint.

Die Antwort scheint zu sein, dass autoritäre Ansichten nicht mit den älteren Kohorten aussterben, sondern dass neue Gruppen von Autoritären entstehen.

Die Autoritär-libertär-Achse der BSA (*vgl. Kapitel 1*) ergibt sich aus den Reaktionen auf die folgenden sechs Aussagen:

- Junge Leute heutzutage haben nicht genug Respekt vor traditionellen britischen Werten.
- Menschen, die Gesetze übertreten, sollten strenger bestraft werden.
- Bei einigen Verbrechen ist die Todesstrafe die angemessenste Strafe.
- Kinder sollten in der Schule lernen, Autoritäten zu gehorchen.
- Man muss sich immer an die Gesetze halten, auch wenn ein konkretes Gesetz falsch ist.
- Zur Aufrechterhaltung der moralischen Standards ist es nötig, Filme und Zeitschriften zu zensieren.

In den letzten 20 Jahren hat sich auf der BSA-Skala bemerkenswert wenig getan, was die fünf Kategorien „libertär" (praktisch gleich Null), „liberal" (4 Prozent), „Mitte" (25 Prozent), „illiberal" (57 Prozent) und „autoritär" (13 Prozent) angeht. Selbst wenn man dazu neigt, die Kategorien der BSA mit Skepsis zu betrachten, bleibt es doch interessant, dass die Gruppen sich so wenig verändert haben und dass klar autoritäre Ansichten über Recht und Ordnung und verwandten Themen unverändert bei leicht über 10 Prozent liegen.

Was das Thema ethnische Herkunft angeht, gibt es einen unverbesserlichen Kern von Leuten, die nach wie vor deutliche Vorurteile gegen Menschen mit anderer Hautfarbe äußern. Der Wert ist von 4,4 Prozent im Jahr 1983 auf 2,8 Prozent im Jahr 2013 gefallen, was allerdings vermutlich nicht ganz korrekt ist in einer Zeit, in der solche Ansichten gesellschaftlich kaum noch akzeptiert werden. Noch im Jahr 2000 gaben immerhin 9,3 Prozent an, die Entwicklung hin zu gleichen Rechten für Menschen aus Afrika und Asien ginge inzwischen deutlich zu weit, und zwar über alle Altersgruppen hinweg. Bei den über 65-Jährigen lag er nur leicht über 12 Prozent.

Noch im Jahr 2003 (die Frage wird bei den jüngeren Umfragen nicht mehr gestellt) gaben 14,4 Prozent der Befragten an, man müsse weiß sein, um ein echter Brite sein zu können. 4,7 Prozent stimmten vollständig zu. Eine deutlich höhere Zahl, 24,3 Prozent, sagten, es würde sie sehr stören, wenn jemand aus der engeren Familie einen Muslim heiratete. Der Anteil liegt bei den über 65-Jährigen bei mehr als 40 Prozent, bei Befragten um die 30 immer noch bei 15 Prozent.

Als eine Art erweiterte Fußnote zu diesem Abschnitt möchte ich meine vier Kategorien (Global Villagers, Anywheres, Somewheres und Autoritäre) noch einmal aus einem anderen Blickwinkel betrachten, um Sie davon zu überzeugen, dass ihre Verteilung in der Gesamtbevölkerung tatsächlich so ist, wie ich sie beschreibe. Dazu will ich aber nicht mehr die Daten anschauen und etikettieren, sondern es genau andersherum machen: Ich werde vier grobe Definitionen dieser Gruppen vorgeben und dann die Daten daraufhin befragen, ob die Mitglieder dieser Gruppen dazu passen, und in welcher Zahl.

Meine Definition für Mainstream-Anywheres beruht auf drei Merkmalen: Sie fühlen sich wohl in der modernen Welt, haben eine eher lockere und offene Vorstellung von nationaler Identität und geben in der Diskussion um Bürgerrechte Freiheit den Vorzug vor Sicherheit.

Bei den Mainstream-Somewheres wären die drei Merkmale die folgenden: Sie fühlen sich eher unwohl in der modernen Welt, vertreten in Sachen nationale Identität die Ansicht, dass Bürger des eigenen Landes mehr Rechte haben sollten, und sind bereit, Aspekte der Freiheit für mehr Sicherheit zu opfern.

Bei beiden Gruppen liegen die Zahlen im Wesentlichen so, wie ich sie erwartet hätte. Was die Haltung der Anywheres zur modernen Welt angeht, nehme ich die Ablehnung der Aussage zu Hilfe, Großbritannien würde sich heute wie ein fremdes Land anfühlen. Diese Zahl liegt bei 30 Prozent, also etwas höher als meine Schätzung über die Gruppengröße der Anywheres. Hier ist folglich eine größere Anzahl von Mitgliedern der Zwischengruppe enthalten. Beim Merkmal „nationale Identität" betrachte ich die Zahl derer, die die Aussage ablehnen, man müsse weiß sein, um Brite zu sein, und diese Zahl liegt bei 26,4 Prozent, was in etwa meiner Schätzung entspricht. Und beim Merkmal „Bürgerrechte" ziehe ich die Frage der BSA heran, ob religiöse Extremisten das Recht haben sollten, öffentliche Veranstaltungen abzuhalten. Im Jahr 2014 bejahten diese Frage 24,2 Prozent der Befragten. 2004 lag der Wert schon einmal bei 35 Prozent, er ist also nach dem Terroranschlägen vom Juli 2005 gesunken (bei den islamistisch motivierten vier Selbstmordanschlägen starben 56 Menschen einschließlich der Attentäter – *Anm. d. Übersetzers*).[39]

Was das Unbehagen der Somewheres an der modernen Welt angeht, so gaben in den Umfragen 53 Prozent an, sich das alte Großbritannien zurückzuwünschen. 62 Prozent stimmten der Aussage zu, Großbritannien würde sich manchmal wie ein fremdes Land anfühlen. Das liegt ziemlich nah bei meiner Schätzung von 50 Prozent Somewheres. Die Zahl derjenigen, die der Ansicht sind, Arbeitgeber sollten Anreize bekommen, um vorzugsweise britische Arbeitskräfte einzustellen, liegt bei 63 Prozent. 76 Prozent sind der Ansicht, religiöse Extremisten sollten nicht die Möglichkeit erhalten, öffentliche Veranstaltungen abzuhalten. Hier sind also relativ viele Mitglieder der Zwischengruppe enthalten.[40]

Drei Merkmale definieren die Global Villagers: Sie stellen globales vor nationales Wohlergehen, nationale Identität ist ihnen gleichgültig, und es spielt für sie auch keine Rolle, ob sich Muslime integrieren oder nicht. Die Autoritären kennzeichnen meine folgenden drei Merkmale: ihr gänzlich unkritischer Nationalismus, eine sehr eingeschränkte Sicht davon, wer Teil der Nation sein kann, und eine heftige Ablehnung der Ehe für alle.

Die Zahl derjenigen, die globales vor nationales Wohlergehen setzen, liegt bei etwa 10 Prozent, also etwas höher als meine Schätzung über dem Anteil der Global Villagers an der Gesamtbevölkerung. In der Frage der Gleichgültigkeit gegenüber nationaler Identität stütze ich mich auf diejenigen, die die Aussage ablehnen: „Ich bin lieber ein Bürger Großbritanniens als irgendeines anderen Landes." Dieser Anteil liegt bei 7,5 Prozent. Und diejenigen unter den Nicht-Muslimen, die der Ansicht sind, es sei unwichtig, ob sich Muslime in Großbritannien integrieren, machen 7 Prozent der Bevölkerung aus.

Was die Autoritären angeht, so nehme ich als Maß für einen unkritischen Nationalismus die Zahl derer, die vollständig der Aussage zustimmen, man solle immer sein eigenes Land unterstützen, auch wenn es sich falsch verhält. Diese Zahl liegt bei gerade mal 5,1 Prozent, was eher niedrig ist verglichen mit meiner eigenen Schätzung. Als Maß für einen restriktiven und rassistischen Blick auf die Zugehörigkeit zu einer Nation habe ich die Studienteilnehmer herangezogen, die der Ansicht sind, man müsse weiß sein, um Brite zu sein. Ihr Anteil liegt bei 14,4 Prozent, 4,7 Prozent stimmen dieser Aussage vollständig zu. Und 10,1 Prozent schließlich lehnen die Ehe für alle eindeutig ab.

Drei Dinge kamen also bei der Untersuchung der „großen Liberalisierung" zum Vorschein. Erstens: Alle Studien bestätigen die Existenz zweier großer Wertegruppen und zweier Untergruppen. Zweitens: Es gibt einen harten Kern von Personen, die die Liberalisierung ablehnen, und dieser Kern stirbt nicht aus. Drittens und noch wichtiger: Es gibt eine ganze Reihe von Themen, bei denen tatsächlich keine Liberalisierung stattfindet, jedenfalls nicht in markantem Ausmaß, trotz des steigenden Anteils an Hochschulabsolventen in der Gesellschaft. Diese Themen sind Einwanderung, europäische Integration, was heute niemanden mehr überrascht, Wohlfahrt und nationale sowie in geringerem Maße auch ethnische Identität.

Ein letztes Beweisstück für das Überleben traditioneller und konservativer Haltungen findet sich in dem außerordentlichen Beharrungsvermögen bei klischeehaften Aussagen wie: „Junge Leute haben nicht genug Respekt vor den traditionellen britischen Werten." Im Jahr 2014 stimmten 66,6 Prozent der Befragten dieser Aussage mehr oder weniger zu, nur 12,8 Prozent lehnten sie mehr oder weniger ab. An diesen Zahlen hat sich seit 1986 kaum etwas geändert.[41] Doch wie viele Studierende und Lehrende an den britischen Eliteuniversitäten würden dieser Aussage wohl zustimmen?

3 Der europäische Populismus und die Krise der Linken

Vor ein paar Jahren saß ich mit zwei niederländischen Freunden in einer Bar in Amsterdam, als einer von ihnen, der Autor René Cuperus, einen Satz zitierte, der Tony Blairs berühmte Äußerung über das Verbrechen aufgriff: „Hart gegen den Populismus, hart gegen die Ursachen des Populismus." Ich habe seitdem immer wieder Anlass gehabt, mir diesen Satz von ihm auszuborgen.

Wir sprachen über den Aufstieg des europäischen Populismus während der vergangenen 15 Jahre und darüber, dass das Jahr 2002 die Wende gebracht hatte. Die politischen Systeme des europäischen Kontinents, die vom Wettstreit zwischen zwei großen Parteien geprägt gewesen waren – die eine Partei Mitte-Links, die andere Mitte-Rechts – fransten in den letzten Jahrzehnten des 20. Jahrhunderts regelrecht aus, wobei das Verhältniswahlrecht es kleineren Parteien relativ leicht machte, sich in die Wählerbasis der Großen hineinzufressen.

Doch dann kam das Jahr 2002. Das Jahr, in dem Jean-Marie Le Pen im ersten Wahlgang der französischen Präsidentschaftswahlen überraschend den Sozialisten Lionel Jospin aus dem Rennen warf, bevor er seinerseits im zweiten Wahlgang von Jacques Chirac vernichtend geschlagen wurde. Es war auch das Jahr, in dem der Mythos von den gütigen, fröhlichen Multikulti-Niederlanden demaskiert wurde.

Der andere Freund, der an diesem Abend mit uns in der Bar saß, der Soziologe Paul Scheffer, hatte einen kleinen Anteil an dieser Demaskierung. Scheffer, ein charmanter Mann Anfang 60, hatte im Jahr 2000 einen Essay mit dem Titel „Die multikulturelle Tragödie" geschrieben, in dem er die nonchalante Art kritisierte, mit der die Niederlande die Themen Einwanderung, Islam und nationaler Zusammenhalt handhabten.[1] Er war und ist ein einflussreiches Mitglied der niederländischen Arbeiterpartei, aber als er die liberale Zimperlichkeit angriff, mit der die Ghettobildung und die Illiberalität innerhalb von Minderheitengruppen behandelt wurde, führte das zu einer hitzigen Debatte über das Thema Integration.[2]

Diese Debatte in den Niederlanden machte den Weg frei für den Anti-Multikulti-Kandidaten Pim Fortuyn, der bei den Parlamentswahlen 2002 erheblichen Zulauf bekam. Als Fortuyn wenige Tage vor der Wahl von einem durchgeknallten Vegan-Aktivisten ermordet wurde, schwemmte sein Tod in den Niederlanden alle noch existierenden Tabus in Bezug auf Einwanderung und Multikulturalismus hinweg.

Eine Reihe von Mitte-Links- und Mitte-Rechts-Regierungen haben danach eine eher integrationistische Politik implementiert, durchaus in diese Richtung gedrängt (von außen und kurze Zeit auch von innen) von Geert Wilders und seiner gegen Einwanderung und den Islam gerichteten Freiheitspartei (PVV). Die Wilders-Partei trat 2006 zum ersten Mal an und erhielt seitdem zwischen 10 und 20 Prozent der Stimmen, was sie im stark fragmentierten Parteiensystem der Niederlande in der Regel zur zweit- oder drittstärksten Partei macht. Vor der Parlamentswahl 2017 lag Wilders in den Umfragen bei 24 Prozent, nicht zuletzt wegen des Prozesses, bei dem er sich wegen seiner kritischen Äußerungen über Marokkaner in den Niederlanden verantworten musste. Am Ende bekam seine Partei 13,1 Prozent der Stimmen und wurde nach der Mitte-Rechts-Partei VVD (21,3 Prozent) zweitstärkste Kraft. Die niederländische Arbeiterpartei, früher eine Regierungspartei, kam gerade noch auf 5,7 Prozent.[3]

Eine harte Haltung gegenüber Populismus setzt voraus, dass man sich mit den manchmal bizarren und widersprüchlichen Programmen populistischer Parteien wie der PVV auseinandersetzt (die den Koran in den Niederlanden verbieten und alle Moscheen schließen lassen will), mit ihrer Karikatur elitärer Eigeninteressen und der sehr realen Fremdenfeindlichkeit, die sich manchmal unter der glatten Oberfläche findet. Eine harte Haltung gegenüber den Ursachen des Populismus setzt jedoch voraus, dass man sich auch mit den Mainstream-Politikern auseinandersetzt, vor allen mit den Mitte-Links-Politikern, die zu leicht selbst daran geglaubt haben, dass die Vorteile der Offenheit – mehr Globalisierung, mehr EU-Integration und mehr Einwanderung während der letzten 25 Jahre – doch auf der Hand lägen. Die Lösungsvorschläge der Populisten sind nicht praktikabel, wie man an US-Präsident Trump sieht, doch die Probleme, die sie ansprechen, sind durchaus real.

Wenn ein kleines, relativ homogen strukturiertes Land wie die Niederlande mit einer Bevölkerung von 17 Millionen im Verlauf weniger Jahrzehnte mehr als 20 Prozent Einwanderer und ethnische Minderheiten aufnimmt, wenn sich die Hälfte der Marokkaner in den Schulen der Hauptstadt Amsterdam nicht als Niederländer versteht, wenn nur ein Drittel der Asylbewerber, die in den letzten 20 Jahren ins Land gekommen sind, Arbeit haben – dann ist eine politische Reaktion unvermeidlich.

In diesem Kapitel geht es ganz allgemein um populistische Politik, auf dem europäischen Kontinent ebenso wie in den USA und Großbritannien. Wir wollen sehen, was passiert, wenn Somewhere-Prioritäten vom politischen Mainstream missachtet werden. Die Somewheres sind eine große und heterogene Gruppe, und bei Weitem nicht alle stimmen für populistische Parteien, aber fast alle populistischen Wähler gehören zu den Somewheres oder zu den extremeren harten Autoritären.

Stramme Populisten wie Wilders mögen uns von Herzen unsympathisch sein, aber sie spiegeln eine vorhersehbare Reaktion auf die Auswüchse und blinden Flecken des Anywhere-Liberalismus. Die Empfindungen, die der Mainstream-Populismus zum Ausdruck bringt, setzen bestimmte grundlegende politische Intuitionen wieder in Kraft, denen die herrschenden Anywhere-Gruppen zu wenig Aufmerksamkeit gewidmet haben: der Bedeutung von Stabilität und sicheren Grenzen, der Priorität nationaler Bürgerrechte vor universalen Rechten, der Notwendigkeit eines Narrativs und einer gewissen Wiedererkennbarkeit für diejenigen, die in einer bildungsgetriebenen Wirtschaft nicht so leicht zurechtkommen.

Der rechte Populismus ist natürlich eine unpräzise, verantwortungslose, reaktive Aktion auf eine sich schnell entwickelnde offene Gesellschaft. Und wie wir in Europa und auch in den USA gesehen haben, kann er, geschickt gehandhabt, große Teile der Bevölkerung an die Wahlurnen bringen – die Alten, Teile der früheren Arbeiterschicht, die weichen und harten Autoritären, die sich vom modernen Liberalismus verunsichert fühlen, Menschen aus Orten, denen man Leben und Sinn geraubt hat, und schließlich all die „Vergessenen“, wie Donald Trump sie nennt, die sich in unseren postmodernen Gesellschaften entwurzelt oder auf irgendeine Weise nicht wahrgenommen fühlen.

Liberale denken in der Regel, der Populismus spiegele etwas Altes und Atavistisches: eine fremdenfeindliche Ablehnung des

„Anderen“, eine ablehnende Bauchreaktion auf die liberale Vernunft und eine nostalgische Sehnsucht nach einer verlorenen Einheit und Einfachheit. Aber der Populismus ist auch sehr modern. Seit dem Ende des real existierenden Sozialismus ist er das politische Instrument der weniger Erfolgreichen in den im historischen Vergleich immer noch extrem reichen und blühenden Gesellschaften, um die Erfolgreichen – die Bildungseliten – zu bändigen und auf den Boden zurückzubringen.

Populismus wird oft auch als primär wirtschaftliches Phänomen gesehen, als eine Reaktion auf die im Zuge der Globalisierung verloren gegangenen Jobs oder einen Wettbewerb, bei dem Teile der Bevölkerung sich auf der Verliererseite sehen. Manchmal trifft das zu, aber wie ich schon in Kapitel 1 dargestellt habe, ist der Populismus ein sozio-kulturelles und mit dem Thema Identität verbundenes Phänomen, weniger ein sozio-ökonomisches. Genau deshalb finden so viele konventionelle Politiker, vor allem die der Linken, keine angemessene Reaktion darauf. Tatsächlich wird aber der gesellschaftliche Konsens in den liberalen Demokratien viel stärker auf kulturellem, nicht auf wirtschaftlichem Gebiet gebrochen. Zumindest in Großbritannien ist der klassenübergreifende Konsens im Bereich der Wirtschaft in den letzten Jahrzehnten eher stärker geworden, seitdem sich die Haltungen der Arbeiterschicht als weniger statisch und die Haltungen der Mittelschicht als egalitärer erwiesen haben.

Man könnte den Populismus sogar als idealistisch ansehen, als einen speziellen Flügel der postmaterialistischen Politik, die man normalerweise eher mit den Umweltbewegungen in Verbindung bringt. Als eine Suche nach Sinn und kollektiver Identität in einer säkularistischen, individualistischen, ökonomistischen modernen Welt. Als die Menschen in Sunderland scheinbar gegen ihre eigenen materiellen Interessen für den Brexit stimmten, bezeichnete man sie als dumm. Wenn wohlhabende Menschen sich für höhere Steuern einsetzen, bewundert man das.

Die verschiedenen Ausprägungen des modernen europäischen und amerikanischen Populismus sind in reichen und relativ sicheren Gesellschaften entstanden. Nur ganz wenige Wähler der Populisten leiden Hunger oder müssen in ungeheizten Häusern leben. Die meisten von ihnen haben Zugang zu einem wahren Füllhorn an kultureller, bildungsmäßiger, sportlicher und musikalischer Anregung. Die politische Unzufriedenheit der jüngeren Zeit beschäftigt sich vielmehr mit dem relativen Zugang zu den guten Dingen des Lebens, mit einem Gefühl des Verlusts und manchmal auch der Demütigung, mit enttäuschten Erwartungen und dem Konflikt zwischen dem Weltbild der Eliten und dem der Massen. Es geht nicht um den absoluten, konkreten Zustand der Welt.

Eine der besten Erklärungen für halbgare Anti-Establishment-Gefühle findet sich in dem berühmten sozialpsychologischen Experiment namens „Ultimatum game“: Jemand bekommt 100 Pfund, die er mit einem anderen teilen soll, in einem beliebigen Verhältnis. Wenn der andere jedoch den Vorschlag als unfair ablehnt, bekommen beide nichts. Bei dem Experiment kommt normalerweise heraus, dass ein Vorschlag zur Teilung abgelehnt wird, der unter 30 Pfund liegt. Dann bekommen beide Beteiligte gar kein Geld. Will sagen: Menschen setzen Anerkennung, Respekt und ein Gefühl der Fairness vor rein materiellen Gewinn.

Das erklärt auch, warum die Klage der Brexit-Gegner zu kurz greift, die Arbeiter unter den Brexit-Befürwortern und die Gegner einer wirtschaftlichen Globalisierung würden sich ins eigene Fleisch schneiden. Menschen sind bereit, wirtschaftlichen Gewinn für politischen Einfluss zu opfern, auch für die Aussicht auf eine Gesellschaft, die sie wieder ernst nimmt. (Es kann aber natürlich auch sein, dass sie aus purer Rachlust handeln nach dem Motto: „Wenn ich kein gutes Leben haben darf, dann sollen die anderen es auch nicht kriegen.“)

Wie der Management-Autor Charles Leadbeater so richtig schreibt: „Bei der Remain-Kampagne ging es nur um Geld und darum, wie viel die Leute verlieren würden, wenn Großbritannien die EU verlässt. Bei der Leave-Kampagne ging es darum, den Menschen so etwas wie Sinn im Leben zurückzugeben, unabhängig vom Geld. Es ging um Stolz, Zusammengehörigkeit, Gemeinschaft, Identität und Heimatgefühl. Um eine Zurückweisung des Marktes … Das Ergebnis sollte daran erinnern, dass Menschen etwas in ihrem Leben brauchen, was sich wichtiger anfühlt als Geld, vor allem, wenn sie kaum damit rechnen können, jemals viel Geld zu besitzen.“[4]

Es gibt sehr viele Spielarten des modernen europäischen Populismus, von der extremen Linken (Syriza in Griechenland, Podemos in Spanien und vielleicht auch noch Corbyns Labour Party und Momentum in Großbritannien) über eher gemäßigte Rechte (UKIP in Großbritannien und FPÖ in Österreich) bis hin zu echten Rechtsextremen wie Jobbik in Ungarn. Andere Parteien sind in einem Prozess der Veränderung wie beispielsweise der französische Front National, der sich unter dem neuen Führungsstil, der neuen Rhetorik und tatsächlich einer anderen Politik unter Marine Le Pen wandelt. Seit ihrer Wahl zur Vorsitzenden 2011 hat Marine Le Pen die Partei beispielsweise vom expliziten Rassismus ihres Vaters Jean-Marie distanziert. Und wieder andere, wie die italienischen Cinque Stelle, lassen sich anhand des alten Parteienspektrums nicht zutreffend einordnen.

Dann gibt es Sonderfälle wie die Scottish National Party (SNP), wie der Name schon sagt eine nationalistische Partei mit einer an der ethnischen Mehrheit orientierten Haltung, aber mit einer bürgerlichen Mitte-Links-Führung und einer Rhetorik, die beides umfasst: „Entscheidungen über Schottland sollten diejenigen treffen, die sich am meisten für Schottland engagieren." Andrew Marr hat darauf hingewiesen, dass die Kampagne für das schottische Unabhängigkeitsreferendum 2014 letztlich die gleichen Anti-System-Impulse ansprach wie die UKIP und die Anti-EU-Bewegung in England: „Ein Gefühl, dass das System nicht mehr für ‚Leute wie uns' arbeitet ... und dass die Macht wieder in einen wesentlich lokaleren Bereich geholt werden muss."[5]

Den Brexit-Befürwortern ging es darum, Kontrolle und Souveränität von der supranationalen EU zurückzuholen. Die SNP ist wiederum eine Bewegung, der es darum geht, Kontrolle und Souveränität von einem multinationalen Vereinigten Königreich zurückzuholen. Wobei man offenbar kein Problem damit hat, einiges an Souveränität an das viel weiter entfernte Brüssel abzugeben.

Was ihre jüngsten Erfolge angeht, gibt es einige Parallelen zwischen SNP und Liberal Democrats. Beide Parteien haben eine stark von Anywheres dominierte Führung, die darauf abhebt, Somewhere-Interessen zu vertreten – was letztlich alle Parteien tun müssen, schon weil es so viele Somewheres gibt. Die Liberal Democrats hatten damit so lange Erfolg, bis sie sich während der Koalitionsregierung dem Londoner Mainstream anschlossen.

Die Regierungsverantwortung in Edinburgh hat die SNP nicht zerstört, obwohl sie bei der Wahl 2017 Federn lassen musste. Das liegt zum Teil daran, dass sie kompetente Arbeit geleistet oder zumindest Disziplin bewahrt hat, aber auch daran, dass die lokalen Empfindungen, auf die sie sich bezieht, einfach stärker sind: das schottische Nationalgefühl. Sie kann dieses Gefühl auf eine bürgerlich-nationale Weise bedienen, indem sie nicht die Engländer angreift, sondern Westminster mit seiner Verweigerung von mehr Selbstbestimmung, Geld und Wohlfahrt für die Schotten.

Populismus wird Mainstream

Es gibt keine allgemein anerkannte Definition des Begriffs „Populismus". Zu verschiedenen Zeiten und an verschiedenen Orten können mit dem Begriff recht unterschiedliche Dinge gemeint sein, und es kommt selten vor, dass sich Parteien oder Bewegungen selbst als populistisch bezeichnen. In der Forschung ist man sich noch nicht einig, ob es sich um einen Stil, ein Set von grundlegenden Glaubenssätzen oder eine psychologische Disposition handelt. Der amerikanische Historiker Richard Hofstadter hat bereits 1967 einen berühmten Vortrag bei einer LSE-Konferenz gehalten. Der Titel lautete in etwa: „Alle reden vom Populismus, aber keiner kann definieren, was das ist". Klingt ziemlich aktuell, finde ich.[6] Das Wort deckt so viele unterschiedliche politische Phänomene ab, dass es nur wenig erklären kann. Wenn es eine Idee gibt, die fast alle Facetten umfasst, dann die, dass die Interessen der tugendhaften, anständigen Menschen und der korrupten liberalen Eliten einander grundlegend entgegengestellt werden.

Der Begriff Populismus wurde zum ersten Mal benutzt, um die Narodniki zu beschreiben, die bäuerlichen Radikalen des 19. Jahrhunderts in Russland. Eine Volkspartei, die sich aus Kleinbauern und Arbeitern zusammensetzte und sich The Populists nannte, spielte Ende des 19. Jahrhunderts für kurze Zeit eine Rolle in den USA, und Theodore Roosevelts Progressive Party (gegründet 1912) wurde ebenfalls als populistisch bezeichnet. In den USA und Lateinamerika wird der Begriff allgemein eher links verortet, in Europa rechts. Tatsächlich hat der US-Populismus einen linken Flügel, der sich gegen die unternehmerischen Eliten richtet, und einen rechten Flügel, der außerdem nativistisch und gegen Einwanderung ist. Diese letztgenannte Strömung nahm auf den Chinese Exclusion Act von 1882 Einfluss (ein Gesetz, das die weitere Zuwanderung von Chinesen verhinderte) und auf die Einwanderungspause zu Beginn der Zwanzigerjahre. Donald Trump verbindet Elemente des linken und rechten Populismus.

Eine angebliche Gemeinsamkeit aller Populisten ist die Feindseligkeit gegenüber Eliten – Bankern, Regierungen, Kosmopoliten, Intellektuellen – und der Glaube an so etwas wie einen „allgemeinen Volkswillen", die Vorstellung also, ein Volk bilde eine weitgehend homogene Einheit aus gemeinsamen Ideen und Interessen. Damit stehen Populisten in der Regel gegen die Liberalen mit ihrer Betonung der Rechte von Individuen und Minderheiten und ihrer Abneigung gegen Majoritanismus.

Der Populismus bringt die innere Spannung zwischen den beiden Elementen des Begriffs liberale Demokratie zum Vorschein: zwischen dem Willen des Volkes auf der einen Seite und den verfassungsmäßigen Rechten und Gesetzen auf der anderen als gemeinsame Quelle legitimer Entscheidungen.[7] Oder um es anders und anti-populistisch zu formulieren: das Recht, klug regiert zu werden, gegen das Recht zu wählen. Im Zweifelsfall stellen Populisten die Demokratie über den Liberalismus. Liberale stellen im Zweifelsfall Recht und Vernunft über die Demokratie. Ein Teil der öffentlichen Empörung im progressiven Lager nach der Brexit-Abstimmung klang fast wie jene Liberalen des 19. Jahrhunderts, die das Wahlrecht auf Menschen mit respektablen Ansichten beschränken wollten – was sie am Grundbesitz festmachten. Heute wäre es wohl ein guter Abschluss an einer angesehenen Universität der Russell Group.

In Teilen Europas ist der Konflikt zwischen Liberalismus und Demokratie zu einem echten Problem geworden, zumal so viele Themen inzwischen nationalen demokratischen Entscheidungen entzogen sind, weil unabhängige Zentralbanken, Gerichtshöfe in Sachen Menschenrechte und die steigende Zahl von EU-Gesetzen einen immer größeren Teil übernehmen. In Mitteleuropa, so der bulgarische Politologe Ivan Krastev, führte die Feindseligkeit gegenüber den postkommunistischen Eliten zu einer großen Begeisterung für die EU-Mitgliedschaft. Kaum zehn Jahre später war Brüssel der Feind, in der Regel im Verein mit den lokalen Eliten. „Das Ergebnis ist eine Politik, in der die Populisten offen antiliberal werden und die Eliten insgeheim antidemokratisch", schreibt Krastev.[8]

In anderen Industrienationen funktioniert das klassische populistische Paradigma eines Konflikts zwischen Liberalismus und Demokratie nicht. Das Phänomen, das ich als „besonnener Populismus" bezeichnet habe, passt nicht zu den alten Kategorien. Die meisten, wenn auch nicht alle britischen Somewheres, die für den Brexit gestimmt oder die UKIP gewählt haben, befürworten Minderheitenrechte und die Rechte Homosexueller, lehnen aber die europäische Integration und Masseneinwanderung ab.

Der Populismus hat ein Mainstream-Gesicht in Parteien wie der UKIP in Großbritannien, der Cinque-Stelle-Bewegung in Italien oder der Danske Folkeparti. Menschen, die solche Parteien wählen, haben gute Gründe dafür. Die meisten haben früher Parteien der Mitte gewählt und bringen lediglich ganz normale politische Abneigungen zum Ausdruck. Sie finden nicht unbedingt, dass die populistische Partei, die sie wählen, auch Teil der Regierung sein sollte. Es geht ihnen eher darum, die Anywhere-Präferenzen zu bremsen. Die meisten Brexit- und Trump-Befürworter haben vermutlich abgestimmt, ohne mit einem Sieg zu rechnen.

Sie wollen auch ihre Stimme gegen die Leistung der Eliten erheben. Verglichen mit der politischen Leistung der unmittelbaren Nachkriegszeit geben die westlichen Eliten und ihr Konsens während der letzten 30 Jahre durchaus Anlass zu vernünftiger Kritik: die Einführung des mängelbehafteten Euro; außenpolitische Abenteuer wie der Irak-Krieg; der britische Spesenskandal 2009; die Weigerung, über die Konsequenzen von Masseneinwanderung nachzudenken (in Großbritannien vor allem das Unvermögen, den Zustrom von Osteuropäern nach 2004 vorherzusagen); die Unfähigkeit, der unteren Hälfte der Gesellschaft den versprochenen Schutz vor den Folgen der Globalisierung zu garantieren; das Unvermögen oder der Unwille, den Finanzsektor und das globale Ungleichgewicht einzudämmen, die zur Finanzkrise 2007/08 geführt haben. Außerdem haben, wie John Lloyd schreibt, die politischen Eliten weder ihre Wahlversprechen eingelöst noch verstanden, warum die Menschen enttäuscht sind.[9]

Die Reaktion des Populismus gegen die etablierte Ordnung hat ganz offensichtlich vielfältige Gründe, und die Motivationen verschieben sich von Land zu Land. Ed Conway, Herausgeber von *Sky Economics*, hat sehr treffend das Argument entkräftet, das wirtschaftliche Scheitern – sinkende Löhne oder wachsende Ungleichheit – sei der Hauptgrund für das Erstarken der Populisten. Er weist darauf hin, dass Österreich und Schweden in den letzten Jahren gesunde Einkommenssteigerungen erlebt haben. In mehreren Ländern mit wachsenden populistischen Bewegungen gibt es keine wachsende Ungleichheit; in Polen, wo die Populisten sogar die Regierung stellen, ist sie drastisch gesunken.[10]

Trotzdem steckt eindeutig eine verspätete Reaktion auf die Krise von 2008 und die Enttäuschung über die wirtschaftliche und soziale Ordnung insgesamt – einschließlich Ungleichheit, sinkendem Lebensstandard nach der Krise, weniger guten Jobs für Schulabgänger ohne Chance auf ein Studium – hinter dem populistischen Missfallen *(mehr in Kapitel 6)*.

Der wichtigere Faktor lässt sich in dem Satz zusammenfassen: „Großbritannien fühlt sich zunehmend an wie ein fremdes Land: Einwanderung, Tempo des demografischen Wandels und so weiter." Bemerkenswert ist, dass die populistische Rechte einschließlich Donald Trump Unterstützung mobilisieren kann, die in beiden Arten von Enttäuschung begründet liegt. Die moderne Linke schafft das nur in dem einen Bereich und sieht den anderen gar nicht. Nur dort, wo der Euro zu überwältigenden wirtschaftlichen Problemen geführt hat, beispielsweise in Griechenland und Spanien, kommt der linke Populismus voran.

Ein weiterer wichtiger Punkt, auf den der niederländische Politologe Cas Mudde hingewiesen hat, lautet: Populismus ist normal. Viele liberale Kommentatoren und Forscher wie beispielsweise Pippa Norris von der Harvard University betrachten den Populismus als einen irrationalen, fremdenfeindlichen Schlag gegen eine flexiblere, offenere Welt. Oder sogar als eine Art politische Krankheit, die von charismatischen Individuen in Krisenmomenten hervorgerufen wird und extreme und paranoide Wähler anspricht. Natürlich gibt es Randgruppen, auf die diese Beschreibung passt. Natürlich gibt es Rassisten, Gewaltbereite, Antisemiten, Neonazis, Verschwörungstheoretiker und so weiter. Und es gibt einige rechtspopulistische Parteien, die genau an diesem Rand entstanden sind und sich nach wie vor an Teile dieser Glaubenssysteme klammern.

Mudde spricht von drei Elementen, die den rechtsradikalen Populismus ausmachen: Nativismus, Autoritarismus und Misstrauen gegen Eliten. Seiner Ansicht nach spielen diese Elemente in abgemilderter Form aber auch in der orthodoxen Politik eine Rolle. Und die drei wichtigsten Politikfelder der Populisten – Einwanderung, Sicherheit und Korruption – sind auch für große Teile der Wählerschaft in den USA und Europa von Bedeutung.[11]

Das heißt: Der Populismus unterscheidet sich nicht grundsätzlich von der Politik der Mainstream-Parteien, sondern nur *graduell.* Es ist sozusagen eine Temperamentsfrage – Populisten vertreten Mainstream-Ansichten mit besonders viel Leidenschaft, Bitterkeit oder Überzeugung.

Der Nativismus basiert zum Beispiel auf der Vorstellung, die einheimischen Bürger eines Landes hätten bestimmte Vorrechte. In der Praxis bezieht sich das selbst bei den rechtesten Populisten auf die Staatsbürger – und das gilt ebenso für die Mainstream-Politik, die nach wie vor vom Volk und von nationalen Interessen spricht, als wären beides selbstverständliche politische Tatsachen. Nimmt man dem Nativismus das Element der ethnischen Exklusivität, dann setzt er lediglich nationale Bürgerrechte vor universale Rechte.

Ähnlich ist es mit dem Autoritarismus. Die Vorstellung einer streng geordneten Gesellschaft, in der Übertretungen – manchmal hart – bestraft werden, gehört ganz klar zum Mainstream-Konservatismus. Wir haben das bereits im vorigen Kapitel gesehen. Die meisten Bürger wünschen sich härtere Strafen für bestimmte Vergehen und mehr Disziplin in den Schulen.

Und schließlich das populistische Misstrauen gegenüber den Eliten. Es gehört noch mehr zum Mainstream als die anderen beiden, denn diese Vorstellung ist tief in den westlichen Gesellschaften verwurzelt, möglicherweise in Verbindung mit der christlichen Vorstellung der Erbsünde: Menschen missbrauchen ihre Macht, wenn man ihnen Gelegenheit dazu gibt. Die US-Verfassung mit ihrer komplexen Gewaltenteilung basiert auf genau dieser populistischen Vorstellung.

Tatsächlich haben die meisten heutigen Mainstream-Parteien – darunter auch die beiden großen amerikanischen Parteien und wohl auch die Labour Party in Großbritannien – als populistische Bewegungen begonnen. Und als ich, damals ein junger Reporter, 1989 die Demonstranten in Leipzig begleitete, die „Wir sind das Volk“ riefen, war dies eine legitime populäre Forderung nach demokratischen Rechten angesichts einer kommunistischen Elite, die ihnen diese Rechte vorenthielt. Aber natürlich sind populär und populistisch nicht immer dasselbe.

Es gibt eine Art abgesofteter populistischer Rhetorik bei allen Mainstream-Parteien in Westminster. Was könnte wohl populistischer sein als Theresa Mays Slogan zu Beginn ihrer Regierungszeit, sie werde für „die vielen und nicht für die wenigen Privilegierten" regieren? Das Establishment wendet sich gegen das Establishment, vielleicht schon seit Thatcher und Reagan in den Achtzigern, als Wähler aus der Arbeiterklasse ermutigt wurden, den zermürbenden Kommunitarismus der Labour-Eliten durch einen energischen Individualismus und kulturellen Konservatismus zu ersetzen.[12]

Letztlich ist der Populismus, zumindest in seinen gemäßigten Formen, ebenso sehr eine normale Reaktion auf Übergriffe des Anywhere-Liberalismus, eine Veränderung des politischen Tons wie ein Rückschwingen des Pendels. Aber es gibt noch weitere Erklärungen, warum er in den letzten 30 Jahren mit solcher Kraft angewachsen ist. Diese Erklärungen sind verbunden mit der Praxis der modernen Politik und den neuen Kommunikationstechnologien.

Der selbstbewusstere Populismus ist aus einer Mischung zweier politischer Trends entstanden. Zum einen ist die Spannweite der konventionellen Parteipolitik schmaler geworden. Es gibt weniger ideologische Unterschiede, mehr Insiderherrschaft sowohl in Bezug auf das politische Personal als auch auf die vertretenen Interessen. Zum anderen hat die technologische Entwicklung die Hürden für politische Meinungsäußerungen gesenkt und den alten „Eliten-Filter" verdrängt, der früher kontrollierte, wer in der Politik mitspielen durfte.

Die Rate der sozialen Mobilität in Großbritannien ändert sich im Laufe der Zeit nicht sehr stark, aber während es früher eine Vielzahl von Wegen nach oben gab, gibt es jetzt nur noch einen Weg: Abitur, Studium und Karriere in einem akademischen Beruf.

Ähnlich in der Politik. Es gab früher viele Wege, Parlamentsabgeordneter zu werden: über die Gewerkschaften, die Wirtschaft, das Rechtssystem. Heute sind fast alle Abgeordneten, die seit 1992 gewählt wurden, Absolventen einer Universität und haben einen akademischen Beruf, oft sogar einen Beruf, der direkt mit Politik zu tun hat. Tatsächlich waren 25 Prozent der heutigen Abgeordneten schon vorher in der Politik tätig und weitere 18 Prozent kommen aus dem Medien- und PR-Bereich. Fast 90 Prozent aller Abgeordneten haben einen Hochschulabschluss.[13]

Niemand muss die Abschaffung des alten starren Klassensystems bedauern, aber in der klassenbasierten Politik der unmittelbaren Nachkriegszeit fühlten sich wahrscheinlich mehr Menschen in den nationalen Entscheidungen vertreten. Und nachdem eine soziologisch viel einheitlichere Klasse von Hochschulabsolventen den Aufstieg geschafft hat, empfinden manche Menschen Sehnsucht nach den markanten Akzenten und Verhaltensweisen des alten Klassensystems.

In der Arbeiterklasse ist die Identifikation noch relativ hoch – 25 bis 60 Prozent der Erwachsenen in Großbritannien, je nach Fragestellung. Aber man spürt deutlich, dass die Klassenidentität an den Rändern ausfranst. Um es mit Julian Baggini zu sagen: „Wenn nicht mal mehr klar ist, was es heißt, zur Arbeiter- oder Mittelschicht zu gehören, geht auch die Zugehörigkeit zu einer Gruppe verloren. ‚Die so sind wie wir' bildet keine klar definierte Gruppe mehr, die im ganzen Land zu finden ist. Stattdessen gibt es kleinere Gruppierungen wie ‚die Leute, die hier geboren und aufgewachsen sind' oder ‚die mit den Ländereien'."[14]

Übrigens ist die Professionalisierung der Politik an sich keine schlechte Sache. Aber sie trifft zusammen mit sinkenden Mitgliederzahlen – von 750.000 Labour-Mitgliedern im Jahr 1970 auf 190.000 im Jahr 2013, also vor Corbyn, und von 1,2 Millionen Tory-Mitgliedern auf 150.000 im selben Zeitraum. Dieses Schrumpfen hat zur Folge, dass die meisten Mitglieder und Aktivisten einen ähnlichen Hintergrund haben wie die Abgeordneten und wahrscheinlich eine Art Echokammer um sie herum bilden.

Labour hat in letzter Zeit den Schrumpfungsprozess aufhalten können, nachdem vor allem junge Linke eingetreten sind, um Jeremy Corbyn zu unterstützen. Heute hat die Partei wieder 515.000 Mitglieder und zusätzlich viele lockerer angebundene Unterstützer. Die Corbyn-Bewegung lässt sich auf wirtschaftlichem Gebiet als populistisch beschreiben, in den meisten anderen Bereichen aber als extrem Anywhere-orientiert. Dabei hat sich die soziale Zusammensetzung der Mitgliederschaft nicht verändert – etwa drei Viertel gehören zur Mittelschicht, etwa 60 Prozent haben einen Hochschulabschluss, fast 40 Prozent leben in London und Südostengland.[15]

Auch der Niedergang des Korporatismus wirkt sich verengend auf die Politik aus. Ungeachtet all seiner Fehler hat er vielen Millionen Menschen einen zweiten Weg zur politischen Einflussnahme eröffnet, sei es durch ihre Gewerkschaften, sei es durch Standes- oder Berufsverbände. Das Mehrheitswahlrecht in Großbritannien sorgt außerdem dafür, dass die meisten Wahlkreise dauerhaft in der Hand einer Partei bleiben. So bekommen die Menschen, die in den vernachlässigten Vierteln feststecken, zwangsläufig das Gefühl, politisch nur wenig bewirken zu können. Von der Lokalpolitik, vor allem außerhalb der Großstädte, bekommen die meisten ohnehin nicht viel mit, nachdem es kaum noch gute Lokalzeitungen gibt. Umfragen ergeben immer wieder, dass 70 bis 80 Prozent der Bevölkerung das Gefühl haben, überhaupt keinen politischen Einfluss nehmen zu können. Bei den ethnischen Minderheiten ist der Wert etwas besser, weil sie sich durch ihre Minderheiten-Organisationen vertreten fühlen.

Die Behauptung, eine niedrige Wahlbeteiligung sei ein Zeichen für relative Zufriedenheit mit dem derzeitigen Zustand, ist alles andere als absurd und besaß in der zweiten Hälfte des 20. Jahrhunderts sicher auch eine gewisse Gültigkeit: In dieser Phase stiegen die Einkommen und für die meisten Menschen im mittleren und unteren Teil der Gesellschaft sah die Zukunft einigermaßen rosig aus. Die Wahlbeteiligung lag in Großbritannien bei rund 65 Prozent, in den USA bei rund 55 Prozent.

Ein Blick auf die globale Situation heute zeigt jedoch, dass in erfolgreichen Ländern Apathie und Zorn herrschen, in erfolglosen Ländern dagegen hohe Wahlbeteiligungen und massenweise Unterstützung für bestimmte Politiker. Die Vorstellung, die Wähler in den westlichen Industrienationen seien generell wütend, trifft aber nicht zu. Es gibt zum Teil recht große Nischen, in denen negative Gefühle vorherrschen, und speziell in den USA verzeichnen bestimmte Politiker hohe Ablehnungsraten, aber die Zustimmungsrate bei Obama lag am Ende seiner Amtszeit etwa ebenso hoch wie die für Reagan in den Achtzigern.

Trotzdem sieht man seit dem Erstarken des Populismus in Europa um die Jahrtausendwende die Nichtwähler nicht mehr als zufrieden an, sondern als wütend und enttäuscht – als aktive Nichtwähler, die der Ansicht sind, alle großen Parteien zeigten nur noch Varianten des Anywhere-geprägten progressiven Individualismus und würden sie nicht mehr vertreten. Schätzungen zufolge haben 3 Millionen Wahlberechtigte, die bei der Parlamentswahl von 2015 nicht zu den Urnen gegangen sind, beim EU-Referendum mit abgestimmt, die große Mehrheit für den Brexit. Die Wahlbeteiligung lag bei 72 Prozent.[16]

Entsteht da so etwas wie eine „Zweiklassen-Politik“, die nicht so sehr in Reich und Arm, sondern nach Insidern und Outsidern unterscheidet? Wobei die Insider die gut vernetzten Hochschulabsolventen sind, die die technokratische Sprache der Politik verstehen, *Today* hören und *Newsnight* sehen. Alle übrigen sind Outsider: Menschen, die eher nicht so gut mit einer der politischen Parteien verbunden sind – noch nicht einmal indirekt. Im Jahr 2013 entsprach die Mitgliederzahl der drei größten in Westminster vertretenen Parteien gerade 0,8 Prozent der Gesamtbevölkerung.

Tatsächlich ist die Gruppe der Outsider mit hoher Wahrscheinlichkeit nirgendwo Mitglied, nicht in kirchlichen Gruppen, nicht in lokalen Gemeinschaften, nicht in Wohltätigkeitsorganisationen oder Clubs. Oft handelt es sich um Menschen, deren Universum sich auf Arbeit, Familie und die virtuelle Realität von TV, Radio und Internet beschränkt. Und diese Menschen geben sich auch immer weniger Mühe, politisch informiert zu bleiben. Bücher wie *Democracy for Realists* von Christopher Achen und Larry Bartels haben das in erschreckender Detailliertheit gezeigt.[17] Die meisten Wähler sind nicht nur ausgesprochen unwissend, was die gegenwärtigen Verhältnisse angeht, sondern zeigen auch eine sehr schwache Verbindung zwischen dem, was sie glauben und ihrem Wahlverhalten. Wenn sie überhaupt zur Wahl gehen, stimmen sie für Leute, von denen sie annehmen, sie würden sich für Menschen wie sie einsetzen.

Der amerikanische Autor Michael Lind schreibt dazu: „Die Insider-Nation auf beiden Seiten des Atlantiks ist außerordentlich homogen, allem Gerede von Diversität zum Trotz … Obwohl sie offiziell auf Meritokratie bestehen, stammen ihre angeblichen Selfmade-Männer und -Frauen fast alle aus wohlhabenden und akademisch gebildeten Schichten. Die wenigsten stammen aus der Arbeiterklasse oder aus armen Familien. Die neue Oligarchie ist durch ihre Ausbildung in einigen wenigen Institutionen vernetzt – in den USA heißt das, durch ein Studium an einer der Ivy-League-Universitäten. Und sie heiraten zunehmend untereinander … Das Ideal der Insider-Nation ist eine unparteiische Technokratie, die von den besten und klügsten Absolventen einiger Eliteschulen geleitet wird. Sie geht davon aus, dass sowohl die Innen- als auch die Außenpolitik aus einer

Reihe von Einzelproblemen bestehen, für die es jeweils eine optimale Lösung gibt. Eine Lösung, über die sich vernünftige, uneigennützige, unparteiische Individuen einig sein können. Ihr Stil ist von Verbänden, Thinktanks und Beratungsfirmen geprägt: leise, analytisch und emotionslos."[18]

Die hier beschriebene Insider-Nation gibt es auch in Großbritannien. Ein aufsteigender Labour-Politiker mit Arbeiterklasse-Hintergrund hat einmal zu mir gesagt: „Meine Generation von Labour-Mitarbeitern und -Aktivisten in London – also vor Corbyn – stammt aus einer sehr kleinen gesellschaftlichen Gruppe. Häufig sind sie bereits in der zweiten Generation Berufspolitiker, oder sie stammen aus der intellektuellen Elite mit akademischen Berufen. Die vier führenden Mitarbeiter der Stronger In-Kampagne sind in einem Umkreis von drei Quadratkilometern aufgewachsen. Zwei gingen auf dieselbe staatliche Schule im Norden Londons, der Vater des einen war Innenminister, der Patenonkel eines anderen war Peter Mandelson (britischer Politiker der Labour Party – *Anm. d. Übers.*)."

Es scheint also, als träfe die Behauptung der Populisten im Wesentlichen zu, derzufolge alle großen Parteien die Interessen der Wohlhabenden und Liberalen vertreten würden, wie Martin Gilens in seiner Untersuchung von öffentlicher Politik und öffentlichen Präferenzen in den USA gezeigt hat, für die er US-weite Umfragen zwischen 1964 und 2006 ausgewertet hat.[19]

Ähnlich wie die Briten sind sich die Amerikaner über viele Aspekte der Politik einig, ungeachtet ihrer Herkunft und ihres Einkommens. Über etwa die Hälfte aller politischen Themen herrscht weitgehender Konsens. Dazu gehören militärische Auslandseinsätze, Bildungsausgaben, der Krieg gegen Drogen, Kinderbetreuung und Bildungsprogramme für Wohlfahrtsempfänger.

Dort, wo die Präferenzen auseinandergehen, spielen die Ansichten der Wohlhabenden eine wesentlich größere Rolle. Schon seit den Siebzigerjahren protestieren Amerikaner mit niedrigen oder mittleren Einkommen gegen Freihandelsabkommen wie NAFTA, aber die Wohlhabenden waren für den Freihandel und setzten sich durch.

Bei moralischen und religiösen Themen sind die Wohlhabenden liberaler als die ärmeren Amerikaner, und auch hier geben sie den Ausschlag. Menschen mit niedrigerem Einkommen verlangen mehrheitlich, dass der Vater eines ungeborenen Kindes seine Einwilligung zu einer Abtreibung geben muss. Sie wünschen sich stärkere Restriktionen bei der Stammzellenforschung und mehr Unterstützung für das Schulgebet.

Gilens hat ausgerechnet: Wenn eine politische Präferenz von 80 Prozent der Wohlhabenden befürwortet wird, besteht eine 50-prozentige Chance, dass sie umgesetzt wird. Eine Unterstützung durch Amerikaner der ärmeren und mittleren Schichten spielt dagegen kaum eine Rolle, außer im unmittelbaren innerparteilichen oder allgemeinen Wahlkampf. Die einfachste Erklärung für diese Diskrepanz liegt darin, dass Amerikaner mit hohem Einkommen eher zur Wahl gehen, sich im Wahlkampf engagieren und an die Parteien spenden, in welcher Höhe auch immer. Sie sind ganz einfach die politische Klasse.

Die Demokraten waren einmal die Partei der Arbeiterklasse, doch das gilt heute nur noch in Wohlfahrtsfragen. Das, was Thomas Frank den „Liberalismus der Reichen" nennt – mit Fokus auf Geschlechtergleichheit, Umweltschutz und so weiter – spielt für die Amerikaner mit niedrigerem Einkommen nur eine geringe Rolle. In kulturellen und religiösen Fragen stehen sie den Republikanern wesentlich näher als den Demokraten. Und was ökonomische Fragen angeht, so hat keine der großen Parteien, zumindest bis zur Wahl von Donald Trump, die Präferenzen der ärmeren Amerikaner – Anti-Freihandel, Anti-Big-Business – vertreten. Dies gilt vor allem, seit die Demokraten sich vor rund 20 Jahren stärker in Richtung Freihandel und Marktwirtschaft orientiert haben.

In Großbritannien sieht es seit einer Generation ähnlich aus: Die politischen Präferenzen der wohlhabenden Anywheres beherrschen die Szene. Ärmere Briten sind im Großen und Ganzen auf gesellschaftspolitischem und religiösem Gebiet weniger konservativ eingestellt als ärmere Amerikaner, aber ihre Präferenzen wurden in vielen Bereichen ignoriert: stärkere Kontrolle der Einwanderung, weniger europäische Integration, mehr staatlicher Wohnungsbau, mehr anständig bezahlte einfache Jobs, bessere Berufsausbildung ... insgesamt die Möglichkeit, ein respektiertes, erfolgreiches Leben zu führen, ohne seine Familie und seine Heimat verlassen zu müssen. Vieles davon ist kaum zu erreichen, aber seit der May-Regierung nach der Brexit-Entscheidung sieht man zumindest, dass die öffentliche Politik und Rhetorik etwas mehr in diese Richtung verschoben werden kann.

(Mehr darüber, wie die Prioritäten von Anywheres in den letzten 20 Jahren die öffentliche Politik dominiert haben, in *Kapitel 9*).

Das hier beschriebene Muster bestimmt seit etwa einer Generation – mit nationalen Variationen – die Politik in Europa und Amerika. Die Kräfte der gemäßigten Linken und Rechten nähern sich einander an in Richtung auf den „doppelten Liberalismus" der Anywheres: mehr Marktwirtschaft, mehr Globalisierung verbunden mit mehr individualistischer Gesellschafts- und Kulturpolitik und staatlicher Förderung der Gleichheit von Geschlechtern und ethnischen Gruppen. So war es schon während der Thatcher-Reagan-Ära, in der die Rechte in der Wirtschaftspolitik siegte und die gemäßigte Linke in der Kulturpolitik. Es gibt Ausnahmen von dieser Regel, so war die Linke in den USA bei Weiten nicht so erfolgreich, was zu lang anhaltenden „Kulturkämpfen" führte. Und die Rechte könnte jetzt, da mehr Restriktionen für die Märkte, eine leichte Deglobalisierung und eine Ermüdung in Sachen Austeritätspolitik einsetzen, mit ihren Wirtschaftsargumenten an Boden verlieren.

Dieser „doppelte Liberalismus" ist der Grund für das alte Lied mit dem vertrauten Text: „Sie sind doch eh alle gleich, warum soll ich da wählen gehen?" Und fast überall hat die Angleichung von Links und Rechts dazu geführt, dass eine Mehrheit, oder doch eine substanzielle Minderheit, sich abgehängt fühlt: Menschen mit niedrigerem Einkommen und weniger guter Bildung, die deutlich weniger liberal denken als die Anywhere-Hochschulabsolventen, aber trotzdem Wert legen auf eine gemäßigt sozialdemokratische Wirtschafts- und Ausgabenpolitik, verbunden mit einem besseren Schutz vor den Auswirkungen der Globalisierung.

Red Toryism und Blue Labour in Großbritannien waren verspätete Versuche, die beiden großen Parteien aus der Falle des Anywhere-Liberalismus zu befreien und eine Art ideologische Koalition einzugehen. Aber es war die UKIP, die erste populistische Mainstream-Partei in Großbritannien (mit einer starken Wählerbasis in der Arbeiterschicht), die diesen Gruppen eine Stimme gab, vor allem nach ihrem Linksruck im Wahlkampf 2015.

Abgesehen von der Verengung der offiziellen Politik, in der die Anywheres sowohl in Großbritannien als auch in den USA dominieren, gibt es heute wesentlich mehr Gelegenheiten, sich Gehör zu verschaffen, wenn auch auf ganz unorganisierte Weise.

Die Menschen in den am weitesten entwickelten Demokratien bringen Autoritäten heute weniger Ehrfurcht und Vertrauen entgegen, sie sind sich ihrer Rechte bewusster und eher bereit, sich ad hoc zu engagieren, sei es gegen die Schließung eines Krankenhauses oder gegen den Bau einer Autobahn. Ihre Waffe ist das Internet, und sie sind heute besser gerüstet, um sich den Experten entgegenzustellen. Das Ende der Ehrfurcht hat dazu geführt, dass heute nicht nur Autorität aufgrund unverdienter Macht einer Klasse abgelehnt wird, sondern auch Autorität aufgrund kognitiver Fähigkeiten – vergleiche Michael Goves berüchtigten Kommentar zum Thema Experten. Durch soziale Medien und andere Netzwerke fällt es Menschen heute leichter, sich Gehör zu verschaffen und sich zu zeitweisen politischen oder gesellschaftlichen Bündnissen zusammenzuschließen.

Der elitäre politische Filter, den das konventionelle Parteiensystem und die traditionellen Medien einst anwenden konnten, existiert nicht mehr. Volkes Stimme, sei sie wütend oder nicht, ist überall zu hören. Nicht nur in den neuen digitalen Medien, sondern auch in den guten alten Zeitungen und im Mainstream-Fernsehen und -Rundfunk werden ständig unsere Mitwirkung und unser Feedback gefordert. Dazu kommt eine raffinierte, allgegenwärtige Meinungsforschung, die dazu führt, dass wir heute mehr über die Meinungen unserer Mitbürger wissen als je zuvor –, obwohl die Vorhersagen bei den Wahlen 2015 und 2017, beim Brexit und bei der Trump-Wahl falsch waren.

Je weniger Emotionen und Überzeugungen in der konventionellen Politik zu finden sind, desto mehr erscheinen sie in der chaotischen und oft schrillen digitalen Welt. Das ist nicht immer angenehm. Massenmedien, die auf Schockwirkung und Aggression setzen, können einen de-zivilisierenden Einfluss ausüben. Donald Trumps triumphaler Wahlsieg wäre im Zeitalter vor den sozialen Medien kaum denkbar gewesen. Oder wie es Michael Lind so kernig formuliert: „Die Insider sind eine Nation von Technokraten. Die Outsider sind eine Nation von Trollen."

Und doch haben viele Menschen im Cyberspace vielleicht zum ersten Mal eine Stimme und eine Handlungsmöglichkeit gefunden. Nicht alle, die sich dort tummeln, sind Populisten, aber viele. Jamie Bartlett, Autor des Buchs *Radicals*, schreibt: „Digitale Politik ist seit jeher ein enorm wichtiger Mechanismus für die neuen Populisten. Er gestattet ihnen, Eliteninteressen zu umgehen und sich online mit dem ‚Volkswillen' zu vernetzen."[20] So unterschiedliche Populisten wie die UKIP, die Wilders-Partei in den Niederlanden, Jobbik in Ungarn, Podemos in Spanien, Corbyns Momentum-Bewegung und die Cinque Stelle in Italien arbeiten eifrig mit der neuen politischen Währung aus Posts, Likes und Re-Tweets.

Amerika und Europa: die populistische Annäherung

Die meisten Europäer sahen die Wahl Donald Trumps als nur ein weiteres Beispiel für den schrägen Charakter der amerikanischen Politik. Doch auch wenn Trumps vulgäre Art eigentümlich amerikanisch ist, deuten die gesellschaftlichen Kräfte, die er in seiner erfolgreichen Kandidatur ansprach, eine Annäherung zwischen amerikanischem und europäischem Populismus an. Ivan Krastev hat darauf hingewiesen, dass der amerikanische Demagoge mit seiner primitiven Direktheit und seiner Manipulation der Medien ganz klar ein Schüler des früheren italienischen Premierministers Silvio Berlusconi ist.[21]

In der amerikanischen Politik haben Hautfarbe und ethnische Herkunft immer eine gewichtigere Rolle gespielt als in Europa, was mit der Geschichte der USA als Einwanderungsland und mit der Massen-Sklaverei zu tun hat. Soziale Klassen und Schichten, die in Europa während der letzten 200 Jahre so wichtig waren, wirkten sich in den USA weniger stark aus. Doch mit dem schnellen Anwachsen der Einwandererzahlen in Europa sind Hautfarbe und ethnische Herkunft auch hier in den Mittelpunkt des Interesses gerückt, während gleichzeitig die heikle Lage der schwächeren Einkommensgruppen in den USA, der stagnierende Lebensstandard und die wachsende Ungleichheit seit den Siebzigerjahren das Schichtenproblem dort ins Rampenlicht des politischen Interesses bewegten.

Die scharfe Trennung zwischen einem erfolgreichen Hochschulabsolventen mit einem akademischen Beruf, der innerhalb der Wissensindustrie eine gewisse Sicherheit und Karrierechancen hat, und der unteren Einkommensgruppe wirft einen langen Schatten auf den amerikanischen Traum. In den letzten 20 Jahren ist das mittlere Haushaltseinkommen von 53.600 Dollar um fast 7,5 Prozent gesunken. Im selben Zeitraum sind die Einkommen von Hochschulabsolventen um 22 Prozent gestiegen, während die Einkommen von weißen Männern ohne Hochschulstudium um 9 Prozent gesunken sind.[22] Und auch wenn die Arbeitslosigkeit insgesamt eher niedrig geblieben ist, sank die Beschäftigungsquote von Männern mittleren Alters deutlich ab.

Eines der am häufigsten zitierten Umfrageergebnisse zur Erklärung des unerwarteten Erfolgs der Trump-Bewegung ist, dass sich laut Gallup im Jahr 2000 33 Prozent der Amerikaner als „Arbeiterklasse" bezeichneten; bis 2015 war diese Zahl auf 48 Prozent gestiegen.[23] Trotz seiner privilegierten Herkunft und seiner Karriere als Großunternehmer hat Trump, der „Arbeiter-Milliardär", wie man ihn auch nennt, eine protektionistische, an sozialer Sicherheit orientierte Plattform geschaffen, die ihn weit links von seinen republikanischen Konkurrenten und sogar von Teilen der Demokraten platzierte. So gelang es ihm, die Wählerbasis der neuen republikanischen Arbeiterklasse anzusprechen: die „Country-and-Western"-Republikaner statt der bisherigen „Country-Club"-Republikaner. Diese neuen Republikaner stehen Streichungen von Sozialleistungen genauso ablehnend gegenüber wie die Demokraten.

Kaum 20 Prozent aller Amerikaner geben an, keinerlei religiöse Bindung zu haben, in Großbritannien ist es fast die Hälfte aller Befragten. Und es wird oft behauptet, dass ärmere Amerikaner ihre wirtschaftlichen Interessen hintanstellen, wenn es um ihre kulturellen und religiösen Präferenzen geht, beispielsweise im Zusammenhang mit dem Recht auf Waffenbesitz oder die Ablehnung von Schwangerschaftsabbrüchen.

Der Trump-Aufstieg legt aber die Vermutung nahe, dass sich der jahrzehntelange Kulturkampf zwischen religiösen Konservativen und säkularen Liberalen allmählich totläuft. Er wird ersetzt durch einen „Grabenkampf" zwischen hauptsächlich rechten Nationalisten und primär linken multikulturellen Globalisten. Trump hat sich in den alten Kulturkämpfen nicht positioniert. Im Frühjahr 2016 blockierte der Oberste Gerichtshof ein neues Gesetz in Texas, das Abtreibungen erschweren sollte. Normalerweise hätte diese Intervention eine wütende Rhetorik führender Republikaner provoziert – von Trump war dazu nichts zu hören.

Grenzen hingegen interessieren ihn sehr. Seine schockierenden Bemerkungen über mexikanische „Vergewaltiger" und seine Bannsprüche über Muslime haben sehr viel Medienaufmerksamkeit erregt, aber in seinen Reden geht es wesentlich mehr um Handel und Jobs.[24] Seine wichtigste Botschaft gilt den Verlierern im Land: Ihnen versichert er, dass ein wiederbelebter amerikanischer Nationalismus mehr Schutz gewähren kann, als das in der letzten Zeit der Fall war. „Ich liebe ungebildete Leute", sagte er im Wahlkampf immer wieder. Und die ungebildeten Leute lieben ihn ebenfalls: Fast 70 Prozent aller Weißen ohne College-Abschluss haben für Trump gestimmt.[25]

Tatsächlich wählten die ärmsten Amerikaner – also diejenigen, die weniger als 50.000 Dollar im Jahr verdienen – zu 52 Prozent Demokraten und zu 42 Prozent Trump. Aber diejenigen, die von den Demokraten zu den Republikanern wechselten, gehörten fast alle zur mittleren und niedrigen Einkommensgruppe. Laut Torsten Bell von der Resolution Foundation wechselten nicht weniger als 16 Prozent aller Wähler mit einem Einkommen unter 30.000 Dollar zu Trump. Das erklärt seinen unerwarteten Erfolg im de-industrialisierten Mittleren Westen, also in Staaten wie Michigan und Wisconsin, die vom China-Schock schwer getroffen wurden.[26]

Mehr noch als in Großbritannien erklären weiße Amerikaner den Meinungsforschern, früher sei alles besser gewesen. Eine YouGov-Umfrage aus dem Jahr 2016 ergab fast 60 Prozent Zustimmung zu dieser Aussage und nur 21 Prozent Ablehnung.[27] Und diejenigen, die einen Verlust empfinden – sei es aufgrund ihres Alters, des Mangels an Chancen, einer an Stabilität orientierten Persönlichkeit oder des Gefühls von Statusverlust – sprechen sich deutlich häufiger gegen Einwanderung und für populistische Gruppierungen aus.

Die Demokraten in den USA haben ebenso wenig einen Weg gefunden, mit diesen Wählern zu reden, wie die Mitte-Links-Parteien in Europa. Die Präsidentschaftswahl war nicht nur Ausdruck einer Wechselstimmung; tatsächlich wandten sich die Wähler ganz klar gegen die Demokratische Partei von Obama und Clinton, die sie als Partei der liberalen Weißen und Minderheiten in den großen Städten ansahen. Jetzt stellen die Republikaner den Präsidenten, die Mehrheit im Senat und im Repräsentantenhaus, die Mehrheit in zwei Dritteln der Bundesstaaten und die meisten Gouverneure.

Donald Trumps Populismus dreht sich aber natürlich genauso viel um die Rasse wie um die Klasse. Ethnisch motivierte Ängste der Mehrheit stehen ganz klar hinter dem Populismus, sowohl in Amerika wie auch in Europa, das zeigen Studien immer wieder.[28] Trumps Popularität unter ungebildeten älteren weißen Männern wird zum Teil auf diese Ängste zurückgeführt, weil die Weißen in vielen Teilen des Landes zur Minderheit werden und im ganzen Land gerade noch 62 Prozent der Bevölkerung stellen. Im Jahr 2044 werden sie den Status einer Minderheit erreicht haben, wenn nicht ein großer Teil der Hispanics in der weißen Bevölkerung aufgeht, was durchaus denkbar erscheint.

Die meisten weißen Amerikaner sehen sich heute schon als Minderheit, was auf große Staaten wie Texas und Kalifornien auch zutrifft.[29] 45 Prozent der Trump-Unterstützer erklärten im Jahr 2016, Weiße würden in Amerika häufig diskriminiert.[30] Ärmere Weiße haben tatsächlich im Vergleich zu anderen Gruppen und auch im Vergleich zu den Verhältnissen in der Vergangenheit an Status verloren. Und zum ersten Mal in der Geschichte der USA sinkt die Lebenserwartung von weißen Amerikanern mittleren Alters, nicht zuletzt aufgrund von Suchterkrankungen und Selbstmorden (vgl. die Studie von Anne Case und Angus Deaton aus dem Jahr 2015).[31]

Viele Europäer wundern sich, dass ein Einwanderungsland wie die USA sich von Trumps Flirt mit der weißen Identitätspolitik verführen lässt. Aber dabei wird oft vergessen, dass die USA von Anfang der Zwanziger- bis Ende der Sechzigerjahre eine lange Einwanderungspause erlebten. Im Jahr 1970 waren 84 Prozent der Amerikaner weiß, und nur 4 Prozent waren im Ausland geboren. Die Hautfarbe spielt auch wegen des historischen Erbes der Sklaverei eine größere Rolle im Leben und in der Politik der USA, aber die heutigen weißen Amerikaner mittleren und gehobenen Alters sind eben auch in einem Land aufgewachsen, in dem sie eine fast ebenso große ethnische Mehrheit stellten wie in Europa.

Seitdem gab es eine neue Einwanderungswelle in die USA, die dazu führte, dass die nicht-hispanische weiße Bevölkerung heute nur noch einen Anteil von 62 Prozent ausmacht. Wegen des überwältigenden Konsenses zur zur legalen Einwanderung, der gemäßigte Linke und gemäßigte Rechte einigte, gab es praktisch keine Diskussion über diese starke demografische Verschiebung. Die Einwanderungsdebatte vor Trump beschäftigte sich lediglich mit der Frage, was man mit den geschätzt 12 Millionen illegalen Einwanderern tun solle. Und selbst in dieser Frage wurden Gegner von Maßnahmen, die den Weg zum legalen Status und zur Einbürgerung ebnen sollten, regelmäßig als Rassisten beschimpft. Werden Trumps Kampagne und die zu Anfang seiner Amtszeit sinkenden Einwanderungszahlen eine noch stärkere ethnische Trennung in der US-Politik hinterlassen, geprägt von einem harten Kern wütender Weißer, deren politisches Bewusstsein geweckt wurde? Man sieht ja, das Barack Obama bei der Wahl 2012 noch 39 Prozent der Weißen für sich gewinnen konnte, während Hilary Clinton nur noch auf 37 Prozent in dieser Gruppe kam. Die Verschiebung von einer republikanischen Politik mit starkem religiösem Akzent hin zu einer ethnischen Debatte im Trump-Wahlkampf hätte doch viele Minderheiten verschrecken müssen, nicht zuletzt die Hispanics. Tatsächlich konnte Trump mehr schwarze (8 Prozent), hispanische (29 Prozent) und asiatische (29 Prozent) Wähler für sich gewinnen als die beiden vorherigen republikanischen Kandidaten Romney und McCain. Tatsächlich waren seine Zugewinne in diesen Minderheitengruppen höher als unter den Weißen.

Trump gehört nicht zur White-Supremacy-Gruppe, sonst hätte man ihn nicht gewählt. Aber er hat in seinen Wahlkampfreden die anti-integrationistischen und anti-schwarzen Traditionen des weißen Amerika durchaus angesprochen und schloss sich der absurden Infragestellung von Präsident Obamas Geburtsort und seiner Religion an. Legitimer war seine Ansprache von Weißen mit niedrigem Einkommen als Gruppe mit eigenen Interessen und Sorgen, die von den Eliten des Landes bisher übersehen wurden. Keine ganz neue Idee, Pat Buchanan hat in den Neunzigern schon Ähnliches versucht. Aber es wirft die Frage auf, ob es möglich ist, eine Politik zu schaffen – sei es innerhalb der großen Parteien oder außerhalb –, die auf diese Sorgen und Nöte eingeht, im Gegensatz zu Trump jedoch über Klassen- und Rassengrenzen hinweg.

Auch in Teilen Europas scheinen die Ängste ethnischer Mehrheiten ein Faktor zu sein, der den Aufstieg des Populismus fördert. Auch hier sehen sich Weiße – zum Teil zum ersten Mal in der Geschichte ihres Landes – gezwungen, über ihre ethnische Identität nachzudenken, weil ihre Symbole und Prioritäten in ihrer Wohngegend nicht mehr automatisch vorherrschen –, wenn also der Pub schließt und stattdessen ein polnischer Laden oder ein Halal-Metzger aufmachen?[32]

Mehr noch als in Amerika bildet die Ablehnung der wachsenden muslimischen Minderheit den Kern des europäischen Populismus –

auch wenn dies in Großbritannien weniger stark ausgeprägt ist. Ethnische Ängste drücken sich auf vielfältige Weise aus: stärkere Ablehnung von Einwanderung; Sorge über mangelnde Integration; ein Gefühl, von den politischen und wirtschaftlichen Eliten im Stich gelassen zu werden, die sich mehr mit den Minderheiten beschäftigen als mit den weißen „kleinen Leuten".

Im nächsten Abschnitt gebe ich einen kurzen Überblick über die Varianten des europäischen Populismus – von gemäßigt und besonnen bis extrem und bedrohlich.

Populistische Parteien: die notwendigen, die unheimlichen und die hässlichen

Seit im Jahr 2002 europäische populistische Parteien in den politischen Mainstream vordrangen – in jenem Jahr gelang es Jean-Marie Le Pen, in die Stichwahl um die französische Präsidentschaft zu kommen, und Pim Fortuyn schaffte in den Niederlanden den Aufstieg –, haben die populistischen Parteien viel erlebt, befinden sich aber nach wie vor im Aufwind.

Der durchschnittliche Stimmenanteil der westeuropäischen Populisten bei der Europawahl 2014 betrug 17 Prozent, mehr als doppelt so viel wie 2001 und ein Drittel mehr als 2009. In der Zwischenzeit waren einige populistische Parteien an Regierungen in ihren Ländern beteiligt, die Mehrheit hatten sie aber nur in Osteuropa (Ungarn – Fidesz, Polen – Prawo i Sprawiedliwość, Slowakei – Smer, Griechenland – Syriza).

Ich beziehe die osteuropäischen Länder in diesen Überblick mit ein, auch wenn sie eine Sonderstellung einnehmen, da es in diesen Ländern keine Anywhere-Dominanz und auch sehr wenig Einwanderung gibt. Die Öffentlichkeit in diesen Ländern ist insgesamt deutlich weniger tolerant als in Westeuropa und die Eliten sind nationalistischer, sodass sich Eliten und Massen viel näher sind. Im Zuge der Flüchtlingskrise wurde die gesamte Region euroskeptischer, vor allem nachdem Deutschland versucht hatte, den ehemaligen kommunistischen Ländern Flüchtlingsquoten aufzudrücken. Victor Orbán, der ungarische Ministerpräsident, der sich oft zum Sprecher der Visegrád-Vierergruppe Ungarn, Polen, Slowakei und Tschechien aufschwingt, spricht ausdrücklich von „illiberaler Demokratie" und einer neuen konservativen „EU der Hauptstädte“. Er stellt dem europäischen Föderalismus eine EU entgegen, die auf Werten wie Familie, Nationalstaat und Christentum beruht.

Die folgenden rechtspopulistischen Parteien Westeuropas haben entweder in Koalitionen mitregiert oder eine Koalitionsregierung unterstützt: FPÖ in Österreich, Lega Nord in Italien, Dansk folkeparti in Dänemark, PVV in den Niederlanden, Perussuomalaiset (PS, übersetzt etwa „Wahre Finnen“) in Finnland und Fremskrittspartiet in Norwegen.

Andere relevante populistische Parteien mit einem Stimmenanteil von 10 bis 15 Prozent sind die UKIP in Großbritannien, der Front National in Frankreich, Cinque Stelle in Italien, Sverigedemokraterna in Schweden und die AfD in Deutschland.

Zweierlei ist notwendig, um einen sinnvollen Überblick über diesen populistischen Trend zu geben. Zum einen muss abgeschätzt werden, welchen Einfluss die Parteien innerhalb und außerhalb der Regierung auf die Politik ihres Landes haben. Zum anderen braucht es eine Einordnung der populistischen Parteien auf einer Skala von Mainstream bis extremistisch.

Wie wir schon sahen, haben die Populisten in einigen Ländern von der Macht gekostet. In einigen Fällen hat der Weg ins System ihre Ansichten gemäßigt und zu sinkender Wählerunterstützung geführt. Die „Wahren Finnen“ haben ihren Stimmenanteil fast halbiert, seit sie 2015 an der Regierung beteiligt waren. Auch die Dansk folkeparti hat durch die Beteiligung an der Macht Schaden genommen und Wähler verloren. Die FPÖ hat ebenfalls Wähler verloren, nachdem sie an Koalitionsregierungen beteiligt war, hätte im Dezember 2016 aber beinahe die Präsidentschaftswahl in Österreich gewonnen. All das zeigt: Man kann den Populismus nicht auslöschen, aber man kann ihn mäßigen und integrieren.

In einigen Ländern, zum Beispiel Schweden oder in geringerem Maße auch in Frankreich bei den Präsidentschaftswahlen, gab es intensive Bemühungen, die wichtigste populistische Partei zu isolieren und sich gegen sie zusammenzuschließen, selbst um den Preis eines verminderten politischen Wettbewerbs zwischen den wichtigsten nicht-populistischen Parteien.

In Schweden hat das nicht funktioniert. Bei der Parlamentswahl 2014 erreichte die Sverigedemokraterna 12,9 Prozent und wurden drittstärkste Partei. Es handelt sich um eine Arbeiterpartei, die linke wirtschaftspolitische und rechte gesellschaftspolitische Forderungen in ihrem Programm vereint. Nach wie vor fordert sie die Rückführung von Migranten auf freiwilliger Basis, obwohl man davon ausgehen kann, dass sie diesen Punkt auf dem Weg zur Mitte aufgeben oder zumindest in den Hintergrund spielen wird. Obwohl sie von den Mainstream-Parteien und Medien geschnitten wurde, stieg die Partei im Februar 2016 für kurze Zeit zur populärsten des Landes auf, nachdem sie hart auf die Flüchtlingskrise reagiert hatte: Schweden hatte 2015 160.000 Asylsuchende aufgenommen, pro Kopf der Bevölkerung mehr als jedes andere Land in Europa. Der Parteivorsitzende Jimmie Åkesson ist eine relativ gemäßigte Figur, der die Partei auf einen moderateren Kurs führt. Allerdings hatten einige der Gründer in den Achtzigerjahren eine Neonazi-Vergangenheit. In einem Interview mit *Bloomberg News* hat er erklärt, der Erfolg der Populisten habe nicht nur wirtschaftliche Gründe: „Es geht hauptsächlich um Werte … darum, wie es uns gelingen kann, die Gesellschaft zusammenzuhalten.“[33]

Der stärkste Einfluss der Populisten ergibt sich nicht so sehr aus Regierungsbeteiligungen, sondern vielmehr aus der Verstärkung populistischer Strömungen in der öffentlichen Meinung und aus der Beeinflussung wichtiger Konkurrenzparteien. Das betrifft in der Regel die große Mitte-Rechts-Partei. Die UKIP beispielsweise war seit ihrem Durchbruch bei der Europawahl 2009 nie sehr weit vom Denken führender Konservativer entfernt, und ihre Präsenz war ein wichtiger Faktor bei der Entscheidung 2013, ein Referendum über die EU-Mitgliedschaft abzuhalten.

Doch wenn man die europäische Politik seit 2002 betrachtet, gibt es kaum einen so klaren Fall von starkem populistischem Einfluss wie UKIP und Brexit. Tatsächlich fällt auf, wie gering der direkte Einfluss der populistischen Welle auf die Politik der gesamten EU oder einzelner Länder ist. Vermutlich hat sie dazu beigetragen, das Thema Einwanderung im Fokus zu halten. Extremere Randgruppen haben das Leben auf den Straßen für Minderheiten unsicherer gemacht, vor allem für Muslime. Aber der Konsens einer offenen Gesellschaft hat im Wesentlichen Bestand.

Die populistische Stimme hat weder zu einem Politikwechsel in Bezug auf den Euro noch zu einer wesentlichen Änderung der Freizügigkeit innerhalb der EU geführt und die führenden EU-Länder auch nicht dazu veranlasst, David Cameron ein attraktives Reformpaket anzubieten, das er den britischen Wählern hätte verkaufen können. Weder die EU noch irgendein führendes EU-Land hat der Einwanderung deutliche Grenzen gesetzt, vielleicht mit Ausnahme von Dänemark, und es gab auch keine entschiedenen Maßnahmen gegen die Globalisierung der Wirtschaft. Die Anfangsreaktion auf die Flüchtlingskrise 2015 war alles andere als drakonisch, auch wenn Angela Merkels Willkommensbotschaft kaum als repräsentativ gelten kann. Erst in den späteren Monaten wurde der Ton schärfer, zumal in Osteuropa. Und trotz einer ganzen Reihe islamistischer Terroranschläge wurden die Rechte von Minderheiten nicht beschnitten – vielleicht mit Ausnahme von Polen und Ungarn.

Das populistische Führungspersonal und Aktivisten, vor allem solche mit rechtsextremem Hintergrund, sind oft Überbringer unangenehmer Botschaften, die der allgemeinen Mäßigung und Liberalisierung in den europäischen Gesellschaften während der letzten zwei Generationen widersprechen. Das gilt vor allem für das Thema Rassismus. Die Masse der Somewheres ist nicht fremdenfeindlich eingestellt. Der besonnene Populismus teilt viele Themen mit den Extremisten, wenn es um das Tempo der gesellschaftlichen Veränderung, die Erosion der Vorrechte von Staatsbürgern und gute Jobs für Menschen mit mittlerem Bildungsabschluss geht – aber die meisten Somewheres empfinden Rassismus als schräg und fremdartig.

Der Populismus ist der neue Sozialismus. Fast alle populistischen Parteien in Europa haben ihre Wählerbasis überwiegend in der Arbeiterklasse, und die meisten von ihnen vertreten eine Wirtschaftspolitik und eine Haltung gegenüber der Globalisierung, die eher links als rechts angesiedelt ist und insgesamt als protektionistisch bezeichnet werden kann. Tatsächlich sind gerade die größeren populistischen Parteien – darunter auch UKIP und Front National – in den letzten Jahren deutlich nach links gerückt.

Die UKIP begann als wirtschaftsliberale Anti-EU-Partei, bewegte sich aber nach ihrem unerwarteten Durchbruch nach links: Ihre Forderung, 350 Millionen Pfund in das staatliche Gesundheitssystem zu stecken, mag übertrieben sein, kann aber kaum als rechte Forderung durchgehen. Bei den Kommunalwahlen 2013 bekam die UKIP 22 Prozent, bei den Europawahlen 2014 wurde sie mit 27,5 Prozent stärkste Kraft. Sie hat mehr Wähler aus der Arbeiterklasse als jede andere Partei. Bei der Unterhauswahl 2015 bekam sie fast 4 Millionen Stimmen (12,6 Prozent) und trug damit zum schlechten Abschneiden der Labour Party bei, erlangte aber nur einen Abgeordnetensitz. In 114 englischen Wahlkreisen wurde sie bei dieser Wahl zweitstärkste Kraft, sodass sie hoffen konnte, bei der nächsten Wahl (die turnusmäßig 2020 stattgefunden hätte) Labour einige Sitze abzunehmen. Tatsächlich jedoch erlitt die Partei nach der Brexit-Abstimmung eine Art Nervenzusammenbruch und verschwand bei der vorgezogenen Wahl 2017 komplett von der Bildfläche: Ihr Stimmenanteil sank von 12,6 auf 1,8 Prozent. Fast 60 Prozent ihrer Wähler wechselten zu den Tories, nur 18 Prozent zu Labour.

Der Front National in Frankreich hat ebenfalls einen weiten Weg hinter sich, allerdings liegen seine Wurzeln im Rechtsextremismus. Bei ihrer Gründung 1973 sprach die Partei hauptsächlich die Landbevölkerung und Angehörige der unteren Mittelschicht in Teilen Südfrankreichs an, vor allem die „Pieds Noirs“, frühere Bewohner der französischen Kolonien in Nordafrika. In den Achtziger- und Neunzigerjahren kamen jedoch frühere Wähler der kommunistischen Partei in den Industriegebieten des Nordens hinzu, die von der Wirtschaftskrise betroffen waren und eine Anti-Einwanderungspolitik befürworteten. Bei den Europawahlen 2014 wurde der Front National mit 24,9 Prozent stärkste Kraft – ein ähnlicher Durchbruch wie bei der UKIP in Großbritannien – und erreichte bei den Regionalwahlen 2015 sogar 28 Prozent. Damit wurde die Partei in vier Regionen zur stärksten Oppositionspartei. „Der Front National ist heute die Partei der Arbeiterklasse“, schrieb der politische Analyst Bruno Cautres.[34] Meinungsumfragen im Oktober 2016 ergaben, dass 45 Prozent der Arbeiter und 38 Prozent der Arbeitslosen den FN unterstützten. Ältere Wähler sind eher skeptisch, was die Anti-EU-Positionen der Partei angeht, für jüngere Wähler ist das kein so großes Problem. Marine Le Pen fokussiert sich stark auf das Thema Arbeitslosigkeit, aber auch auf Sicherheitsfragen – was nach einem ganzen Jahr im Ausnahmezustand kein Wunder ist – und auf die bedrohliche Lage in den Banlieues als Nährboden für den islamistischen Terrorismus. Niemand hat ernsthaft damit gerechnet, dass der FN die Präsidentschaftswahl 2017 gewinnen könnte, und die Partei hat auch nur wenige Sitze in der Nationalversammlung. Aber ein Stimmenanteil von fast 34 Prozent für Le Pen – wobei ein Teil der Wähler sicher Protestwähler ist – ist ein weiterer Schritt in Richtung Seriosität.

Wie soll man nun die verschiedenen rechtspopulistischen Parteien in Europa klassifizieren? Hier ein Versuch:

Zunächst zu den Mainstream-Parteien: Sie stellen eine Herausforderung für den Liberalismus der Anywheres dar, wenden sich aber im Wesentlichen an die anständigen Somewheres und an unzufriedene Mainstream-Wähler. Diese Parteien haben keine rechtsextremen Wurzeln. Das gilt für die UKIP in Großbritannien, die Cinque Stelle in Italien, die Dansk Folkeparti in Dänemark, die Finnen und drei der vier Regierungsparteien (Stand Ende 2016) in der mitteleuropäischen Visegrad-Gruppe: PiS in Polen, Fidesz in Ungarn und Smer in der Slowakei. Tschechien hat mit Milos Zeman einen populistischen (und sehr populären) Präsidenten, aber keine populistische Regierung.

Die zweite Gruppe sind die Islam-Feindlichen. Islamfeindlichkeit ist für die meisten Populisten in Europa ein wichtiges Thema, bei einigen stellt sie aber einen überwältigend starken Antrieb dar, der sogar dazu führte, dass alle Spuren von Antisemitismus verschwanden (wenn sie denn zuvor vorhanden waren) und sie ihre Unterstützung für Homosexualität, Gleichberechtigung der Frau und Redefreiheit betonen. Das gilt beispielsweise für die PVV in den Niederlanden, auch die Dansk Folkeparti hat eine starke anti-islamische Tendenz, ebenso wie die deutsche Pegida-Bewegung (die allerdings eher eine Straßenbewegung ist, die gewaltbereite Ableger anzieht).

In die dritte Kategorie gehören die reformierten Rechtsextremen: Parteien, die ihre Wurzeln in rechtsextremen Organisationen haben, in manchen Fällen sogar im Neonazi-Umfeld, sich aber grundlegend gewandelt haben und Wert darauf legen, „sauber" zu sein (zumindest in Teilen). Dazu gehören der Front National in Frankreich, die Schwedendemokraten, die österreichische FPÖ und Vlaams Belang in Belgien.

Und schließlich die nicht oder kaum reformierten Rechtsextremen: Viele dieser Parteien oder Bewegungen sind verfassungsfeindlich, offen rassistisch und „White Supremacist". Sie verlangen in der Regel eine Rückführung von Ausländern. Das gilt für Jobbik in Ungarn, die „Goldene Dämmerung" in Griechenland, die Falangisten in Spanien und Kotleba in der Slowakei.

Zumindest die populistischen Parteien des Mainstreams sind in der Regel keine „Aufständischen“ mehr. Die meisten haben durch Ämter und Mandate oder den Versuch, solche zu erlangen, eine Mäßigung erfahren. Sie füllen das Vakuum, das durch die Anywhere-Dominanz in den großen Mitte-Links- und Mitte-Rechts-Parteien entstanden ist. Sie bilden ein unangenehmes, aber notwendiges Gegengewicht, führen aber auch zu einer Verrohung der Politik. Selbst Mainstream-Populisten, die Rassismus ablehnen, fördern Ideen, die den echten Rassisten mehr Selbstbewusstsein verleihen – zumindest zeitweise. Dies war zum Beispiel nach der Brexit-Abstimmung der Fall.

Populisten interessieren sich tendenziell nicht für die Komplexität in der Politik, ein Umstand, den ihre Gegner immer wieder betonen. In der Regel bieten sie nur einfache Lösungen für komplexe Probleme an. Das Problem mit den einfachen Lösungen besteht darin, dass sie Erwartungen wecken, die fast immer enttäuscht werden. Was dann zu noch einfacheren bis hin zu radikalen Lösungsvorschlägen führt. So entsteht eine Abwärtsspirale aus Wut und Verurteilung. Dies könnte eine der Konsequenzen der Trump-Präsidentschaft sein.

Die Anführer populistischer Parteien sind häufig Opportunisten, Narzissten und Soziopathen – was ein Grund dafür ist, warum diese Parteien so häufig von enormen persönlichen Zusammenstößen zerrissen werden. Doch die echte politische Katastrophe lässt sich nicht ganz ausschließen: dass nämlich, ausgelöst durch riesige neue Flüchtlingswellen und/oder islamistische Anschläge, ein moderner europäischer Staat in die Hände einer populistischen Partei der vierten Kategorie fallen könnte, weil diese einen klugen Demagogen zum Führer hat, der dann die Rechtsordnung außer Kraft setzt, Minderheiten verfolgt, die Kontrolle über die Medien übernimmt und vielleicht sogar Grenzkonflikte mit Nachbarstaaten anzettelt. Etwas Ähnliches ist auch in den USA denkbar – stellen Sie sich vor, was passieren würde, wenn Präsident Trump von einem Islamisten oder einem Black-Power-Extremisten ermordet würde.

Solche dystopischen Visionen werden oft genug heraufbeschworen, um Widerstand gegen die Populisten zu mobilisieren. Eine harte Haltung gegen den Populismus kann aber nur dann funktionieren, wenn gleichzeitig anerkannt wird, dass der Populismus eine deutlich erkennbare und legitime Unzufriedenheit zum Ausdruck bringt.

Tatsächlich hat das Versagen der etablierten Parteien, vor allem der Mitte-Links-Kräfte, sich den Sorgen und Nöten der Somewheres zuzuwenden, dem modernen europäischen Populismus seit 2002 erst den Weg gebahnt.

Warum die Populisten den Linken am meisten schaden

Als ich noch gelegentlich zu den Versammlungen der Labour Party in South Islington ging – wir sprechen hier von der Zeit vor der Unterhauswahl 1997 –, konnte man dort durchaus noch hier und da Cockney-Akzente hören. Einige Mitglieder, die immer dabei waren, gehörten zur Arbeiterschicht: ein Postbote, ein Krankenhauspförtner, ein Drucker im Ruhestand. 15 Jahre später waren sie alle weg. Zumindest habe ich das gehört, ich bin ja auch weg.

New Labour war das letzte Aufbäumen der alten Allianz von Progressiven aus dem öffentlichem Dienst, der Mittelschicht und der Gewerkschaftsbasis. Vor 50 Jahren hätte man wohl von einer Hampstead/Hartlepool-Allianz gesprochen. Heute gehören praktisch alle Abgeordneten und Aktivisten der Partei zur Mittelschicht, und bei den Wählern sieht es nicht viel anders aus. Bei der Unterhauswahl 2010 wählten mehr Mitglieder der Mittelschicht (4,4 Millionen) als Mitglieder der Arbeiterschicht (4,2 Millionen) Labour. Ähnliches gilt für die Wahl 2015. Noch 1997 sah das Zahlenverhältnis ganz anders aus: 8 Millionen Wähler aus der Arbeiterklasse, 5,5 Millionen aus der Mittelschicht. 1970 lag das Verhältnis bei 10 Millionen zu 2 Millionen.[35] (Die Arbeiterschicht schrumpfte insgesamt in dieser Zeit stark: In den Sechzigerjahren betrug das Verhältnis zwischen Arbeitern und Mittelschicht bei den Wahlberechtigten zwei zu eins, heute beträgt es drei zu vier.)

UKIP und SNP haben Labour bei der Unterhauswahl 2015 die Arbeiter-Wähler abgenommen. Die ungewöhnliche Brexit-Wahl 2017 brachte dann eine Rückkehr zum Zwei-Parteien-System, Corbyns Labour holte sich einen Teil der Arbeiter zurück (ihr Anteil stieg von 34 auf 42 Prozent), aber nicht so viele die wie Tories (von 32 auf 44 Prozent). In den Achtzigerjahren bestand das Problem der Labour Party darin, Aufstiegsmöglichkeiten und Wohlstand für die Arbeiterschicht zu fördern – New Labour war die Reaktion darauf. Heute sind die Probleme soziokultureller Art, und eine langfristige Antwort ist nicht in Sicht.

Die Wertekluft zwischen Anywheres und Somewheres, um die es in diesem Buch zum Teil geht, verläuft mitten durch die Wählerbasis der Labour Party und anderer Mitte-Links-Parteien in Europa und drückt ihnen seit mittlerweile einer Generation langsam die Luft ab.

Tatsächlich waren der Bruch der progressiven Klassenallianz und der Niedergang der Unterstützung der großen Mitte-Links-Parteien durch die Arbeiterschicht bereits zur Jahrtausendwende im vollen Gange, zumindest in Ländern wie Frankreich, Belgien, den Niederlanden und anderswo. Labour in Großbritannien und die deutschen Sozialdemokraten haben ein bisschen länger durchgehalten.

Einige Mitte-Links-Parteien auf dem europäischen Kontinent sind dem Druck von beiden Seiten ausgesetzt. Sie verlieren die Unterstützung der Arbeiterklasse an die Populisten und die der Mittelschicht an die Grünen und Linken. Die Sozialisten in Frankreich, noch bis vor Kurzem eine große Regierungspartei, kamen bei der Präsidentschaftswahl 2017 mit ihrem Kandidaten gerade noch auf 6,4 Prozent. Auch der Stimmenanteil der niederländischen Arbeiterpartei ist in den letzten Jahren von fast 30 auf weniger als 6 Prozent gefallen. Die Gebildeten in den Großstädten sind zu den Grünen und einer liberalen Partei namens D66 abgewandert, Arbeiterhochburgen wie Rotterdam gingen an Geert Wilders Partei.

Die Wertekluft zwischen Somewheres und Anywheres kann den Niedergang der Sozialdemokratie aber nur zum Teil erklären. Andere Erklärungen umfassen das Erreichen vieler historischer Ziele der Sozialdemokraten, die Deindustrialisierung und das Schrumpfen der gewerkschaftlich organisierten Arbeiterklasse und die Mäßigung der populistischen Parteien. Seit ihrem Höhepunkt Ende der Siebzigerjahre ist die Unterstützung für die Mitte-Links-Parteien in Europa um fast ein Drittel gesunken, und es sieht so aus, als wäre der Abstieg noch nicht zu Ende. Man muss sich eher fragen, woher der soziologische und ideologische Anstoß für eine Auferstehung des Clinton-Blair-Stils kommen sollte. Wie die jüngsten konservativen Regierungen gezeigt haben, wird es immer einfacher, die Themen – Lohnpolitik, Ausbildung – und sogar die Sprache der Sozialdemokratie zu übernehmen.

In vielen Ländern sind auch die Stimmanteile der Mitte-Rechts-Parteien gesunken. Auch sie haben Wähler an die Rechtspopulisten verloren. Aber im Großen und Ganzen ist es ihnen leichtergefallen, den Graben zwischen Anywhere und Somewhere zu überbrücken. Zumindest bei den britischen Tories gab es immer eine – wenn auch nicht immer ganz friedliche – Koexistenz von Widerstand gegen liberale Einwanderungspolitik und europäische Integration einerseits und Unterstützung von Freihandel und Deregulierung andererseits.

Dieser Brückenschlag zwischen den Klassen und Wertegruppen gelang den Mitte-Rechts-Parteien durch eine liberale „Modernisierung“, die durch die eher traditionell konservative Vorstellung von einem starken Nationalstaat abgemildert wurde. Tatsächlich bezog sich die Trennlinie zwischen Anywheres und Somewheres innerhalb der britischen Konservativen wohl deutlich mehr auf die Frage des Brexit (daher auch die lange Dauer des Konflikts) als zum Beispiel auf die Ehe für alle. Abseits des Brexit drehten sich die lautesten innerparteilichen Debatten um sozioökonomische Fragen – orthodoxe Marktwirtschaft, Staatsquote, Steuerpolitik und so weiter.

Die Tories haben von allen großen Parteien den geringsten Anteil an Hochschulabsolventen (38 Prozent, bei Labour sind es 60 Prozent). Möglicherweise erklärt das zum Teil ihre jüngsten Erfolge: Sie haben weniger Mühe, die Somewheres zu verstehen, weil sie selbst zu ihnen gehören, auch wenn sie wohlhabender sind.

Langfristig könnte Labour durchaus vom Wachstum des Anteils der Hochschulabsolventen an der Gesamtbevölkerung profitieren, von einer stärker politisierten jungen Generation und anderen liberalisierenden Trends. Möglicherweise wird die Partei – oder eine Nachfolgeorganisation – den liberalen Flügel der Mittelschicht für sich gewinnen, während die Konservativen den konservativen Teil abdecken und die verschiedenen populistischen Parteien sich um die verbliebenen Wähler aus der Arbeiterschicht streiten. Aber bevor es soweit ist, stehen den Mitte-Links-Kräften wohl noch einige unruhige Jahre bevor, selbst wenn Labour 2017 vorübergehend wiederbelebt wurde.

Warum hat die Trennung zwischen Anywheres und Somewheres gerade der Labour Party so sehr geschadet? Die Kluft zwischen dem Liberalismus der Führung und der Aktivisten auf der einen Seite und der konservativen Einstellung der Basis andererseits ist ja nun wirklich nichts Neues.

Ein Grund ist die steigende Zahl liberaler Anywheres und ihr wachsender Einfluss auf die Linke. In der unmittelbaren Nachkriegszeit waren sie eine Minderheit, die der Somewhere-geprägten Labour Party im Nacken saß. Heute ist die Anywhere-Stimme unüberhörbar laut. Noch Ende der Siebzigerjahre stammten fast hundert Unterhausabgeordnete aus der Arbeiterschicht; weniger als ein Drittel besaßen einen Hochschulabschluss. Heute haben fast 90 Prozent ein Studium abgeschlossen, und selbst unter den Labour-Wählern sind etwa ein Viertel Hochschulabsolventen. Die Aktivisten sind überwiegend Anywheres – bei den Wählern stellen die Anywheres aber vermutlich weniger als ein Drittel.[36]

Wie so viele andere Mitte-Links-Parteien wird Labour institutionell von progressiven und an Minderheiten orientierten Themen beherrscht. Schon seit den Sechzigerjahren ist sie die Partei der Wähler aus ethnischen Minderheiten. Das ändert sich gerade, weil die Mittelschicht der ethnischen Minderheiten nach rechts gerückt ist: Erfolgreiche Gruppen wie die Briten indischer und chinesischer Herkunft haben sich emotional von Labour gelöst und wählen nach ihren wirtschaftlichen Interessen. Aber die Intelligenzija auch in den Minderheiten steht ganz klar links und würde mit Sicherheit verhindern, dass Labour einen ähnlichen Weg einschlägt wie die dänische Arbeiterpartei Danske Folkeparti (DNSAP), also eine radikal restriktive Einwanderungspolitik oder auch nur eine harte Integrationspolitik fährt.

Das hat eine fatale Dynamik bei den Mitte-Links-Parteien in ganz Europa in Gang gesetzt. Die weißen Somewheres aus der Arbeiterklasse sind verschreckt wegen der lauten Anywhere-Stimmen oder lassen sich von den Populisten verführen, der liberale Einfluss der Anywheres und ethnischen Minderheiten wird stärker, das verstört die Somewheres noch mehr …

Der Versuch, dieser Spirale zu entkommen, ist ein Grund für die verkrampfte Sprache und den Mangel an Leidenschaft und Stimmigkeit in der Labour Party vor Corbyn. Leute wie Ed Miliband konnten nicht klar und offen sprechen, weil sie Angst hatten, die verbliebenen Somewhere-Wähler auch noch zu vertreiben.[37] Labour-Führer müssen ihre Worte vorsichtig abwägen, wenn es um andere Themen geht als die Überwindung der Armut und steigende Staatsausgaben, weil sie wissen, dass ein erheblicher Teil ihrer Zuhörer über viele soziokulturelle Themen anders denkt als sie. (Corbyns Unterstützung des Brexit hat ihm 2017 sehr geholfen.) Wenn sie sich mit der Einwanderung befasst haben, dann hauptsächlich als ein Problem der Staatsausgaben und dem Arbeitnehmerschutz, nicht im Hinblick auf den kulturellen Wandel. Durchaus möglich, dass sie die Sorgen der Somewheres verstehen und sogar teilen, aber sie reden nicht offen darüber. Und die Wähler hören den falschen Ton, der so klingt, als würden Absolventen einer teuren Privatschule sich einen nachgemachten Arbeiterakzent zulegen – dieses „Mockney“ hört man auf den Abgeordnetenbänken von Labour nur allzu oft.

Ein zweiter Grund, warum die Linke sich so schwertut, ihre internen Differenzen zu überwinden, ist die Prominenz von Themen im Bereich Sicherheit und Identität: Einwanderung, nationale Identität, Extremismus und so weiter.

Die Wertekluft innerhalb der linken Klassenkoalition hat sich schon bei einer Umfrage gezeigt, die ich 2011 in Auftrag gab, ein paar Monate nach der Unterhauswahl von 2010. Peter Kellner von YouGov und ich entwickelten ein paar Fragen, um die auseinanderklaffenden Wertvorstellungen bei „progressiven“ Wählern zu identifizieren. Befragt wurden Personen, die Labour oder die Liberal Democrats gewählt hatten. Es ging uns um den Unterschied zwischen Progressiven mit Hochschulabschluss und Progressiven aus der Arbeiterschicht ohne Studium.[38]

Bei der Frage, ob Arbeitgeber Anreize bekommen sollten, um britische Arbeiter anzustellen, stimmten 65 Prozent der Befragten aus der Arbeiterklasse zu, 25 Prozent lehnten ab. Bei den progressiven Hochschulabsolventen stimmten nur 35 Prozent zu, 52 Prozent lehnten ab.

Bei der Frage, ob sich Großbritannien heutzutage wie ein fremdes Land anfühle, antworteten 64 Prozent der Progressiven aus der Arbeiterklasse mit Ja, 26 mit Nein. Bei den Hochschulabsolventen stimmten 28 Prozent zu, 67 Prozent verneinten.

Als nächstes stellten wir zwei Aussagen über Einwanderer zur Auswahl. Die eine besagte, Einwanderer sollten sich integrieren. Die andere, es sei in Ordnung, wenn sie ihre eigene Kultur und Tradition bewahrten. 72 Prozent der Befragten aus der Arbeiterschicht waren für Integration, aber nur 53 Prozent der Hochschulabsolventen.

Und bei der Frage, ob man die Entwicklungshilfe komplett abschaffen und das Geld in die öffentlichen Dienstleistungen im eigenen Land stecken solle, stimmte ein Drittel der Befragten aus der Arbeiterschicht zu, verglichen mit nur 12 Prozent bei den Hochschulabsolventen.

Betrachtet man die Öffentlichkeit als Ganzes, bezeichnen sich Menschen aus der Mittelschicht eher als Mitte-Links als Menschen aus der Arbeiterschicht. Und in einer weiteren YouGov-Umfrage aus dem Jahr 2012 standen die Befragten aus der Mittelschicht in Sachen Einwanderung und Entwicklungshilfe deutlich weiter links als die aus der Arbeiterschicht. Kein Wunder, dass gerade die gemäßigte Linke so sehr unter der populistischen Welle gelitten hat.[39]

Hampstead und Hartlepool hatten noch nie dieselben Sorgen, das war auch schon vor 50 Jahren so. Sie waren und sind ganz klar für hohe Staatsausgaben, aber die Mittelschicht war insgesamt stärker an Außenpolitik und liberalen Reformen interessiert (Scheidungsrecht, Rechte von Homosexuellen etc.) als beispielsweise an Fragen des Arbeitsrechts. Noch in den Siebzigern konnten diese unterschiedlichen Prioritäten gut nebeneinander existieren. 50 Jahre später haben die beiden Gruppen nicht nur unterschiedliche Prioritäten, sondern entgegengesetzte Interessen, wenn es um Einwanderung in den Arbeitsmarkt, Bevorzugung von Einheimischen, Ausgaben für die höhere Bildung und ähnliches geht.

Vor 50 Jahren gab es so etwas wie Identitätspolitik noch nicht. Heute ist sie ein wichtiges Thema für die jungen Linken in London, dem immer stärker werdenden Gravitationszentrum der Partei. Die Twitter-Accounts von Labour-Aktivisten beschäftigen sich mehr mit sexualisierter Gewalt in bestimmten Gruppen und mit Mobbing als mit wirtschaftlicher Ungleichheit. Und während die Radikalen aus der Mittelschicht nach nicht-ökonomischen Rechtfertigungen für ihren Radikalismus suchen – in der Geschlechterpolitik, bei der Unterstützung von Flüchtlingen und in der Umweltpolitik –, geraten die Somewhere-Wähler in die Rolle eines historischen Überbleibsels, für das man sich schämt. Es ist, als wären sie lästige, ungehobelte Verwandte, von denen man sich wünscht, dass man sie lieber nicht zu Familienfesten einladen müsste.

4 Globalisieurng, Europa und das Nationale

In den ersten beiden Kapiteln habe ich den Graben in der heutigen britischen Gesellschaft beschrieben, der auch in anderen entwickelten Gesellschaften besteht. Im vorangegangenen Kapitel haben wir gesehen, wie dieser Bruch zum Aufstieg populistischer Politik geführt hat. Politik spielt sich aber nicht nur entlang der Trennlinie zwischen Anywheres und Somewheres ab. Wie ich schon betont habe, können Menschen aus diesen beiden Gruppen durchaus auf derselben Seite stehen, wenn es um die großen Fragen politischer Ökonomie geht: Staatsquote und Steuersystem sind Beispiele dafür. Wenn Menschen in solchen Fragen auf verschiedenen Seiten stehen, hat das nicht unbedingt etwas mit ihren Anywhere- oder Somewhere-Instinkten zu tun.

Aber dort, wo sich zwischen verschiedenen Grundhaltungen eine Kluft auftut und sich in widerstreitenden materiellen Interessen und politischen Prioritäten niederschlägt, vor allem in Sicherheits- und Identitätsfragen, dominiert seit etwa 25 Jahren unweigerlich die Anywhere-Perspektive. Und daraus haben sich Entwicklungen wie der Brexit, die Wahl von Donald Trump sowie der Aufstieg populistischer Parteien ergeben – und die dringliche Aufgabe, eine neue Verständigung zwischen den beiden Weltsichten zu finden.

In den nächsten beiden Kapiteln möchte ich zu einem der Themen aus dem ersten Kapitel zurückkehren und die Behauptung in Frage stellen, die Globalisierung in der derzeitigen Form sei ein Naturereignis, dem wir uns anpassen müssten.

Eine Welt in Bewegung?

Es gibt zwei weit verbreitete Anywhere-Annahmen, die die Debatte über Masseneinwanderung und Globalisierung bestimmen. Die erste lautet: Die Menschheit ist in bisher ungesehenem Maße in Bewegung. Die zweite: Der Nationalstaat muss zwangsläufig immer mehr den globalen Märkten und Institutionen weichen. Beide Behauptungen sind falsch.

Die Menschheit hat ihr im Wesentlichen sesshaftes Leben nicht aufgegeben, das sie seit der ersten Agrarrevolution vor 10.000 Jahren führt, also seit der Aufgabe des Lebens als Jäger und Sammler. Es stimmt, dass innerhalb der armen Länder eine starke Bewegung vom Land in die Städte stattfindet, aber die Weltbevölkerung ist nicht plötzlich zu Globetrottern geworden. Wurzeln zu schlagen ist ein starker menschlicher Impuls.

Im Jahr 2015 lebten weltweit 244 Millionen Menschen nicht mehr in ihrem Geburtsland. Das sind gerade einmal 3,3 Prozent der Weltbevölkerung von 7,3 Milliarden. Gegenüber den Zahlen aus dem Jahr 2000 (173 Millionen, 2,8 Prozent) ist das ein deutlicher Anstieg. Aber die globale Migrationsrate war in den Jahren 1990 bis 1995 wesentlich höher, also nach dem Fall des Eisernen Vorhangs, nach dem Beginn des Bürgerkriegs in Afghanistan und dem Völkermord in Ruanda.[1]

Internationale Organisationen wie die UNO und auch internationale Hilfsorganisationen für Flüchtlinge sprechen aus verschiedenen Gründen von höheren Zahlen, ebenso wie Politiker auf der Linken und Rechten. Tatsächlich nennt das UNHCR eine Zahl von 70,8 Millionen Kriegsflüchtlingen weltweit, aber die meisten von ihnen bleiben im eigenen Land, selbst wenn es um Syrien, den Irak oder Afghanistan geht. Etwa 20,4 Millionen Menschen sind als internationale Flüchtlinge nach der Genfer Konvention registriert, die seit 1951 klare Regeln für den Umgang mit Flüchtlingen formuliert.[2]

Es stimmt auch, dass die Masse der Migration von Nicht-Flüchtlingen sich in die reichen Länder Europas und Nordamerikas bewegt. Der Grund, warum man sich in Teilen Europas so intensiv mit dem Thema Einwanderung und verwandten Problemen beschäftigt, liegt wohl darin, dass die Zahl der Migranten nach Europa sich in den letzten 30 Jahren mehr als verdoppelt hat.

Diese Zahlen könnten noch deutlich steigen. Es ist ein scheinbares Paradox, dass ärmere Länder mit zunehmendem Wohlstand eine größere Mittelschicht entwickeln, deren Angehörige in höchstem Maße daran interessiert sind, ihre Länder zu verlassen, und oft auch die finanziellen Mittel dazu haben. Die Kluft zwischen reichen und armen Ländern, was Wohlstand und Stabilität angeht, wird noch viele Jahrzehnte, vielleicht Jahrhunderte, bestehen bleiben. Professor Dani Rodrik weist darauf hin, dass arme Leute in reichen Ländern (gemeint sind die untersten 10 Prozent) drei Mal reicher sind als reiche Leute in armen Ländern (gemeint sind die obersten 10 Prozent).[3]

Und Ivan Krastev merkt an: „Die Verbreitung des Internets macht es jungen Afrikanern und Afghanen möglich, mit einem Mausklick einen Eindruck vom Leben der Europäer zu bekommen. Die Menschen vergleichen ihren eigenen Lebensstandard nicht mehr mit dem ihrer Nachbarn, sondern mit den wohlhabendsten Bewohnern unseres Planeten. Sie träumen nicht von der Zukunft, sondern von anderen Orten."[4]

Dazu kommt, dass wir nicht wissen, wie sich in der Zukunft bewaffnete Konflikte und die Folgen der globalen Erwärmung in den armen Ländern auswirken werden. Afrika hat im Moment eine Bevölkerung von mehr als 1 Milliarde. Man rechnet mit einer Stabilisierung irgendwo zwischen 3 und 4,5 Milliarden. Wenn die Zahlen noch höher werden, wächst der Abwanderungsdruck ins Unermessliche.

Dank seiner geografischen Lage blieb Großbritannien von der europäischen Flüchtlingskrise 2015/16 zum Teil isoliert, obwohl auch hier die Zahl der Asylbewerber bis September 2016 auf mehr als 40.000 gestiegen war; Großbritannien stand an sechster Stelle in Europa, was die aufgenommenen Flüchtlinge anging. Die britischen Regierungen haben zu Recht argumentiert, dass der Schutz von Menschen aus Kriegszonen oder in anderen Gefahrensituationen nicht unbedingt verlangt, dass diese Menschen in Großbritannien oder einem ähnlich reichen Land leben müssen. Stattdessen hat Großbritannien in den letzten zwei Jahren mehr als 1 Milliarde Pfund für die Verbesserung von Flüchtlingslagern im Nahen Osten und anderswo aufgebracht. Dort können dann kleine Gruppen besonders Hilfsbedürftiger ausgewählt und nach Großbritannien gebracht werden.

Reiche, liberale und christliche Länder wie Großbritannien fühlen sich der Hilfe für leidende Menschen moralisch verpflichtet. Das gilt für Politiker wie auch für die allgemeine Öffentlichkeit. Es gibt allerdings viele Arten, dieser Verpflichtung gerecht zu werden: durch Entwicklungshilfe für arme und instabile Staaten; durch Hilfe für Länder, sich aus der Armut zu befreien; durch militärische Interventionen, um die Ordnung wiederherzustellen; und durch zeitweise oder dauerhafte Zuflucht für Menschen in Not.

Diese letzte Möglichkeit ist in den letzten Jahren zu stark in den Vordergrund getreten, obwohl wir die Mittel und die Technologie besitzen, auch aus der Ferne zu helfen. Wir können unsere moralischen Verpflichtungen erfüllen, ohne unsere eigenen Gesellschaften zu zerstören und die besonders fähigen und dynamischen Gruppen aus den armen Ländern zu uns zu locken, obwohl sie in ihrer Heimat dringend gebraucht werden. Jeder Dollar, den wir ausgeben, um jemandem in einem armen Land zu helfen, bringt mehr, als wenn wir ihn in London ausgeben.

In den letzten Jahrzehnten wurde die Liste der Gründe für politisches Asyl oder einen Status als Flüchtling ständig erweitert. Die Genfer Konvention von 1951, während des Kalten Krieges als Signal für sowjetische Dissidenten ins Leben gerufen, um diesen Menschen zu versichern, dass man sie nicht zurückschicken würde, entwickelt sich weiter und wurde 2004 durch eine Direktive der EU ergänzt und mit der Europäischen Menschenrechtskonvention noch einmal unterstrichen. Glaubt man dem früheren britischen Labour-Innenminister Charles Clarke, dann gäbe es inzwischen „Hunderte Millionen Menschen", die berechtigt wären, dauerhaften Schutz in Europa zu verlangen. Dermaßen offene Kriterien waren nur denkbar in einer Zeit, in der die Menschen zu arm, zu unwissend oder innerhalb der eigenen Grenzen eingesperrt waren (etwa im Irak und in Libyen), um von dieser theoretischen Großzügigkeit Gebrauch machen zu können.

Im Jahr 2015 jedoch flog der europäische Bluff auf, als 1,3 Millionen Menschen durch die halb offene Hintertür nach Europa kamen, in Teilen ermutigt durch Angela Merkel. Dadurch entlarvten sie das Versprechen, Menschen in Not eine Zuflucht zu geben, nicht als Grundstein der europäischen Zivilisation, wie die Flüchtlingslobby sagt, sondern als peinliches Beispiel für europäische Heuchelei und Wunschdenken.

Wir brauchen andere Regeln, die unserer mobileren Zeit entsprechen und die Zahlen auf einem Level halten, das für die breite Mehrheit der Europäer akzeptabel erscheint. Und das heißt, wir müssen das Angebot einer dauerhaften Zuflucht auf Einzelne beschränken, die unter staatlicher Verfolgung leiden (wie in der Genfer Konvention von 1951 formuliert). Gemeint sind beispielsweise Oppositionspolitiker aus Afrika, zahlreiche Ahmadiyya-Muslime in Pakistan und die NATO-Dolmetscher in Afghanistan. Wir können dieses Angebot nicht auf alle Menschen ausdehnen, die in einem autoritären Staat leben oder deren Land in einen bewaffneten Konflikt gerät.

Großbritannien und ähnliche Länder sollten auch weiterhin Menschen zeitlich befristete Zuflucht gewähren, die vor einer verheerenden Naturkatastrophe oder einem Konflikt wie in Syrien fliehen. Doch schon im Falle Syriens müssen wir uns auf die Hilfsbedürftigsten beschränken. Wir können nicht so weitermachen wie bisher und gerade den mobilsten und wohlhabendsten Gruppen erlauben, sich unser Land „auszusuchen". Dem Gros der Flüchtlinge helfen wir mehr, wenn wir die Flüchtlingslager in menschenwürdige Kleinstädte auf Zeit verwandeln, mit Schulen, Krankenhäusern und Jobs. In diesen Lagern könnten die Flüchtlinge so nahe wie möglich an ihrer Heimat bleiben und sich darauf vorbereiten, den Wiederaufbau zu leisten, sobald Friede herrscht.

Nach Ansicht des Entwicklungsökonomen Paul Collier wäre es auch nötig, die größte Flüchtlingshilfsorganisation der Vereinten Nationen, das UNHCR, an Haupt und Gliedern zu reformieren. Collier weist darauf hin, dass das UNHCR nur Nahrung und Unterkunft gewähren darf und gar nicht in der Lage ist, sich den Bedürfnissen derer anzupassen, die zu einem über Jahre hinweg andauernden Flüchtlingsstatus verurteilt sind. Das hat zur Folge, dass die meisten Flüchtlinge die UNHCR-Lager meiden und in der Schattenwirtschaft der Länder arbeiten, die an das Katastrophengebiet angrenzen. Collier selbst hat an Plänen der Weltbank und der jordanischen Regierung mitgearbeitet, Business Parks in Flüchtlingslagern einzurichten, sodass die Menschen dort Sicherheit, Einkommen und Würde finden.

Wir, die Angehörigen der reichen Länder, müssen dafür sorgen, dass die Lebensbedingungen in den provisorischen Städten menschenwürdig sind und dass die Nachbarländer, in denen diese Städte errichtet werden, angemessen entschädigt werden.

Der ständige Fokus auf Flüchtlinge, oft die am besten ausgebildeten und Wohlhabendsten – ein Drittel bis die Hälfte aller Syrer mit einem Hochschulstudium leben inzwischen in Europa – bedeutet auch, dass dringendere Probleme übersehen werden, nur weil sie weniger dramatische Bilder und Geschichten liefern. So sterben fast 300.000 Kinder unter fünf Jahren, hauptsächlich in Afrika, jedes Jahr an Malaria.[5]

Schutz aus der Ferne klingt nach einer moralisch bequemen Lösung für uns in den reichen Ländern, aber die scheinbar großzügigeren Angebote führen allzu leicht dazu, dass das Bessere zum Feind des Guten wird. Die Behauptung von Vertretern der Flüchtlingslobby, 1,5 Millionen Flüchtlinge pro Jahr seien ein Klacks für den europäischen Kontinent mit seinen 500 Millionen Bewohnern, ignoriert den kumulativen Effekt solcher kleiner Veränderungen und die Tatsache, dass die Flüchtlinge nicht gleichmäßig verteilt leben, sondern in 30 bis 40 Ballungsgebieten im Nordwesten des Kontinents. Die illegale Einwanderung von Mexiko aus in die USA begann als kleines Rinnsal Ende der Siebzigerjahre. In 20 Jahren wird der Anteil der Hispanics an der US-Bevölkerung ein Drittel betragen. Auch dies ist einer der Faktoren, die für den Aufstieg von Donald Trump verantwortlich sind.

Oder um es mit Paul Scheffer zu sagen: Wir Europäer unterschätzen unsere Fähigkeit zur Kontrolle der Grenzen und überschätzen gleichzeitig unsere Fähigkeit zur Integration von Menschen in unsere komplexen, liberalen, modernen Gesellschaften.

Die überschießende Globalisierung

Wie steht es also um die Globalisierung und den Nationalstaat? Allmählich setzt sich die Erkenntnis durch, dass der Globalisierungs-Hype der Achtziger- und Neunzigerjahre, der zum Teil durch einen deutlichen Anstieg der grenzüberschreitenden Aktivitäten ausgelöst wurde, nie zu der nüchternen Realität passte.

Es stimmt, dass die Weltwirtschaft heute wesentlich stärker vernetzt ist als noch vor 50 Jahren. Die Nationalstaaten haben freiwillig einen Teil ihrer Souveränität an internationale Abkommen und Institutionen wie die NATO, die WTO und den Club der Finanzaufseher in Basel abgegeben. Globaler Tourismus und Internet verstärken zusätzlich die Metapher von einer „Welt ohne Grenzen“. Aber es ist und bleibt eine Metapher.

Thomas Friedmans Preislied auf die Globalisierung, sein Buch *The World is Flat*, wird heute weithin als „Globaloney“-Blödsinn angesehen.[6] Professor Pankaj Ghemawat, einer der Kritiker, hat überzeugend nachgewiesen, dass Entfernung nach wie vor eine Bedeutung hat. Weniger als ein Viertel der weltweiten Wirtschaftsaktivitäten ist grenzüberschreitend, und der größte Teil dieser Aktivitäten spielt sich innerhalb einer Region ab. Direkte Auslandsinvestitionen machen weniger als 10 Prozent aller Sachinvestitionen weltweit aus.

Ghemawat zeigt in einer recht unterhaltsamen Liste auch, welche Aktivitäten sich hartnäckig innerhalb eines Landes halten, selbst in Bereichen, die man mit globaler Vernetzung in Verbindung bringen könnte. Nur 1 Prozent des Postverkehrs ist international. Nur 2 Prozent der Telefonminuten sind international. Selbst beim Internetverkehr sind es nur 17 bis 18 Prozent. Facebookfreunde im Ausland – 10 bis 15 Prozent. Auslandspatente – 15 Prozent. Auslandsaktien – 20 Prozent. Einwanderer der ersten Generation – 3 Prozent.[7]

Er weist darauf hin, dass die Globalisierung in den letzten paar Jahrzehnten von Handel, Investitionen und anderen Interaktionen zwischen entwickelten und weniger entwickelten Ländern getrieben war. Der Handel der reichen Länder mit China spielte dabei die größte Rolle. Heute finden wesentlich mehr Aktivitäten zwischen den entwickelten Ländern statt, sodass viele Wirtschaftsströme wieder regionalisiert werden. Ghemawat schreibt: „Der Süd-Süd-Handel wächst schneller als der Süd-Nord- oder Nord-Süd-Handel, während der Nord-Nord-Handel stagniert."

Selbst der Anstieg der Produktion in China verschleiert nur die dauerhafte Herrschaft von Firmen, die in den drei bevölkerungsreichsten entwickelten Nationen angesiedelt sind: in den USA, Japan und Deutschland. Das iPhone wird zwar in China produziert, aber mit Komponenten, die aus diesen drei Ländern stammen, dazu aus Korea und Taiwan. Importierte Komponenten machen auch den Löwenanteil der Gesamtkosten eines iPhones aus, während die Montage in China für nur 4 Prozent der Kosten verantwortlich ist. Die erfolgreichsten transnationalen Firmen sind in der Regel jene mit einem größten Inlandsmarkt.

Der Welthandel ist lange Zeit doppelt so schnell gewachsen wie die Weltwirtschaft. Erst seit der Finanzkrise wächst er langsamer als das weltweite GDP. Die globale Vernetzung ist immer noch nicht wieder auf dem Stand von 2007 und wird diesen Stand auf einigen Gebieten wohl auch nie wieder erreichen. (Der frühere Chef der Bank of England, Mervyn King, hat einmal gesagt, Banken seien im Leben global und im Sterben national.) Der Gesamtwert internationaler Kredite ist drastisch gesunken. Überhaupt scheinen globale Kapitalströme ziemlich aus der Mode gekommen zu sein. In einem Papier des IMF Anfang 2016 wurden 152 Wellen von Kapitalströmen zwischen 1980 und 2014 identifiziert, in 53 Ländern. Ein Fünftel dieser Wellen führte zu Banken- oder Währungskrisen.[8]

Doch selbst wenn die Reichweite und Wirkung der Globalisierung übertrieben wird und sich jetzt vielleicht ohnehin auf dem Rückzug befindet, hatte die größere wirtschaftliche Offenheit in den letzten Jahrzehnten erheblichen Einfluss auf das Leben vieler Menschen in Großbritannien. Die rasante Deindustrialisierung seit den Siebzigerjahren war zum Teil eine bewusste Entscheidung aufeinander folgender Regierungen, aber sie wurde beschleunigt durch die ungewöhnliche Offenheit der Wirtschaft und die Aufwertung des Pfundes in den Achtzigern, zum Teil durch die zunehmende Förderung von Nordseeöl. Diese Offenheit hat dazu geführt, dass etwa die Hälfte aller privatwirtschaftlichen Firmen mit mehr als tausend Mitarbeitern einen ausländischen Eigentümer hat. Und der starke Zustrom von europäischen und nicht-europäischen Einwanderern ist nur ein anderes Kapitel derselben Geschichte.

Insgesamt gesehen haben die Veränderungen vielen Menschen in den reichen und armen Ländern genützt. Die Forderung der Globalisierer nach mehr wirtschaftlicher Offenheit mit Hilfe von mehr transnationalen Regeln – die so ziemlich alles regulieren von öffentlichen Investitionen bis hin zu Gesundheits- und Sicherheitsstandards – ist insofern nur logisch, und das Wachstum von Handel und globalem Wohlstand auf der einen Seite, das Sinken globaler Ungleichheit auf der anderen, unterstützt diese Forderungen wirkungsvoll. Die Zahl der Menschen, die in extremer Armut leben – mit weniger als 1,90 Dollar pro Tag – liegt heute bei 10 Prozent der Weltbevölkerung.[9] Aber daraus folgt nicht, dass China die Erlaubnis bekommen müsste, billigen Stahl auf den britischen Markt zu kippen und die letzten Reste unserer Stahlindustrie auch noch in Gefahr zu bringen.

Die heutige Globalisierung hat mit zwei Umkehrbewegungen zu tun: Arme Länder exportieren jetzt Industriegüter und Menschen in die reichen Länder, es geschieht also das Gegenteil dessen, was in der Kolonialzeit der Fall war. Es scheint fast, als wäre das die Strafe für den Kolonialismus. Aber wenn es so ist, dann erscheint es unfair, dass diese Entwicklung die Nachkommen der europäischen Armen betrifft und nicht die Nachkommen derer, die in den Villen der Kolonialverwaltung saßen.

Wenn es eine Gruppe gibt, die unter der letzten Welle der Globalisierung leidet, dann sind es die armen Leute in den reichen Ländern. Eine der einflussreichsten Grafiken in der modernen Wirtschaftswissenschaft betrachtet das globale Einkommen von 1988 bis 2008 – die sogenannte Elefantenkurve von Christoph Lakner und Branko Milanovic. Sie zeigt, dass alle Gruppen von der Entwicklung profitiert haben – bis auf die Menschen mit mittleren und niedrigen Einkommen in den reichen Ländern. Bei ihnen ist kein Wachstum angekommen.

Andere, wie die Resolution Foundation, argumentieren, die Stagnation des Einkommens in diesen Gruppen sei eher ein Ergebnis der Politik im eigenen Land als der Globalisierung.[10] Zweifellos sind beide Faktoren beteiligt, aber man muss sich nur den Rückgang anständig bezahlter Produktionsjobs in Großbritannien in vier Bereichen und in der Zeit von 1995 bis 2015 ansehen: In der Bekleidungsindustrie sank die Zahl von 200.000 auf 70.000, bei Lederwaren von fast 200.000 auf 40.000, im Maschinenbau von 400.000 auf 250.000 und bei der Medizintechnik von 150.000 auf 30.000.[11]

Auf lange Sicht werden möglicherweise alle von den Verschiebungen der wirtschaftlichen Aktivitäten profitieren, nicht zuletzt als Konsumenten, aber kurzfristig tragen vor allem die Menschen im unteren Bereich des Einkommensspektrums die Last. Es gibt Hinweise darauf, dass der Handel in den reichen Ökonomien das Verhältnis zwischen hoch und niedrig bezahlten Jobs nach oben verschiebt.[12] Aber ein LSE-Paper von Joao Paulo Pessoa hat auch gezeigt, dass britische und amerikanische Arbeiter in den Bereichen, die am stärksten von China-Importen betroffen sind, schlechtere Jobs und weniger Einkommen haben, seit China im Jahr 2001 der WTO beigetreten ist. (Im Jahr 2013 gingen 20 Prozent aller globalen Exporte aufs Konto der Chinesen, 1991 waren es nur 2 Prozent.)[13]

Diese zweite Phase der Globalisierung in der Nachkriegszeit begann in den Achtzigerjahren und wurde erst durch die Finanzkrise gebremst. Sie unterscheidet sich erheblich von der ersten Bretton Woods/Gatt-Phase, die die Weltwirtschaft in den Fünfziger- bis Siebzigerjahren beherrschte.

In der ersten Phase blieb die Liberalisierung des Handels auf Industriegüter beschränkt, hauptsächlich zwischen den Industrienationen. Die Zölle sanken drastisch, Handel und Investitionen stiegen ebenso drastisch an. Aber die Kapitalströme wurden weiterhin kontrolliert, und man ging davon aus, dass nationale Präferenzen und Gesellschaftsverträge unbeeinflusst bleiben würden. Tatsächlich führte man spezielle Kontrollmechanismen ein, als die Importe von Textilien und Kleidung aus Billiglohnländern Arbeitsplätze in den reichen Ländern bedrohten.

In den Achtzigerjahren hielt man dieses System für überholt und drängte auf eine Entwicklung, die Dani Rodrik als „Hyperglobalisierung“ bezeichnet – den Versuch, alle Transaktionskosten zu eliminieren, die Handel und Kapitalströme behinderten. Zölle waren nur ein kleiner Teil davon, es ging auch um all die Regeln und Regulierungen der Inlandsmärkte, von Produktstandards bis hin zu nationalen Währungen. Was nicht abgeschafft wurde, sollte harmonisiert werden. „Die World Trade Organisation war die krönende Errungenschaft auf dem Gebiet des Handels. Nun wurden auch gemeinsame Regeln für Dienstleistungen, Landwirtschaft, staatliche Förderung, Urheberrechte, Gesundheitsstandards und viele andere Bereiche geschaffen, die bis dahin Teil der nationalen Politik waren. Im Finanzwesen wurde der freie Kapitalverkehr zur Norm … die Regulierer konzentrierten sich auf die globale Harmonisierung von Finanzregulation und Standards. Eine Mehrheit der EU-Mitglieder ging so weit, … eine gemeinsame Währung einzuführen.“[14]

Das Ergebnis war eine Schwächung nationaler Verantwortlichkeiten, ohne dass eine legitimierte globale oder europäische Institution an ihre Stelle rückte. Auf vielen politischen Gebieten – vom Finanzwesen bis zu genmanipulierten Lebensmitteln – gibt es Abwägungen zwischen riskanten Innovationen und Stabilität, und verschiedene Gesellschaften werden darauf verschiedene Antworten finden. Doch wenn nationale Entscheidungen dieser Art durch übergriffige internationale Regelungen unmöglich gemacht werden, kommt es zu politischen Reaktionen gegen die WTO und Brüssel: zu einer Legitimitätskrise.

Nach der Finanzkrise und dem Aufstieg des Populismus zieht sich die reiche Welt ganz klar aus der Hyperglobalisierung zurück. Symbole dafür sind das offensichtliche Scheitern der TTIP-Verhandlungen zwischen den USA und der EU, die Wahl eines protektionistischen US-Präsidenten und der Brexit. Eine neuere WTO-Untersuchung zeigt, dass die Länder der G20 in der ersten Hälfte des Jahres 2016 nicht weniger als 145 neue Handelsbeschränkungen in Kraft gesetzt haben. Dabei spielt auch eine große Rolle, dass das chinesische Wirtschaftswachstum seit ein paar Jahren lahmt.

Global Villagers, die generell den Nationalstaat als Hindernis für wünschenswerte wirtschaftliche und gesellschaftliche Entwicklungen sehen, haben auf die Globalisierung in den letzten 30 Jahren deutlich zu viel Einfluss genommen. Ihre Entscheidungen haben die Hyperglobalisierung angestoßen, auch auf regionaler Ebene, mit dem Versuch, innerhalb der EU einen gemeinsamen Steuer- und Wirtschaftsraum zu schaffen. Unter dem Banner des freien Welthandels und der europäischen Integration haben sie gegen angebliche Markthindernisse gekämpft, die viele Menschen eher als lebenswichtige nationale Interessen ansehen.

Rodrik weist darauf hin, dass die USA, Japan und Europa unter recht unterschiedlichen historischen Voraussetzungen und Institutionen reich geworden sind, was Arbeitsmarkt, Unternehmenskultur, Wohlfahrtssysteme und Ansätze zur Regulierung angeht. „Dass diese Nationen mit so unterschiedlichen Regeln vergleichbaren Wohlstand erlangt haben, sollte uns daran erinnern, dass es keinen Königsweg zum wirtschaftlichen Erfolg gibt.“

Wir brauchen eine neue Verständigung zwischen dem Nationalstaat und der internationalen Wirtschaftsordnung, die mehr Vielfalt der institutionellen Formen zulässt und auf diese Weise verschiedene nationale Präferenzen und Traditionen spiegelt. Manche, vor allem Linke, fürchten, dass es ohne eine rigorose globale Harmonisierung einen Wettlauf um die billigsten Produktionsstandorte, die niedrigsten Umweltstandards und die geringste Regulierung des Finanzwesens geben wird. Dasselbe Argument wird auch innerhalb der EU angewandt. Ihre Angst ist zwar nicht unbegründet, aber übertrieben. Der einzige Sektor, auf den sie offenbar zutrifft, ist die Besteuerung von Unternehmen. Der größte Teil der institutionellen Investitionen scheut das Risiko und hält Länder mit schwachen Regulationsmechanismen für riskant. Außerdem: Wenn die WTO Abkommen zur Senkung der Handelshindernisse zustande bringt, warum kann sie dann nicht auch strengere Regelungen in Kraft setzen, um auf diesen Gebieten klare Mindeststandards zu setzen?

Die Globalisierer haben recht, wenn sie behaupten, der Freihandel sei ein Segen für die Menschheit und dass er einige Abstriche bei der nationalen Souveränität nötig mache. Aber es gibt sehr verschiedene Formen von Freihandel, und die globalistische Version verliert auf dem demokratischen Markt gerade deutlich an Boden.

Stattdessen schlägt Rodrik eine „vernünftige Globalisierung" vor, in der Länder das Recht behalten, ihre nationalen Entscheidungen zu schützen. Dies wäre wohl auch eine nützliche Blaupause für die Zukunft einer lockerer gestrickten EU.

Rodrik dazu: „Befürworter der Globalisierung erklären dem Rest der Welt, wie Länder ihre Politik und ihre Institutionen verändern müssen, um ihren internationalen Handel zu steigern und attraktiver für ausländische Investoren zu werden. Aber diese Denkweise verwechselt Mittel und Ziele. Die Globalisierung sollte ein Instrument sein, um Ziele zu erreichen, die sich die Nationen stecken: Wohlstand, Stabilität, Freiheit und Lebensqualität. Ob die Globalisierung ein Wettrennen zu den niedrigsten Standards auslöst oder nicht – wir können das Patt zwischen ihren Befürwortern und Gegnern auflösen, indem wir ein ganz einfaches Prinzip zur Anwendung bringen: Länder können ihre nationalen Standards in Sachen Arbeitsmarkt, Finanzen, Steuern und auf anderen Gebieten bewahren, auch indem sie notfalls Hürden aufbauen, sobald Welthandel und internationales Finanzwesen ihre nationalen Praktiken gefährden, die demokratisch unterstützt werden."[15]

Rodrik argumentiert, dass dieses Prinzip Extremismus auf beiden Seiten ausschließt. Es weist die Globalisierer in ihre Schranken, wenn Welthandel und internationales Finanzwesen weithin akzeptierte nationale Standards gefährden. Und es hindert die Protektionisten daran, sich auf Kosten der Gesamtgesellschaft zu bereichern, wenn es kein öffentliches Interesse gibt. „In weniger eindeutigen Fällen, wo verschiedene Werte gegeneinander abgewogen werden müssen, sind die grundsätzlichen Kräfte der demokratischen Debatte und Entscheidung immer noch die beste Art, schwierige politische Entscheidungen zu treffen."

Eine gemäßigte Globalisierung wäre beispielsweise in der Lage, Gesundheitskonzerne aus den USA daran zu hindern, dass sie Funktionen unseres nationalen Gesundheitswesens übernehmen. Sie würde es Regierungen ermöglichen, lokale Konditionen festzulegen, beispielsweise, dass ein bedeutender Anteil eines Produkts nicht nur in Großbritannien zusammengebaut, sondern tatsächlich produziert werden muss, wenn eine Firma hierzulande investieren will. Sie würde es auch Regierungen erlauben, staatliche Regelungen einzuführen, die die Produktion im Inland fördern.

Glaubt man Barry Eichengreen, der darüber in *Prospect* schreibt, entsteht diese gemäßigte Globalisierung vielleicht gerade jetzt.[16] Er beobachtet eher eine Neukalibrierung als einen Rückzug. „Wenn wir mit Globalisierung eine Ära bezeichnen, in der die Ströme von Waren, Kapital und Arbeitskräften über die Grenzen hinweg schneller wuchsen als das Bruttoninlandsprodukt, dann können wir sagen, dass diese Phase bereits vorüber ist. Wenn wir jedoch einen Zustand meinen, in dem nationale Ökonomien durch solche Ströme untereinander verbunden sind – und zwar mit der Möglichkeit von Steuerungsmaßnahmen, wo die einzelnen Länder dies für nötig halten –, dann wird es immer Globalisierung geben."

Unterstützung für eine „vernünftige Globalisierung" kommt auch von dem amerikanischen Wirtschaftswissenschaftler Larry Summers, der stark in die Verhandlungen großer Abkommen wie NAFTA involviert war und heute zugibt, dass man damit möglicherweise übers Ziel hinausgeschossen ist. In einem Artikel für die *Financial Times* stimmte er, möglicherweise unbeabsichtigt, mit einem Kommentar von Michael Gove während der Brexit-Kampagne überein, als er über die Menschen schrieb, die von Experten die Nase voll haben: „Die Bereitschaft der Menschen, sich von Experten so lange einschüchtern zu lassen, bis sie kosmopolitische Ergebnisse akzeptieren, scheint derzeit erschöpft."[17] Und weiter: „Was wir jetzt brauchen, ist ein verantwortungsbewusster Nationalismus – ein Ansatz, der versteht, dass Länder das wirtschaftliche Wohlergehen ihrer Bürger an erste Stelle setzen, und sie gleichzeitig daran hindert, die Interessen der Bürger anderer Länder zu verletzen. Internationale Abkommen müssen nicht nur daran gemessen werden, wie viel sie harmonisieren und wie viele Schranken sie niederreißen, sondern auch daran, ob die Bürger genug Einfluss haben."

Die europäische Tragödie

Die Europäische Union ist unsere regionale Version der Globalisierungsgeschichte. Europäische Integration ist das Musterbeispiel für ein Anywhere-Projekt. Und das damit verbundene technokratische Elitedenken und die Neigung, alles Nationale über Bord zu werfen, ist ein Beispiel, wie Anywheres übers Ziel hinausschießen.

Was bei der Gründung 1957 wie ein utopisches Experiment in Sachen transnationale Kooperation begann, hatte Anfang der Neunzigerjahre wesentlich mehr erreicht, als man jemals erwarten konnte. Die EU hatte einen Krieg in Westeuropa praktisch unmöglich gemacht, den Kalten Krieg gewonnen, indem sie den halben Kontinent gegen die sowjetische Bedrohung vereinte, das deutsche Problem gelöst, indem sie das Land in die politischen und wirtschaftlichen Institutionen Europas einband, und ein gesundes Wirtschaftswachstum inspiriert.

Tatsächlich waren die meisten dieser Errungenschaften nur zum Teil auf die Politik und die Institutionen der Europäischen Wirtschaftsgemeinschaft EWG zurückzuführen, die ab 1991 unter dem Namen Europäische Union firmierte. Die EWG war im Wesentlichen eine Zollunion und eine Maschine zur Subventionierung der Landwirtschaft. Bis zum Ende der Achtzigerjahre entfielen mehr als drei Viertel der Ausgaben auf eine gemeinschaftliche Agrarpolitik. Die NATO und der Schutz durch die Atommacht USA waren ebenso wichtig für die Friedenssicherung, und das Wirtschaftswachstum von 3,5 Prozent in den Fünfzigern, das in den Sechzigerjahren auf 4,5 Prozent anstieg, war vor allem auf den Wiederaufbau nach dem Krieg und in Teilen auch auf den Marshallplan zurückzuführen.

Aber das institutionalisierte Europa lieferte einen Rahmen für Zusammenarbeit und Stabilität und half Europa und seinen Nationen, wieder ein Gefühl von Moral und Selbstvertrauen aufzubauen. Für die Kriegsgeneration, auch in Großbritannien, war es ganz klar ein Erfolg. Und die wirtschaftliche Integration förderte auch das Wachstum in den Siebziger- und Achtzigerjahren. Die EWG/EU war ein Club, in dem man gern Mitglied sein wollte. Entsprechend stieg die Zahl der Mitgliedsstaaten bis Anfang der Neunzigerjahre von sechs auf 15. Die EU befand sich auf dem Höhepunkt ihres Erfolgs und Prestiges, nachdem der gemeinsame Markt – eine Weiterentwicklung gegenüber der schlichten Zollunion – etabliert und der Kalte Krieg beendet war. Sie stellte eine eigenartige, aber gut funktionierenden Mischung dar: ein nicht-föderaler, aber integrierter Wirtschaftsraum mit einem hohen Maß an politischer Zusammenarbeit. Kein Wunder, dass die ehemals kommunistischen Staaten in Mittel- und Osteuropa sich gern anschließen wollten. Ihre Einbindung als marktwirtschaftlich ausgerichtete Demokratien war eine weitere enorme geopolitische Leistung.

Wie konnte es passieren, dass die EU aus dieser Höhe in ihren derzeitigen Zustand abrutschte? Eine Eurokrise mit niedrigem Wirtschaftswachstum und hoher Arbeitslosigkeit (das Wachstum in der Eurozone stieg 2017 wieder an, aber seit 2008 war es praktisch gleich Null, während die US-Wirtschaft vergleichsweise um 27 Prozent wuchs); nicht gesicherte Außengrenzen während der Flüchtlingskrise; und jetzt der Brexit. Ganz zu schweigen von Krisen wie der Unfähigkeit, angemessen auf die neue russische Bedrohung zu reagieren, und den korruptionsartigen EU-Entscheidungen, die sich während des durch VW ausgelösten Abgasskandal zeigten.

Weder die viel zu breite Einführung des Euro in den Jahren 1999 bis 2002 noch die plötzliche Welle derjenigen, die nach der Aufnahme der ärmeren ehemals kommunistischen Staaten die neue Niederlassungsfreiheit nutzten (wovon Großbritannien besonders betroffen war) waren notwendige Antworten auf drängende Fragen. Beides wurde zu einem hohen politischen Preis für die EU erreicht, einschließlich des heutigen Brexit.

Eine gemeinsame Währung und ein hohes Maß an Bewegungsfreiheit haben einen wirtschaftlichen Nutzen, wenn sie gut funktionieren, aber das konnten sie nicht, jedenfalls nicht mit demokratischer Legitimation. Weder bei den politischen Eliten, die nach wie vor den nationalen Vorgehensweisen anhängen, noch bei den Wählern. Die Vorstellung, dass das Steueraufkommen und der Staatshaushalt eines Landes von einer Kommission in Brüssel bestimmt werden sollen und dass alle EU-Bürger in jedem Mitgliedsland als Staatsbürger behandelt werden müssen, kollidiert mit der üblichen Vorstellung von nationaler Souveränität.

Es ist eine Sache, Souveränität im Dienste vorzeigbarer ökonomischer oder politischer Vorteile aufzugeben – etwa bei Verhandlungen über Handelsabkommen. Aber es ist eine ganz andere Sache, einen Großteil der nationalen Kontrolle über das Wirtschaftsleben aufzugeben, wie es den Mitgliedern der Eurozone vermutlich bevorsteht. Die meisten der 19 Länder der Eurozone (abzüglich der neun Länder, die zwar zur EU gehören, aber den Euro nicht eingeführt haben) leben heute in einem halb fertigen Haus, in dem es nur noch einen logischen Weg zu geben scheint: hin zu noch mehr Integration der wirtschaftlichen Entscheidungen in den nächsten zehn bis 20 Jahren. Dies ist, wie wir noch sehen werden, kein Zufall. Aber zunächst wollen wir uns ein wenig mit dem historischen Hintergrund beschäftigen.

Wenn es beim verspäteten Eintritt Großbritanniens in die EWG 1973 noch Zweifel gab, ob das Land sich damit einer Freihandelsorganisation angeschlossen hatte oder einer zunehmend engeren politischen und wirtschaftlichen Union, dann hatten sich diese Zweifel bis Ende der Achtzigerjahre aufgelöst, also schon vor dem großen Sprung zu einer gemeinsamen Währung. (Hugo Young hat die Behauptung, Großbritannien schließe sich nur einer Zollunion an, als „verlogene Zusicherung" bezeichnet.)[18] Zu diesem Zeitpunkt stellte sich eher die Frage, wie das Gleichgewicht zwischen nationalem und supranationalem Einfluss aussehen würde. Einige Länder, darunter auch Großbritannien, betrachteten die EU nach wie vor als Rahmen für eine intensive wirtschaftliche Zusammenarbeit von Nationalstaaten, in der es gelegentlich vernünftig war, staatliche Souveränität zu teilen oder zu bündeln, die aber weitgehend von der Kooperation zwischen Regierungen ausging. Andere wollten weiter gehen und zeichneten einen Weg zu mehr Integration vor, letztlich hin zu einem gemeinsamen europäischen Staat.

Diese Vertreter der „reinen Lehre", die Schüler von Jean Monnet und Robert Schumann, den französischen Gründervätern der EU, hatten immer starken Einfluss, sowohl in der Kommission als auch in einigen Hauptstädten. Sie glauben, Europa könne und müsse in irgendeine Form von politischer Einheit münden – eine europäische Version der Vereinigten Staaten von Amerika, nur mit größeren sprachlichen und kulturellen Unterschieden zwischen den einzelnen Mitgliedsstaaten.

Monnet hatte dieses Ziel recht deutlich formuliert und ebenso deutlich gesagt, dass man dies nur hinter dem Rücken der Menschen in Europa erreichen könne. Er wollte eine Union der Völker, nicht nur der Staaten, und argumentierte, die Fusion wirtschaftlicher Funktionen werde die Nationen dazu bringen, ihre Souveränität zugunsten eines gemeinsamen europäischen Staates aufzugeben.

Nachdem man in den Dreißigerjahren hatte beobachten können, wie Demokratien von Demagogen übernommen wurden – Hitler wurde schließlich gewählt –, war ein technokratisches Elitedenken in den Fünfzigerjahren eine respektablere Ansicht als heute. Die sogenannte Monnet-Methode bestand in einer Abfolge kleiner Schritte hin zur wirtschaftlichen Integration, die alle für sich genommen sinnvoll erschienen, aber in das große Ziel einer politischen Union münden sollten.

Wie ich schon sagte, steht die Eurozone jetzt auf der Schwelle zu einem klassischen kleinen Schritt im Monnet-Stil mit enormen politischen Implikationen: Das halb fertige Haus aus einer gemeinsamen Währung ohne gemeinsames Finanzministerium oder eine gemeinsame Haushaltspolitik funktioniert nicht besonders gut und verlangt nach einer Zusammenführung der Staatsschulden, nach Euro-Bonds, einer gemeinsamen Bankenaufsicht und zentral beschlossenen Ausgaben und Schuldengrenzen. Das wäre ein weiterer großer Schritt, um sämtliche nationale Kontrolle über ökonomisches Handeln zu beseitigen, hin zu einer Transfer-Union, in der die reicheren Länder die ärmeren finanziell mittragen, so wie es heute im Verhältnis zwischen Regionen und Nationalstaaten geschieht.

Die Geschichte, wie Europa an diesen Punkt kommen wollte, ist eng verbunden mit Jacques Delors, dem Kommissionsvorsitzenden von 1985 bis 1995, der – unterstützt von Helmut Kohl und dem französischen Staatspräsidenten François Mitterrand – eine große Ausweitung des EU-Einflusses auf die inneren Angelegenheiten der Mitgliedsstaaten managte.

In einer langen Reihe von Konferenzen und Verträgen in den Achtziger-, Neunziger- und Zweitausenderjahren – Einheitliche Europäische Akte 1986, Maastricht 1992, Amsterdam 1997, Nizza 2000, Lissabon 2009 – streckte die EU ihren Arm in die Verteidigungs-, Sicherheits- und Außenpolitik aus, in Polizei und Strafjustiz, Regionalförderung, Sozial- und Arbeitsmarktpolitik etc.

Es gab aber noch weitere Meilensteine. 1985 wurde von einer Kerngruppe das Schengen-Abkommen unterzeichnet, das innerhalb einer gemeinsamen Zone die Grenzkontrollen abschaffte. Eine ordnungsgemäß überwachte Außengrenze jedoch wurde nie wirklich geschaffen, wie sich während der Flüchtlingskrise 2015 zeigte.

Der gemeinsame Markt wurde 1986 zum ersten Mal ausgerufen und als Maßnahme zur Schaffung einer Freihandelszone gesehen, eine Maßnahme zur Liberalisierung und gegen die eher protektionistischen Instinkte von Ländern wie Frankreich. Es ist kein Zufall, dass dies von Margaret Thatcher begrüßt wurde. (Die dramatische Liberalisierung Großbritanniens in den Achtzigerjahren hat mehr mit der EU zu tun, als allgemein anerkannt wird. Die sogenannte „Big-Bang"-Deregulierung der City of London war zum Teil von den Wettbewerbsregeln der EU inspiriert.)

Doch der Schritt von einer Zollunion hin zu einem gemeinsamen Wirtschaftsraum ist größer, als man denkt. Die Idee bestand darin, die vier Freiheiten – Güter, Dienstleistungen, Kapital und Menschen – zu verwirklichen, indem man von staatlichen Subventionen bis hin zu Produktspezifikationen eine Vielzahl von Faktoren harmonisierte und koordinierte. Auch eine Öffnung des Dienstleistungssektors wurde angestrebt, was für Großbritannien besonders wichtig war, weil es unter einem Dickicht nicht-zollbezogener Hürden leidet. (30 Jahre später sind etwa 60 Prozent des Dienstleistungsmarktes in der EU immer noch ohne Möglichkeit eines grenzüberschreitenden Handels.)

Diese Veränderungen bewirkten bedeutende Eingriffe ins Leben der Nation, und viele Maßnahmen wurden sogar nur von einer Mehrheit der EU-Mitgliedsstaaten beschlossen, ohne nationale Vetomöglichkeit für den Fall, dass ein Land seine fundamentalen Interessen gefährdet sah. Doch im Großen und Ganzen machte die Sache durchaus Sinn. Es gab klare und sichtbare Vorteile, wenn man einen Teil der eigenen Souveränität aufgab. Das Schengen-Abkommen beispielsweise war ein Gottesgeschenk für die vielen Millionen Menschen in der EU, die in der Nähe einer Staatsgrenze leben.

Die EU stärkte mit ihrer Gemeinschaft auch kleineren Ländern den Rücken, die zu schwach sind, um als unabhängige Akteure zu gedeihen. Als der Kalte Krieg endete und China als wirtschaftliche Großmacht aufstieg, setzte sich in Brüssel die Vorstellung einer Welt aus mächtigen „Blöcken" durch – Nordamerika, Europa und Fernost –, die gemeinsam die Anarchie der Märkte bändigen könnten. Einige Vertreter der „reinen Lehre", Monnet übrigens ausgenommen, hatten sich immer schon eine stärker geeinte EU gewünscht, um der US-Hegemonie etwas entgegenzusetzen.

In Großbritannien war diese Denkweise jedoch nicht sehr weit verbreitet. Es brauchte die EU nicht, um das eigene nationale Ansehen wiederherzustellen. Außerdem hatte es aufgrund seines späten EU-Eintritts von der ersten Phase der europäischen Zusammenarbeit ökonomisch nicht so sehr profitiert wie andere Länder, beispielsweise Frankreich, für dessen Kleinbauern die gemeinsame Agrarpolitik zum Teil geschaffen worden war. 22 Prozent der Bevölkerung machten die französischen Kleinbauern im Jahr 1958 aus, in Großbritannien waren es zur selben Zeit 4 Prozent. Die Kleinbauern waren in den Dreißigerjahren eine wichtige Zielgruppe extremistischer Kräfte gewesen, und im Nachkriegseuropa war man entschlossen, sie zu schützen.

So geschwächt und erschöpft Großbritannien 1945 auch war, das Land hatte eine über mehrere Jahrhunderte andauernde, mehr oder weniger ununterbrochene Ära des Erfolgs erlebt: die allmähliche Entwicklung einer liberalen Verfassung, keine ernsthaften inneren Konflikte seit dem 17. Jahrhundert, die industrielle Revolution, das Empire, die Siege in zwei Weltkriegen des 20. Jahrhunderts und die Schaffung eines demokratischen Wohlfahrtsstaates. All das hatte zu einer starken Bindung zu den althergebrachten politischen Institutionen geführt, die man nicht einfach so über Bord werfen wollte. Dies stand in starkem Kontrast zu Frankreich, Deutschland und Italien mit ihren Erfahrungen von Diktatur, Niederlage oder beidem im 20. Jahrhundert.

Aus diesen und einigen anderen Gründen gab es in Großbritannien nie eine besonders starke emotionale Verpflichtung gegenüber dem europäischen Projekt und auch keine Begeisterung für politische Integration – abgesehen von kurzen Flirts unter Edward Heath Anfang der Siebziger- und unter Tony Blair Ende der Neunzigerjahre.

Bei aller Zurückhaltung war Großbritannien mit der EU der späten Achtziger- und frühen Neunzigerjahre ganz zufrieden. In ganz Europa war der liberale Nationalstaat wieder gesundet, und die enge wirtschaftliche Zusammenarbeit, ergänzt um ein gewisses Maß an politischer Kooperation, wurde zwischen den Regierungen in einem Rahmen ausgehandelt, der den einzelnen Nationen viele Veto-Möglichkeiten verlieh. Außerdem entwickelte Großbritannien eine Führungsrolle im Finanzwesen, so wie Deutschland im Fahrzeugbau und Frankreich in der Landwirtschaft.

Doch statt in dieser Situation eine Pause einzulegen, was Großbritannien befürwortet hätte, kam es Anfang der Neunzigerjahre nicht zuletzt im Zuge der deutschen Einheit zu einer dramatischen Welle der Integration. Angeführt von Delors und verkörpert im Maastricht-Abkommen von 1992 mit seiner Route hin zu einer gemeinsamen Währung schuf man eine neue Kategorie: den EU-Bürger.

An den föderalistischen Rändern hatte man schon lange von einer gemeinsamen Währung geträumt, doch erst die deutsche Einheit gab dieser Idee eine Chance. Eine gemeinsame Währung, die nationale Ökonomien auf einem gemeinsamen Entwicklungsstand miteinander verbindet, hat zweifellos ihre Vorteile. Sie senkt die Transaktionskosten und führt zu mehr Vorhersagbarkeit, vor allem im grenzüberschreitenden Handel. Delors glaubte auch, dass Europa vor einem speziellen Problem stehe, das mit Hilfe einer gemeinsamen Währung gelöst werden könne: Er fürchtete, die Liberalisierung der Kapitalkontrollen im gemeinsamen Markt würde den Wechselkursmechanismus (ERM) schwächen, der die Währungen innerhalb der EU seit 1979 lose miteinander verband. Und eine solche Schwächung würde dem gemeinsamen Markt schaden. Tatsächlich fiel der ERM im Jahr 1993 praktisch auseinander.

Eine weitere Sorge bestand darin, dass Deutschland innerhalb des ERM-Systems zu dominant geworden war. Sobald die Bundesbank ihre Zinsen änderte, mussten andere Länder folgen, ob es zu ihrer wirtschaftlichen Situation passte oder nicht.

Doch was als gemeinsame Währung für eine kleine Zahl von Kernländern hätte sein sollen, wurde aufgrund politischer Ambitionen auf eine viel größere Gruppe ausgedehnt, darunter auch die schwächeren südeuropäischen Länder. Wie bei der Freizügigkeit gab es dafür keinen klaren wirtschaftlichen Anlass.

Die Historiker werden noch über die exakten Faktoren diskutieren, die die EU zu jener aufgeblähten und schlecht geplanten gemeinsamen Währung brachte, wie sie am 1. Januar 2002 schließlich eingeführt wurde. Es heißt, François Mitterrand habe sie zur Bedingung für die deutsche Einheit gemacht, aber es ist kaum anzunehmen, dass er seine Drohung hätte wahr machen können, wenn Deutschland die gemeinsame Währung abgelehnt hätte. Einige im deutschen Establishment wollten sie ablehnen, aber nicht die Mehrheit.

Die Tatsache, dass im ehemaligen Jugoslawien Krieg herrschte, nur ein paar Hundert Kilometer von den westeuropäischen Hauptstädten entfernt, hat vielleicht die Entscheidung gefördert, man müsse schneller rudern, um nicht in derartige Barbarei zurückgeschwemmt zu werden – die sogenannte Fahrrad-Theorie politischer Einheit.

Vor Kurzem sprach ich mit Pascal Lamy, Delors‘ Stabschef zu der Zeit, als der Euro geplant wurde, und später Leiter der Welthandelsorganisation (WTO). Er äußerte sich zu beiden Erklärungsversuchen skeptisch und wies mich ein weiteres Mal auf Monnet hin: „Es ging um die Schritte, die sie unternehmen konnten. Geldpolitik war ein Bereich, in dem es den nationalen Regierungen leichter fiel, Souveränität aufzugeben, weil die meisten Länder bereits unabhängige Zentralbanken hatten und die Politiker somit keinerlei Kontrolle verloren. Es wurde zu einer technokratischen Sache zwischen den Zentralbanken und der Kommission."

Andrew Cahn, britischer Kabinettschef unter Neil Kinnock von 1997 bis 2000, stimmt Lamy zu. „Es war die klassische Taktik der kleinen Schritte. Man führt den Wechselkursmechanismus (ERM) ein, der bekommt Schwierigkeiten, also muss man weitergehen in Richtung einer gemeinsamen Währung. Und wenn die gemeinsame Währung auf halbem Wege ohne fiskalische Konvergenz in Schwierigkeiten gerät, muss man zur vollwertigen Einheitswährung übergehen." Außerdem glaubt er, in Brüssel habe zu dieser Zeit nach dem Ende des Kalten Krieges ein Gefühl des Triumphs geherrscht, ein Gefühl, dass Europa als gleichberechtigter Partner der USA auftreten könnte.

Die strengen Regeln, die es Euroländern eine Neuverschuldung über 3 Prozent des Bruttoinlandsprodukts (BIP) und eine Gesamtverschuldung über 60 Prozent des BIP verboten, wurden kurz nach der Euro-Einführung schon wieder vernachlässigt und ganz aufgegeben, als die Schuldenkrise 2009 zuschlug.

Im Gegensatz zur Finanzkrise 2007/08 war die Krise der Eurozone eine der am häufigsten vorhergesagten Wirtschaftskatastrophen der Neuzeit. Das offenbar verringerte Risiko, schwächeren Volkswirtschaften und Regierungen wie Griechenland und Spanien harte Euro-Kredite zu gewähren, führte im Falle Griechenlands und Spaniens zu unhaltbaren Staatsdefiziten und in Spanien (und Irland) zu einer unhaltbaren Immobilienblase.

Die Regel, dass es keine Rettungsschirme geben würde, wurde ebenso schnell aufgegeben, nachdem in der Wirtschaftskrise mehrere Staaten praktisch bankrott waren. Seitdem lebt die Eurozone in einem Dämmerlicht. Deutschland und andere nordeuropäische Staaten haben einigen südeuropäischen Ländern eine Austeritätspolitik als Bedingung für neue Kredite aufgezwungen. Das hat das Wirtschaftswachstum gehemmt und antideutsche Ressentiments gefördert, vor allem in Griechenland. Aber man darf Staaten und Firmen, so argumentieren die sparsamen Nordeuropäer, nicht auch noch belohnen, wenn sie über ihre Verhältnisse leben.

Der Euro mit seinem halb fertigen Haus wurde am Leben erhalten, ohne dass es zu Austritten kam. Aber der Zwischenzustand ist auf die Dauer schwer zu erhalten, und die reicheren Länder werden vermutlich irgendeine Art von gemeinsamer Haushaltspolitik und eine Transferunion akzeptieren müssen. In der Zwischenzeit hat die europäische Wirtschaft erheblichen Schaden genommen, das Problem der deutschen Übermacht ist wieder da, und der angeschlagene Ruf des gesamten EU-Projekts war vermutlich mit ein Grund für den Brexit.

Eines aber ist bemerkenswert: Keines der Länder, die von der Austeritätspolitik am stärksten betroffen sind, will zu seiner alten Währung oder zum rein nationalen politischen System zurück. Tatsächlich haben seit der Krise noch zwei kleine Länder den Euro eingeführt, nämlich Slowenien und Lettland. Der Protest gegen die Austeritätspolitik blieb halbherzig, ebenso wie die Ablehnung integrationistischer EU-Verträge in verschiedenen Referenden (Frankreich, Niederlande, Irland und Dänemark). Ein paar kosmetische Veränderungen wurden durchgeführt, dann gab es eine erneute Abstimmung, und die Menschen stimmten für den Verbleib.

Der einzige Aufstand, der wohl kaum zurückgenommen wird, ist der Brexit. Der Grund dafür, so der Historiker Brendan Simms: „Europa wurde erschaffen, um etwas zu reparieren [nämlich die demokratische Souveränität], das in Großbritannien nie kaputt war." Er argumentiert, mit seiner Wirtschaftskraft als sechstgrößte Wirtschaft der Welt, seinem ständigen Sitz im Sicherheitsrat der Vereinten Nationen, seinem unabhängigen Status als Atommacht und seiner allgemeinen militärischen Kraft würde Großbritannien auch ohne die EU-Mitgliedschaft weiterhin unter den Top-3 oder Top-4 in der Welt rangieren.[19]

Gewisse Unterschiede zwischen Großbritannien und allen anderen – zumindest dem größten Teil – waren vielleicht unvermeidlich, aber im Rückblick ist es eine Schande, dass London nicht mehr strategische Anstrengungen unternahm, um einen „äußeren Ring" von Ländern zu schaffen, die kein Interesse an der gemeinsamen Währung oder einer gemeinsamen Haushaltspolitik haben, sich aber dem gemeinsamen Markt, freilich ohne die Niederlassungsfreiheit, und der Zusammenarbeit in Fragen der Außen- und Sicherheitspolitik verpflichtet fühlen. Der einzige bedeutende Politiker, der immer wieder in diese Richtung argumentiert hat, ist David Owen.[20]

Eine solche Rolle hätte zur Geschichte und zum politischen Temperament des Landes gepasst und die EU womöglich davor bewahrt, Länder in eine wirtschaftliche oder kulturelle Zwangsjacke zu stecken, die vielleicht Deutschland oder Frankreich passt, ganz gewiss aber nicht Griechenland oder Ungarn. Eine EU mit zwei oder gar drei Stufen hätte den Zusammenstoß zwischen dem Prinzip der Kooperation von Regierungen und dem supranationalen Prinzip vermeiden können – und damit vielleicht auch den Nervenzusammenbruch der Eurokrise. Sie wäre das Produkt eines Kompromisses zwischen diesen zwei unvereinbaren Ansätzen der Integration gewesen.

Es gab eine gewisse Bewegung in diese Richtung mit „Opt-out“ für Großbritannien und andere für Themen wie die gemeinsame Währung, Schengen und ähnliches. Und es ist möglich, dass aus den Brexit-Verhandlungen noch ein mehrschichtiger Ansatz hervorgeht. Die skandinavischen Länder teilen einige der britischen Vorbehalte gegen eine weitere Integration, ebenso die vier Visegrád-Länder in Osteuropa mit ihrer konservativ-populistischen Politik. Wäre es möglich, dass Großbritannien weiterhin Zugang zum gemeinsamen Markt hat, wenn es im Gegenzug mithilft, die Ostflanke der EU oder die Außengrenzen zu verteidigen? Könnten Länder außerhalb des Euro mehr Kontrolle über die Niederlassungsfreiheit bekommen, sodass beispielsweise Fachkräfte ins Land gelassen werden, während der Zugang für ungelernte Kräfte erschwert wird?

Die Regierungen in Mittel- und Osteuropa, deren Bürger besonders mobil sind, werden darum kämpfen, die Rechte derjenigen zu erhalten, die bereits in Nordeuropa arbeiten, aber sie wären ziemlich sicher zu einem Kompromiss bereit, was zukünftige Ströme angeht, weil sie die Arbeitskräfte im eigenen Land ebenso dringend brauchen wie das Geld, das aus dem Ausland nach Hause geschickt wird. Ein größeres Hindernis ist die Europäische Kommission, die so hartnäckig wie möglich am Acquis communautaire, den von der Union erworbenen Befugnissen, festhalten wird und einen sauberen britischen Ausstieg bei weitem lieber sehen würde, als die EU in verschiedene Stufen oder Geschwindigkeiten zu unterteilen.

Einer der größten Stolpersteine für jedes weitere britische Engagement im Zusammenhang mit der EU wird die Niederlassungsfreiheit sein. Der Schock von 2004, als man mit ein paar tausend Menschen aus den neuen östlichen Mitgliedsstaaten rechnete und stattdessen innerhalb weniger Jahre mehr als eine Million kamen (ohne das die britischen Politiker irgendetwas dagegen tun konnten), war wahrscheinlich der größte Einzelfaktor bei der Brexit-Abstimmung.

Die Niederlassungsfreiheit ist die am stärksten umstrittene der „vier Grundfreiheiten“ innerhalb der EU: freier Warenverkehr, Dienstleistungsfreiheit, Kapital- und Zahlungsverkehr und Personenfreizügigkeit. Und sie widerspricht einem normalen nationalstaatlichen Denken auch am stärksten. Ein gemeinsamer Markt für Güter und Dienstleistungen und mit einiger Zurückhaltung auch für Kapital ist kompatibel mit der Vorstellung, dass Nationen miteinander Handel treiben. Die Niederlassungsfreiheit jedoch hebt die Beziehung auf eine andere Ebene.

Die britischen Vorbehalte werden, wenn auch in etwas geringerem Maße, von vielen reichen nordeuropäischen Ländern wie Deutschland, die Niederlande, Dänemark und Schweden geteilt. Trotzdem ist und bleibt die Niederlassungsfreiheit in diesen Ländern das Symbol eines Europas ohne Grenzen, in dem sich die Europäer frei mischen. Diese Vision wird vor allem von jungen Leuten positiv gesehen. Der Grund dafür liegt zum Teil in einem Missverständnis: Man verwechselt Niederlassungsfreiheit mit Reisefreiheit, also Reisen ohne Visum und verschiedene Möglichkeiten, sich zeitweise in einem anderen europäischen Land aufzuhalten, zum Beispiel während des Studiums. All das steht aber im Einklang mit einer normalen nationalen Einwanderungskontrolle. Und genau diese Kontrolle wird durch die Niederlassungsfreiheit außer Kraft gesetzt.

Die Zahl der EU-Bürger, die sich zuallererst als Europäer identifizieren, ist klein; in den meisten EU-Ländern liegt ihr Anteil im einstelligen Prozentbereich. Trotzdem wird selbst von pragmatischen EU-Politikern eine EU-Staatsbürgerschaft angestrebt und für ein nobles Ziel gehalten. Noch mehr als der Euro genießt die Niederlassungsfreiheit starke politische Priorität trotz höchstens marginaler wirtschaftlicher Vorteile.

Die Handelstheorie seit Ricardo geht von einer Immobilität der Arbeitskraft aus. Der Sinn des Handels besteht darin, dass man Güter und Dienstleistungen von Menschen in anderen Ländern kaufen kann. Dazu müssen diese Menschen nicht in das Land des Käufers kommen. Es mag sein, dass die Dienstleistungsindustrie mehr Austausch und Vermischung erfordert als die Herstellung von Autos und

Kühlschränken. Und London wird auch nach dem Brexit eine große Zahl von EU-Bürgern brauchen, um weiter zu gedeihen. Aber diese Anomalie des Dienstleistungssektors gehört möglicherweise schon bald der Vergangenheit an. Schon heute verbindet die Kommunikationstechnologie innerhalb des Bruchteils einer Sekunde die großen Rechtsanwaltskanzleien in London mit ihren Kollegen in Singapur.

Die Niederlassungsfreiheit wurde als eine der vier Grundfreiheiten 1957 aus im Wesentlichen symbolischen Gründen in die Römischen Verträge aufgenommen, nicht zuletzt, um den Italienern etwas anzubieten, den Osteuropäern der damaligen Zeit. Niemals hat man damit gerechnet, dass es tatsächlich eine massenweise Bewegung aus den ärmeren in die reicheren Länder geben würde, wie es dann nach 2004 geschah, vor allem weil man immer davon ausging, dass die Mitgliedsstaaten weitgehend auf einem ähnlichen wirtschaftlichen Entwicklungsstand sein würden.

Während der goldenen Jahre des Wirtschaftswunders, des starken Wachstums in der Nachkriegszeit, gab es relativ wenig Fluktuation zwischen den Ländern. Einige Millionen Italiener zogen vorübergehend nach Nordeuropa, nicht zuletzt nach Deutschland, später folgte ein gewisser iberischer Exodus nach Frankreich, aber das alles ließ nach, sobald die ehemals ärmeren Länder reicher wurden. Tatsächlich spielte das Thema Einwanderung während der halben Lebensspanne des gemeinsamen Marktes eine untergeordnete Rolle. Selbst nach 2004 waren die Gesamtzahlen eher klein und auf eine Handvoll nordeuropäischer Staaten beschränkt, darunter Großbritannien (das am stärksten betroffen war, weil es seinen Arbeitsmarkt sieben Jahre vor den anderen großen Ländern öffnete).

Im Jahr 2014 lebten etwa 3,5 Prozent der EU-Bevölkerung nicht in dem Mitgliedsland, in dem sie geboren waren. Im Jahr 2000 war es nur 1 Prozent. In Großbritannien lag die Zahl bei etwas mehr als 6 Prozent, wobei EU-Bürger etwa 8 Prozent der wenig qualifizierten Jobs übernahmen. Etwa 1 Million Briten leben oder arbeiten in anderen EU-Ländern, verglichen mit 3,3 Millionen EU-Bürgern, die bei uns leben oder arbeiten.[21]

Sieht man Europa als Ganzes, so liegen ganz klare Vorteile in der Sicherung gegen Arbeitslosigkeit, wenn Menschen aus einer schwachen Wirtschaft mit wenig Jobs in eine Boomwirtschaft mit Arbeitskräftemangel umziehen können. Einige britische Arbeiter haben das ebenfalls Anfang der Achtzigerjahre genutzt – ihre Erfahrungen wurden in der Comedy-Serie „Auf Wiedersehen, Pet“ verewigt. 2012 passierte genau dies aber auf viel breiterer Front, als eine große Zahl junger arbeitsloser Südeuropäer unerwartet in Großbritannien ankam, dem Land, in dem man notfalls immer noch einen Job fand.

Ein stärker europäisch strukturierter Arbeitsmarkt in einigen Nischenbereichen mag einen gewissen theoretischen Nutzen haben. Das gilt für Teile der Wissenschaft und einige niedrig qualifizierte Sektoren wie Landwirtschaft, Nahrungsmittelindustrie und Pflege. Arbeitgeber profitieren kurzfristig sicherlich von einem größeren Reservoir bereits ausgebildeter oder ausbildungswilliger Kräfte. Wenn das allerdings zu sinkenden Investitionen in die Ausbildung auf dem nationalen Arbeitsmarkt führt (oder zu geringeren Löhnen), dann ist das gesamtgesellschaftliche Ergebnis möglicherweise negativ. Braindrain ist ein Problem für die ärmeren Entsendeländer in den mittel- und osteuropäischen Gesellschaften. Das zeigt auch ein kürzlich erschienener IMF-Report. Darin wird geschätzt, dass während der letzten 25 Jahre etwa 20 Millionen Menschen Osteuropa verlassen haben. 80 Prozent von ihnen gingen nach Westeuropa.[22] Man geht davon aus, dass Rumänien in den wenigen Jahren 2011 bis 2013 fast ein Drittel seiner Ärzte an andere EU-Länder verloren hat.[23]

In einigen Ländern geht es nicht mehr nur um die klügsten Köpfe, sondern es handelt sich um eine demografische Katastrophe. Eine niedrige Geburtenrate und eine hohe Auswanderungsrate, verursacht durch die Niederlassungsfreiheit in der EU, wird nach Schätzungen der Vereinten Nationen dazu führen, dass die Bevölkerung Estlands (die im Jahr 1993 1,5 Millionen betrug) in 50 Jahren auf unter eine Million sinkt. Und Bulgarien – 8,9 Millionen Menschen im Jahr 1988, 7,4 Millionen heute – wird bis zum Ende des Jahrhunderts eine Bevölkerung von 3,5 Millionen haben.[24]

Moderate Niederlassungsfreiheit wie auch Einwanderungsquoten sind ein Segen sowohl für die Menschen als auch für das Land, in das sie einwandern. Aber die Anywhere-Wirtschaftswissenschaftler und -Politiker, die in den letzten Jahrzehnten die Debatte in der EU dominieren, haben über das Ausmaß der Migration nur wenig nachgedacht, ebenso wenig wie über die Tatsache, dass Migration innerhalb der EU wie auch Migration allgemein zu einem regressiven Effekt führt: Die ärmeren Menschen in den reichen EU-Ländern haben am wenigsten Vorteile von der Niederlassungsfreiheit. Im Gegenteil, sie werden am ehesten unter der zusätzlichen Konkurrenz auf dem Arbeitsmarkt und von den plötzlichen Veränderungen in ihrem Umfeld leiden.

Die relativ geringen qualifizierten Vorteile der Niederlassungsfreiheit haben einen hohen Preis: Sie schaden der Popularität des europäischen Projekts, vor allem in Einwanderungsländern wie Großbritannien. Dabei gibt es keinen Grund, warum einige dieser Vorteile nicht weiterhin genutzt werden sollten, indem man die Migration besser steuert. (Visafreies Reisen und bestimmte Bedingungen für die Migration von EU-Bürgern werden wahrscheinlich Teil des Brexit-Deals sein.)

Oft heißt es, das Prinzip der Niederlassungsfreiheit sei unverletzlich, aber sie war ja nicht immer so frei wie heute. Tatsächlich wurde sie in den letzten Jahrzehnten durch den Europäischen Gerichtshof erheblich ausgeweitet. Den Höhepunkt bildete die Schaffung des Rechtsstatus als EU-Bürger durch den Maastricht-Vertrag von 1992, der das Prinzip der Nicht-Diskriminierung festschrieb: Alle Bürger der EU müssen in sämtlichen wichtigen Bereichen genauso behandelt werden wie nationale Bürger. Dabei ist die Unterscheidung zwischen Bürgern und Arbeitskräften von entscheidender Bedeutung. Vor 1992 gab es eine Migration von Arbeitskräften, keinen Umzug von Bürgern. Und die Arbeitskräfte brauchten hierfür ein Jobangebot.

Kaum ein EU-Bürger glaubt tatsächlich an das Prinzip der Nicht-Diskriminierung. Für die meisten gilt, was ihnen der gesunde Menschenverstand sagt, dass nämlich Staatsbürger beim Zugang zu staatlichen Leistungen den Vorrang haben sollten. Und doch hält die EU am Prinzip der Nicht-Diskriminierung fest.

Allzu viele europäische Anywheres halten aus emotionalen Gründen ebenfalls daran fest. Das führte letztlich dazu, dass David Cameron nicht die Zugeständnisse bekam, die er brauchte, um vor dem Brexit-Referendum neue Bedingungen für die britische EU-Mitgliedschaft auszuhandeln. Die Rechtsprechung zur EU-Bürgerschaft hat es de facto unmöglich gemacht, Anpassungen bei der Migration auszuhandeln, die für mehr Akzeptanz sorgen würden – in Großbritannien ebenso wie anderswo.

Die von Monnet und Delors inspirierte postnationale Hybris der EU hat auf direktem Wege in die Eurokrise geführt. Die Unfähigkeit zur Reform der Niederlassungsfreiheit hat wiederum direkt in den Brexit geführt. Die EU betrachtet sich als Bollwerk gegen den Nationalismus, aber indem sie sich zum Feind jedes gemäßigten Nationalismus macht, hat sie die extremen Versionen der Populisten befeuert, die in ihren Mitgliedsstaaten auf dem Vormarsch sind.

Außerdem war das Timing schlecht gewählt. Genau in dem Moment in den Neunzigerjahren, als sich die EU zum großen Sprung Richtung Integration anschickte, entwickelten besonders viele Somewheres in ganz Europa, und vielleicht besonders stark in Großbritannien, eine eher stärkere Bindung an nationale Gesellschaftsverträge. Aus einem einfachen Grund: Die zunehmend offenen Wissensökonomien führten zu größerer wirtschaftlicher Unsicherheit für die weniger gut ausgebildeten Menschen im Land. Und genau in dem Moment, als die Steigerung der Einkommen in Großbritannien sich verlangsamte und dann ab 2008 ganz zum Stillstand kam, stieg die Zahl der EU-Einwanderer drastisch an. Kein Wunder, dass sich diese Beobachtungen in den Köpfen vieler Menschen miteinander verknüpften.

Die politischen Traditionen Großbritanniens und sein nach wie vor großes Gewicht in der Welt haben das Land immer zu einem schwierigen Partner in der EU gemacht. Eine Medienkultur und politische Kultur, die stärker populistisch geprägt ist als im Rest Europas, hat in Großbritannien zu einer offenen Ablehnung gegenüber dem EU-Mainstream geführt.

Doch im Gegensatz zu den Behauptungen nach dem Brexit-Referendum sind die Briten weder besonders insular noch antieuropäisch (was nicht dasselbe ist wie anti-EU). Eine vergleichende Studie von Ettore Recchi von Sciences Po in Paris über sechs EU-Länder ergab, dass die Briten stärker international vernetzt sind – durch Reisen, Freunde, Kontakte und Auslandsaufenthalte. Das gilt für Kontakte nach Europa wie auch darüber hinaus. Tatsächlich sind die globalen Verbindungen der Briten mindestens ebenso stark wie die nach Europa, wenn nicht sogar stärker. Sie haben einen größeren Sinn für das Ausland als die meisten Europäer.[25]

Was sie allerdings nicht haben, ist das Gefühl, Teil eines europäischen Volkes zu sein. Doch damit stehen sie in Europa nicht allein da. Und es ist kaum vorstellbar, wie der große Sprung, den Monnet sich vorstellte und den Delors so stark gefördert hat, stattfinden soll ohne funktionierende europäische Parteien und Institutionen. Beides verlangt ein Gefühl von europäischer Identität, wie es derzeit nicht existiert und in diesem Jahrhundert wohl auch nicht entstehen wird.

Das Überdauern des Nationalen

Die zerstörerische Kraft des extremen Nationalismus in der ersten Hälfte des 20. Jahrhunderts und der ungeheure Blutzoll, den er verlangte, findet bis heute seinen Nachhall in der Politik, vor allem in Europa. Das ist kaum überraschend. Die Sehnsucht, das Prinzip der Nation zu schwächen und irgendwann zu überwinden, gehörte zum Kern des europäischen Projekts, und wie wir gesehen haben, ist das für einige noch heute so.

Überraschend ist nur, wie wahllos die Feindseligkeit gegenüber dem Nationalismus werden konnte, zumindest in den gebildeten Schichten. Der Abscheu vor den Schrecken des Nationalsozialismus und der Kolonialkriege in Indochina, Algerien und Afrika hat die europäische Intelligenz dazu verleitet, selbst milde Äußerungen von Nationalgefühl und Identität abzulehnen. Stattdessen unterstützte sie das EU-Projekt, feierte die Globalisierung (außer, wenn Amerika dabei eine Führungsrolle übernahm) und hieß Einwanderung im großen Stil und ethnische Vielfalt willkommen.

Selbst im Westeuropa der Achtziger- und Neunzigerjahre unterstützte also ein Großteil der politischen Klasse und Intelligenz die abenteuerliche nächste Stufe der europäischen Integration. Und dies, obwohl sanfte Formen von Nationalismus und die schlichte stärkere Sorge um das Wohlergehen der eigenen Mitbürger als um wirtschaftlichen Gewinn überall fest verwurzelt waren. Man tat das, weil man fürchtete, die alten nationalistischen Dämonen könnten wiederauferstehen. Aber genau diese Weigerung, sich mit gemäßigten Formen von Nationalgefühl anzufreunden, hat einige dieser Dämonen in den extremeren populistischen Parteien wiederbelebt. Die Eurokrise hat die faschistische griechische Partei „Goldene Morgenröte“ ins Leben gerufen.

Der Postnationalismus zeigt einige derselben Eigenschaften von Gruppendenken wie der Nationalismus, nur dass er im moralischen Gewand daherkommt. Im Gegensatz zu der patriotischen britischen

Linken des Zweiten Weltkriegs und der New Jerusalem-Ära sah die Neue Linke nach dem Ende der Sechzigerjahre Nationalismus im Kontext des europäischen Kolonialismus – nicht nur als Instrument der Klassenunterdrückung, sondern auch als gleichbedeutend mit Rassismus. Nationalgefühle innerhalb der Arbeiterklasse seien lediglich ein falsches Bewusstsein.

Für das Narrativ des Fortschritts, das durch die Geschichte der Bürgerrechtsreformen der letzten Generationen geformt worden war, galten die Abschaffung der Sklaverei und die Emanzipation von Frauen und Minderheiten als Vorspiel für die Überwindung aller exklusiven Gemeinschaften, einschließlich des Nationalstaats. Viele Progressive und Konservative aus den Eliten waren sich darüber einig, dass eine Politik zum Schutz nationaler Produzenten gegen ausländische Konkurrenz oder nationaler Arbeitskraft gegen Einwanderer nicht nur ineffizient war, sondern auch illiberal. Wenn es falsch ist, Menschen innerhalb einer Nation aufgrund von etwas so Zufälligem wie der Hautfarbe zu diskriminieren, wie kann es dann richtig sein, die Angehörigen der eigenen Nation aufgrund von etwas so Zufälligem wie Nationalität zu bevorzugen?

Doch um es mit den Worten von Michael Lind zu sagen: „Wenn der Nationalstaat ein ebenso illegitimer Ausdruck von Bigotterie ist wie der Rassismus, dann steht auch die Legitimität der Demokratie und des Wohlfahrtsstaates – beide existieren heutzutage ja nur in nationaler Form – zur Disposition.“[26]

Der Postnationalismus war nie eine mehrheitsfähige Position, nicht einmal unter Anywheres, aber die vage Vorstellung, dass das Nationale aus der Mode gekommen und peinlich ist – zum Teil aufgrund des imperialen Erbes –, wurde für die liberale Strömung der Gebildeten und Wohlhabenden im Großbritannien der Siebziger- und Achtzigerjahre zu einer Selbstverständlichkeit. Das Unbehagen am Nationalen überschnitt sich mit einer eher im Establishment verbreiteten Position, speziell in Teilen der Geschäftswelt und der Londoner City, die maximale Offenheit gegenüber der Globalisierung auf dem Finanzsektor, der Einwanderung und einer möglichst weitgehenden europäischen Integration forderte.

Anywheres mit ihren breit angelegten, aber eher lockeren Bindungen besitzen tendenziell wenig Sympathie für die gemeinschaftsorientierte Ambivalenz der Somewheres gegenüber dem Thema Einwanderung. Wir sind doch ohnehin eine Nation von Mischlingen, sagen sie. Dabei ist Großbritannien eher weniger gemischt als viele andere Länder, wenn man die aufeinanderfolgenden Einwanderungswellen vor 2000 bis 1000 Jahren einmal außer Acht lässt. Der Versuch, eine Nation zu definieren, für die es Mitte der Zweitausender Jahre eine von Gordon Brown inspirierte Begeisterung gab, ist eine vertrackte Angelegenheit. Man wird ganz schnell entweder zum Essentialisten oder verfällt in Beliebigkeit. Was natürlich nicht heißt, dass Nationen oder Kulturen nicht existieren.

Gruppenbindungen der verschiedensten Art sind stark und dauerhaft. Tatsächlich sind sie im Menschen angelegt. Gesellschaften setzen sich aus Gruppen von Individuen zusammen, die von irgendwoher kommen, eine bestimmte Sprache sprechen, gewisse Traditionen und Vorgehensweisen pflegen. Anywheres akzeptieren diese Vorstellung in Bezug auf Minderheiten und sprechen von Multikulturalismus, doch in Bezug auf die Mehrheiten wird ihnen unbehaglich zumute. Somewheres hingegen haben den Gemeinschaftsinstinkt nicht verloren, so platt er manchmal zum Ausdruck kommt.

Die Idee der Nation hatte immer schon zwei Gesichter. Auf der einen Seite wird sie spätestens seit der Französischen Revolution mit Demokratie und der Gleichheit aller Staatsbürger in Verbindung gebracht. Auf der anderen Seite bedeutet sie auch Ausschluss von Nicht-Mitgliedern und unter Umständen gewalttätigen Chauvinismus. Der Streit darum rumort in vielen Teilen der Welt und wird vereinfachend als Auseinandersetzung zwischen einer bürgerschaftlichen und einer ethnischen Vorstellung von Nation beschrieben. Doch die gutartige Seite des historischen Nationalismus gerät dabei in Vergessenheit oder wurde von allzu vielen liberalen Anywheres der Babyboom-Generation für selbstverständlich gehalten: seine Fähigkeit, die Gewalt von Warlords zu verhindern, die Ausbildung von solidarischen Netzwerken über lokale Gemeinschaften hinaus, die Fähigkeit zur Industrialisierung, von Massenmärkten und repräsentativen politischen Institutionen.

Die nationale Identität ist unter den Hochgebildeten und global Mobilen in den reichen Ländern schwächer geworden. Das Globalisierungsnarrativ von wachsender Vernetzung und der Schwächung des Nationalstaats ist genau ihre Geschichte, zum Teil einfach, weil sie ihr Leben widerspiegelt. Und wie wir schon gesehen haben, neigt die moderne höhere Bildung dazu, Menschen gegen nationales Kirchturmdenken zu immunisieren.

In Großbritannien sterben die Älteren mit eher chauvinistischen Ideen aus, und immer mehr Menschen durchlaufen das System höherer Bildung, mit den entsprechenden liberalisierenden Erfahrungen. Nach Auskunft der British Social Attitudes Studie ist die Zahl derjenigen, die angeben, „sehr stolz“ darauf zu sein, dass sie Briten sind, von 43 Prozent (2003) auf 35 Prozent (2013) gesunken. Allerdings kommen die Aussagen „sehr stolz“ und „etwas stolz“ zusammen immer noch auf 80 Prozent, in einigen Umfragen sogar auf 85 Prozent. „Sehr stolz“ hat bei den Hochschulabsolventen einen Anteil von unter 20 Prozent, und der Anteil der Hochschulabsolventen an der Gesamtbevölkerung ist von 26 Prozent (2003) auf 38 Prozent (2013) gestiegen.[27] Im Übrigen gab es auch gute Gründe dafür, 2013 weniger stolz zu sein als 2003: Das Jahr 2003 gehört zu einer Phase mit starkem Optimismus, Wirtschaftswachstum und einer beliebten New Labour-Regierung. 2013 musste sich das Land von einer scharfen Rezession erholen und hatte in der Zwischenzeit zwei Niederlagen in kleineren Kriegen erlitten.

Ungeachtet dessen sagten zwei Drittel der Briten 2013 aus, sie wären lieber Briten als Bürger irgendeines anderen Landes in der Welt – und das trotz des Wetters! Der Anteil ist seit 1995 nur geringfügig gesunken. Doch der unkritische, chauvinistische Nationalismus verblasst eindeutig: Nur ein Drittel der Befragten stimmte der Aussage zu, dass die Welt besser wäre, wenn die Menschen in anderen Ländern so wären wie die Briten. Und nur 20 Prozent äußerten die Ansicht, man solle sein Land immer unterstützen, selbst wenn es falsch handele. In beiden Fällen war die Unterstützung für die Aussage unter älteren Menschen und bei den schlecht Gebildeten am größten.

Die meisten Briten halten nach wie vor an überlieferten nationalen Symbolen und Gefühlen fest. Denken Sie nur an die erneuerte Popularität der Monarchie. Sie erreichte ihren Tiefpunkt unmittelbar nach dem Tod von Lady Diana und ist heute wieder auf einem hohen Niveau. Denken Sie an Festumzüge, Jubiläen, das Ansehen des Militärs, Organisationen wie Help for Heroes, Team GB (die britische Olympiamannschaft), die Popularität von Geschichts-Dokus in der BBC und so weiter. Fast alle wichtigen Dinge sind in nationalen Institutionen verwurzelt: Recht, Demokratie und Verlässlichkeit;

Steuern, Ausgaben und Wohlfahrtsstaat; Umverteilung zwischen den Klassen und Generationen; Arbeitsmarkt und nationale Medien.

Tatsächlich leben wir weltweit gesehen in einer Ära des liberalen demokratischen Nationalstaats und des liberalen (in einigen Fällen auch illiberalen) demokratischen Nationalismus. Die europäische Integration ist eher eine Ausnahmeerscheinung. Der Zusammenbruch der Sowjetunion Anfang der Neunzigerjahre hat zur Entstehung von vielen jungen Staaten geführt, ähnlich wie es Anfang des 20. Jahrhunderts schon einmal passierte, als das Osmanische und das Habsburger Reich untergingen, und später bei der Auflösung des französischen Kolonialreichs und des britischen Empires. Es entstehen mehr Probleme in der Welt durch zu schwache Nationalstaaten als durch zu starke. Warum war beispielsweise in den ostasiatischen Tigerstaaten eine schnelle Entwicklung möglich, in Afrika aber nicht? Zum Teil liegt das daran, dass die nationale Solidarität in Teilen des postkolonialen Afrika zu schwach ist, sodass Partikularinteressen die Oberhand über den Staat gewinnen.

Warum sollte uns das beschäftigen? Weil die Ideologie der Globalisierung uns einreden will, der Nationalstaat sei ein leeres und sich zunehmend entleerendes Gefäß. Schlagen Sie eine seriöse Zeitung auf, und Sie werden an jedem Tag der Woche Sätze wie diese hier lesen. Sie stammen aus einem Artikel von Philip Stephens in der *Financial Times*: „Die Regierungen haben ihre Macht an das mobile Finanzkapital übergeben, an grenzüberschreitende Versorgungsketten und an schnelle Verschiebungen der komparativen Vorteile. Die Kontrolle über das Informationswesen liegt heute beim 24 Stunden sendenden Satellitenfernsehen und der Kakophonie des Internets … Die Bürger erwarten von nationalen Politikern, dass sie sie vor den wirtschaftlichen, sozialen und körperlichen Unsicherheiten beschützen, die von der globalen Integration ausgehen. Doch die Regierungen haben einen Großteil ihrer Möglichkeiten verloren, dieser Anforderung nachzukommen."[28]

Das ist nicht ganz falsch. Beamte aus der Einwanderungsbehörde können Ihnen erzählen, wie sehr die Suche nach dem passenden Job oder der richtigen Universität, ja selbst die Partnersuche durch das Internet internationalisiert worden sind. Aber wer sich auf diejenigen Kräfte konzentriert – Handel, Finanzen, Transport- und Kommunikationstechnologie, Einwanderung –, die ständig nationale Grenzen überschreiten, sieht nur einen Teil des Bildes. Die meisten dieser Dinge, das wurde in diesem Kapitel schon deutlich, sind weniger global, als man denkt, und werden nach wie vor durch nationales Recht oder internationale Abkommen geregelt, die ihrerseits durch nationale Regierungen vereinbart wurden. Diese Beschreibung vernachlässigt Bereiche wie Wohlfahrt, Steuersysteme, Verbraucher- und Umweltschutz, Arbeitsrecht, Familienpolitik, Gesundheits- und Sicherheitsregeln: alles Bereiche, in denen der Nationalstaat mehr und nicht weniger in das Leben der Menschen verstrickt ist als vor 50 Jahren.

Es fällt immer noch schwer, sinnvolle internationale Abkommen zustande zu bringen. Aber je wichtiger globale Regelungen werden, desto wichtiger wird der Nationalstaat. Als das Machtzentrum, das genau dort angesiedelt ist, wo die Menschen leben und ihre Bindungen am stärksten sind, kann nur der Nationalstaat globalen Institutionen Legitimität und Verlässlichkeit verleihen und damit den Aufstieg globaler Ungeheuer verhindern, wie sie George Orwell in seinem Roman *1984* erdachte.

Eine Welt ohne emotionale und soziale Bindungen wäre eine trostlose Welt. Eine Weltregierung wäre ein Orwell'scher Albtraum. Damit ist nicht gemeint, dass die Menschheit in kleinen nationalen Schachteln eingesperrt bleiben soll. Im selben Maße, wie Länder und Individuen reicher, sicherer und mobiler werden, wachsen auch ihre Sympathien. Zum ersten Mal in der Geschichte der Menschheit haben die reichen Länder der westlichen Welt in den letzten Jahrzehnten die ärmeren Länder aktiv ermutigt, zu ihnen aufzuschließen.

Tatsächlich sind alle Menschen im Westen „Universalisten“ in dem Sinne, dass fast jeder, mit Ausnahme einiger harter Autoritärer, die Gleichheit aller Menschenleben akzeptiert hat. Der politische Philosoph David Miller spricht in diesem Zusammenhang von einem „schwachen Kosmopolitanismus“.[29] Die Verschiebung zum Universalismus nach dem Zweiten Weltkrieg, die zum Teil durch den Krieg und den Holocaust angestoßen wurde, war ein großer kultureller Fortschritt. Die alte religiöse und politische Vorstellung von menschlicher Moral und politischer Gleichheit wurde 1948 von den Vereinten Nationen in der Allgemeinen Erklärung der Menschenrechte niedergelegt und verbreitete sich von dort aus in die Verfassungen und

Rechtssysteme. Zumindest auf dem Papier leitete sie das Ende der alten Hierarchien von Hautfarbe, Geschlecht und Klasse ein. Dabei war es noch gar nicht so lange her, 1919 nämlich, dass der Antrag Japans an den Völkerbund, in einem Protokoll die Gleichheit der Rassen festzustellen, von Briten, Franzosen und Amerikanern abgelehnt worden war.[30] Und viele angesehene Personen verteidigten die britische Herrschaft in Indien noch in den Vierzigerjahren in Teilen mit der Begründung, die Inder seien noch nicht reif dafür, sich selbst zu regieren.

Die moralische Gleichheit aller Menschen wird von vielen Global Villagers so verstanden, dass nationale Grenzen und Beschränkungen irrelevant geworden seien und dass jegliche Parteinahme für Angehörige der eigenen Nation moralisch verwerflich sei. Wer so denkt, verwechselt zwei Dinge. Aus der Vorstellung von der Gleichheit aller Menschen folgt nicht, dass wir dieselben Verpflichtungen allen Menschen gegenüber haben. Somewheres und Inbetweeners und sogar viele Anywheres sind durchaus der Ansicht, dass dieses universalistische Ethos von einem moralischen Partikularismus abgeschwächt werden muss. Alle Menschen sind gleich, aber sie sind nicht alle gleich wichtig für uns. Unsere Verpflichtungen und Bindungen bilden konzentrische Kreise ausgehend von unserer Familie und engen Freunden bis hin zu Mitbürgern in unserem Stadtviertel, unserer Stadt, unserem Land und erst ganz zum Schluss zur gesamten Menschheit.

Das muss kein enges oder egoistisches Denken sein. Somewheres können durchaus einen weiten Horizont haben und internationalistisch denken, sie können großzügige Spender sein (übrigens im Schnitt großzügiger als die Anywheres, wenn man es ins Verhältnis zu ihrem Einkommen setzt) und sich Gedanken über den Fortschritt in den armen Ländern dieser Erde machen. Aber sie finden es auch vollkommen vernünftig, dass die meisten europäischen Länder ihre eigenen Staatsbürger an erste Stelle setzen und etwa zehn Mal so viel für ihr nationales Gesundheitswesen ausgeben als für Entwicklungshilfe. Oder wie es Paul Collier einmal gesagt hat: Caritatives Handeln mag immer noch zu Hause beginnen, aber es endet dort nicht.

Auch ist diese Art von Partikularinteressen den universalistischeren Ansichten einiger Anywheres moralisch nicht unterlegen. Wenn jeder Mensch mein Bruder oder meine Schwester ist, dann ist es letztlich niemand, denn dann werden meine emotionalen und finanziellen Ressourcen zu weit gestreut, um noch irgendeine Wirkung zu entfalten. Der Romanautor Jonathan Franzen schreibt: „Der Versuch, die gesamte Menschheit zu lieben, ist ein ehrenwertes Unterfangen, richtet den Fokus aber kurioserweise auf das Selbst, auf die eigene Moral und das eigene spirituelle Wohlergehen. Die Liebe zu einer spezifischen Person jedoch, die Identifikation mit ihren Kämpfen und Freuden, als wären es die eigenen, verlangt von uns eine gewisses Maß an Selbstaufgabe.“[31]

Anywheres betrachten Nationalgefühle oft als atavistisch und primitiv. Aber das vage Gefühl gegenseitiger Achtung, das die Bürger eines Landes ihren Mitbürgern entgegenbringen, ist tatsächlich eine recht moderne Erscheinung und eng verwandt mit Robert Putnams Theorie vom Sozialkapital. Sozialkapital – ein Gefühl von Vertrauen, Zusammenarbeit und gemeinsamen Interessen – hält den politischen Konsens zusammen, der Wohlfahrtsstaaten und die Umverteilung von Mitteln über Klassen, Generationen und Regionen hinweg stützt. Erst dadurch werden sogenannte „Kathedralenprojekte“ möglich, generationenübergreifende Unternehmungen wie die Schaffung eines Wohlfahrtsstaates, die auf dem Gefühl gründen, es gäbe eine Nation, die über die Zeiten hinweg existiert. Historisch findet man dieses Gefühl immer dort, wo der Staat weder zu stark noch zu schwach ist, sodass Recht, bürgerschaftliche Institutionen und ein gewisses Vertrauen zwischen Individuen entstehen können. Gerade das Fehlen von Sozialkapital in vielen armen, von wenig Vertrauen und autoritärer Herrschaft geprägten Ländern macht es so schwer, die Güter und die Zusammenarbeit zu erschaffen, die wir in Europa für selbstverständlich halten.

Nationale Identitäten treten selten in einer einheitlichen kulturellen Gestalt auf. Selbst ein kleines Land wie Schottland umfasst, wie die Forschungsgruppe Webber Phillips bei ihrer Untersuchung des schottischen Unabhängigkeitsreferendums feststellte, acht klare nationale Untergruppen von den skandinavisch geprägten Bewohnern der Orkneys bis hin zu den stärker englisch geprägten Schotten an der Südgrenze.[32] Und nationale Identitäten in Europa sind in den letzten Jahrzehnten durchlässiger geworden und weniger an die ethnische Herkunft der Mehrheit gebunden, zum Teil aufgrund von Einwanderung oder aufgrund des Wachstums ethnischer Minderheiten.

Heute verbinden sich Menschen auf vielfältige Weise mit ihrem nationalen Narrativ. Einheimische Bürger identifizieren sich im Wesentlichen über Geschichte und Herkunft und fühlen sich stark mit der Vergangenheit verbunden. Menschen, die erst seit kürzerer Zeit im Land leben, betonen vielleicht eher die politische Dimension des Lebens in einer wohlhabenden, freien Gesellschaft. Auf die meisten trifft wohl am ehesten eine Mischung aus diesen ethnischen und bürgerschaftlichen Faktoren zu. Die Vermischung der Unterschiede zwischen beiden ist vollkommen gesund und normal, obwohl sich die Frage stellt, ob ein Mindestmaß an Mythen über eine gemeinsamen Herkunft – die in der Vergangenheit immer einen starken Zusammenhalt gewährleistet haben – nicht auch notwendig ist.

Eine starke, selbstbewusste nationale Identität kann die sozialen und ökonomischen Probleme eines Landes nicht automatisch lösen, liefert aber einen Rahmen und eine gemeinsame Sprache, in der die Diskussion stattfinden kann und der gewisse gemeinsame Normen und Interessen voraussetzt. Ein selbstbewusstes nationales Narrativ hilft auch, Neuankömmlinge zu integrieren, indem es einen symbolischen Weg der Zugehörigkeit erschließt, den Neubürger in der Regel gern annehmen. Und wenn wir wirklich alle dazugehören, wie es die Vorstellung nationaler Identität annimmt, dann sollten wir den Wunsch haben, die Kluft zwischen Regionen, zwischen Reich und Arm, Einheimischen und Minderheiten zu schließen. Im Gegensatz zu der alten linken Idee, das Nationalgefühl mache die Massen blind für die ungerechten Verhältnisse zwischen den Klassen, sollte jede nationale Identität eine angeborene sozialdemokratische Neigung haben, die die Eliten an ihre Verpflichtungen gegenüber ihren Mitmenschen erinnert.

Dass diese Neigung in Europa und speziell in Großbritannien allzu oft nicht existiert, liegt an der fast 200 Jahre alten Verbindung zwischen Nation und Krieg, Imperialismus und Unterdrückung anderer Nationen. Aber zu viele Anywheres übersehen die Liberalisierung des Nationalgefühls in den vergangenen 50 Jahren. Die bigotte Gruppe, die immer noch glaubt, man müsse weiß sein, um britisch zu sein, stellt heute eine Minderheit dar.

Danny Boyles Eröffnungsfeier für die Olympischen Spiele 2012 in London hat deutlich gezeigt, wie viel offener und weniger chauvinistisch unser Nationalgefühl geworden ist. Es gründet sich heute in einem Gefühl der Besonderheit, aber nicht der Überlegenheit. Anständige nationale Gefühle speisen sich aus dem, was die Amerikanerin Bonnie Honig „gemeinsame Liebesobjekte“ nennt. Dazu gehören unser staatliches Gesundheitswesen und das Team GB gleichermaßen: Dinge, die in uns das Gefühl wecken, in einer gemeinsamen Anstrengung vereint zu sein.[33]

Trotz dieser Normalisierung des Nationalgefühls in den letzten Jahren sind die anglo-britischen Verhältnisse komplizierter geworden durch das Erwachen des schottischen Nationalismus und die verspätete Entstehung einer englischen Identität, die bisher viel stärker in der britischen Identität aufging, als das bei den kleineren Nationen des Vereinten Königreichs der Fall war. Doch auch „Englishness“ ist trotz ihrer historischen Verbindung zur Herrschaftsposition auf den Britischen Inseln und weltweit auf dem Weg zu einem normalen modernen Nationalismus innerhalb des britischen Rahmens mit Monarchie, BBC, Streitkräften und Außenpolitik. Das allgemein (mit Ausnahme der SNP) anerkannte Ziel für das Vereinigte Königreich ist eine Lockerung der Beziehungen zwischen den Nationen innerhalb einer britischen Struktur. Aber bis es so weit ist, liegt noch ein steiniger Weg vor uns. (Und der englisch inspirierte Brexit hat zumindest für eine Weile die alten Vorbehalte der Iren und Schotten gegenüber dem allzu starken englischen Einfluss und der Vernachlässigung der kleineren Nachbarn wiederbelebt.)

Früher waren die Gebildeten und Wohlhabenden eher nationalistischer eingestellt als die Massen, weil sie mehr zu verlieren hatten. Die „kleinen Leute“ mussten zur Landesverteidigung regelrecht gezwungen werden. Heute haben sich die Verhältnisse umgekehrt. Je reicher und besser ausgebildet, desto globaler die Bindungen. Die Reichen und Gebildeten sind auch weniger abhängig vom nationalen Gesellschaftsvertrag, während viele in der unteren 50- bis 60-Prozent-Hälfte des Einkommensspektrums in den letzten Jahren eher abhängiger geworden sind. Der nationale Wohlfahrtsstaat erweitert sich, wie man an den Steuergutschriften und steigenden Wohngeldzahlungen sieht. Und obwohl die Zahl der Beschäftigten im öffentlichen Sektor insgesamt sinkt, ist die Wahrscheinlichkeit größer, beim Staat angestellt zu sein, wenn man in einer armen Region des Landes lebt. Je mehr die alten Gemeinschaften der Arbeiterklasse schrumpften, desto größer wurde die Rolle, die die virtuelle Gemeinschaft der Nation spielt.

Die besondere Bindung an Mitbürger ist kein Vorurteil, sondern ein Vorteil in einer zunehmend individualistischen und diversen Gesellschaft. Allerdings müssen die Somewheres feststellen, dass die Anywheres diese Ansicht nicht immer teilen und dass ihre Sympathien, vor allem die der Global Villagers, nicht mehr so leicht der Somewhere-Mehrheit in ihrer Nachbarschaft gelten als vielmehr den Armen im globalen Süden oder den ethnischen Minderheiten zu Hause. Die Eliten fürchten die Massen nicht mehr und haben andere Objekte für ihre herablassende Zuneigung gefunden.

Die universalistischen und postnationalistischen Ansichten der Anywheres hatten in den letzten Jahren politische Folgen, vor allem ihre Offenheit gegenüber der Einwanderung und – bis zum Brexit – der europäischen Integration. An die Stelle der nationalen Identität ist in ihrem Weltbild die Philosophie und Rechtspraxis der Menschenrechte getreten. Somewheres unterstützen die Menschenrechte ebenfalls, aber es gefällt ihnen nicht, dass die Rechtsprechung in diesem Bereich den Unterschied zwischen eigenen Bürgern und Nicht-Staatsbürgern aufhebt.

Menschenrechte fallen nicht vom Himmel. Menschen, die das Glück haben, Bürger eines EU-Landes zu sein, sei es durch Geburt oder durch eigene Entscheidung, genießen religiöse, politische und soziale Rechte, für die lange gekämpft wurde. Diese Rechte werden von Institutionen verwirklicht: Parlamenten, Gerichten, Polizei und Wohlfahrtsstaat.

Ein großer Teil der heutigen Menschenrechtsrhetorik ist in hohem Maße unhistorisch. Sie individualisiert und entpolitisiert Rechte und verschleiert die wechselseitige Abhängigkeit. Rechte sind von Pflichten und Verpflichtungen nicht zu trennen. Einige Rechte, zum Beispiel das auf die Gleichbehandlung von Homosexuellen, bekräftigen lediglich weithin akzeptierte Normen. Doch in vielen Fällen wird durch das Recht, das eine Person in Anspruch nimmt, eine Verpflichtung für eine andere Person in Gang gesetzt, die Mittel dafür bereitzustellen, wenn dieses Recht etwas kostet – beispielsweise das Recht auf Bildung oder auf eine menschenwürdige Wohnung. In der Regel geschieht dies durch das Steuersystem.

Ein starkes Gefühl für die eigenen Rechte als Bürger ermächtigt und schützt den Einzelnen, aber in den letzten Jahren ist es zu einer Abkoppelung der beiden gerade beschriebenen Mechanismen gekommen. Diejenigen, die mit ihren Steuern für die Rechte anderer bezahlen sollen, sind dazu immer weniger bereit. Rechte haben oft mit Umverteilung zu tun, und dazu braucht es die Bereitschaft der Starken und Wohlhabenden, ihre Verbindung mit den Schwachen und ihre Sympathie für sie anzuerkennen. Das wiederum erfordert einen gewissen Sinn für Gemeinschaft auf bürgerschaftlicher und nationaler Ebene.

Die Menschenrechte sind jedoch, wie der Name schon sagt, eine transnationale Idee, die davon ausgeht, dass alle Menschen Rechte besitzen, einfach weil sie Menschen sind, nicht als Mitglieder einer nationalen Gemeinschaft. Und während die Menschenrechtslobby daran arbeitet, den Unterschied zwischen Staatsbürgern und Nicht-Staatsbürgern aufzuheben, etwa indem sie den europäischen Gerichtshöfen mehr Macht überlässt, untergräbt sie unwissentlich die nationale Solidarität, auf der die meisten Rechte nach wie vor beruhen.

Ein internationaler Mindeststandard in Sachen Menschenrechte ist wichtig, obwohl diese Standards üblicherweise nur dort durchgesetzt werden können, wo man sie am wenigsten braucht. Aber sobald die Gerichtshöfe über solche Mindeststandards hinausgehen, kollidieren sie mit der Realität recht großer nationaler Wertekonflikte. Selbst innerhalb Europas spiegeln die nationalen Rechtssysteme die nationale Geschichte und Prioritäten, doch die Gerichtshöfe für Menschenrechte neigen dazu, darüber hinwegzugehen. Wie können europäische Gesetze beispielsweise die stark voneinander abweichenden Traditionen zum Verhältnis von Kirche und Staat spiegeln?

Welche alternativen Bindungen können dann eine Solidarität erzeugen, wie dies bei nationalen Bindungen der Fall ist? Kaum jemand in Großbritannien oder in der entwickelten Welt hat Appetit auf eine europäische oder globale Identität. Die Umfragen von GlobeScan zeigen durchaus Unterstützung für weltbürgerliche Ideen, aber nicht auf Kosten des Nationalen.[34] Und wie sieht es mit lokalen Bindungen aus? Junge Anywheres sagen oft, sie seien stolz darauf, Londoner zu sein, und zeigen sich gleichzeitig indifferent gegenüber einer nationalen Identität. Aber sie sind die Ausnahme. Wer eine starke Identifikation mit einer lokalen Gemeinschaft zeigt, hat in der Regel auch eine starke nationale Identität.

Das Wort „Community“ hat sich abgenutzt bis zur Bedeutungslosigkeit, aber die meisten Menschen legen großen Wert auf relativ stabile und vertraute Lebensverhältnisse, vor allem wenn sie jung sind, alt, oder eine Familie gegründet haben. Also tauschen sie die Innenstädte, wo Fluktuation und Diversität hoch und das Vertrauen gering sind, gegen die stabilen Vororte oder eine Kleinstadt. Von Hackney nach Hertfordshire.

In demselben Maße wie die Menschen reicher und mobiler werden und familiäre Bindungen sich lockern, wächst die Bedeutung der persönlichen Diaspora, der Wahl-Netzwerke von Freunden und Interessengruppen. Arbeitsplatz und Internet treten in Konkurrenz zu den herkömmlichen Gemeinschaften von Nachbarschaft und Familie. Oft heißt es, unsere sozialen Beziehungen seien oberflächlicher geworden, aber unsere Netzwerke breiter. Obwohl die Menschen sich allem Anschein nach genau dafür entscheiden, gefallen ihnen die Konsequenzen dieser Entscheidungen nicht.

YouGov hat schon im Jahr 2011 die einigermaßen ehrgeizige Frage gestellt: „In letzter Zeit schauen die Menschen, veranlasst durch Fernsehen, Internet und das Wachstum des freien Marktes, weniger auf die Gemeinschaften in ihrer unmittelbaren Nähe und sehen sich eher als Individuen. Es heißt, unsere sozialen Beziehungen seien oberflächlicher geworden und unsere Netzwerke breiter. Haben wir in diesem Prozess gewonnen oder verloren?“ Die Antwort war eindeutig. Nur 13 Prozent der 1600 befragten Personen sah darin einen Nettogewinn. Die Hälfte war der Ansicht, im Ganzen sei es eher ein Verlust, und fast ein Viertel war der Ansicht, wir hätten viel dabei verloren.[35]

Offenbar schätzen die Menschen nach wie vor ihre Nachbarschaft und bedauern den Rückgang der Geselligkeit. Eine Umfrage von 2016 mit 2000 Befragten, durchgeführt vom sozialen Netzwerk Nextdoor, ergab, dass ein Drittel der Teilnehmer keinen seiner Nachbarn gut kannte und dass sich nur 12 Prozent ihrer Nachbarschaft stark verpflichtet fühlten.[36]

Gemeinschaft kann durchaus als unterdrückerisch oder als Einmischung in individuelle Entscheidungen empfunden werden. Tatsächlich ist die moderne Kultur geprägt vom Kampf des Individuums um das Freisein von Traditionen und kleinstädtischen Konventionen. Ein progressiver Individualismus feiert in der Regel das Entkommen aus der Gemeinschaft und aus den damit verbundenen Verpflichtungen. Matthew Parris hat bewegend über das Gefühl der Befreiung geschrieben, die er als junger Homosexueller empfand, als er in den Siebzigerjahren aus der einschränkenden und übergriffigen Provinz ins anonyme London umzog. Menschen aus ethnischen Minderheiten wiederum ziehen möglicherweise ebenfalls die Großstadt vor, wo sie weniger stark aus der Menge herausstechen.

Und doch gibt es einen mächtigen Impuls, zu etwas Größerem zu gehören. Daher die Faszination für Fernsehsendungen wie *Great British Bake Off* (*Das große Backen*) und *X-Factor*, die die Phantasie der Nation packen und häufig von bis zu 10 Millionen Menschen gesehen werden. Dies sind allerdings nur noch Bruchteile der Zahlen, die sich früher um das „Lagerfeuer der Nation" scharten. Etwa 22 Millionen schauten in den Siebzigern die Weihnachtsfolge des Komikerduos Morecambe and Wise. Die Technologie, die uns einmal näher zueinander gebracht hat, teilt uns jetzt in verschiedene Echokammern, je nach Klasse, Generation, politischer Meinung und ethnischer Herkunft (vgl. Trevor Phillips über die ethnische Kluft beim Fernsehen).[37] Oder um es mit den Worten des *Financial Times*-Autors Janan Ganesh zu sagen: „Die moderne Welt ist eine Katastrophe für unsere Gespräche in der Kaffeepause und ein Wunder für das persönliche Eintauchen ins eigene Interessengebiet."[38]

Die nostalgische Sehnsucht nach der größeren sozialen Nähe der Vergangenheit wird von Anywhere-Kommentatoren oft bestritten, indem sie auf die krasse Geschlechterdiskriminierung, den Rassismus und die Homophobie der Fünfziger- und Sechzigerjahre hinweisen. Aber warum soll es nicht möglich sein, beides zu haben: stabilere menschliche Gemeinschaften und Gleichheit?

Wie ich schon in *Kapitel 1* erwähnt habe, haben viele Anywheres das, was der amerikanische Soziologe Talcott Parsons als „erworbene Identitäten" bezeichnet. Das heißt, sie beziehen ihren Selbstwert aus ihren Erfolgen in Bildung und Beruf. All das können sie mit sich herumtragen, sodass es für sie eine geringere Rolle spielt, wo und mit wem sie leben. Somewheres, die eher „angeborene Identitäten" haben – das heißt, ihre Identität speist sich aus den Bindungen an einen Ort oder eine Gruppe –, fühlen sich durch rasante Veränderungen eher irritiert.

Aus diesem Grund neigen Anywheres und Somewheres zu unterschiedlichen Haltungen bei Themen wie Einwanderung, Integration und der Rolle von London. Dazu kommen wir im nächsten Kapitel.

5 Ein fremdes Land?

„Kultur bedeutet nicht nur Unterschied, sondern auch den Abbau von Unterschied", schreibt der Philosoph Kwame Anthony Appiah.[1] Anders gesagt: Alle menschlichen Zusammenschlüsse und Gemeinschaften haben Grenzen. Diese Grenzen können hart oder weich sein, aber allen Beteiligten ist es möglich, ‚Insider' von ‚Outsidern' zu unterscheiden. Der moderne demokratische Nationalstaat ist in den letzten Jahrzehnten deutlich inklusiver geworden – die Idee einer Gleichstellung aller Bürger eines Landes wird gestützt durch eine historisch so noch nie dagewesene Form der sozialen Versorgung, die üblicherweise allen Bürgern zur Verfügung steht. Und genau aus diesem Grund grenzt sich der Nationalstaat nach außen hin stärker ab.

Das ist weder pervers noch bösartig, solange man den Gedanken akzeptiert, dass Länder ihren Bürgern gehören – dass Bürger eines Staates, vertreten durch ihre Politiker, das Recht haben, den Charakter ihrer Gesellschaft weithin zu kontrollieren, bis hin zu der Frage, wer ihr beitritt und in welcher Zahl. Da nun aber der Wert einer Staatsbürgerschaft in den reichen Nationen steigt und gleichzeitig die Kosten, um die entsprechenden Länder zu erreichen, gesunken sind, wird die Bürokratie der Grenzkontrollen zwangsläufig aufwendiger. Die EU hat diesen Trend intern zumindest zum Teil gestoppt, indem sie durch das Schengen-Abkommen die innergemeinschaftlichen Grenzkontrollen abgeschafft hat, aber an ihrer Außengrenze setzt sich die Entwicklung ungebremst fort.

Wenn diese Bürokratie der Grenzkontrollen komplett wegfiele oder auch nur schwächer würde, dann würden sich auf einer anderen Ebene willkürliche und schädliche Ausschlussmechanismen entwickeln. Der amerikanische Philosoph Michael Walzer spricht in diesem Zusammenhang von „tausend kleinen Festungen".[2] Schon heute kann man in einigen größeren Städten Großbritanniens beobachten, dass sowohl die ethnische als auch die soziale Trennung wächst.[3]

Unabhängig davon stellt sich die Frage, wie offen für Neuankömmlinge ein Land wie Großbritannien sein sollte. Ist der Zustrom von etwa 550.000 brutto – also etwa 250.000 netto – in einem Jahr zu hoch? Etwa die Hälfte kommt, um zu arbeiten, die andere Hälfte setzt sich aus Studierenden, Familiennachzug und Flüchtlingen zusammen.[4] Wie beeinflusst dieser Zustrom verschiedene Gruppen und Sozialverträge: Arbeitgeber und Arbeitnehmer, Wohlhabende und Arme, Großstädte verglichen mit Vororten und Kleinstädten, Gebildete und Menschen mit Grundbildung?

Wir haben es hier mit außergewöhnlich komplexen und vielschichtigen Fragen zu tun, die nicht – so wird jedenfalls häufig argumentiert – einfach mit Ja oder Nein (beziehungsweise mit *mehr* oder *weniger* Menschen) beantwortet werden können. Aber Demokratie verlangt gerade bei großen Fragen eine gewisse Einfachheit, und sie gibt im Fall der Masseneinwanderung eine ganz klare Antwort: *weniger*.

Bei der Brexit-Entscheidung ging es sicher nicht nur um Einwanderung. Aber wenn es einen herausragenden Grund für das schockierende Abstimmungsergebnis gibt, dann ist es die schwelende Unzufriedenheit eines großen Bevölkerungsteils über 20 Jahre ungeahnt hoher Einwanderungszahlen und über die sorglose Reaktion der Anywhere-dominierten politischen Klasse auf diese Veränderung – eine Veränderung, die in keinem Wahlprogramm auftauchte und die den Wählern nie zur Entscheidung vorgelegt wurde.

Der Konsens von Anywheres und Establishment rangiert seit einer Generation – einige einflussreiche Boulevardzeitungen ausgenommen – zwischen fröhlichem Willkommen angesichts der vielen kulturellen und ökonomischen Vorteile und der Annahme, dass es sich ohnehin um eine unkontrollierbare Naturgewalt handele. Doch wir sehen eben auch, dass 75 Prozent der Bevölkerung, einschließlich mehr als die Hälfte der Angehörigen ethnischer Minderheiten, in allen Umfragen sagt, die Einwanderung sei zu hoch oder viel zu hoch. Und das Thema wird in der Liste der nationalen Probleme in den letzten Jahren immer weiter oben gehandelt.[5] Natürlich werden die Menschen von manchmal alarmistischen Medienberichten beeinflusst und wissen oft genug viel zu wenig über die Fakten in Sachen Einwanderung. Andererseits können wir beobachten, dass die wachsende Sorge über das Thema seit dem Jahr 2000 etwa mit den Steigerungen der Einwanderungszahlen Schritt hält.

Und natürlich ist Einwanderung auch eine Metapher für die größeren Erschütterungen durch soziale und ökonomische Veränderungen, vor allem bei jenen, die aus all dem keinen Vorteil ziehen. In der

Abgeschiedenheit ihrer vier Wände äußern die meisten recht klare Ansichten über den Wert, den verschiedene Kategorien von Einwanderern für Großbritannien haben. Sie stehen Fachkräften und Studierenden wesentlich positiver gegenüber und berichten tendenziell auch von positiven Erfahrungen im näheren Umfeld.[6] Doch im Großen und Ganzen steht Einwanderung fast als Synonym für „Veränderung ist gleich Verlust".[7]

Das kann uns kaum überraschen. Einwanderung im großen Maßstab ist immer und überall unbeliebt, mit Ausnahme von Kanada, wo Masseneinwanderung (die allerdings in höchstem Maße selektiv organisiert ist) zu einem Element der nationalen Identität geworden ist.[8] Es ist ein grundlegender menschlicher Instinkt, vor Fremden und Außenstehenden auf der Hut zu sein. In reichen, individualistischen modernen Gesellschaften mögen ethnische Instinkte und Stammesdenken abgeschwächt sein, aber sie verschwinden nicht, sondern machen der Sorge um den ökonomischen Raum und öffentliche Güter Platz.

Einwanderung im großen Stil ist immer schwierig, für alle: Für die, die kommen, und die, die aufnehmen. Das gilt insbesondere, wenn Menschen aus Gesellschaften aufeinandertreffen, die sehr unterschiedlich sind, wie es mit Einwanderern aus eher traditionellen Kulturen der Fall ist. Als Sozialwissenschaftler wie Norbert Elias und Michael Young in den Fünfziger- und Sechzigerjahren feststellten, wie viel Wert die Menschen in etablierten Arbeiter-Communitys auf Stabilität und Kontinuität legen und wie oft gerade diese Werte in Neubausiedlungen verloren gingen, galt diese These als wertvoll. Man verteidigte sie gegen behördliche Ignoranz. Doch als ein paar Jahre später dieselben Communitys erklärten, die Kontinuität würde durch Masseneinwanderung zerstört – beispielsweise im Londoner East End – verurteilte man ihre Ansichten.

Dabei ist ganz klar, dass Großbritannien nicht über Nacht zu einem Land voll wütender Nativisten geworden ist. Tatsächlich geht die wachsende Ablehnung der Einwanderung in den letzten Jahren mit einer Liberalisierung in fast allen kulturellen Bereichen einher, auch was die ethnische Herkunft angeht. Wir haben das schon in Kapitel 2 gesehen.

Aber man muss dabei ein paar Einschränkungen berücksichtigen. Zum einen gibt es, wie wir schon gesehen haben, einen harten Kern von Autoritären und Rassisten, vielleicht 5 bis 7 Prozent der Bevölkerung. Die British National Party bekam bei der Europawahl 2009 fast eine Million Stimmen. Und eine BSA-Studie aus dem Jahr 2013 stellte fest, dass der Anteil derer, die angaben, leichte Vorurteile aufgrund der Hautfarbe zu hegen, auf 28 Prozent gestiegen ist.

Zum zweiten gibt es eine viel größere Gruppe – zumeist Somewheres –, die einen unkomplizierten Liberalismus als bestimmendes Ethos im heutigen Großbritannien akzeptieren und mit Diversität im kleinen Rahmen, also am Arbeitsplatz und im Privatleben, einverstanden sind, die aber gleichzeitig die großen Veränderungen ihrer Stadt oder ihres Landes nicht gut finden. Diese Menschen machen sich Sorgen darüber, dass zu viele Neuankömmlinge sich schlecht ins britische Leben integrieren. Sie haben nichts gegen Neuankömmlinge und Menschen mit unterschiedlicher Herkunft, aber sie wollen das Gefühl behalten, dass es ihre Gegend ist, dass Menschen wie sie die Tonalität setzen, was die Läden und den Way of Life angeht. Ganz einfach gesagt: Sie gehören zu jener großen Gruppe, von der viele Anywheres behaupten, es gäbe sie gar nicht – pro Einwanderung, aber contra Masseneinwanderung.

Zum dritten gibt es im heutigen Großbritannien viel weniger chauvinistischen Nationalismus als noch vor ein paar Generationen. Aber die Bindung an nationale Gesellschaftsverträge und die allgemeine Ansicht, dass Staatsbürger den Vorrang haben sollten, ist so stark wie eh und je (vgl. *Kapitel 4)*. Wer so denkt, wird dadurch nicht automatisch zum flaggenschwenkenden Nationalisten, aber er reagiert vielleicht empfindlicher, wenn er mit „Leuten von draußen“ um Schulplätze, Krankenhausbetten und Sozialwohnungen konkurrieren soll.

Eine Studie der British Sociological Association von 2016 zeigt, dass 71 Prozent der Befragten der Ansicht sind, Einwanderung erhöhe den Druck auf die Schulen, 63 Prozent sehen einen erhöhten Druck auf das staatliche Gesundheitswesen. In derselben Studie wurde festgestellt, dass 42 Prozent meinen, Einwanderung sei gut für die Wirtschaft, während 35 Prozent sie für schädlich halten. Bei all diesen Werten gibt es eine scharfe Trennung der Gesellschaftsschichten: Nur 15 Prozent der Hochschulabsolventen glauben, Einwanderung sei schlecht für die Wirtschaft, verglichen mit 51 Prozent bei den Befragten ohne höhere Qualifikation.[9]

Sind das alles nur Zeichen eines falschen Bewusstseins? Für viele Anywheres ist die weit verbreitete Ablehnung der Masseneinwanderung das klassische Beispiel eines Denkens, das materielle Interessen zugunsten kultureller Werte opfert.

Das würde aber voraussetzen, dass die derzeitige Einwanderungspolitik deutliche und breit gestreute ökonomische Vorteile hätte. Tatsächlich sind die negativen Auswirkungen auf den Arbeitsmarkt und die Löhne, auch am unteren Ende der Skala, weniger groß, als viele annehmen. Und die Beschäftigungsrate unter den Menschen, die in Großbritannien geboren wurden, war 2016 so hoch wie nie. Es gibt solche negativen Auswirkungen, und sie wären noch größer, wenn es den Mindestlohn nicht gäbe. Und es gibt keine besonders positiven Auswirkungen, was Löhne, Beschäftigung und Wirtschaftswachstum pro Kopf angeht. Bei den Steuereinnahmen wirken sich die EU-Einwanderer leicht positiv aus, weil die weitaus meisten von ihnen im arbeitsfähigen Alter sind und bei uns leben, um zu arbeiten. Betrachtet man aber die Einwanderung als Ganzes, ist das Steueraufkommen der Neuankömmlinge sogar leicht gesunken.[10] Die weitaus meisten Wirtschaftswissenschaftler sind für Einwanderung, tun sich aber viel leichter damit, negative Annahmen zu widerlegen, als damit, positive Auswirkungen zu belegen (vgl. die genauere Diskussion darüber in meinem Buch *The British Dream*[11]).

Auf Seiten der Arbeitgeber sieht die Sache anders aus. Sie konnten in den letzten Jahren ihre Ausbildungskosten drastisch senken und die gelangweilten einheimischen Teenager mit der schlechten Schulbildung durch – beispielsweise – fleißige Letten mit Hochschulabschluss und exzellenten Englischkenntnissen ersetzen. Auch das Gesundheitswesen hat die Budgets für die Ausbildung von Pflegekräften gekürzt und lieber ausgebildete Kräfte aus Portugal und Polen eingestellt. Regierungen und Arbeitgeber waren so in der Lage, die längst überfällige Reform des britischen Ausbildungswesens wieder einmal aufzuschieben (vgl. *Kapitel 6*).

Anywheres weisen gern darauf hin, dass gerade in Gegenden mit niedriger Einwanderungsquote die Ablehnung besonders hoch ist. Das stimmt nur zum Teil. Nach Auskunft einer Analyse des *Economist* war an Orten mit großen Steigerungen der Einwanderungsrate die Zustimmung zum Brexit besonders hoch. Das gilt für Boston in Lincolnshire ebenso wie für Stoke, wo der Anteil der im Ausland

Geborenen an der Gesamtbevölkerung in den Jahren 2001 bis 2014 um 200 Prozent gestiegen ist.[12] In jedem Fall sitzt das Anywhere-Argument einem Missverständnis über die Sozialpsychologie der Masseneinwanderung auf. Es gibt so etwas wie Xenophobie, aber die Frage der Identität, der Verlust von Identität, spielt eine viel größere Rolle. Gebiete mit niedrigen Einwanderungsraten sind oft frühere Industriegebiete, in denen es heute nur wenige Arbeitsmöglichkeiten gibt, und Küstenstädte, wo die Menschen das Gefühl haben, die Zeit laufe komplett an ihnen vorbei. Was ja zum Teil auch der Fall ist. Diejenigen, die Einwanderung ablehnen, werfen den Einwanderern oft gar nichts vor. Sie lehnen die veränderten Prioritäten im Land und in seiner herrschenden Klasse ab: Prioritäten, in denen sie allem Anschein nach nicht mehr vorkommen.

In Gegenden mit hohen Einwanderungsraten sind es gerade die Menschen, die einfache Tätigkeiten verrichten, die das Gefühl haben, sie seien nur noch jederzeit ersetzbare Rädchen im Getriebe und als solche einer stärkeren Konkurrenz von außen ausgesetzt. Statt der „einen Nation", von der immer wieder gebetsmühlenartig die Rede ist, beobachten sie eine politische Klasse, die das ganz normale Prinzip der Bevorzugung von Mitbürgern auf den Müllhaufen wirft.

Moderne liberale Wohlfahrtsdemokratien tun sich schwerer, Effekte der Einwanderung zu absorbieren, als das noch im harscheren Klima des 19. Jahrhunderts der Fall war, wo man in Großbritannien Diversität viel weniger tolerierte. Heute begeben sich die Menschen, die zu uns kommen, in ein dichtes Netz von gegenseitigen Abhängigkeiten mit Steuern, Sozialabgaben und Wohlfahrtsleistungen, das noch gar nicht existierte, als in früheren Jahrhunderten Juden oder Hugenotten einwanderten.

Tatsächlich kann man die Sorge über ethnische Diversität als Subtext einer viel breiteren Sorge vor Trittbrettfahrerei bei finanziellen und emotionalen Ressourcen verstehen. Neuankömmlinge, vor allem Flüchtlinge und Menschen aus Entwicklungsländern, profitieren zumindest kurz nach ihrer Ankunft mehr als sie beitragen. Und sie haben oft keine starke Bindung an die Normen oder die nationale Geschichte des aufnehmenden Landes. Diese Indifferenz wurde während der ersten Multikulti-Welle in den Siebziger- und Achtzigerjahren aktiv gefördert, und genau das sehen viele Menschen mit Unbehagen.

Es macht sie auch weniger großzügig. Wir beobachten klare Anzeichen sinkender Unterstützung für „aus einem gemeinsamen Topf bezahlte“ Wohlfahrtsleistungen, auf die jedermann Anspruch hat – während die beitragsgebundenen Leistungen nach wie vor hoch im Kurs stehen. Allerdings lässt sich schwer sagen, ob das an der ethnischen Fragmentierung oder an einem generellen Niedergang sozialer Bindungen liegt.[13]

Wir wissen freilich genau, dass gerade ärmere Menschen sehr empfindlich auf Trittbrettfahrerei reagieren – daher einerseits die Versessenheit der Boulevardzeitungen auf Storys über Sozialleistungs-Schnorrer und auf der anderen Seite die ständige Behauptung liberaler Befürworter der Masseneinwanderung, diese hätte positive wirtschaftliche Auswirkungen.

Eine Umfrage von Ipsos MORI aus dem Jahr 2004 zeitgleich zu meinem „Too Diverse“-Essay in *Prospect* ergab, dass 45 Prozent der Befragten dem Satz zustimmten: „Bei öffentlichen Dienstleistungen und staatlichen Zuschüssen werden andere Leute in unfairer Weise bevorzugt.“ Auf die Frage, wer mit „andere Leute“ gemeint sei, nannten sie am häufigsten Asylbewerber (kurz nach einer Phase hoher Bewerberzahlen) und neue Einwanderer.[14]

Auch dies ist keine Überraschung. Es handelt sich um die beiden Gruppen, die uns auf den ersten Blick am fremdesten sind, und wir identifizieren uns zunächst einmal nicht mit ihrer Lage oder glauben, sie lebten nach denselben Normen wie wir. Nur wenige Befragte nannten die etablierten Minderheiten, die man offenbar bereits als Teil des Webmusters des Landes betrachtete.

Eine kleine Geschichte der Einwanderung

Wie konnte es passieren, dass Großbritannien ohne ökonomische Veranlassung und trotz einer breiten Ablehnung in den letzten 20 Jahren zu einem Land mit Masseneinwanderung wurde?

Nachdem die postkoloniale Welle nach den Fünfzigerjahren nicht ohne Spannungen absorbiert worden war, stellte sich Großbritannien Mitte der Neunzigerjahre als gemischte Gesellschaft mit einem Einwanderer- und Minderheitenanteil von etwa 4 Millionen dar, was etwa 7 Prozent der Bevölkerung entspricht.

Zu dieser Zeit war Großbritannien keine Masseneinwanderungs-Gesellschaft mit stetigem Zustrom mehr. Etwa 18 Prozent der heutigen Bevölkerung im erwerbsfähigen Alter sind im Ausland geboren, und innerhalb einer Generation hat sich der Anteil der Einwanderer und Minderheiten (einschließlich weißen Nicht-Briten) auf etwa 12 Millionen (mehr als 20 Prozent, 25 Prozent in England) verdreifacht.[15]

Zum Teil verbirgt sich dahinter eine Erfolgsgeschichte der offenen Gesellschaft, man denke beispielsweise an die zunehmend erfolgreiche Minoritäten-Mittelschicht.[16] Aber für viele Menschen gingen die Veränderungen einfach zu schnell, symbolisiert durch die Tatsache, dass einige der größten Städte, darunter London, Birmingham und Manchester – wo mehr als die Hälfte des Minderheitenanteils lebt – fast schon so weit sind, dass die Minderheiten die Mehrheit stellen.

Bis in die Mitte der Neunzigerjahre überschritt der Brutto-Zustrom pro Jahr nie mehr als 300.000, aber seit Mitte der Zweitausenderjahre liegt er jedes Jahr über 500.000.[17] Diese Veränderung betrifft nicht nur Großbritannien, sondern gehört zu den Charakteristika der Globalisierung. Aber in dieser Größenordnung war sie nicht notwendig, sie beruht auf der aktiven politischen Unterstützung durch die Labour-Regierungen von 1997 bis 2010.

Labour hatte freilich nicht die Absicht, das Land in eine Einwanderungsgesellschaft zu verwandeln, aber die meisten Parteiführer und Aktivisten, die zunehmend aus der Gruppe der liberalen Hochschulabsolventen kamen, fühlten sich mit dem Wandel wohl. Und während sich New Labour zunehmend einem Mitte-Rechts-Konsens in Wirtschaftsfragen annäherte, setzte sich die Pro-Einwanderung- und Pro-Multikulti-Einstellung nach dem Motto „Komm her und sei du selbst“ immer stärker im Mitte-Links-Bewusstsein fest.

Es gab einige Labour-Entscheidungen, alle übrigens für sich genommen sehr vernünftig, die in ihrer Gesamtheit eine wesentlich offenere Einwanderungspolitik nach sich zogen. Unterstrichen wurde dies durch die neue EU-Gesetzgebung zu Menschenrechten, die es schwieriger machte, Menschen außerhalb unserer Grenzen zu halten oder in ihre Länder zurückzuführen.

Welche Entscheidungen meine ich? Zunächst die Aufhebung der Restriktionen bei der Familienzusammenführung einiger ethnischer

Minderheiten. Einige südasiatische Gruppen empfanden die alte Regelung als diskriminierend, und ihre Abschaffung war ein Geschenk an treue Wähler aus diesen Gruppen. Viel wichtiger war die rapide Internationalisierung des Hochschulsystems, die in dieser Zeit ihren Anfang nahm und von Labour aktiv gefördert wurde, um die allgemeine Ausweitung des Hochschulsektors zu finanzieren. Wirtschaftsboom und niedrige Arbeitslosigkeit sorgten zudem für Druck aus einigen Wirtschaftszweigen, die Quote der Arbeitsgenehmigungen zu erhöhen. Als dann die Zahl der Asylbewerber vom Balkan Ende der Neunziger dramatisch anstieg, wollte man möglichst viele aus dem Asylstatus mit all den Kosten und der Abhängigkeit, die damit verbunden sind, holen, indem man sie in den Arbeitsmarkt übernahm und damit zu Steuerzahlern machte.

Und dann kam der große Schlag. 2004 wurden die ehemals kommunistischen Länder Mittel- und Osteuropas in die EU aufgenommen, und Großbritannien war das einzige große EU-Mitgliedsland, das ihnen sofort Zugang zu seinem Arbeitsmarkt gewährte. Man rechnete mit ein paar tausend Arbeitskräften pro Jahr – tatsächlich kamen in den folgenden vier Jahren mehr als eine Million. Heute leben 3,3 Millionen EU-Bürger hier; Ende der Neunzigerjahre waren es weniger als eine Million. Die Hälfte von ihnen kommt aus Mittel- und Osteuropa.[18]

Die Labour-Entscheidung, den britischen Arbeitsmarkt zu öffnen, bevor es nötig war, ist im Rückblick wohl der größte Schritt auf dem Weg zum Brexit. Der starke Zustrom kam natürlich überraschend, und es gab durchaus ökonomische und geopolitische Gründe für die Öffnung. Doch dass es kaum innerparteiliche Opposition dagegen gab, zeigt, wie leise die Stimme der Somewheres in der Partei – und in der britischen Politik allgemein – geworden war. Und es zeigt die Unfähigkeit der Anywhere-Ideologie, Fragen der ethnischen Gleichberechtigung von den ökonomischen und kulturellen Auswirkungen der Masseneinwanderung zu trennen.

In den Siebziger- und Achtzigerjahren hatten britische Politiker aller Parteien die Commonwealth-Einwanderung überraschend schnell beschränkt, als der demokratische Druck von unten zu groß wurde. Ende der Achtziger war die Netto-Einwanderung praktisch auf Null gesunken. 40 Jahre später war eine neue Generation von Politikern, vor allem der Linken, nicht mehr in der Lage zu solchen

Entscheidungen, weil ihre progressive Politik an den Zustrom gebunden war – und weil sie die Kontrolle über den Zustrom aus der EU verloren hatte, der die größten Sorgen weckte.[19]

Dann verlor Labour die Unterhauswahlen 2010 – nicht zuletzt wegen der Haltung der Partei zum Thema Einwanderung, wie einige Analysten sagen.[20] Gordon Browns Verachtung für die Ängste im Zusammenhang mit Einwanderung, die Gillian Duffy aus Rochdale äußerte, ist aus dem Wahlkampf in Erinnerung geblieben und ein perfektes Beispiel für die Verständigungsprobleme auf beiden Seiten. Die nachfolgende Koalitionsregierung trat mit dem Versprechen der Konservativen an, die jährlichen Netto-Einwanderungszahlen von 250.000 auf 100.000 zu begrenzen.

Die Koalition war damit auch kurzfristig erfolgreich. Innenministerin Theresa May konnte die Netto-Einwanderung von außerhalb der EU von 217.000 (Dezember 2010) auf 143.000 (Dezember 2013) senken, indem sie den Missbrauch von Studentenvisa stoppte, das Mindesteinkommen für den Familiennachzug erhöhte und die Einwanderung nicht qualifizierter Arbeitskräfte von außerhalb der EU praktisch verbot.[21]

So viel zu der Behauptung, man könne in der modernen Welt Einwanderung nicht mehr aufhalten. Aber das – im Rückblick recht unkluge – Versprechen, den Netto-Zustrom auf einige Zehntausend zu senken, wurde von einer neuen Welle innerhalb der EU außer Kraft gesetzt, die 2012 begann. Diesmal kamen hauptsächlich junge Leute aus Spanien, Portugal und Italien, die den Folgen der Finanzkrise in der Eurozone entfliehen wollten. Und schon lag die jährliche Netto-Einwanderung wieder über 300.000.

All das sind Hintergründe zur Brexit-Abstimmung. Die eine Regierung lässt in ihrer Gedankenlosigkeit eine Einwanderungsgesellschaft entstehen, ohne die Wähler zu fragen; die nächste verspricht, diese Entwicklung zu stoppen, und scheitert. Das Brexit-Referendum hat eine der zentralen Aufgaben der britischen Politik eher noch komplizierter gemacht, als sie ohnehin war: Es geht um die Frage, wie man auf den legitimen Wunsch einer großen Mehrheit reagiert, die Einwanderung zu reduzieren, ohne einer Nationalökonomie zu schaden, die in einigen Bereichen in hohem Maße von Migranten abhängig ist.

Doch selbst wenn nach dem Brexit wieder eine Kontrolle über die Arbeitserlaubnisse für EU-Bürger in Kraft tritt und der Zutritt zum Sozialsystem erst nach einer gewissen Wartezeit gestattet wird, bleiben Großbritanniens Pull-Faktoren die englische Sprache und Jobs, die man hier bekommen kann. Selbst ungelernte Arbeitskräfte aus ärmeren EU-Ländern oder aus weiter östlich gelegenen Ländern werden in einigen Sektoren – beispielsweise Nahrungsmittelindustrie und Landwirtschaft – gebraucht. Es gibt nur wenig Investitionen in Automatisierung in diesen Bereichen, weil ein ganzes Heer von Arbeitskräften zur Verfügung steht.

Britische Arbeiter sind bereit, hart zu arbeiten, wenn sie dafür gut bezahlt werden – das sieht man auf den Ölplattformen in der Nordsee. Aber die Arbeitsplätze in Bereichen wie der Landwirtschaft, die inzwischen fast vollkommen von Einwanderern abhängig ist, sind saisonal, verlangen flexible Schichtarbeit und liegen in Gebieten mit niedriger Bevölkerungsdichte. Der Preisdruck der Supermarktketten sorgt dafür, dass die Bezahlung so niedrig ist, wie das Gesetz es erlaubt. Dies sind keine Jobs, auf die sich Leute mit anderen Möglichkeiten bereitwillig einlassen.

Davon abgesehen war der Massenimport osteuropäischer Arbeitskräfte ab 2004 für viele Briten ein Schock. Auf einmal fand die Globalisierung direkt vor ihrer Nase statt. Es ist schon schlimm, wenn man seinen Job verliert, weil die Fabrik in ein Billiglohnland verlegt wird. Aber es ist richtig hart, wenn man feststellen muss, dass ausländische Arbeitskräfte mit geringer oder keiner Verbindung zum eigenen Land direkt vor der Haustür zu Konkurrenten werden. Die Nahrungsmittelindustrie, um ein Beispiel zu nennen, ist der größte produzierende Sektor Großbritanniens mit rund 400.000 Arbeitsplätzen. Mehr als ein Drittel der Beschäftigten in der Produktion sind im Ausland geboren, die meisten in Osteuropa. 2005 war ihr Anteil gleich Null.

Großbritannien wird vermutlich auf absehbare Zeit ein Land mit hoher Einwanderungsquote bleiben, auch wenn die Zahl der niedrig qualifizierten Arbeitskräfte aus der EU nach dem Brexit zurückgehen wird. Die künftige Politik wird klarer zwischen dauerhaften und kurzfristigen Migranten trennen – mehr als die Hälfte der jährlichen Netto-Einwanderung entfällt auf kurzfristige Aufenthalte etwa von Arbeitskräften und Studenten, und in den Jahren unmittelbar vor der Brexit-Abstimmung bekamen im Schnitt nur etwa 100.000 Personen einen dauerhaften Aufenthaltsstatus. In den zwölf Monaten vor dem Juni 2016 waren es sogar nur 67.000.[22] (Dabei stellt sich die Frage, wie es ausgesehen hätte, wenn das Regierungsversprechen von „Zehntausenden“ sich nicht auf die Netto-Einwanderung, sondern auf die Personen mit Aufenthaltsstatus bezogen hätte.)

Das Fehlen einer solchen klaren Unterscheidung zwischen Mitbürgern, die dauerhaft hier leben, und Personen, die sich vorübergehend im Land aufhalten, sorgt für unnötigen Ärger. Die Leute sehen Arbeiter aus Rumänien und Bulgarien, die vollen Zugang zum britischen Sozialstaat haben, die kaum englisch sprechen und im Land in osteuropäischen Enklaven leben, von wo aus sie das Land als zeitweise ökonomische Basis betrachten. Ein chinesischer Student wird ganz anders wahrgenommen. Hier geht man davon aus, dass er ein paar Jahre bleibt, zum gegenseitigen Vorteil übrigens, und bald wieder nach Hause zurückkehrt.

Personen, die sich nur zeitweise im Land aufhalten, sollten künftig eingeschränkte soziale und politische Rechte haben, die ihrer eigenen eingeschränkten Beziehung zum Land entsprechen, und nach ein paar Jahren wieder gehen. Auf diese Weise kann man Rechte, Leistungen und Integrationsbemühungen (beispielsweise Sprachkurse) auf diejenigen konzentrieren, die sich ganz für das Land engagieren. Migration und Bürgerrechte haben mit Geben und Nehmen zu tun, das haben auch Forscher wie Martin Ruhs und Branko Milanovic festgestellt. Wenn wir weiterhin einen relativ hohen Zustrom haben wollen, müssen wir unseren Wohlfahrtsstaat und volle Bürgerrechte stärker beschränken.

Die Entwicklung zu einem Land mit Masseneinwanderung vollzog sich wie die Entwicklung zum Empire: mehr oder weniger gedankenlos. Unsere politische Klasse muss begreifen, dass ein modernes Staatswesen mehr Management braucht. Und dazu gehört auch, die Integration von Neuankömmlingen besser zu managen.

Wie steht es mit der Integration?

Enoch Powell hat dem öffentlichen Leben Großbritanniens und der nationalen Debatte über ethnische Herkunft und Integration einen doppelten Bärendienst erwiesen. Einmal, indem er weitverbreitete Ängste so extrem formulierte, dass er einen Großteil der Argumente für lange Zeit unmöglich machte. Zum anderen mit seinen reißerischen Vorhersagen über drohende Rassenunruhen, mit denen er den Grad der tatsächlichen Integration viel zu niedrig ansetzte. In einer anständigen Gesellschaft darf es nicht nur darum gehen, „Ströme von Blut“ zu verhindern.[23]

Menschen von außerhalb können im Zeitraum einer Generation in lange bestehende Gruppen und Gemeinschaften integriert werden, und das geschieht auch ständig. Man denke nur an die vielen Deutschen mit polnischen Familiennamen – oder die Briten mit irischen Namen. Aber diese Integration funktioniert besser, wenn sie allmählich und in kleinen Zahlen geschieht. Dies ist ein Grund, zu niedrigeren Einwanderungsraten zurückzukehren.

Der moderne Anywhere-Liberalismus mit seiner Betonung individueller Entscheidungsfreiheit und Autonomie eignet sich nicht besonders gut zur Ausbildung breiter Gruppenidentitäten. Darüber hinaus bedeutet die berechtigte Forderung, alle Menschen gleich zu behandeln, nicht, dass alle Menschen gleich sind. Gruppen existieren, und die Vorstellung von „Leuten wie uns“, sei es in schichtenspezifischer, regionaler oder ethnischer Hinsicht, gehört einfach zu den Realitäten des Lebens. Das wirft freilich Fragen auf: Wie können wir individuelle Rechte und die Anerkennung von Gruppenidentitäten vereinbaren? Was sind „Communities“? Wie können Kontakt, Vertrauen und Vertrautheit über ethnische und andere Grenzen hinweg hergestellt werden? In welcher Umgebung fühlen sich Menschen wohl zu wohnen – und in welcher nicht?

Als ich mein Buch *The British Dream* schrieb, habe ich einige Zeit in den am stärksten fragmentierten Industriestädten Nordenglands verbracht und regelmäßig mit jungen Asiaten – meist Muslimen – gesprochen, die keine europäischen Freunde hatten. Das blieb so, bis sie aufs College gingen, ein zunehmend wichtigerer Ort der Mischung mit anderen. Diese jungen Menschen hatten zum Teil bizarre Vorstellungen von der britischen Gesellschaft. In Teilen ist der Grund dafür das Versagen der Liberalen. Der Laissez-faire-Liberalismus (Multikulturalismus war der Begriff in den Siebziger- und Achtzigerjahren) machte es zu einfach, dass einige Minderheiten getrennt vom britischen Mainstream leben. Internet und Satellitenfernsehen förderten die Trennung noch zusätzlich. Und so wurde der Multikulturalismus, wie Maajid Nawaz gezeigt hat, zu einem Begriff für Diversität zwischen und nicht innerhalb von Gruppen.

Anywheres betrachten den Kolonialismus als britische Erbsünde, vergleichbar der Sklaverei in den USA. Die erste Welle des Multikulturalismus war zum Teil dem britischen Bemühen geschuldet, der Welt zu zeigen, dass im ehemaligen Mutterland Differenz ohne Dominanz funktionieren konnte.[24] Er bot Neuankömmlingen aus Afrika und vom indischen Subkontinent eine Art „sanfter Landung“ an. Doch indem sie die Minderheiten in eigene Wohnbezirke mit eigenen politischen Anführern und sozialen Zentren abschoben und ihr Fortkommen oft von der Förderung durch Weiße abhängig machten, setzten die weißen Liberalen das koloniale Erbe fort – mit einem aufgemalten lächelnden Gesicht.

Eine verführerische Definition besagt, eine gut integrierte Gesellschaft sei eine, in der jeder dein Freund sein kann. Aber Großbritannien ist nicht Singapur. Wir können den Menschen, die in unser Land kommen, nicht einmal vorschreiben, wo sie leben sollen, ganz zu schweigen von der Frage, mit wem sie sich anfreunden. Zwischen individuellen Entscheidungen und Integration besteht eine Wechselbeziehung. Je mehr Entscheidungsfreiheit man Menschen gibt – und das gilt für Minderheiten und Mehrheiten gleichermaßen –, desto mehr werden sie sich nach ethnischer Herkunft zusammentun. Der organische Prozess, der mit der Zeit „die da“ zu „Leuten wie uns“ macht durch Sprach- und Kulturerwerb, wird verlangsamt oder ganz gestoppt.

Wir zögern nach wie vor, Neuankömmlinge mit einem Integrationsplan auszustatten und ihnen klar zu sagen, was man von ihnen verlangt (und was sie von uns erwarten können). Auf nationaler Ebene, im Zusammenhang mit der Einbürgerung, haben wir seit Anfang der Zweitausenderjahre Tests und Zeremonien – die beliebter sind, als wir erwartet hatten. Aber im Alltag werden die Leute weitgehend allein gelassen.

Der ehemalige niederländische EU-Kommissar Frans Timmermans hat das Problem in eine eloquente kleine Geschichte gepackt: „Stellen Sie sich einen Neuankömmling vor, vielleicht einen Flüchtling, als hätten sie jemanden vor sich, der gern zum ersten Mal beim Fußball mitspielen möchte. Er wäre gern Teil einer Mannschaft, hat aber keine Ahnung von den Spielregeln, was dazu führt, dass er die ganze Zeit im Abseits steht. Daraufhin sind seine Mannschaftskameraden sauer, und nach ein paar Versuchen spielt ihm niemand mehr einen Ball zu. Er versteht nicht, was er falsch macht, und nimmt an, die anderen könnten ihn nicht leiden. Also dreht er sich um und geht weg. Mit dem Ergebnis, dass er jetzt noch mehr ausgeschlossen ist als vorher. Er fühlt sich nicht willkommen, abgelehnt, anders als die anderen. In genau diese unangenehme Lage haben wir viele Migranten und ihre Kinder (oder Enkel) gebracht. Natürlich muss der Neuankömmling sich bemühen, die Regeln zu lernen, aber irgendjemand muss sie ihm erst einmal zeigen."[25]

Oberflächlich betrachtet, herrscht mehr Einigkeit über die Frage der Integration als über die Frage der Immigration. Wer kann schon etwas gegen Integration haben? Aber sobald man an der Oberfläche kratzt, gibt es sehr wohl tiefgreifende Meinungsverschiedenheiten über das Ausmaß der Integration, über die Art, wie man sie erreichen will, über das Ziel und die Bedeutung von Integration. Ein verführerisches Argument gegen Integration lautet etwa so: Wenn man bedenkt, wie wichtig ethnische Zugehörigkeit sowohl den Minderheiten als auch den Mehrheiten ist, was spricht dann gegen ein gewisses Maß an Trennung? Ist friedliche Koexistenz wirklich so schlimm? Wem schadet denn eine Trennung der Lebensweisen, solange die Minderheiten nicht durch Vorurteile und Diskriminierung eingeschränkt werden?

Dieses Argument ist schwer zu entkräften, da sie von der Beurteilung dessen abhängt, wie die Dinge in einigen Jahrzehnten aussehen werden. Ein derartiger Dissens ist in einer liberalen Gesellschaft unvermeidlich. Trotzdem glauben die meisten vernünftigen Leute mindestens zwei Ansichten über Integration: Erstens, dass sie eine wechselseitige Angelegenheit ist. Sowohl die aufnehmende Gesellschaft als auch die Neuankömmlinge müssen sich anpassen, von den Neuankömmlingen wird aber mehr Anpassung verlangt. Zweitens, dass es notwendig ist, zwei Faktoren ins Gleichgewicht zu bringen: die Neigung von Menschen, sich mit denen zusammenzutun, die einen ähnlichen Hintergrund haben, und den Wunsch, eine Gesellschaft mit einem Höchstmaß an Vertrauen und gegenseitiger Achtung zu schaffen, über soziale und ethnische Schranken hinweg. In den letzten Jahren hat es – verursacht durch hohe Einwandererzahlen und die Bedrohung des islamistischen Terrors – eine deutliche Verschiebung bei der Wahrnehmung dieser Balance gegeben. Viele Menschen sind misstrauisch geworden, wie Louise Caseys Studie Ende 2016 gezeigt hat.[26]

Die derzeitigen Nachrichten zum Thema Integration sind gemischt. Verschiedene Minderheiten bringen unterschiedliche Grade an Integrationsneigung mit und gehen dabei uneinheitliche Wege. Es gibt einen deutlichen Trend zur Anpassung in einigen weißen Minderheiten. Es gibt viel mehr Paare und Familien über ethnische Grenzen hinweg, allerdings kaum bei den Südasiaten. Es gibt mehr Freundschaften über ethnische Grenzen hinweg. Nur noch 37 Prozent der Briten geben an, keine nicht-weißen Freunde zu haben. Es gibt einen gewissen Rückgang der Trennung nach Wohngebieten und eine viel größere Mittelschicht in den Minderheiten, die es zunehmend auch in die wirtschaftlichen und kulturellen Eliten schaffen – das gilt vor allem für Briten indischer oder chinesischer Provenienz.[27]

Auf der Negativseite beobachten wir eine „Flucht der Weißen" aus bestimmten Wohngebieten und an manchen Orten die Neigung, nur nebeneinander, aber nicht miteinander zu leben. Verursacht durch Tempo und Ausmaß der jüngsten Immigration ist eine gewisse Schwerverdaulichkeit erkennbar, wenn sich Einwanderer aus Mittel- und Osteuropa einerseits wie Pendler verhalten, die keinerlei Kontakt zu Briten aufnehmen, und andere sich wirklich bei uns niederlassen und gut integrieren. Über allem liegt die zusätzliche Spannung, die der weltweite islamistische Terror mit sich bringt und die sich bei den ohnehin getrennt lebenden muslimischen Minderheiten vor allem aus Pakistan, Bangladesh und Somalia auswirkt – diese drei Gruppen machen etwa zwei Drittel der britischen Muslime aus.

Die meisten Muslime leben isolierter als andere große Minderheitengruppen.[28] Viele kommen aus traditionellen Gesellschaften und sind in den verarmten postindustriellen Regionen gelandet, konfrontiert mit einer demoralisierten weißen Arbeiterschicht, deren Lebensweise sie aus verständlichen Gründen nicht übernehmen wollen. Nur etwa ein Drittel aller muslimischen Frauen sind erwerbstätig, in vielen muslimischen Familien wird eine andere Sprache als Englisch gesprochen, sie heiraten nur selten außerhalb der eigenen Community und halten zum Teil an autoritären, patriarchalischen und kollektivistischen Normen fest, die dem zunehmend liberalen, egalitären und individualistischen britischen Mainstream fremd sind.[29] Zudem kann man sagen, dass die Haltung britischer Muslime zu Homosexualität, Blasphemie, dem Verhältnis von Religion und Politik, ja selbst den verschiedenen Verschwörungstheorien zu 9/11 eher der weltweiten muslimischen Haltung entspricht als der des modernen Großbritannien.[30]

Das Problem des Islamismus – einer radikalen und politisierten Glaubenspraxis – wird uns ebenfalls noch einige Zeit begleiten, teilweise weil er es einigen jüngeren Muslimen leicht macht, extreme Frömmigkeit mit den Freiheiten der liberalen britischen Gesellschaft zu verbinden. Außerdem sorgt der islamistische Einfluss für ein unablässiges Narrativ einer muslimischen Opferposition und einer dauerhaften Islamfeindlichkeit. Tatsächlich ist die öffentliche Meinung misstrauischer gegenüber Muslimen als gegenüber anderen Minderheiten. Das liegt zum Teil an der stärkeren Trennung im Alltag, der unvermeidlichen Gleichsetzung der Muslime mit einer gewaltbereiten kleinen Minderheit und den Missbrauchsfällen in einigen Städten, in die hauptsächlich muslimische Männer involviert waren.

Dabei gibt es durchaus auch gute Nachrichten. Die meisten Muslime identifizieren sich stark mit Großbritannien und teilen die politischen Sorgen der Mehrheit.[31] Auch in Bezug auf die Normen gibt es eine gewisse Annäherung, beispielsweise befürworten jüngere muslimische Frauen die Gleichheit der Geschlechter eher als ihre Eltern. Und die Bangladeshis überholen die Pakistanis, was Bildungs- und Berufserfolg angeht: Bei den jungen Leuten, die aus Bangladesh stammen, ist der Anteil der Studierenden an den Russell-Group-Universitäten mittlerweile fast so hoch wie bei den jungen Briten. Das hat wohl auch damit zu tun, dass die Bangladeshis viel häufiger außerhalb ihrer eigenen Gruppe heiraten, was nur knapp die Hälfte aller Pakistanis tun.

Integration hat zumindest zum Teil etwas mit Zahlen zu tun. Eine geringe Zahl von orthodoxen Juden, sektiererischer Sikhs oder konservativer Muslime untergräbt nicht den Zusammenhalt, den eine gute moderne Gesellschaft braucht. Aber wenn die Zahl derer steigt, die ganz klar vom Mainstream isoliert leben, dann wird ein minimalistischer Ansatz in Sachen Integration – nach dem Motto „Halt dich an die Gesetze und zahl deine Steuern“ – weniger tragfähig sein.

Zwei Trends legen die Annahme nahe, dass wir langfristig weiter auseinanderdriften. Der erste ergibt sich aus einer Analyse von Eric Kaufmann zum Wohnumfeld. Basierend auf der Volkszählung 2011 ermittelte er, dass 49 Prozent (3,8 Mio.) der nicht-weißen ethnischen Minderheiten in Gegenden wohnen, wo weiße Briten die Minderheit stellen, in einigen Fällen eine sehr kleine Minderheit. 2001 waren es lediglich 32 Prozent.[32] Der zweite Trend ergibt sich aus einer Studie von Simon Burgess, die besagt, dass mehr als die Hälfte aller Schüler aus ethnischen Minderheiten in England Schulen besuchen, in denen weiße Briten die Minderheit stellen. Bei den Schulanfängern liegt der Anteil bei 60 Prozent, in London sogar 90 Prozent.[33]

Beide Trends lassen vermuten, dass Großbritannien sich allmählich spaltet. Die eine Hälfte des Landes sieht aus wie London oder Slough, die andere eher wie Plymouth oder Newcastle – ein britisches Abbild der ‚blauen' republikanisch und ‚roten' demokratisch votierenden Staaten in den USA. Einige Analysen (beispielsweise von Ludi Simpson u.a. von der Manchester University) berücksichtigen die Frage von ethnischer Mehrheit weniger und kommen zu dem Schluss, dass die Integration befriedigend voranschreitet, weil sich die Minderheiten stärker untereinander vermischen, sobald sie dem üblichen Muster folgen und von den Innenstädten in die Vororte ziehen.[34] Dieser Ansatz leugnet jede Vorstellung von vorherrschender Kultur oder Lebensweise, so locker diese auch immer definiert sein mögen.

Die öffentliche Meinung – und das gilt auch für die Mehrheit der Befragten aus ethnischen Minderheiten – hält an der Vorstellung eines britischen Way of Life fest und pocht auf Integration. Sie achtet dabei auf Minderheitenrechte und hat auch nichts dagegen, wenn sich Menschen bis zu einem gewissen Maß mit ihresgleichen zusammentun. Eine Mehrheit von 51 Prozent unterstützt die Idee, Kinder von Einwanderern sollten in der Lage sein, die Kultur ihres Herkunftslandes mit der britischen Kultur zu verbinden. 37 Prozent sind der Ansicht, sie sollten die britische Kultur bevorzugen, und nur 2 Prozent glauben, die Kultur der Eltern habe den Vorrang (unter Befragten aus ethnischen Minderheiten sind dies gerade mal 5 Prozent).[35]

Für den angesehenen Laissez-faire-Multikulturalismus der Siebziger- und Achtzigerjahre findet sich heute kaum noch Unterstützung, als man Minderheiten ermutigte, im neuen Land praktisch in ihrer eigenen Welt zu verharren. Tatsächlich befürworten wesentlich weniger Befragte als 1983, dass die Kinder von Einwanderern die traditionelle Kleidung ihres Heimatlandes tragen oder in der Geschichte dieses Landes unterwiesen werden sollten.[36]

Die Sorge um eine mangelnde Integration ist weiterhin groß. Eine YouGov-Umfrage Anfang 2016 ergab einen Anteil von 58 Prozent der Befragten, die der Ansicht waren, Neuankömmlinge würden sich nicht gut integrieren. Unter den Brexit-Befürwortern war der Anteil mit 79 Prozent wesentlich höher als unter Brexit-Gegnern mit 38 Prozent. Ältere Menschen machten sich darüber mehr Gedanken als jüngere.[37]

Nur wenige weiße Briten (je jünger, desto weniger) lehnen Nachbarn mit anderer Hautfarbe ab, und nur etwa 30 Prozent möchten lieber in einer Gegend wohnen, wo alle denselben Hintergrund haben. Individuen, Gruppen und Generationen haben unterschiedliche Vorstellungen, wie ihre Komfortzone in Bezug auf den ethnischen Mix aussieht. Wir haben noch gar nicht richtig angefangen, darüber nachzudenken, wie man die Demografie eines Wohnumfeldes so gestalten kann, dass die Angehörigen der ethnischen Mehrheit weiterhin das Gefühl haben, es sei ihre Gegend und sich gleichzeitig auch Minderheitengruppen dort zuhause fühlen.

Aus Meinungsumfragen wird vollkommen klar, dass die Menschen eine staatliche Gesetzgebung zur Förderung der Durchmischung ablehnen. In einer liberalen Gesellschaft kann Integration nicht staatlich verordnet werden. Das heißt nicht, dass Recht und Gesetz keine Rolle bei der Förderung von Integration und bei der Reduktion von Parallelgesellschaften spielen. Das gesamte Rechtssystem eines Landes funktioniert bereits als sanfter Zwang zur Integration: Gleichstellungsgesetze und das Verbot von Diskriminierung, Gesetze zum Familiennachzug, aber auch das Verbot von Genitalverstümmelung sind einige Beispiele dafür. Aber es gibt andere, weniger gewichtige Mittel, um die Integration im Alltag zu fördern: Anreize schaffen, gute Beispiele vorleben und eine widerstandsfähige öffentliche Debatte, in der die Rechte von Minderheiten respektiert werden, aber nicht alle Praktiken von Minderheiten kritiklos hinnimmt.

Eine Idee irgendwo zwischen Gesetzgebung und Anreiz wäre die Einführung einer rechtlichen Verpflichtung aller öffentlichen Einrichtungen und lokalen wie zentralen Obrigkeit, soziale und ethnische Durchmischung zu fördern. Damit würde ständig an die Bedeutung von Integration erinnert, bis sie sich in den Köpfen von Kommunalverwaltungen und -politikern festsetzt. Diese Verpflichtung würde auch dazu beitragen, gute Beispiele von Kommunen öffentlich zu machen, so die Praxis in Newham im Osten Londons, wo keine Projekte mehr gefördert werden, die nur einer einzigen ethnischen

Community zugutekommen. Es gibt in Großbritannien so viele Bangladeshi-Müttergruppen und kolumbianische Fußballmannschaften. Als Privatinitiative spricht nichts gegen sie, aber sind wir nicht über den Punkt hinaus, wo der Staat diese Gruppen finanziell fördern sollte?

Zusätzlich sollten die relevanten lokalen Behörden verpflichtet werden, regelmäßig über den Mix in Wohngebieten und Schulen zu berichten. Trevor Philipps, der in einem Civitas-Papier eine solche Verpflichtung gefordert hat, betont die normative Kraft der Daten: „Eine Kommunalverwaltung, die ihre Geschichte öffentlich machen muss, will zu den Guten gehören. Deshalb kann eine solche Verpflichtung echte Veränderungen herbeiführen.“[38]

Karen Stenner hat, wie in *Kapitel 2* erwähnt, argumentiert, dass ein Diskurs über Integration, der nur die Vorteile von Diversität betont, viele Leute (vor allem aus der ethnischen Mehrheit) irritiere. Ihr vollkommen legitimes Gefühl lässt Sorgen aufkommen um gemeinsame Normen und um das Gefühl der gesellschaftlichen Einheit. Wenn wir die Integration verbessern wollen, können wir nicht nur Toleranz predigen, wir müssen Interaktion und gemeinsame Identität fördern.

Oder um es mit den Worten von Jonathan Haidt zu sagen: Man kann dafür sorgen, dass sich Menschen weniger über Hautfarbe und Gruppenidentitäten Gedanken machen, wenn man sie „mit einer Flut von Übereinstimmung konfrontiert, mit gemeinsamen Zielen und gegenseitigen Abhängigkeiten.“[39] Wer nur von Unterschieden spricht, schafft keine Integration. Es geht um gemeinsame Erfahrungen und Interessen. Um gemeinsames Handeln über Klassen- und ethnische Grenzen hinweg, um beispielsweise den Ausverkauf von Grünflächen zugunsten von Bauprojekten zu stoppen. Eine solche Aktion setzt mächtigere Impulse für Integration als tausend Lobreden auf Diversität.

Natürlich gibt es hier keine Patentlösungen für alle. Integrationspolitik wird sich anders anfühlen, je nachdem im welchem Teil des Landes man lebt. Mehr als die Hälfte der gut 300 britischen Kommunen sind zu mehr als 90 Prozent weiß. Aber die Orte, wo die Minderheiten zahlenmäßig eine signifikante Rolle spielen, erzählen drei verschiedene Geschichten. Es gibt Orte mit Parallelgesellschaften wie Oldham und Bradford, die eben noch eine weiße Mehrheitsbevölkerung haben, in denen die Trennung aber verhärtet ist. Dann gibt es die „super diversen“ Orte wie London, Slough und Leicester, wo sich die Integration zwischen den verschiedenen Minderheitengruppen abspielen muss, weil weiße Briten zunehmend abwesend sind. Und schließlich gibt es Orte in der Mitte Großbritanniens, in denen Minderheiten gerade erst anfangen, an Größe und Bedeutung zu gewinnen. Hier könnte man aus den Fehlern der Vergangenheit lernen, der Flucht der Weißen entgegenarbeiten und danach streben, Schulen und Wohngegenden zu etablieren, die zwar mehrheitlich weiß sind, in denen aber große, gut integrierte Minderheiten leben.

Wenn viele Menschen aus armen, traditionell geprägten Entwicklungsländern in ein entwickeltes Land wie Großbritannien kommen und dann weitgehend allein gelassen werden, ist es unwahrscheinlich, dass das Ergebnis eine gut integrierte Gesellschaft ist, zumindest dort, wo sich diese Menschen niederlassen.

Aber wir sollten die Frage der Integration nicht mit Schuldzuweisungen belasten. Der traditionelle Reflex eines Großteils des liberalen Großbritanniens war es, den Rassismus der ethnischen Mehrheit für das Scheitern der Integration verantwortlich zu machen. Diejenigen unter uns aus der ethnischen Mehrheit, die sich Sorgen um die Integration machen, sollten jetzt nicht den Fehler begehen, den Muslimen oder anderen Minderheiten die Misserfolge anzulasten. Stattdessen müssen wir ehrlich anerkennen, dass Integration kein Selbstläufer ist. Dass es in einigen Gegenden des Landes Probleme mit Parallelgesellschaften und der Abwanderung von Weißen gibt. Und dass wir Phänomene wie diese so objektiv wie möglich untersuchen und die dahinterstehenden menschlichen Entscheidungen und Emotionen verstehen müssen.

Das Großbritannien der Somewheres, sowohl in der Bevölkerungsmehrheit als auch in den Minderheiten, lebt im ganz normalen Alltag mit der gelungenen oder misslungenen Vermischung und spürt, dass das Großbritannien der Anywheres zu diesem Thema weitgehend schweigt. Wir müssen sprachfähiger werden, was Integration angeht, und lernen, über ethno-kulturelle Unterschiede genauso zu sprechen wie über Klassenunterschiede. In einer liberalen Gesellschaft können wir in den meisten Fällen Vermischung nicht erzwingen, aber eine ehrlichere öffentliche Diskussion kann helfen, uns sanft in eine bessere Richtung zu schieben.

London ist Anywhereville. Nationale Bindungen und Gemeinschaftsgefühle spielen in Metropolen wie London eine geringere Rolle, die Fluktuation der Bevölkerung ist stärker, und es gibt im Verhältnis viel mehr Neuankömmlinge und Anywheres als anderswo. Hohe Mieten, Staus und Stress machen diese Stadt zu einem der unangenehmsten Wohnorte im ganzen Land – außer, man ist so reich, dass man sich davor schützen kann, oder man ist erst kürzlich von einem noch viel schlimmeren Ort gekommen. Wenn London die Zukunft des Landes zeigt, wie manche meinen, dann ist es keine Zukunft, die die meisten Menschen wollen.

Es ist eine Stadt, die teilweise über ihr Land hinausgewachsen ist und sich manchmal mehr mit dem Rest der Welt als mit ihrem eigenen nationalen Hinterland verbunden fühlt. Die Vorstellung, dass „Stadtstaaten" wie London die Nationalstaaten ersetzen könnten, hält einer genaueren Betrachtung nicht stand, aber London ist eine Stadt im Empire-Format in einem mittelgroßen Land, das längst kein Empire mehr besitzt.

Stattdessen ist sie zur Verklärung der Transaktions-Marktwirtschaft geworden. Ein wunderbarer Fluchtpunkt für reiche Ausländer; ein guter Ort für ehrgeizige junge Leute aus der Provinz oder aus anderen Ländern, um ein paar Jahre hier zu leben und zu arbeiten. Aber eben auch der am stärksten ökonomisch, politisch und ethnisch polarisierte Teil eines Landes, das seine Hauptstadt mit einer Mischung aus Neid und Misstrauen beobachtet.

In den Augen von Autoren wie Michael Lind ist London ein Beispiel für die wachsende Trennung zwischen hierarchisch gegliederten diversen Städten und dem eher egalitären Hinterland. Wörtlich schreibt er: „Der gesellschaftspolitische Liberalismus dieser High-End-Dienstleistungsmekkas kann jedoch das Kastensystem nicht verleugnen, das an mittelamerikanische Republiken erinnert: extremer Reichtum und Einkommenshierarchien auf der einen Seite und eine weitgehend eingewanderte, untergeordnete Dienstleistungsklasse, die sich schon in der Hautfarbe erheblich von den konsumfreudigen Oligarchen unterscheidet. Die Kluft zwischen den reichsten und ärmsten Bewohnern von New York City lässt sich mit der in Swasiland vergleichen."[40]

London hatte im Jahr 2016 eine Bevölkerung von 8,7 Millionen. In den vorhergehenden zehn Jahren war die Zahl um knapp 1 Million gestiegen, hauptsächlich aufgrund von Einwanderung. Heute ist London acht Mal größer als die nächstgrößte Stadt in Großbritannien.[41] Solche Zahlenverhältnisse findet man sonst eher in Entwicklungsländern als in Europa oder Nordamerika. Hinzu kommt, dass von den acht nächstgroßen Städten in Großbritannien nur eine (nämlich Bristol) ein Pro-Kopf-GDP erwirtschaftet, das über dem nationalen Durchschnitt liegt. Wir sind also ein sehr auf die Hauptstadt zentriertes Land.

Als ich im London der Siebzigerjahre aufwuchs, zeigte die Hauptstadt zumindest im Kern eine gewisse muffige Großartigkeit, blickte aber eher auf eine glorreiche imperiale Vergangenheit zurück als in die Zukunft. Dieses London gibt es schon lange nicht mehr. Peter Mandler beschreibt die Situation sehr lebendig: „In den letzten Jahrzehnten scheint es, als hätte man das ganze Land auf den Kopf gestellt und kräftig durchgeschüttelt, bis sich der größte Teil des Wohlstands und der Begabung in der Hauptstadt angesammelt hatte."[42]

Im Jahr 2014 befanden sich etwa 45 Prozent aller in Großbritannien ausgeschriebenen Jobs für Hochschulabsolventen in London.[43] Und ungeachtet der öffentlichen Debatte darüber, dass man das Land wieder ins Gleichgewicht bringen müsse, die nach dem Börsencrash von 2008 einsetzte, wird die Kluft eher noch größer. Tim Hames, ehemaliger Generaldirektor der British Privat Equity and Venture Capital Association, schreibt dazu: „Was den Mittelstand angeht, ist London zu einem gigantischen schwarzen Loch geworden, das alles an sich reißt. Zumindest in England heißt es: London oder Scheitern."

Hames hält diesen Zustand für schädlich, für das Land und für die meisten Menschen in der Hauptstadt. „Damit wird London zu einem unglaublich teuren Ort zum Leben und Arbeiten. Der Immobilienmarkt ist durch den Status der Stadt als internationale Enklave komplett verzerrt. … Und der Rest des Landes fühlt sich bedeutungslos, ungeachtet der Tatsache, dass Städte wie Aberdeen, Bristol, Cambridge, Edinburgh, Glasgow, Manchester, Newcastle und Oxford in bestimmten Bereichen Weltspitze sind."[44]

London hat einen hohen Anteil an Leuten, die Richard Florida „Creative Class", also „kreative Klasse" nennt: hoch gebildete, mobile Menschen, die ihren Wurzeln keine große Priorität einräumen.[45]

Andererseits hat die Stadt einen relativ kleinen Anteil an Menschen mit mittlerem Einkommen und mittlerem Status, wie sie zum Kernbestand jedes Landes gehören. Einige von ihnen, vor allem die mit einem bescheidenen Einkommen und einer Herkunft aus der weißen britischen Mehrheit, fühlen sich in den letzten Jahren sowohl finanziell als auch kulturell zwischen wohlhabenden Akademikern und einer wachsenden ethnischen Minderheit eingeklemmt und ausgepresst. Das ist mit ein Grund für den rapiden Rückgang des weißen Bevölkerungsanteils in London.

Noch 1971 lag dieser Anteil bei 86 Prozent. 2001 war er auf 58 Prozent gesunken, 2011 auf 45 Prozent. Das hatte zehn Jahre zuvor niemand erwartet. Der ehemalige Londoner Bürgermeister Ken Livingstone sagte zu mir in einem Interview für *Prospect* im Jahr 2007, ich würde es nicht mehr erleben, dass sich das Verhältnis von Mehrheit und Minderheit umkehre.[46] Dabei hatte diese Umkehrung zu diesem Zeitpunkt wahrscheinlich schon stattgefunden.

Der Netto-Exodus der Weißen Einwohner aus London (etwa 500.000 pro Jahrzehnt) ist seit den Siebzigerjahren recht stetig. Doch es gab keine Rückkehr der weißen Briten, als die Stadt sich in den Achtzigerjahren nach einer langen Phase des Niedergangs wieder erholte. Es gibt ein paar Orte in den Außenbezirken (z.B. Barking und Dagenham), wo das Tempo der Veränderung eine starke Flucht vor der Diversität nahelegt, aber im Schnitt sind die Gründe vielfältig und komplex. Das Bedürfnis nach frischer Luft und mehr Platz für die Kinder scheint ebenso wichtig wie ein Unbehagen an einer sich schnell verändernden Nachbarschaft. Mainstream-Kommentatoren zögern oft, Elemente dieser weißen Stadtflucht anzuerkennen. Ein Grund dafür liegt meiner Meinung nach in der Verwechslung des eben erwähnten Unbehagens an einem sich schnell verändernden Umfeld mit einer Antipathie gegenüber Menschen anderer Hautfarbe. Aber wenn ethnische Veränderungen in all den Fluktuationsbewegungen keine Rolle spielen, warum verlassen dann die weißen Briten vergleichbaren Alters und Einkommens deutlich eher die Stadt als die in Großbritannien geborenen Angehörigen ethnischer Minoritäten oder ziehen auch eher in „weißere" Gegenden? (Siehe Eric Kaufmanns und Gareth Harris' Demos-Faltblatt „Changing Places".)[47]

Ein Grund für die Abwanderung liegt in der Fluktuation selbst, die stabile Communitys immer seltener macht. Nach Auskunft der UCL-

Publikation *Imagining the Future City: London 2062* sind in der Zeit von 2002 bis 2011 7,3 Millionen Menschen „durch die Drehtür" der Stadt hereingekommen, während 6,8 Millionen sie verlassen haben. In etwa einem Drittel der Londoner Boroughs wechselt etwa die Hälfte der Bevölkerung alle fünf Jahre durch. Fluktuation gibt es in allen Großstädten, aber in der entwickelten Welt ist sie in der Regel nicht so stark. Die Gründe sind vielfältig – hoher Studentenanteil, Veränderungen der Familienstruktur, Lebenshaltungskosten und natürlich auch der höchste Stand der Einwanderung, den die Stadt je erlebt hat.[48]

Mit diesem Zustrom kann die Entwicklung der Infrastruktur – Nahverkehr, Schulen, Gesundheitswesen – eigentlich nicht Schritt halten. Liberale Gesellschaften mit Bürgerrechten, Schutzbestimmungen und normalen Verwaltungsabläufen sind für ein Entwicklungstempo, wie es London brauchen würde, nicht ausgelegt. Genau die Dinge, die so viele Menschen nach London (und allgemein nach Großbritannien) ziehen – Stabilität, Rechtsstaatlichkeit, demokratische Abläufe –, machen es schwierig, all diese Menschen unterzubringen. Die Kapazitäten des öffentlichen Nahverkehrs in London werden in der Zeit von 2001 bis 2021 um fast 50 Prozent gewachsen sein, aber beim Wohnraum sieht es viel schlechter aus. Man schätzt, dass die Stadt jedes Jahr 40.000 bis 50.000 neue Wohnungen benötigen würde, um mit dem Bevölkerungswachstum Schritt zu halten. Doch 2014/15 wurden nur 18.000 neue Wohneinheiten fertiggestellt, und in den meisten Jahren erreicht die Quote kaum die Hälfte dessen, was gebraucht wird.

Diese Unterversorgung mit neuer Infrastruktur führt natürlich zu mehr Staus und steigenden Kosten. Was den Wohnungsmarkt angeht, so leben die frisch Eingewanderten in Verhältnissen, die eher an die wuchernden Favelas der Dritten Welt erinnern. Eric Kaufmann und Gareth Harris schreiben in „Changing Places": „Die Einwanderer sind bereit, Wohnfläche und Komfort zu opfern, um Netzwerken gleicher Herkunft und Arbeitsmöglichkeiten nahe zu sein." Ian Gordon von der London School of Economics (LSE) schätzt, dass 55 Prozent der in London lebenden Einwanderer aus armen Ländern in den Zweitausenderjahren nur durch eine Erhöhung der Personenzahl pro Zimmer untergebracht wurden.[49]

Die rasante Einwanderung betrifft auch den sozialen Wohnungsbau, der immer noch etwa ein Viertel des Londoner Bestands ausmacht. In der Regel sind diese Wohnungen für normale Londoner mit bescheidenem Einkommen nicht verfügbar, sondern eher für Arme/ Arbeitslose oder Personen mit besonderen Bedürfnissen. Etwa jeder fünfte Sozialwohnungsbestand wird von Ausländern bewohnt, was darauf hindeutet, dass ein höherer Anteil der Neuvermietungen an Neuankömmlinge geht.[50]

Währenddessen hat eine Recherche der *Financial Times* ergeben, dass aufgrund der enorm gestiegenen Immobilienpreise in der Hauptstadt Mitglieder der akademischen Mittelschicht – Architekten, Ingenieure, Hochschullehrer – in weiten Teilen Londons kein Haus mehr kaufen können. Das gilt für die City, für Kensington, Westminster, Wandsworth, Islington, Camden und Hammersmith. Eigentlich finden Familien mit mittlerem Einkommen nur noch in drei Boroughs erschwinglichen Wohnraum. Selbst die alte Oberschicht ist irritiert von den Veränderungen ihres Umfelds in Stadtvierteln wie Chelsea und Kensington, wo sehr viel neues ausländisches Geld einzieht, so der Kommentator Peter York.[51]

Im Gegensatz zu allem Gerede von der „großartigsten Stadt der Welt" ist London mithin einer der unangenehmsten Wohnorte in ganz Großbritannien, und zwar in mehr als einer Hinsicht. Nach Auskunft der Office for National Statistics ist das Angstlevel in London höher und die Lebenszufriedenheit niedriger als in jeder anderen Region des Landes.[52] Auch die Kriminalitätsrate ist die höchste im Land, wenngleich sinkend, und die Luftverschmutzung gehört zu den schlimmsten in ganz Europa. Nach einer Umfrage von Ipsos MORI sind 85 Prozent der Londoner der Ansicht, England sei überbevölkert. Auch dieser Wert ist landesweit am höchsten. Eine Umfrage der Yorkshire Building Society im Jahr 2013 ergab, dass nur 13 Prozent der Londoner ihren Nachbarn vertrauen. Dies ist der landesweit niedrigste Wert. In Schottland und Wales ist er drei Mal so hoch.[53]

Natürlich ist die Lage nicht so düster, wie diese Liste vermuten lässt. Einige Probleme wird man wohl in jeder Großstadt der entwickelten Welt vorfinden. London ist ungeheuer attraktiv, nicht nur aus ökonomischen Gründen. Es besitzt sehr viele öffentliche Einrichtungen, die meisten kostenlos: Museen, Parks, das Vergnügungsviertel South Bank am Wochenende. Die Schulen sind die am besten ausgestatteten des Landes, gerade auch für ärmere Kinder – und ein Grund dafür sind die erfolgreichen und ehrgeizigen ethnischen Minderheiten, die hier leben. Das kulturelle Leben der Stadt ist breit und eindrucksvoll. Und es ist eine Stadt, die viele Chancen bietet, wenn auch hauptsächlich für wohlhabende und junge Bewohner. Tatsächlich scheint sie sich zu einer Ein-Generationen-Stadt zu entwickeln. Die Leute kommen, arbeiten ein paar Jahre hier und ziehen dann weiter. Sie schlagen keine Wurzeln. Der UCL-Report *Imagining the Future City* weist darauf hin, dass London viele Menschen in ihren Zwanzigern und Dreißigern anzieht, sei es aus dem übrigen Großbritannien oder aus der ganzen Welt, während es tendenziell alle anderen hinausdrängt. Es gibt nur eine Altersgruppe, die in London nicht abnimmt: die Gruppe zwischen 20 und 29 Jahren.

Natürlich ist London eine der dynamischsten Wirtschaftsregionen der gesamten entwickelten Welt. Viele führende Firmen aus Großbritannien und der Welt sind hier angesiedelt, dazu Finanzinstitute und Universitäten. Aber die Stadt zeigt auch die Nachteile des Laissez-faire-Kapitalismus: Sie ist ökonomisch nicht ausgewogen, der Arbeitsmarkt ist polarisiert, und vor allem im unteren Einkommenssektor wird viel zu wenig in Ausbildung investiert.

Vier Boroughs, Stadtbezirke also – Hackney, Tower Hamlets, Newham und Haringey – gehörten im Jahr 2010 zu den 20 ärmsten Gebieten in ganz England. Nach Auskunft des Trust for London sind 27 Prozent der Londoner als arm einzustufen. Wenn man die Wohnkosten herausrechnet, sind es immer noch 15 Prozent.[54] Und seit 2009 sind nach einem Bericht des *Economist* die Jahreslöhne der Londoner im untersten Einkommenssektor um 23 Prozent gesunken.[55]

Auch die ethnische Ungleichheit ist in London größer als sonst im Land: In London sind 55 Prozent der weißen britischen Erwachsenen Akademiker, verglichen mit 45 Prozent bei den Minderheiten. Im Rest des Landes gibt es keinen Unterschied: 39 Prozent der Bevölkerung, gleich welcher Herkunft, gehören zu den obersten drei Berufskategorien. Ein Grund dafür liegt wohl in der Tatsache, dass der durchschnittliche weiße Brite in London reicher ist als die Weißen im restlichen Land.[56]

Auf nationale Sozialverträge nimmt London nur wenig Rücksicht. Londoner Arbeitgeber fühlen sich weder den Londonern noch den Briten besonders verpflichtet. Die Stadt hat die niedrigste Zahl von Auszubildenden im Land: nur 3 Prozent der Arbeitgeber holen sich junge Leute direkt von den Schulen, und die Jugendarbeitslosigkeit liegt bei 17,9 Prozent – in vielen Minderheitengruppen ist sie noch höher. Und an den Londoner Eliteuniversitäten werden inzwischen mehr Ausländer angenommen als Studenten aus dem restlichen Großbritannien.

Im Übrigen gibt es keine Region im Land, in der die Wirtschaft so „ausgehöhlt" ist wie hier. Von 2008 bis 2016 stieg die Zahl der Beschäftigten im Management und in akademischen Berufen um 19 Prozent, die Zahl der Beschäftigten in ungelernten/angelernten Jobs um 17 Prozent. Bei den mittleren Jobs gab es nur eine Steigerung um 6,5 Prozent. Angesichts der hohen Wohnkosten wird alles, was nur geringe Wertschöpfung verspricht, nach draußen verlagert, und eine unverhältnismäßig große Zahl von Londonern arbeitet offenbar in der „Gig Economy", also über Plattformen wie Uber.

Viele dieser Faktoren sind in den letzten 20 Jahren durch die außergewöhnlich hohe Einwanderungsrate noch verschärft worden. Das gilt sowohl für das obere als auch für das untere Ende des Arbeitsmarkts. Am oberen Ende tobt der weltweite „Krieg um die Talente", ausgehend von der Annahme, dass die Top-Institutionen der Stadt jeden auf der Welt kriegen können, den sie haben wollen. Natürlich muss London relativ offen sein, und ein Großteil der Menschen, die die Stadt anzieht, hilft beim Entwickeln ökonomischer Aktivitäten und schafft seinerseits Arbeitsplätze. Aber wenn ein Drittel aller Jobs für Hochschulabsolventen von Leuten übernommen wird, die im Ausland geboren sind, dann führt das zwangsläufig zu Problemen für die Briten, sowohl in London selbst als auch bei denjenigen, die gern aus anderen Teilen des Landes in die Hauptstadt kommen würden.

Am unteren Ende des Arbeitsmarkts sieht man diese Probleme noch deutlicher, und dabei sprechen wir noch gar nicht von der illegalen Einwanderung. Etwa 20 Prozent der ungelernten/angelernten Jobs werden von Menschen erledigt, die im Ausland geboren sind. Nach Auskunft von Ian Gordon (LSE) sind die Löhne im unteren Sektor in Zeiten eines besonders starken Zustroms um mindestens 15 Prozent gesunken.[57] Bis zum Beginn der großen Einwanderungswelle Ende der Neunzigerjahre gab es in London weniger Beschäftigte im untersten Lohnsektor als sonst im Land, und sie wurden besser bezahlt. Die Masseneinwanderung hat den Sockel vergrößert und die Kluft bei der Bezahlung ebenfalls. Warum soll man einen Schulabgänger aus der Stadt im Niedriglohnsektor beschäftigen, wenn man einen besser motivierten Hochschulabsolventen aus Ost- oder Südeuropa bekommen kann, der mit sehr bescheidenen finanziellen Erwartungen hierher kommt?

Wir reden hier nicht nur von Coffeeshops. Nach Auskunft des Royal College of Nursing (der wichtigsten Ausbildungsstelle für Pflegekräfte) wurde fast ein Drittel der in London neu eingestellten Krankenschwestern im Ausland angeworben, vor allem in Afrika und Osteuropa. Zur selben Zeit strich die nationale Gesundheitsbehörde fast ein Viertel der Ausbildungsplätze in London.

Eine dynamische Stadt braucht Einwanderung, vor allem am oberen Ende des Arbeitsmarkts, einfach weil manche Leute aus dem Ausland einzigartige Fähigkeiten haben, die eine Firma oder eine Kulturinstitution dringend braucht. Aber es kann auch zu viel werden, vor allem für die Mittelschicht und die Armen in London, von denen viele aus ethnischen Minderheiten stammen. Sie leiden unter dem Druck auf die öffentlichen Dienstleistungen und den Wohnungsmarkt, unter längeren Pendlerzeiten, Lohndruck und Konkurrenz auf dem Arbeitsmarkt, aber auch unter der enormen Steigerung der Lebenshaltungskosten. Etwa 41 Prozent der Londoner sagen, sie finden in ihrer Arbeit keine Befriedigung. Auch dieser Wert liegt höher als in jeder anderen Region des Landes.[58]

Jede gute Gemeinschaft braucht Zeit, um Neuankömmlinge aufzunehmen – Zeit, um die Verbindungen von Vertrautheit und Kontinuität zu knüpfen, die stabile Gemeinschaften ausmachen. Und eine großartige Stadt ist die Gesamtheit all dieser Gemeinschaften, nicht nur ein Ort fürs schnelle Geld. Aller Rhetorik vom Schmelztiegel zum Trotz verwandeln Ausmaß und Tempo des jüngsten Zustroms nach London die Stadt in eine Ansammlung ethnisch getrennter Gruppen, mehr als man das oft annimmt. Ich habe einige Zahlen bereits erwähnt – in fünf Stadtbezirken machen inzwischen weniger als ein Drittel der Bevölkerung weiße Briten aus: Tower Hamlets, Newham, Harrow, Ealing und Brent.

In einer jüngeren Studie der Social Integration Commission wurde nach den Freundschaften und Kontakten über ethnische Grenzen hinweg gefragt. Dabei kam heraus, dass London im Verhältnis zum Bevölkerungsanteil der ethnischen Minderheiten die am wenigsten integrierte Region des Landes ist. Die freundschaftlichen Kontakte der Londoner haben sehr wenig mit dem ethnischen Mix des Wohnumfeldes zu tun.[59] Außerdem zeigte sich, dass es auch nur eine geringe Integration über Alters- und Klassengrenzen hinweg gibt. Oft wird darauf hingewiesen, dass Sozial- und teure Privatwohnungen in einigen Teilen der Hauptstadt nah beieinander liegen. Aber das heißt nicht, dass die Bewohner viel Kontakt miteinander haben. In einer YouGov-Umfrage aus dem Jahr 2013 wurde die Frage gestellt, ob sich weiße Briten mit dem Anteil ethnischer Minderheiten in ihrer Wohngegend wohl oder unwohl fühlen. Die Region mit dem höchsten Anteil an „Unwohl"-Antworten (26 Prozent) war London, zweifellos weil sich viele weiße Briten unter den Londonern in ihrem Wohnumfeld inzwischen in der Minderheit befinden.[60]

Die Schriftstellerin Zadie Smith, selbst ein Inbegriff des liberalen Multikulti-London, schrieb über die Londoner Reaktion auf den Brexit: „Ich lese die ganze Zeit von stolzen Londonern, die ihre multikulturelle, nach außen gerichtete Stadt preisen, die so ganz anders sein soll als die engstirnigen, fremdenfeindlichen Orte im Norden. Es klang gut und ich hätte mir auch sehr gewünscht, es wäre wahr, aber was ich selbst erlebt habe, erzählt eine ganz andere Geschichte. Denn die Menschen, die in dieser Stadt wirklich ein multikulturelles Leben führen, sind diejenigen, deren Kinder in einer gemischten Umgebung zur Schule gehen oder die in wirklich gemischten Wohngegenden leben, in Sozialwohnungen oder den wenigen seit jeher gemischten Umgebungen. Von denen gibt es aber schon längst nicht mehr so viele, wie wir es gern hätten … Die schmerzliche Wahrheit ist, dass überall in London Zäune hochgezogen werden. Um Schulbezirke, um Wohngebiete, um ganze Leben."[61]

In Bezug auf die Reichen der Stadt trifft das nicht unbedingt zu. Diese Gruppe ist zunehmend ethnisch gemischt. Fast die Hälfte aller Schüler auf Londoner Privatschulen stammt aus ethnischen (auch weißen) Minderheiten. Die meisten sind in Großbritannien geboren.

Und London ist eine relativ tolerante Stadt. Etwa 90 Prozent der Bewohner erklären, die Menschen kämen ungeachtet ihrer Herkunft gut miteinander aus. Das heißt aber nicht – und genau darauf weist Zadie Smith hin –, dass sie auch wirklich miteinander leben. Wer durch das Zentrum von London geht, hat den Eindruck einer gemischten, farbenblinden Stadt, die mit ihrer ethnischen Diversität gut zurechtkommt. Das trifft in einigen Gegenden auch zu. Aber es gibt eben auch die „ethnische Trennung bei Sonnenuntergang", weil so viele Londoner am Abend in ihre nebeneinander existierenden monokulturellen Communitys zurückkehren – oder in die Minderheitenghettos, die erst durch die Grenfell Tower-Katastrophe ins Bewusstsein gerückt sind. In 13 Prozent aller Londoner Haushalte spricht niemand Englisch als Hauptsprache, und 4,1 Prozent der Londoner beherrschen die Sprache kaum oder gar nicht. Etwa 40 Prozent der Schüler an Londoner Schulen sprechen zu Hause eine andere Sprache.

Schulen neigen stärker zu ethnischer Trennung als die Wohngegend, in der sie stehen. Das ist überall so, auch in London, was freilich nicht für Privatschulen gilt. Etwa 60 Prozent der Südasiaten leben in mehrheitlich weißen Gegenden, aber nur ein Drittel der Grundschulkinder aus südasiatischen Familien besuchen eine mehrheitlich weiße Schule. Und wie wir im vorigen Abschnitt schon gesehen haben, besucht mehr als die Hälfte aller Schüler aus ethnischen Minderheiten in London eine Schule, in der die Weißen ihrerseits in der Minderheit sind. Im ersten Schuljahr liegt der Anteil bei 90 Prozent. Fast die Hälfte aller Grundschüler in London und 41 Prozent der Sekundarschüler sprechen Englisch als Zweitsprache.[62]

Die Vorstellung, die Londoner seien progressiver und liberaler als die „rückständigen Grafschaften“, wie David Aaronovitch sie nennt, trifft nur einen Teil der Wahrheit. Tatsächlich ist London stärker politisch polarisiert als jeder andere Landesteil. Es gibt weniger Ablehnung der Einwanderung, was nicht verwundert in einer Stadt, in der die Hälfte der Bevölkerung aus Immigranten der ersten, zweiten oder dritten Generation besteht. Aber nicht so viel weniger. 60 Prozent der Londoner sind der Ansicht, die Einwanderungsrate sei zu hoch oder viel zu hoch (im ganzen Land liegt der Wert bei 75 Prozent). Und das Ergebnis der Europawahl 2014 in London zeigte eine scharfe Trennung entlang der ethno-kulturellen Linien. Zwei von drei Wählern aus den Minderheiten wählten Labour, zwei von drei weißen Wählern die Torys oder UKIP.[63] Tatsächlich lag UKIP mit einem Gesamtergebnis von 17 Prozent bei den weißen Wählern in der Hauptstadt deutlich vor Labour.[64] Und beim Brexit-Referendum stimmten 40 Prozent der Londoner (alle Gruppen zusammengenommen) für den Austritt aus der EU.

Wie gelingt es London also, einen so machtvollen Mythos aufrechtzuerhalten und dem Rest des Landes weiszumachen, es sei abhängig von seiner urbanen „Superpower"? Man könnte vermuten, dass es eine Art „Vertrag mit der Hauptstadt" gibt: Der Rest des Landes zieht Kinder groß, die dann als Hochschulabsolventen nach London ziehen, wo sie produktiver sind und höhere Steuern zahlen, mit denen sich wiederum der Rest des Landes refinanziert. London trägt überproportional viel zum Bruttoinlandsprodukt und zum Steueraufkommen bei, weil es so viele gut verdienende Einwohner und erfolgreiche Firmen hat. Aber die Stadt verbraucht im Verhältnis auch übermäßig öffentliche Gelder: die Olympischen Spiele 2012, Crossrail 2, die meisten Ausgaben für Hochkultur – London hat in den letzten fünf Jahren 2.731 Pfund pro Kopf für Investitionen in den öffentlichen Nahverkehr erhalten, der Südwesten Englands 19 Pfund pro Kopf.

Die Vorstellung, London sei unabhängig vom Rest des Landes, ließ sich während der Finanzkrise nicht mehr aufrechterhalten: Die Hauptstadt wäre nicht in der Lage gewesen, die Banken zu stützen, hätte sie nicht die Steuereinnahmen des ganzen Landes im Rücken gehabt. Denn auch wenn London etwa 23 Prozent des landesweiten Aufkommens erwirtschaftet, wird ein großer Teil von Pendlern geleistet, die nicht in der Hauptstadt leben. Auch aus diesem Grund gehen manche Schätzungen davon aus, dass die Stadt nur 12 Prozent des Bruttoinlandsprodukts erwirtschaftet. So gesehen ist sie weniger ökonomisch dominant als Paris, Athen und Stockholm.[65]

Die Londoner Medien, allen voran der *Evening Standard*, sind aus verständlichen Gründen eng mit der Großsprecherei der Hauptstadt verbunden. Das gilt auch für das Rathaus und in geringerem Maße für die Labour-dominierte Greater London Authority (GLA), die Stadtverwaltung. Die ganze Geschichte von der „großartigsten Stadt der Welt" spiegelt mindestens zum Teil die Erfahrung wohlhabender Akademiker, die in den angenehmen Stadtteilen leben, sich mit interessanten Kollegen aus der ganzen Welt vernetzen und ein finanzielles Polster besitzen, mit dem sie sich ein Stück weit aus Staus und Druck herauskaufen können.

Die Stimme der Menschen im unteren Teil des Einkommensspektrums spielt in den Londoner Medien keine große Rolle. Viele von ihnen sind ohnehin frisch ins Land gekommene Einwanderer aus ärmeren und chaotischeren Gegenden. Sie sind nur zu bereit, einen London-Mythos zu tragen, der auch davon handelt, ihre Ankunft zu feiern.

London ist eigentlich eine linke Stadt, aber die alten linken Themen wie Löhne, Arbeitsplätze, öffentliche Dienstleistungen, Gemeinschaft und sozialer Wohnungsbau werden von den neuen Themen Diversität und Minderheitenrechte übertönt – also eher von Doreen Lawrence als von dem verstorbenen Bob Crow. Das macht es der Linken schwer, den Schulabgängern und jungen Arbeitslosen in der Stadt eine Stimme zu geben, denn dafür müsste man den eigenen Leuten den Vorrang einräumen.

Es gibt aber noch einen wichtigeren Grund, warum London immer noch sich selbst und dem Rest des Landes (und der Welt) solche Halbwahrheiten erzählen kann. Die London-Ideologie überschneidet sich mit der breiteren Anywhere-Ideologie des progressiven Individualismus, der das Land als Ganzes beherrscht, und trägt das Ihre dazu bei. Diese Einstellung hält gar nichts von einer Deckelung der Einwanderungsquoten oder von einer Bevorzugung alteingesessener Londoner. Sie bringt nur wenig Verständnis auf, wenn Leute sich aufregen, dass bedürftige Neuankömmlinge bei den Sozialwohnungen oder im nationalen Gesundheitssystem bevorzugt werden. Und sie versteht auch nicht die weiße Ambivalenz gegenüber demografischen Veränderungen, weil darin Gefühle von Gruppenidentität und Zusammengehörigkeit oder der Wunsch nach Vertrautheit eine Rolle spielen. All das ist den mobilen Eliten fremd und wird deshalb als fremdenfeindlich abgetan. Weiße Londoner sind weder Suprematisten noch Separatisten. Die meisten wollen einfach nur ihre Identität behalten, genau wie die meisten Londoner aus den ethnischen Minderheiten.

Trotzdem räumt man Londonern, die in der Stadt geboren und aufgewachsen sind (mit welchem ethnischen Hintergrund auch immer), keinen besonderen Anspruch auf diesen Ort ein. Peter Whittle vom Think Tank New Culture Forum hat einmal gesagt: „Der Anspruch, Londoner zu sein, ist gleichbedeutend mit dem Anspruch Weltbürger zu sein."

Die London-Ideologie ignoriert schlicht alles, was nicht in dieses Weltbild passt. Es war schon auffällig, wie wenig die Medien darüber berichteten, als das Office for National Statistics Ende 2012 zum ersten Mal davon sprach, dass die ehemalige Mehrheit in der Stadt jetzt eine Minderheitenposition einnimmt. Der *Evening Standard* versteckte die Nachricht gar auf Seite 10. In den BBC-Nachrichten tauchte sie an siebter Stelle auf. Boris Johnsons sonst allgegenwärtiger blonder Schopf blieb auf Tauchstation. Das offizielle London feiert unermüdlich die Diversität, aber die Zurückhaltung gegenüber diesem Meilenstein erschien als eine Art Eingeständnis, wie beunruhigend die Situation für viele Menschen war.

Nach Ansicht von Janan Ganesh spiegeln die demografischen und gesellschaftlichen Trends das Bild der Hauptstadt ins gesamte Land. In einer Kolumne für die *Financial Times* schrieb er, Großbritannien werde urbaner, diverser, atomisierter und überhaupt London immer ähnlicher. Und er schloss mit den Worten: „Wenn diese Entwicklung auf eine entwurzelte postmoderne Gesellschaft hindeutet, in der nichts mehr heilig ist, dann hat London diesen Zustand längst erreicht." Ganesh ist mit dieser Entwicklung offenbar recht einverstanden. Aber eine entwurzelte postmoderne Gesellschaft, in der nichts mehr heilig ist, ist nicht der Ort, an dem die meisten Menschen leben wollen. Jedenfalls nicht, wenn sie es sich aussuchen können.[66]

London lebt heute noch vom Sozialkapital der Vergangenheit, aber noch eine weitere Generation mit Veränderungen im gleichen Ausmaß und Tempo, und die Stadt wird zu einem höchst unangenehmen Ort, an dem nur noch die Reichen gut leben können. Für viele seiner alten und neuen Einwohner ist London heute schon ein unsicheres, verstopftes Durchgangslager. Ben Judahs bemerkenswertes Buch *This is London: Life and Death in the World City* beschreibt die Hölle der Neuankömmlinge, die vom Mainstream abgeschnitten in einer düsteren Welt leben, einer Welt, die von Übervölkerung und Ausbeutung geprägt ist.[67] Der wichtigste Einzelgrund dafür ist die nicht gemanagte Masseneinwanderung der letzten 20 Jahre. Die Londoner Politiker stehen nun vor der großen Aufgabe, den Zustrom irgendwie zu bremsen und die Stadt wieder zu einem lebenswerten Ort für die Mehrheit in der Mitte zu machen. Dabei sollte sie weniger entwurzelt und postmodern werden, ohne zu viel von ihrer Dynamik und ihrem Schwung zu verlieren.

6 Die Wissensbasierte Ökonomie und der Abstieg in die ökonomische Ausweglosigkeit

Anfang der Neunzigerjahre war ich als Redakteur im Ressort Arbeitsmarkt der *Financial Times* tätig. Kurz zuvor war ich aus dem Büro der Zeitung in Bonn zurückgekehrt, wo ich über die deutsche Wiedervereinigung berichtet hatte. Ich war begeistert vom deutschen Modell, sowohl mit Blick auf die Mitbestimmung in größeren Firmen als auch auf das Ausbildungssystem, das mittleren und einfacheren Jobs wie beispielsweise im Einzelhandel ein hohes Maß an Stolz und Status vermittelt.

Mein Herausgeber wünschte, dass ich über dieses Modell schrieb, das im Zuge der Wiedervereinigung einigem Stress ausgesetzt war. Was wir beide nicht sahen, war, dass Großbritannien gerade dabei war, einen großen Teil seines eigenen beruflichen und technischen Ausbildungssystems abzubauen. Die traditionelle Lehrlingsausbildung in der Industrie litt unter den Fabrikschließungen, und 1992 verwandelte man die 35 Polytechnics – technische Fachschulen, die höheren technischen Qualifikationen einiges Prestige verliehen hatten – in „neue" Universitäten. Was dazu führte, dass diese Qualifikationen angesichts der Begeisterung für eine massenweise akademische Ausbildung eine Abwertung erfuhren.

Zu dieser Zeit wurde auch zum ersten Mal von der Wissensindustrie und der Ausweitung des Dienstleistungsbereichs gesprochen. Tatsächlich landete fast jede Woche erneut ein Report auf meinem Schreibtisch, in dem die Ausweitung des Dienstleistungssektors und das Verschwinden von Jobs für An- und Ungelernte vorhergesagt wurde. Das war nicht nur eine vorübergehende Mode, denn mehr als ein Jahrzehnt später, 2006, erklärte Gordon Brown in seiner vorletzten Haushaltsrede, es werde in Großbritannien bis 2020 nur noch etwa 600.000 Jobs für Un- und Angelernte geben.

Das war Unsinn. Die Nachfrage nach niedrig qualifizierten und vor allem niedrig bezahlten Jobs ist in den letzten Jahrzehnten eher gestiegen. Die Gründe dafür sind vielfältig: der flexible Arbeitsmarkt unseres Landes, Privatisierung, Outsourcing bei großen Firmen, das

Verschwinden gut bezahlter Jobs in einigen Sektoren, die Einführung des neuen Systems von Steuerabschreibungen im Jahr 1999, eine stärkere Nachfrage nach Teilzeitjobs für berufstätige Mütter und, seit 2004, der Zustrom vieler Osteuropäer mit hoher Arbeitsmoral und niedrigen Lohnerwartungen.

Schätzungen zufolge gibt es hierzulande – je nach Definition – zwischen 8 und 13 Millionen niedrig qualifizierte Jobs. Das entspricht einer Quote von 25 bis 40 Prozent. Dazu gehören unter anderem Verkauf, Reinigung, Gastronomie, Pflege, Fahrer- und Kurierjobs, Produktion am Fließband und Routinearbeiten in Büros und Call Centern. Einige dieser Jobs werden der Automatisierung zum Opfer fallen, selbst im Pflegebereich sind die Roboter auf dem Vormarsch, aber viele eben auch nicht. Und irgendjemand muss am Ende ja die Roboter reinigen.

Diese Fehlkalkulation war ein Symptom jener Nachlässigkeit, mit der Großbritannien, die erste echte Industrienation, ins postindustrielle Zeitalter glitt. Die Thatcher-Revolution konzentrierte sich auf Marktstrukturen, Regulierung und Anreize. Sie hielt es für selbstverständlich, dass neue Industrien und anständige Jobs entstehen und die Unternehmensdinosaurier der Vergangenheit ersetzen würden. Doch wenn sie entstanden, geschah das oft nicht an den Orten, wo die alten Industrien einst geblüht hatten. Die alte industrielle Ökonomie war abhängig von einer geografischen Verteilung der Beschäftigung auf Bergwerke, Häfen und Bauernhöfe. Die neuen Technologien sorgten in Verbindung mit einer wachsenden ökonomischen Offenheit dafür, dass Firmen nicht mehr an feste Orte gebunden waren. Das galt auch für die Arbeitskräfte, sowohl national als auch international.

Mehr noch: Der erhoffte Deal der Globalisierung für Arbeiter in den reichen Ländern – dass nämlich viele der alten schmutzigen Produktionsjobs in Entwicklungsländer exportiert würden, sie selbst aber höher qualifiziert würden – kam einfach nicht zum Tragen, für die meisten jedenfalls nicht. Anywhere-Politiker hatten angenommen, sobald die Menschen besser qualifiziert seien, beispielsweise durch eine Ausbildung auf einer der neuen Universitäten, würden sie auch gern die neuen Jobs annehmen.

Aber so funktionierte das nicht. In Kapitel 2 haben wir gesehen, dass Menschen viel stärker verwurzelt sind, als man das gemeinhin annimmt. Hinzu kommt das implizite Versprechen des modernen

Wohlfahrtsstaats, dass man im Prinzip bleiben kann, wo man ist, auch wenn die Heimatstadt oder -region ihre wichtigsten Industriezweige verliert und dann vom Staat unterstützt wird. Vielleicht tauchen sogar neue Jobs dort auf, wo man ist – wenngleich theoretisch jede/r Stellensuchende bereit sein muss, eine Fahrzeit von 90 Minuten für den einfachen Weg in Kauf zu nehmen.

Wer heute in einer Akademikerfamilie aufwächst oder als erster in der Familie studiert, kann damit rechnen, ökonomisch und kulturell besser zu leben als die Elterngeneration. Ein Grund dafür ist die rasante Ausweitung der höheren Bildung. Wer heute mit 18 die Mittelschule verlässt und einen mäßigen Abschluss mitbringt, dem steht ein weniger strukturiertes und vom Status her eher weniger angesehenes Berufsleben bevor als das der Eltern oder Großeltern. So sieht das Schicksal viel zu vieler Somewhere-Kinder aus angesichts dessen, was der Wirtschaftswissenschaftler Bob Rowthorn als „duale Ökonomie“ bezeichnet hat: 35 bis 40 Prozent der Menschen arbeiten in Sektoren mit hoher Produktivität – von der Autoindustrie bis zum Finanzsektor –, weitere 35 Prozent jedoch arbeiten in Dienstleistungsjobs mit niedriger Produktivität, hauptsächlich im privaten Sektor.

Die Mitte schwindet

Mit der Entwicklung von einer industriellen zu einer postindustriellen Gesellschaft in den letzten 50 Jahren wurden die meisten Menschen in Großbritannien wohlhabender und führen heute im Schnitt ein bequemeres, gesünderes und freieres Leben. Im Arbeitsleben des Durchschnittsbriten gibt es weniger Schufterei und körperliche Belastung, und die Chancen auf Karriere statt eines bloßen Jobs sind stark gewachsen.

Die Arbeitswelt der meisten ist auch durchlässiger geworden und stärker wettbewerbsorientiert. Im Bereich der hoch qualifizierten Berufe dreht sich vieles um Anywhere-Ansichten zu kognitiven Fähigkeiten, Kreativität und Arbeit als Ausdruck individueller Erfüllung. Doch da der Vergleich mit prestigeträchtigeren Karrieren leichter geworden ist, sinken auch Sinngebung und Status der einfacheren Jobs.

Die Vorstellung von einer „Würde der Arbeit“ klingt heute fast schon altmodisch. Man verband sie mit dem Stolz auf körperliche

Kraft, dem hohen Ansehen handwerklicher Fähigkeiten und dem Respekt, den man einem Mann entgegenbrachte, der eine Familie ernähren konnte. Alle diese Faktoren sind heute entweder verschwunden oder nur noch schwach ausgeprägt. Aber solange sie noch ernst genommen wurde – in einer Zeit harter und manchmal gefährlicher Arbeit in Bergwerken, Stahlhütten und Werften –, wirkte sie sich auch auf das Ansehen aus, wie auch die alltäglicheren Arbeitsplätze der Arbeiterklasse betrachtet wurden. Die mächtigen Gewerkschaften vermittelten vielen Arbeitern ein Gefühl der Kontrolle über ihre Fabriken und Büros. Ober- und Mittelschicht kannten sogar etwas wie Furcht vor der Arbeiterklasse, weil sie von diesen Menschen abhängig waren.

Die wenigsten von uns wollen zurück in die Zeit der übermächtigen „Was-kümmern-uns-die-Anderen"-Gewerkschaften, aber wir brauchen Mittel und Wege, um den Statusverlust bei nicht-akademischen Berufen aufzuhalten und womöglich umzukehren. Denn dieser Statusverlust ist eine der Hauptursachen für die Unzufriedenheit von Somewheres mit der modernen liberalen Gesellschaft.

Kapitalismuskritiker von Mitte links bis Mitte rechts denken zu wenig über die Psychologie des Menschen nach. Arbeit heißt nicht nur, ein anständiges Einkommen zu beziehen und individuelle Begabungen auszuleben. Ein gut erledigter Job bringt für sich genommen Befriedigung, zumal im Team. Und es geht auch um das Gefühl der Wertschätzung und des Respekts für die eigene Arbeit und den eigenen Beitrag zum großen Ganzen, das Menschen in ihrem Umfeld, nicht zuletzt in ihrer Familie, entgegengebracht wird.

Diese Motivationen sind vor allem Männern in Jobs mit niedrigem Status extrem wichtig, und zwar seit langer Zeit (vgl. auch *Kapitel 8)*. Wenn diese Gründe wegfallen, wird es schwierig, Menschen und vor allem junge Männer zu motivieren, einfache Jobs anzunehmen, zumal Jobs, die keine körperliche Kraft erfordern. Auch das ist ein Grund, warum so viele Arbeitgeber lieber auf das Reserveheer der motivierten Osteuropäer zurückgreifen.

Bis vor Kurzem hatte der Arbeitsmarkt in den Industriegesellschaften die Form einer Pyramide: wenige Leute an der Spitze, viele am Sockel. Als Harold Wilson 1964 zum Premierminister gewählt wurde, so zeigen es Robert Ford und Matthew Goodwin, war fast die Hälfte aller britischen Arbeitnehmer in Bereichen mit körperlicher

Arbeit tätig, und 70 Prozent der Erwachsenen hatten keinen qualifizierten Schulabschluss.[1] Der Rückgang körperlicher Arbeit und die Ausweitung von Verwaltungsjobs und akademischer Bildung hat den Arbeitsmarkt dann eher in die Form einer Glühbirne gebracht. Inzwischen sieht er sogar aus wie eine Eieruhr mit Ausbuchtungen oben und unten. Und in beiden Ausbuchtungen geht es ebenso um Respekt und Wertschätzung wie auch ums Geld.

Mittlere Jobs wie die qualifizierte Arbeit im Büro oder an Maschinen, für die man eher Erfahrung als kognitive Fähigkeiten braucht, sind besonders stark von der Automatisierung und vom Rückgang der Produktion betroffen. Auf zehn mittlere Jobs, die in den Jahren 1996 bis 2008 in Großbritannien wegfielen, kamen 4,5 neue Jobs, für die man eine akademische Qualifikation brauchte, und 5,5 Jobs mit niedriger Qualifikation. Das hat eine Studie von Chris Holmes am Oxford University Centre on Skills, Knowledge and Organisational Performance ergeben.[2] In Irland lagen die Werte bei 8 zu 2, in Frankreich und Deutschland bei 7 zu 3.[3] Dieser Trend zur Aushöhlung ist in London besonders stark zu beobachten.

Zum Teil hängt das mit dem rapiden Schrumpfen des produzierenden Sektors zusammen, der besonders viele mittlere Jobs bereithielt. Mitte der Siebzigerjahre stand dieser Sektor noch für 30 Prozent des Bruttoinlandsprodukts, heute liegt er bei 8 Prozent. Um nur ein Beispiel zu nennen: Die Zahl der Stellen im Bereich der medizinischen Ausrüstung ist in den Jahren 1995 bis 2015 von 150.000 auf 30.000 gesunken.

Was die Stellen mit mittlerem Einkommen angeht, ist der Rückgang geringer als bei den Arbeitsplätzen mit mittlerer Qualifizierung, vielleicht weil die Lohnspanne in den akademischen Berufen größer geworden ist. Aber viele der neuen Arbeitsplätze, die Jobs in der Produktion ersetzen, befinden sich in Bereichen wie dem Einzelhandel, wo der Durchschnittslohn bei 9 Pfund pro Stunde liegt. In den britischen Großstädten wurden in den Jahren 2010 bis 2014 fast eine Million Arbeitsplätze geschaffen, aber gleichzeitig sanken die Löhne in den Städten um 5 Prozent. Und es gibt auch geografische Unterschiede: Acht der zehn Städte mit dem höchsten Lohnniveau und den wenigsten Sozialhilfeempfängern liegen im Südosten des Landes, neun der zehn Städte mit dem niedrigsten Lohnniveau liegen im Norden oder den Midlands.[4] Abseits der Großstädte sind die Jobaussichten noch schlechter. Viele Orte im Speckgürtel rund um Manchester, Sheffield und Leeds haben ihre Industriebetriebe verloren, verfügen aber nicht über die Verkehrsverbindungen, um ihre Einwohner zu den neueren Industrien in diesen relativ lebhaften städtischen Zentren zu bringen. Erst 2015 wurde eine direkte Zugverbindung zwischen Burnley und Manchester fertiggestellt – nach fast 50 Jahren Planungs- und Bauzeit. Das Hochgeschwindigkeitsbahn-Projekt HS3 soll irgendwann in der Zukunft dieses Problem lösen.

All diese Faktoren erklären, dass die Arbeitslosigkeit unter den 16- bis 24-jährigen mit 12,1 Prozent mehr als doppelt so hoch liegt wie der nationale Durchschnitt. Und dabei sind die mehr als 400.000 sogenannter „Neets" (*N*ot in *E*ducation, *E*mployment or *T*raining) noch nicht mitgezählt, die Gruppe der jungen Leute also, die weder berufstätig noch in der Schule noch in Ausbildung sind, sondern wirtschaftlich vollständig inaktiv. Die genannten Faktoren erklären vielleicht auch, warum 18 Prozent der niedrig qualifizierten Jobs von Ausländern übernommen werden. Angesichts der Betonung von Ehrgeiz und Erfolg in der Mainstream-Kultur werden die einfachen, aber gesellschaftlich wichtigen Berufe – Reinigung, Arbeit im Supermarkt, Altenpflege – von viel zu vielen als „Jobs für Versager und Ausländer" angesehen.

In einer Zeit, in der die meisten Menschen im Land einfache, niedrig oder mittel qualifizierte Arbeit verrichteten – viele in denselben Fabriken und Büros wie ihre Väter oder Mütter –, war eine solche Geringschätzung schlicht fehl am Platz. 50 Jahre später geht ein Drittel bis die Hälfte der Altersgenossen zur Universität oder ist irgendwo in den besser bezahlten, hoch produktiven oberen 40 Prozent des Arbeitsmarkts beschäftigt. Kein Wunder, dass die Leute anfangen, auf die einfachen Jobs herabzusehen, zumal auf die „dienenden" Jobs. Das kollektive Langzeitgedächtnis der Briten ist nun mal von Erscheinungen wie „Downton Abbey" geprägt.[5]

Die wachsende Bedeutung akademischer Leistungen, wenn man einen Job mit hohem Status bekommen will, sorgt in Kombination mit Meritokratie und Aufstiegsmentalität dafür, dass die Menschen in der unteren Hälfte des Einkommens- und kognitiven Bildungsspektrums sich nun für erfolglos halten und nicht bloß für Pechvögel oder weniger ehrgeizig.

Eine moderne Wirtschaftspolitik muss also erste Priorität darauf legen, die Bezahlung, den Status und die Produktivität der Menschen am unteren Ende des Arbeitsmarkts zu stärken. Durch die Einwanderung ist diese Aufgabe eher schwieriger geworden. Bei allen Vorteilen, die die ökonomische/kulturelle Dynamik und das Schließen von Ausbildungslücken haben – die Leichtigkeit, mit der Arbeitgeber heute ausgebildete und motivierte Arbeitskräfte importieren können, verschärft eine traditionelle Schwäche der britischen Wirtschaft – die mangelnden Investitionen in die Ausbildung – und hilft, ein Gleichgewicht von niedriger Bezahlung und niedriger Produktivität aufrechtzuerhalten. Der Brexit ist eine Chance, aus dieser Abhängigkeit zu entkommen.

Status und Geld hängen bis zu einem gewissen Grad zusammen, so dass eine höhere Bezahlung – in Form des 2016 eingeführten flexiblen existenzsichernden Lohns von 7,20 Pfund pro Stunde, der bis 2020 auf 9 Pfund ansteigt – eine willkommene und notwendige Voraussetzung für die Schaffung von Stellen ist, die auch bereitwillig angenommen werden. Wobei der höhere Mindestlohn zu dem Problem führt, dass immer mehr Leute niemanden mehr haben, der auf der Einkommens- und Statusleiter unter ihnen steht.

Wer eine Arbeit hat, die von der breiten Gesellschaft anerkannt ist – sei es ein hoch angesehener akademischer Beruf oder ein Job im öffentlichen Dienst wie Krankenschwester, Polizist oder Soldat – ist motiviert, weil er sowohl durch Wertschätzung als auch durch Geld belohnt wird. Doch die BSA-Studie von 2015 hat festgestellt, dass 32 Prozent der britischen Arbeitskräfte nicht das Gefühl haben, ihre Arbeit „nütze der Gesellschaft".[6]

Selbst einfache und eintönige Jobs, die nie sehr viel Respekt auf sich ziehen, können so zugeschnitten werden, dass sie befriedigender werden. Dabei geht es um ganz einfache Dinge: den Mitarbeitern zuhören, die Monotonie durch Rotation lindern, Aufstiegschancen für diejenigen, die dazu bereit sind und sie verdient haben. Es gibt durchaus Firmen mit vielen einfachen Jobs – zum Beispiel der Lebensmittelhändler Iceland oder die Versicherungsfirma Admiral –, die Preise gewinnen, weil sie gute Arbeitsplätze schaffen. „Wenn die Leute das, was sie tun, gern tun, dann machen sie ihren Job auch besser, so einfach ist das", sagt Admiral-Chef Henry Engelhardt.

Doch in den letzten Jahren geht der Trend eher in die andere Richtung. Sinkende relative Bezahlung für einfache Jobs, hohe Anforderungen an Mobilität und Schulnoten, der eieruhrförmige Arbeitsmarkt und die Apartheid als Folge der Ausweitung höherer Bildung wirken zusammen. Sie alle machen es Somewheres mit Routinejobs schwer, sich im modernen Wirtschaftsleben geachtet und geschätzt zu fühlen. Und wenn die Leute denken, dass sie ohnehin immer schlechte Karten bekommen, weigern sie sich irgendwann mitzuspielen.

Politische Macher, die ausnahmslos Anywhere-Leute sind, haben in den letzten Jahren und Jahrzehnten viel zu wenig darüber nachgedacht, wie man Ehrgeiz und Mobilität fördern kann und trotzdem diejenigen achtet, die bleiben wollen, wie und wo sie sind, zumal in einer Ära massenweiser höherer Bildung. Und trotz aller Rhetorik über Chancengleichheit für alle, eine geeinte Nation und die hart arbeitenden Familien sprechen die großen Parteien nur selten über die Kluft, die sich im Alltag auftut: die Kluft zwischen guten – unweigerlich akademischen – und einfachen Jobs. Geschweige denn, dass irgendjemand etwas tun würde, um diesen Graben zu schließen.

Heute sind alle Schüler im Alter von 16 Jahren einem ähnlich brutalen Selektionsprozess für diese beiden Welten ausgesetzt wie früher nur die Abiturienten. Entweder schafft man mit dem GCSE einen anständigen Mittelschulabschluss und gehört damit zu den 35 bis 40 Prozent, die Abitur machen können und dann ihr Elternhaus verlassen, um zu studieren (oder zu den 10 Prozent, die eine Fachschule besuchen), oder der Abschluss ist nicht so gut, und man landet in der „unteren Hälfte“, was bedeutet, man schlägt sich mit unsicheren Berufsaussichten durch. Von Karriere ganz zu schweigen.

Im weiteren Verlauf dieses Kapitels werde ich mich mit dem Bildungssystem beschäftigen, das diesen Zustand herbeigeführt hat. Wir sprechen von einem niedrigen Bildungsstandard bei den untersten 20 Prozent, vom Rückzug der Arbeitgeberseite aus der Ausbildungsförderung, von sinkender staatlicher Unterstützung für die Berufsausbildung und ständig steigenden Investitionen ins Hochschulwesen (das die Kinder der Anywheres bevorzugt). Am Ende des Kapitels werde ich noch die altbekannten Themen von Ungleichheit und Unsicherheit betrachten und mich mit den großen Problemen des modernen britischen Kapitalismus beschäftigen: Kurzfristigkeit und allzu große Offenheit.

Kognitive Fähigkeiten, die zum Prüfungserfolg führen, stellten in den letzten Jahrzehnten zunehmend jedes andere Kriterium wie Charakter, Kompetenz oder Erfahrung in den Schatten. Sie sind der Schlüssel zur steilen Karriere – und das beginnt schon in der Schule. In den Sechziger- und Siebzigerjahren konnte man die Schule noch ohne größere Prüfungen hinter sich bringen und trotzdem einen anständig bezahlten Job bekommen. Mit etwas Ehrgeiz konnte man dank Abendschule sogar einen beruflichen Aufstieg schaffen. Die Banken rekrutierten ihre Angestellten im Wesentlichen aus den 16-jährigen Absolventen der Mittelschule (O-Level). Und es gab jede Menge Späteinsteiger in Berufe wie Steuerberater, Anwalt oder Ingenieur.

Der Rückgang der Produktion und der Aufstieg der Wissensökonomie, in der selbst Jobs mit mittlerem Status wie in IT oder Krankenpflege einen qualifizierten Abschluss voraussetzen, haben dafür gesorgt, dass Kindheit und Jugend von Prüfungen bestimmt sind. Das ist vielleicht unvermeidlich, wenn wir nicht wollen, dass „Vitamin B“ den beruflichen Erfolg noch mehr bestimmt, als dies ohnehin schon der Fall ist. Aber die Art, wie unser Bildungssystem auf die Veränderungen reagiert, ist Sache der Politik, vor allem der politischen Macht und Prioritäten der Anywheres.

Bis zur berühmten Rede des Labour-Premierministers Jim Callaghan vor dem Ruskin College (1976) schien dies kein politisches Thema zu sein. Während der letzten 40 Jahre rückte es immer mehr ins Zentrum des öffentlichen Interesses, viele Anywhere-Prioritäten sind darin fest verwurzelt: die Dominanz von Eliteuniversitäten, der vergleichsweise niedrige Status einer technischen oder betrieblichen Ausbildung und die Vernachlässigung des „long tails“ jener unteren 20 bis 30 Prozent unter den Absolventen in den oft genug chaotischen Schulen.

Die Realausgaben für Bildung wurden in den letzten 30 Jahren verdoppelt, wobei ein starker Anstieg unter der New Labour-Regierung erfolgte. Der Anteil am Nationaleinkommen ist aber relativ konstant. Außerdem haben sich die Anforderungen an die Masse der Schüler drastisch geändert. Zum ersten Mal in der britischen Geschichte müssen Schüler alle Prüfungen ablegen und Qualifikationen erwerben. Die Hälfte von ihnen soll eine weiterführende Schule besuchen. Früher galten derartige Anforderungen nur für eine Minderheit. Noch 1977 legte nur ein Drittel der Schüler die Prüfung zum O-Level der Mittelschule ab. Die meisten anderen machten den berufsorientierten Mittelschulabschluss. Heute absolvieren alle Schüler die GCSE-Prüfung, den Mittelschulabschluss, der 1988 die bisherigen Abschlüsse ersetzte und breiter angelegt ist. 1988 machten nur etwa 15 Prozent der Schüler das Abitur. Heute sind es 40 Prozent. Nur 12 Prozent von ihnen studierten – heute etwa 48 Prozent.

In den Schulen selbst veränderten sich die Lehrpläne, seitdem sich der Staat in den Achtzigerjahren in Form eines nationalen Curriculums stärker einmischte. In den Neunzigerjahren wurden nationale Bewertungssysteme eingeführt. Gleichzeitig ist der Einfluss kommunaler Politik stark zurückgegangen, weil Akademien und freie Schulen inzwischen zentral finanziert und gelenkt werden.

Diese grundlegenden Veränderungen haben zusammen mit massiven zusätzlichen Investitionen einige Verbesserungen gebracht, was die Durchschnittsnoten am Ende der Sekundarschule angeht, vor allem wenn man bedenkt, dass heute viel mehr Schüler geprüft werden als noch vor 30 Jahren. Ein Bildungspolitiker hat kürzlich zu mir gesagt: „Es ist doch sicher besser für eine Gesellschaft, wenn 80 Prozent der Bevölkerung sechs von zehn Punkten bekommen, als wenn 30 Prozent neun von zehn schaffen!“

Eine durchschnittliche Schule von vor 30 Jahren würde heute als arm gelten und die meisten Pädagogen würden sagen, dass es Fortschritte in der Führung von Schulen, der Unterrichtsqualität und dem Aufbau des Schulwesens insgesamt gegeben hat. Trotzdem täuschen die Steigerungsraten bei GCSE- und Abiturnoten, die immer wieder Schlagzeilen machen, über die tatsächlich bescheidenen Verbesserungen des Gesamtstandards hinweg.

Denn 17 Prozent eines Jahrgangs verlassen die Schule als funktionale Analphabeten, 22 Prozent können nicht alltagstauglich rechnen – so zeigt es der Sheffield Report von Sammy Rashid und Greg Brooks.[7] Diese Zahlen haben sich seit 50 Jahren kaum verändert. Die OECD listete im Januar 2016 Großbritannien, was die Lesefähigkeit angeht, auf dem letzten Platz der 23 reichsten Länder. Beim Rechnen kam man auf den vorletzten Platz.[8] Selbst wenn man berücksichtigt, dass es in jeder Bevölkerung eine Gruppe von etwa 20 Prozent mit einem niedrigen IQ gibt (70 Prozent liegen im Durchschnitt, 10 Prozent deutlich darüber),[9] sollte es möglich sein, diese Werte zu verbessern. Anderen Ländern, von Dänemark bis Singapur, ist es gelungen.

Die Umwälzungen im nachschulischen Bildungswesen seit den Achtzigerjahren waren noch größer und tendierten noch mehr in Richtung der Anywhere-Prioritäten und Anywhere-Kinder. Auf der einen Seite ist das traditionelle System der betrieblichen Ausbildung zusammengebrochen und die Fachschulausbildung ist zurückgegangen. Andererseits werden immer mehr Menschen und Gelder in die Ausweitung und Internationalisierung des Hochschulwesens gelenkt.

Das Großbritannien der Achtzigerjahre ging den angloamerikanisch-postindustriellen Weg einer Deregulierung der Arbeitsmärkte und einer Betonung allgemeiner, breit anwendbarer Fähigkeiten. Auf dem Kontinent setzte man auf eine wesentlich stärker regulierte betriebliche Ausbildung. Der angloamerikanische Weg entsprach der progressiven Pädagogik der Siebziger- und Achtzigerjahre, die Ausbildung, Praxisbezug und Wissenserwerb für weniger wichtig hielt als die Förderung von Begabungen durch allgemeines Lernen. Es ging eher um die Entwicklung analytischer Fähigkeiten – etwa darum, „Entscheidungen zu treffen" oder „kritisch mit Informationen umzugehen".

Nicht jeder Mensch kann Olympiasieger oder Hirnchirurg werden. Trotzdem gehört die Vorstellung, dass jeder von uns eine Begabung hat, die man nur erkennen und hervorlocken muss, zu den Klischees der modernen Politik. Dieses eher mystische Konzept verbindet vermutlich die christliche Vorstellung vom einzigartigen Wert jedes Menschenlebens mit dem Rousseau'schen Ideal, dass es in der Erziehung nicht darum geht, etwas in den Menschen hineinzulegen, sondern das bereits Vorhandene hervorzuholen. Natürlich kann fast jeder von uns lernen und etwas leisten, aber das heißt nicht, dass jeder auch über eine einzigartige Begabung verfügt. Derartiges magisches Denken hilft gerade Menschen mit eher bescheidenen Fähigkeiten nicht. Sie profitieren eher von den traditionellen Formen des Lernens.

In den Sechzigerjahren verließen die meisten Schüler im Alter von 15 oder 16 Jahren die Schule und gingen arbeiten, sei es in einem einfachen oder hochqualifizierten Beruf. Fast die Hälfte aller Jungen durchlief eine traditionelle Lehre. Noch Mitte der Neunzigerjahre wechselten die meisten jungen Leute mit 16 von der Schule in eine bezahlte Beschäftigung. Aber dieser Arbeitsmarkt ist zu großen Teilen verschwunden. Der Anteil der 16- bis 17-jährigen Schulabgänger, die irgendeiner bezahlten Tätigkeit nachgingen, und sei es nur ein Aushilfsjob am Wochenende, lag 1997 bei 42 Prozent. Heute sind es nur noch 18 Prozent.[10] Das Ausbildungssystem hat sich von der Deindustrialisierung der Achtzigerjahre nie erholt. Die Zahl der betrieblichen Ausbildungsplätze ist von 250.000 pro Jahr Anfang der Siebzigerjahre auf etwa 50.000 im Jahr 1990 gesunken.[11]

Die klassische Lehre ist aus der Mode gekommen. Man hält sie für zu berufsspezifisch, als dass sie in unserer flexibleren modernen Arbeitswelt noch von Nutzen sein könnte. Als dieser Weg in den Achtzigerjahren von mehreren aufeinander folgenden konservativen Regierungen praktisch abgeschafft wurde, gab es von Labour-Seite kaum einen Protest. Man hielt ihn für altmodisch und unflexibel, für ein Element einer allzu geschlossenen Welt, die die Privilegien weißer männlicher Facharbeiter betonte. Denn klassische Lehrstellen wurden – ähnlich wie viele Verwaltungsjobs – oft genug durch persönliche Netzwerke vermittelt, und das benachteiligte ethnische Minderheiten und andere Außenseiter. Durchaus denkbar, dass die klassische Lehre zu dieser geschlossenen Welt gehörte, aber sie war auch Teil eines für alle vorteilhaften Handels: Junge Schulabgänger erlernten berufsspezifische Fertigkeiten, aber auch die Einstellung zur Arbeit. Dafür bekamen sie zu Anfang sehr wenig Geld, hatten aber die Perspektive, später als Facharbeiter wesentlich besser zu verdienen.

In den Achtziger- und Neunzigerjahren und bis in die Zweitausender hinein wurde die von den Arbeitgebern finanzierte betriebliche Ausbildung immer weiter durch staatlich finanzierte Ausbildungssysteme allgemeiner Art ersetzt. Die jungen Leute gehen jetzt länger zur Schule, auf ein FE- (Further Education) College und/oder studieren drei Jahre an einer neuen oder traditionellen Universität.

Im Zuge dieser Entwicklung wurden die Polytechnics, Technische Fachhochschulen und FE-Colleges entweder in etwas anderes umgewandelt (im Falle der Polytechnics) oder abgewertet. Viele Ausbildungsgänge, mit denen man die Higher National Certificates (HNC) oder die fortgeschrittenen Higher National Diplomas (HND) erwerben konnte, wurden praktisch abgeschafft. Diese Abschlüsse waren aber wichtig für zahlreiche mittlere und höher qualifizierte

Jobs in der britischen Industrie und im Handel. Heute sind diese Ausbildungsgänge nur noch ein Schatten ihrer selbst und gehören dem privaten Unternehmen Pearson. Während in den Achtzigerjahren mehr als 50.000 junge Leute einen solchen Abschluss machten, sind es heute nur noch ein paar Tausend. Und die meisten Kurse bieten eine betriebswirtschaftliche, keine technische Ausbildung an, obwohl viele Firmen händeringend nach Technikern suchen. Tatsächlich ist ein starker Rückgang bei allen technischen Kursen nach dem A-Level zu verzeichnen, außer bei den technischen Kursen der Unterstufe – den sogenannten tertiären Qualifikationen der Ebenen 4 und 5 –, die aus dem Budget für Erwachsenenbildung finanziert werden (aus dem die meisten außeruniversitären Aus- und Weiterbildungsmaßnahmen nach der Schule finanziert werden), sowie bei den zweijährigen Grundstudiengängen, die über das Hochschulsystem finanziert werden. Im Jahr 2016 durchliefen nur noch 50.000 junge Leute solche Ausbildungsgänge, während 1,4 Millionen eine Universität besuchten. Viele Jugendliche, die vor einer Generation eine solche Ausbildung gemacht hätten, verlassen heute die Universität – häufig eine der neuen Universitäten – mit einem Bachelorabschluss.

Während die Ausbildung im mittleren technischen Bereich auf einem historischen Tiefststand gelandet ist, studieren heute mehr junge Leute an einer Universität als je zuvor. Dies ist eher das Ergebnis einer starken Lobbypolitik des Hochschulsektors, weniger das einer strategischen Entscheidung. So viele Meinungsführer und Entscheider aus dem Lager der Anywheres haben selbst erlebt, wie vorteilhaft ein Studium ist, dass sie daraus einen Weg für alle machen wollen. Die meisten haben vermutlich keine Ahnung, wo in ihrer Stadt das FE-College liegt und was dort unterrichtet wird. Heute haben etwa 90 Prozent der Unterhausabgeordneten einen Hochschulabschluss. Im Kabinett gibt es nur ein Mitglied ohne Studium, im Schattenkabinett gerade drei.

Die Ausweitung des Hochschulwesens seit Anfang der Achtzigerjahre beruht auf drei Schlüsselfaktoren: 1984 gab es 70 Universitäten, heute sind es 170. 14 Prozent eines Jahrgangs studierten, heute sind es 48 Prozent. In absoluten Zahlen: 1984 gab es 900.000 Studierende einschließlich der Postgraduierten, heute sind es 2,3 Millionen. Der Umsatz dieses Sektors stieg von 7 Milliarden Pfund 1984 auf 33 Milliarden Pfund heute.[12]

Diese rasante Ausweitung wurde von Mitte-Rechts bis Mitte-Links unterstützt und setzte 1992 verstärkt ein. In diesem Jahr beschloss die damalige konservative Regierung, das zweigliedrige Hochschulsystem abzuschaffen, das 1965 unter der Leitung des damaligen Bildungsministers Tony Crosland eingeführt wurde. Die 35 Polytechnics durften in die Elite aufsteigen und wurden in echte „neue Universitäten" umgewandelt, was auch bedeutete, dass der Forschung im Vergleich zur Lehre die gleiche oder sogar eine höhere Bedeutung zugeschrieben wurde. Die Initiative dazu ging von den Leitungen der Polytechnics aus, und es scheint, dass es wenig Diskussionen darüber gab. Man wollte die Labour-Angriffe auf das zweigliedrige Hochschulsystem aushebeln, und man wollte den Wettbewerb zwischen verschiedenen Arten von Universitäten fördern und auf diese Weise dazu beitragen, die Kosten gering zu halten. Die Reform wurde von dem damaligen konservativen Bildungsminister Ken Clarke, selbst Cambridge-Absolvent, durchgewunken, obwohl seine Instinkte und Erfahrungen ihm dazu rieten, eher die Campus-Universitäten zu fördern (Polytechnics waren im Allgemeinen keine Campus-Lehranstalten).

Ende der Neunzigerjahre ließ sich die Labourregierung auf die Argumentation von Beratern wie David Soskice ein, die sagten, Großbritannien habe nicht die Voraussetzung für ein System des „organisierten" Kapitalismus nach deutschem Vorbild mit einer Zusammenarbeit zwischen den Arbeitgebern und einer echten dreijährigen Ausbildung im Betrieb. Stattdessen sollte man dem amerikanischen System nacheifern und ein Hochschulsystem für alle anstreben, das die Dienstleistungsökonomie mit den nötigen Fußsoldaten versorgte.[13] Tony Blair schlug in seiner Rede auf dem Labour-Parteitag 1999 sogar vor, auf eine Studentenquote von 50 Prozent in jeder Altersgruppe abzuzielen, sie lag damals bereits bei 32 Prozent.

Die ökonomische Logik dahinter war nie besonders klar, ganz zu schweigen von der Psychologie. Woher sollten all die Techniker und Ingenieure der Unterstufe kommen? Und wie würden sich die anderen 50 Prozent fühlen, diejenigen, die nicht den vorgezeichneten Weg in die Universität gehen konnten oder wollten? Wo wäre ihr Platz in dieser Welt? Ich habe es schon einmal gesagt: Wenn nur 15 bis 20 Prozent eines Jahrgangs die Universität besuchen, muss sich niemand stigmatisiert fühlen, der es nicht tut. Wenn die Quote bei annähernd 50 Prozent liegt, sieht die Sache schon anders aus.[14] Außerdem lässt sich bei einem so hohen Anteil an Studierenden kaum das Prestige der nicht-universitären Berufsausbildung aufrecht halten, vor allem wenn es dafür keine eigenen Ausbildungsstätten wie etwa die Polytechnics mehr gibt.

Trotzdem hat die Öffentlichkeit die Botschaft offenbar angenommen: Geht aufs College! Alle anderen Wege nach dem Schulabschluss sind so komplex, unsicher, abgewertet und teuer, dass 98 Prozent der Mütter, die man im Zuge der Millennium Cohort Study befragte, sich für ihre Kinder ein Universitätsstudium wünschten.

Zwei weitere Entwicklungen besiegelten die Dominanz des Hochschulsektors im nationalen Bewusstsein und sicherten damit auch die künftige Finanzierung dieses Sektors. Die erste war die Entscheidung der New-Labour-Regierung 1998, Studiengebühren einzuführen. Zunächst waren es 1000 Pfund pro Jahr, ab 2006 3000 Pfund, 2012 wurden die Gebühren auf 9000 Pfund erhöht. Auf diese Weise sollte ein Teil der Kosten vom Steuerzahler auf die Studierenden umgelegt werden. Im Prinzip war das eine vernünftige Idee, sowohl aus Gründen der Gerechtigkeit – Hochschulabsolventen erreichen auch heute noch ein deutlich höheres Einkommen als andere, auch wenn die steigende Zahl Studierender diese Entwicklung bremst – als auch im Zuge einer stärkeren Entwicklung der Universitäten hin zu Dienstleistungsinstitutionen gegenüber ihren studentischen ‚Kunden'.

Gleichzeitig begann ab Mitte der Neunzigerjahre in den Eliteuniversitäten des Landes eine Internationalisierung der Studierenden sowohl in Grund- als auch in den Aufbaustudiengängen. Es hatte immer schon einige ausländische Studenten gegeben, vor allem aus den ehemaligen Kolonien, aber jetzt erreichte deren Anteil eine neue Qualität. 1995 gab es 50.000 ausländische Studenten (einschließlich Studenten aus europäischen Ländern), 2015 waren es 230.000. Hinzu kamen etwa 200.000 Postgraduierte. Das sind 13 Prozent bei den Studenten und 40 Prozent bei den Postgraduierten. 2013 stagnierte die Zahl, unter anderem wegen stärkerer Einschränkungen, was die Arbeitsmöglichkeiten für Postgraduierte anging. Auf diese Weise versuchte man, die Zahl derer, die über ein Studium einen dauerhaften Aufenthaltsstatus erreichen wollte, zu verringern. Die Zahl ärmerer indischer Studenten ging daraufhin stark zurück.

Diese Internationalisierung war nicht auf Großbritannien beschränkt. Das US-amerikanische Hochschulwesen hat stets viele internationale Studenten angezogen, und andere englischsprachige Länder – Australien, Neuseeland und Kanada – bauten diesen Bereich in den Neunzigern ebenfalls aus. Die ausländischen Studenten kamen im Wesentlichen aus den wachsenden Mittelschichten in den Entwicklungsländern, allen voran aus China und Indien.

Wir sehen hier einen im Wesentlichen positiven Aspekt der Globalisierung, der auf einer echten britischen Erfolgsgeschichte fußt – zehn der 50 führenden Universitäten weltweit sind britisch. Tatsächlich wurde das Hochschulwesen zu einer Art neuer Exportindustrie, weil die meisten ausländischen Studenten die vollen Studiengebühren zahlten und so die fortgesetzte Ausweitung des Hochschulwesens quersubventionierten.

Aber man kann auch des Guten zu viel bekommen. Einige Universitäten haben sich derart auf ihre internationalisierten Businesspläne konzentriert, dass sie ihre Rolle für die britische Wirtschaft und Gesellschaft aus den Augen verloren. Und damit haben sie sich von dem abgekoppelt, was man als nationalen intellektuellen und kulturellen Vertrag bezeichnen könnte. Viele Vizekanzler und Führungskräfte an den Universitäten sind Kinder der Sechzigerjahre mit den Instinkten der Global-Villager. Sie haben hartnäckig gegen alle Versuche der Regierung gearbeitet, den Zugang für ausländische Studenten stärker zu reglementieren, und sogar verlangt, dass man die Studenten aus den Einwanderungsstatistiken herausnimmt, obwohl nur wenige Studenten in den letzten Jahren dauerhaft geblieben sind und ihre Entfernung aus den Statistiken kaum eine Auswirkung auf die Zahlen haben würde.

Das Hochschulsystem hat nicht nur zu viel politische Energie abgezogen – die Debatte um die Studiengebühren beherrschte monatelang die Schlagzeilen –, sondern pro Kopf gerechnet auch zu viel Geld. Schon seit jeher wird das Hochschulstudium relativ stark subventioniert (vor allem die Naturwissenschaften und das Medizinstudium, was die Zahlen etwas verzerrt), aber zu Zeiten, als die Studentenzahlen noch kleiner waren und die Ausgaben für die übrige nachschulische Ausbildung ebenfalls stiegen, erschien diese Förderung im Vergleich zu anderen Bildungswegen als weniger unfair.

Heute geht diese Schere noch weiter auseinander. Die Förderung eines Universitätsstudiums übersteigt die Finanzierung anderer Bildungswege erheblich. Trotz wachsender Studiengebühren steigen die staatlichen Ausgaben ungebrochen. Heute liegen sie bei etwa 17 Milliarden Pfund pro Jahr, basierend auf einer Schätzung, dass weniger als die Hälfte der Studiendarlehen zurückgezahlt wird.[15] Die Schulausgaben wurden zwar von Kürzungen abgekoppelt, nicht aber das Budget für Erwachsenenbildung, das real deutlich unter dem Niveau von 2002 liegt.[16] Tatsächlich ist es zwischen 2009 und 2015 um 41 Prozent gesunken und liegt jetzt unter 1,5 Milliarden Pfund.[17] Viele Kurse haben nur noch geringen Wert auf dem Arbeitsmarkt und führen lediglich zu weiteren Kursen. Eine Folge davon ist, dass viele FE-Colleges in finanziellen Schwierigkeiten sind. Ein Fünftel von ihnen galt 2015 als unterfinanziert.[18]

Das Hochschulwesen ist heute ein wichtiger Wirtschaftszweig und hat eine große Rolle bei der Wiederbelebung postindustrieller Städte wie Manchester, Leeds, Sheffield oder Newcastle gespielt. Tatsächlich könnte man den Zufluss von Geld und Energie von häufig im Süden Englands geborener Studenten aus der Mittelschicht als einen der wenigen Beiträge zu einem besseren Nord-Süd-Gleichgewicht bezeichnen.

Wenn sie funktionieren, sind Universitäten fruchtbare Zentren ökonomischer und kultureller Innovation. Aber man kann kaum mehr darüber hinwegsehen, dass der Sektor über alles sinnvolle Maß ausgeweitet wurde. Die Universitäten können jede Menge neuer dreijähriger Studiengänge anbieten und der finanzielle Anreiz, die Eintrittsvoraussetzungen zu senken, ist hoch. Der finanzielle Nutzen eines Hochschulstudiums auf die gesamte Lebenszeit gerechnet – also der Vorteil, den ein Hochschulabsolvent vor einem Erwerbstätigen ohne Hochschulabschluss hat – steigt nicht weiter. Er liegt heute vielleicht noch bei 100.000 Pfund. Ein Viertel der Hochschulabsolventen von 2003/2004 verdient heute maximal 20.000 Pfund, und dies im Wesentlichen in Jobs, für die man keinen Abschluss braucht.[19]

Wie die Social Mobility Commission kürzlich berichtete, stellt aber die hohe Zahl der überqualifizierten Erwerbstätigen ein doppeltes Problem für Bewerber ohne Hochschulabschluss dar. Sie haben mehr Mühe, überhaupt eine Anstellung zu finden, und werden seltener befördert, weil Hochschulabsolventen im Management bevorzugt werden.[20]

Ein aufgeblähter Hochschulsektor und ein geschrumpfter Ausbildungssektor können nicht die Fähigkeiten vermitteln, die unsere Wirtschaft braucht, weder im Sinne einer Wiederbelebung der Industrie noch in der wachsenden digitalen Wirtschaft. Die britische Industrie klagt ständig über den Fachkräftemangel, und der digitale Sektor (heute etwa 10 Prozent der Gesamtwirtschaft) hat den Ausschuss des Unterhauses für Wissenschaft und Technologie kürzlich vor sinkenden Qualifikationen gewarnt. In diesem Bereich werden in den nächsten Jahren 745.000 Arbeitskräfte mit entsprechenden Fähigkeiten gebraucht.[21] Auch die Bauwirtschaft klagt über einen Fachkräftemangel, der jeden Versuch, dem Wohnungsmangel abzuhelfen, von vornherein zum Scheitern verurteilen würde. Ein Drittel der freien Stellen kann nicht besetzt werden.[22] Und die Zahl der Auszubildenden in der Baubranche ist allein in den letzten fünf Jahren von etwa 18.000 pro Jahr auf weniger als 8000 pro Jahr gesunken.[23]

Der „Irgendwas mit Medien"-Absolvent einer neuen Universität mit wenig verwertbaren Fähigkeiten und einer vagen politischen Unzufriedenheit ist nicht nur ein snobistischer Witz. An britischen Universitäten gibt es 133 Medienstudiengänge, die Jobchancen nach dem Studium sind nicht berauschend. Etwa 10 Prozent der Absolventen sind arbeitslos, die typischen Beschäftigungen nach dem Abschluss sind im Einzelhandel, im Catering und in Bars zu finden. Viele dieser Studenten sind die ersten in ihren Familien, die eine höhere Ausbildung absolvieren. Aber die Öffnung der Somewhere-Universitäten für breitere Schichten reproduziert allzu oft nur die sozialen Hierarchien in die Gruppe der Absolventen. Ein Beispiel: Bei ärmeren Studenten und solchen aus ethnischen Minderheiten ist der Anteil derer, die im Studentenwohnheim leben, drastisch gesunken. Mehr als die Hälfte der Studentinnen aus südasiatischen Familien lebt bei den Eltern.[24] Insgesamt ist der Internatsanteil von 92 Prozent (1984) auf 73 Prozent (2016) gesunken. Am stärksten ist dieser Trend bei den neuen Universitäten zu beobachten.[25]

Alison Wolf, die schärfste Kritikerin der modernen Bildungstrends, schreibt dazu: „Im Bildungsbereich für diejenigen, die über 19 Jahre alt sind, werden verschwindend kleine Zahlen an höheren technischen Qualifikationen produziert. Stattdessen steigt der Output an allgemeinen Bachelor-Abschlüssen und niedrigen beruflichen Qualifikationen. Der Grund hierfür sind die finanziellen Anreize und Verwaltungsstrukturen, die die Regierungen selbst erschaffen haben, nicht die Bedürfnisse des Arbeitsmarkts. Und das Ungleichgewicht dürfte sich noch weiter verschärfen."[26]

In den letzten Jahren sind betriebliche Ausbildungen wieder in Mode gekommen. 2015 hat die Regierung das Ziel verkündet, bis 2020 drei Millionen neue Ausbildungsplätze zu schaffen, und im April 2017 wurde eine Ausbildungsabgabe für große Firmen eingeführt. Man hofft, damit etwas gegen die Neigung großer Betriebe zu unternehmen, möglichst wenig in die Ausbildung zu investieren, weil man fürchtet, gut ausgebildete Kräfte würden so schnell wie möglich abwandern. Außerdem will man auf diese Weise ein Ausbildungssystem nach deutschem Modell fördern, das betriebliche Ausbildung und Berufsschule kombiniert.

Und es gibt einen starken Anstieg bei der Zahl von Schülern, die ihr Abitur in berufsqualifizierenden BTEC-Kursen machen. Der Grund ist die steigende Beliebtheit beruflicher Qualifikationen nach dem Mittelschulabschluss. Die Zahl der Schüler in BTEC-Kursen stieg im Jahr 2015 auf 172.000, verglichen mit 266.000 im klassischen A-Level-Kurs. Eine wachsende Zahl von Schülern verbindet akademische und berufsqualifizierende Kurse, und fast ein Viertel der Studienanfänger kommt heute über den BTEC-Weg. Das ist ein kleiner Schritt in die richtige Richtung, auch wenn die Qualität mancher BTEC-Kurse noch Anlass zur Sorge gibt. Mit ebenso großer Sorge betrachten manche Beobachter die Noteninflation und die Tatsache, dass die BTEC-Kurse gerade für Schüler mit geringen Fähigkeiten und schwacher Motivation attraktiv sind.

Der größte Teil der Steigerungen im Bereich Berufsausbildung ist staatlich finanziert, aber das gleicht die Kürzungen der Ausbildungsbudgets bei den Unternehmen nicht aus. Der privatwirtschaftliche Sektor investiert viel zu wenig in die MINT-Fächer Mathematik, Informatik, Naturwissenschaften und Technik wie auch in IT-Kenntnisse. Einer Studie zufolge ist die durchschnittliche Ausbildungszeit pro Arbeitskraft von 1997 bis 2012 um die Hälfte gesunken, am stärksten in der Privatwirtschaft, bei den Jüngeren und den Gruppen mit niedrigem Bildungsniveau.[27] Auch die Ausgaben der Wirtschaft für Ausbildung sind seit 2005 drastisch gesunken. Basierend auf der Employer Skills Survey schätzen Francis Green und seine Koautoren, dass der Rückgang in den Jahren 2005 bis 2011 etwa 15 Prozent pro Arbeitskraft beträgt. Für denselben Zeitraum kommt die Continual Vocational Training Survey auf einen noch drastischeren Rückgang von fast 30 Prozent.[28] Für die Ausbildungsabgabe gibt es also gute Gründe.

„Vor 30 Jahren akzeptierten die großen britischen Firmen in jeder größeren Stadt, dass Ausbildung und technische Weiterbildung Geld kosten. Es war eine Art Beitragszahlung an die Gesellschaft, die man bereitwillig leistete. Heute erklären sowohl größere als auch kleinere Firmen, sie könnten und wollten diese Kosten nicht mehr tragen", schreiben die Autoren der Studie „Rebalancing the Economy" mit nachdenklichem Blick auf den Niedergang der Produktion.[29]

Der Rückgang der Ausbildungsanstrengungen lässt sich zum Teil auf die Möglichkeit für Arbeitgeber zurückführen, seit 2004 diese Anstrengungen dank der Freizügigkeit auf andere EU-Länder abzuwälzen. Um ein „gutes Unternehmen" zu sein, braucht man heute mehr Frauen in Führungspositionen und einen kleinen CO2-Fußabdruck. Die Verantwortung für die Ausbildung und Anstellung britischer Bürger gehört eher nicht dazu. Der Unternehmerverband CBI und andere Lobbygruppen haben schon vor der Brexit-Abstimmung weit geöffnete Türen für Arbeitskräfte aus dem Ausland gefordert. Für die Menschen im Inland fühlten sie sich offenbar nicht verantwortlich.

Es gibt noch einen anderen Grund für den Rückgang der betrieblichen Ausbildung, auf den auch Alison Wolf hinweist: „Wenn Arbeitgeber mit einer wachsenden Zahl von Bewerbern mit Hochschulabschluss versorgt werden, muss die Qualität des Studiums schon sehr schlecht sein, bevor sie auf die Idee kommen, in Alternativen zu investieren … Selbst wenn ein Hochschulabsolvent nur wenige berufsrelevante Fertigkeiten mitbringt, weist sein Abschluss doch darauf hin, dass er sich diese Fertigkeiten schnell aneignen kann und die Selbstdisziplin aufbringt, jeden Tag pünktlich zur Arbeit zu erscheinen, egal was er studiert hat."[30]

Die derzeitige Logik scheint auf einen weiteren Ausbau des Hochschulwesens hinauszulaufen. David Willetts, der ehemalige konservative Hochschulminister, hat davon gesprochen, dass 60 oder 70 Prozent der jungen Menschen eine Hochschulausbildung (nach dem Vorbild Schwedens) durchlaufen – und die Hochschulen dann innerhalb ihrer Grenzen erlauben, einige der graduierten und subgraduierten technischen und beruflichen Kurse, die früher an den Polys und FE-Colleges angeboten wurden, wieder aufzunehmen. Neue Universitäten wie Sheffield Hallam bieten bereits solche Kurse an, beispielsweise für Krankenpflege und Meinungsforschung. Universitäten wie Aston in Birmingham oder Teeside in Middlesborough im alten industriellen Kerngebiet bieten Studiengänge für Ingenieure an, die ein starkes berufsqualifizierendes Element haben und mit lokalen Arbeitgebern in Verbindung stehen.

Das heißt aber alles nicht, dass die mittlere Ebene des Ausbildungswesens auf diese Weise wiederbelebt werden kann oder dass die Universitäten der richtige Ort dafür sind. Wie Alison Wolf noch einmal erklärt: „Zunächst einmal sind Universitäten eigene Systeme ohne Anbindung an den Arbeitsmarkt … Sie können unmöglich mit den Veränderungen einer sich schnell entwickelnden Industrie Schritt halten. Zum Zweiten sind Lehrende an Universitäten Akademiker und Forscher, nicht Praktiker, egal welchen Beruf, welches Gewerbe oder welche Berufung sie unterrichten ... Forschung und wissenschaftliche Veröffentlichungen erhalten unweigerlich die größte Aufmerksamkeit, wenn sie ehrgeizig und fähig sind."[31] Tatsächlich werden die modernen Universitäten, vor allem die neuen, zunehmend zum Schlachtfeld zwischen den Arbeitsmarktprioritäten der Studierenden und der akademischen Exzellenz, die die meisten Wissenschaftler anstreben.

Es wäre wünschenswert, Elite-Berufscolleges zu gründen, wie es die alten Polys waren, und zwar mit starker lokaler Anbindung. Die Massenhochschulbildung in den USA basiert auf den Community Colleges, die relativ billige, lokale, zweijährige Berufskurse anbieten (mit der Möglichkeit des Transfers an eine staatliche Universität). Kalifornien hat einen ebenso hohen Anteil an Studenten wie Großbritannien, aber die meisten von ihnen besuchen Community Colleges, nicht die University of California. Ein solches System liefert die mittleren Qualifikationen dort, wo sie gebraucht werden.

Ein letztes Problem stellt sich für die jungen Leute am unteren Ende des Bildungs- und Ausbildungssystems: die krasse Diskrepanz zwischen Berufserwartungen und der düsteren Wirklichkeit auf dem Arbeitsmarkt, vor allem für diejenigen, die keine guten Universitäten besuchen, zumal in den Midlands und im Norden des Landes. Der egalitäre Ethos des modernen Bildungswesens – „Du kannst sein, was du sein möchtest" – führt ganz offenbar zu Hoffnungen, die weit von den realistischen Möglichkeiten entfernt sind. Bessere Verbindungen zwischen Schulen und Arbeitgebern vor Ort könnten helfen, diese Erwartungslücke zu schließen.

Eine Untersuchung der Westminster University aus dem Jahr 2009 ergab, dass fast die Hälfte aller jungen Leute eine Karriere in sieben stark wettbewerbsorientierten Bereichen anstrebt: Bühne/TV, Profisport, Schule, Tiermedizin, Rechtswesen, Politik und Medizin.[32] So kann es kaum überraschen, warum fast ein Drittel der Arbeitgeber in den letzten Jahren überhaupt keine jungen Leute eingestellt hat: Wie die National Skills Survey herausfand, hatte sich einfach niemand unter 24 Jahren beworben.[33]

Die Schaffung eines Massen-Hochschulwesens in den letzten 20 Jahren hatte einen starken, bis heute noch nicht ganz verstandenen Einfluss auf das Leben in Großbritannien. Für fast alle jungen Leute aus der Mittelschicht ist die Universität heute der Standardweg in den Beruf. Das gilt vor allem für junge Frauen, nachdem heute immer mehr Berufe – auch Krankenpflege und selbst Immobilienmakler – ein Studium verlangen. Auch viele junge Leute aus ärmeren Familien sind in das System einbezogen worden und bekommen heute anständige qualifizierte Jobs.

So weit, so gut. Doch wie wir gesehen haben, gibt es eben immer noch die Mehrheit der jungen Leute, die kein Abitur machen und eben auch keine gute Universität besuchen. Sie leben in einer Schattenwelt mit schlechten Jobs und geringen Ausbildungsmöglichkeiten. Noch dazu, weil diese Ausbildungsmöglichkeiten schlechter finanziert werden. Viele junge Leute, vor allem junge Männer, wenden sich von diesem veränderten Arbeitsmarkt ab und landen entweder in einem Job in der informellen Wirtschaft oder werden gleich arbeitslos. 18 Prozent der 16- bis 24-Jährigen im Nordosten Englands sind Neets (*N*ot in *E*ducation, *E*mployment or *T*raining), besuchen also weder eine Bildungseinrichtung, noch sind sie berufstätig oder in Ausbildung.

Die Beschäftigungsquote ist in den letzten Jahren so hoch wie nie, was auch an der gestiegenen Frauenerwerbsquote liegt. Doch wie wir gesehen haben, bleibt die Jugendarbeitslosigkeit relativ hoch, vor allem für Jugendliche aus ethnischen Minderheiten. Der Verlust eines strukturierten Weges ins Erwachsenenleben und die Elternschaft wird durch Veränderungen auf dem Wohnungsmarkt verschärft, die den Erwerb von Sozialwohnungen erheblich erschwert und eine Hypothek für einen jungen Menschen in einem Nichtgraduiertenjob praktisch unmöglich gemacht haben.

Dazu kommen die Opportunitätskosten der teuren Ausweitung im Hochschulwesen. Man überlege nur, was man mit dem Geld alles hätte finanzieren können. Eine komplette Überarbeitung des Bildungsbereichs für die über 16-Jährigen wäre möglich gewesen, ein neues Netz von fantastischen FE-Colleges, in denen die Schulbildung weitergeführt und gleichzeitig eine technische oder berufliche Ausbildung angeboten worden wäre. Von dort aus hätten die jungen Leute entweder direkt in den Beruf gehen können oder in einer britischen Variante des deutschen Systems in eine duale Ausbildung (Betrieb plus College). Oder eben zur Universität. Hohe Investitionen in die kontinuierliche Erwachsenenbildung wären möglich gewesen, in die Nachschulung derjenigen, die vom Schulsystem im Stich gelassen wurden, und in die Umschulung derjenigen, deren Industrien verschwunden sind. Die Engineering Employers Federation in Birmingham hat 2016 Ausbildungsplätze für 350 16- bis 17-Jährige geschaffen, doch obwohl 8500 Bewerbungen eingingen, konnten nur 330 Verträge abgeschlossen werden, weil den übrigen Bewerbern schlicht die schulischen Grundlagen fehlten.[34]

In den Neunzigerjahren waren Regierungen vor allem in den offeneren anglo-amerikanischen Ökonomien der Ansicht, man solle sich der Globalisierung und dem Export der schmutzigen alten Jobs nicht widersetzen und stattdessen dafür sorgen, dass einheimische Arbeitskräfte für den Einsatz in der Wissensökonomie und dem Dienstleistungssektor umgeschult werden. Doch für etwa ein Drittel der Bevölkerung ist daraus nichts geworden. Auf der unteren Ebene erwies sich die Annahme als Trugschluss, die Unternehmen würden in die Fortbildung von Arbeitskräften mit anständigem Mittelschulabschluss investieren, sodass diese Leute befördert würden und besser verdienen könnten. Tatsächlich wächst die Zahl der Jobs, für die man gar keine Qualifikation braucht.

Auf der höheren Ebene sah der Weg ins Leben so aus: Bleib auf der Schule und geh dann auf eine Universität des neuen, erweiterten Hochschulsektors, eine weniger prestigeträchtige Version der Elite-Campus-Universitäten, auf die die meisten Anywhere-Politiker gegangen sind. Doch wie schon beschrieben, wächst die Kluft zwischen den Eliteunis und dem Rest. Viel zu viele junge Leute, die als erste in ihrer Familie ein Studium aufnehmen (die meisten mit einem Somewhere-Hintergrund), machen ihren Abschluss, sind aber nicht gut gerüstet für die hochqualifizierten Berufe und dann auch nicht bereit, die einfacheren Jobs anzunehmen.

Die Erweiterung des Hochschulwesens schuf für viele Menschen neue Möglichkeiten. Aber sie hat auch die Spaltung der Gesellschaft verschärft, von der in diesem Buch die Rede ist: zwischen denen, die gehen, und denen, die bleiben (vgl. *Kapitel 2*). John McTernan, ehemaliger Berater von New Labour, hat gesagt: „Mobilität ist eine Selbstverständlichkeit für Absolventen, die oft von zu Hause zur Universität und dann wieder zu ihrem ersten Arbeitsplatz ziehen. Sie ist Teil des Lebensstils vieler Menschen aus der Mittelschicht. Aber viele Menschen aus der Arbeiterklasse sehen keinen Sinn darin. Ihnen bedeuten Familie und andere Netze sehr viel. Warum sollten sie wegziehen, wenn die Großfamilie sich kostenlos um die Kinder kümmert? Die Rhetorik von New Labour drehte sich viel um Veränderung und Mobilität, und genau damit hat sie viele Menschen abgeschreckt. Wir sagten vielen Menschen, vor allem im Norden: Bleibe bei deinen Leuten und scheitere – oder ziehe um."[35]

Die Fähigsten haben immer schon die Klein- und Vorstädte verlassen, um in den Großstädten Karriere zu machen. Das passiert heute tendenziell früher im Leben, nicht zuletzt wegen des Systems aus Wohnuniversitäten, und es sind mehr Menschen davon betroffen als früher. Die meisten anderen fortgeschrittenen Länder haben kleinere Elite-Universitätssektoren mit mehr Bildungseinrichtungen der mittleren Ebene beibehalten, wie die Community Colleges in den USA, und fließendere Grenzen zwischen den verschiedenen Bildungsebenen. In Großbritannien heißt es immer öfter: Uni oder Scheitern.

Über den Lebensstandard und die vermeintliche Ungleichheit

Das Spannungsverhältnis zwischen einer rückläufigen Marktposition für viele Arbeitnehmer und dem politischen Versprechen eines gewissen Maßes an Respekt, Sicherheit und Anteil am Wohlstand ist zumindest für einen Teil der öffentlichen Unzufriedenheit der letzten Zeit verantwortlich, einschließlich der Brexit-Abstimmung. Der Statusverlust von nicht-akademischen Arbeitsplätzen, von dem schon die Rede war, ist durch andere ökonomische Trends noch verschärft worden: rückläufige Einkommen in Folge der Finanzkrise, weniger

Hauseigentümer vor allem in Großstädten, Armut trotz Arbeit und die schon erwähnte sinkende Zahl von Jobs mit mittlerem Status. So sehr sich Politiker und Medien auf die Themen Ungleichheit, träge soziale Mobilität und Unsicherheit der Arbeitsplätze (symbolisiert durch Null-Stunden-Verträge) als Ursünden des modernen Wirtschaftslebens fokussieren: Alle Studien sowohl in Großbritannien als auch in den USA zeigen, dass die Vorstellung, das Goldene Zeitalter liege hinter uns und nicht mehr vor uns und dass die eigenen Kinder nicht automatisch ein besseres Leben als ihre Eltern führen werden, die größten Ängste ausgelöst hat.

Verursacht durch die relative Schwäche der Gewerkschaften und den flexiblen Arbeitsmarkt führte die sinkende ökonomische Aktivität nach dem Börsencrash nicht zu deutlich höherer Arbeitslosigkeit – wie es bei den meisten vorangegangenen Rezessionen der Fall gewesen war –, sondern zu sinkenden Einkommen. Seit 2013 steigen die Reallöhne in Großbritannien wieder, aber von dem Absturz um fast 10 Prozent nach 2007 haben sie sich noch nicht ganz erholt.[36] Im Juni 2016 gab es nur zwei Regionen im Land, in denen das Bruttoinlandsprodukt pro Kopf bald wieder auf den Vorkrisenstand zurückkehrte: London und der Südosten. Zu diesem Zeitpunkt hatte die Hälfte aller britischen Haushalte seit 2005 keine Erhöhung des Nettolohns erlebt. Das ist die längste Periode von Lohnstagnation seit Mitte des 19. Jahrhunderts.

Zu Beginn war die Reaktion auf den Crash eher gedämpft. Es gab keine Massenarbeitslosigkeit und der Finanzskandal war ein systemweiter Skandal mit nur wenigen offensichtlichen Schurken (abgesehen von dem unglücklichen Chef der Royal Bank of Scotland, Fred Goodwin). Es gab auch keinen Linksruck, zum Teil, weil Labour inzwischen für so viele Somewhere-Wähler unattraktiv geworden war. Stattdessen wurden 2010 und 2015 zwei Mitte-Rechts-Regierungen gewählt, die sich ganz konventionell dem Thema Defizitabbau widmeten. Aber diese wenig radikalen Wahlergebnisse verschleierten die schlechte öffentliche Stimmung und das schwindende Vertrauen ins „System", das durch den Abgeordneten-Spesenskandal von 2009 noch mehr gesunken war. All das kam 2017 im Ergebnis des Brexit-Referendums und in den starken Ergebnissen der UKIP und der Corbyn-Labour-Partei bei der Unterhauswahl zum Ausdruck. Die Unzufriedenheit war in vielen Teilen des Landes schon vor dem Crash da, vor allem in den früheren industriellen Labour-Hochburgen, die sich von der Deindustrialisierung der Achtzigerjahre nie erholt haben. Und sie hatte sich nach 2008 schon hier und da Luft verschafft.

Sie brodelte auch in der sogenannten „unter Druck geratenen Mitte“ – „Squeezed middle“ ist ein Begriff, den der Thinktank Resolution Foundation 2010 prägte –, der großen Gruppe, die es nicht in den sicheren Status der akademischen Berufe geschafft hat, aber auch nicht zu den „Abgehängten“ gehören, also zu den Gruppen, die trotz Arbeit von Armut betroffen sind oder den gering qualifizierten Menschen in den ehemaligen Industriegebieten.

Trotz lauter werdender Klagen über Ungleichheit seit der Finanzkrise haben sich die Zahlen und Fakten in diesem Bereich seit Ende der Achtzigerjahre (mit den Steuer- und anderen Reformen der Thatcher-Regierungen) kaum geändert. Tatsächlich gibt es kaum Beweise für die verbreitete Behauptung aus antikapitalistischen Kreisen, die Ungleichheit und die Unsicherheit auf dem Arbeitsmarkt hätten sich verschärft.

Natürlich ist Ungleichheit in verschiedenen Bereichen eine Quelle der Politikverdrossenheit, selbst wenn es Verbesserungen gibt. Das gilt vor allem in einer Zeit sinkender oder stagnierender Realeinkommen und angesichts von Appellen nach dem Motto „Wir sitzen alle in einem Boot“, weil das Staatsdefizit gesenkt werden soll. Die größere Sichtbarkeit der Superreichen und die Aufmerksamkeit auf Managergehälter können weiteren Unmut wecken. Die Gehälter der hundert höchstbezahlten Führungskräfte im *Financial Times* Stock Exchange lag 2014 183 Mal höher als das Durchschnittsgehalt in ihren Firmen. 1999 waren sie nur 69 Mal höher. Zum Vergleich: In den USA liegt das Verhältnis bei 340 zu 1.[37] Als Sir John Harvey Jones im Jahr 2008 starb, hinterließ er eine halbe Million Pfund. Als ehemaliger Vorstandsvorsitzender von Imperial Chemical Industries (ICI) war er einer der erfolgreichsten und (durch eine Fernsehsendung) bekanntesten britischen Manager, aber zu seiner Zeit wurden Führungskräfte relativ normal bezahlt. Das war vor der Internationalisierung der Top Jobs.

Großbritannien ist nach wie vor unter den reichen Ländern eines mit der größten Ungleichheit, doch die Einkommensunterschiede sind seit 2007 gesunken, wie das in Phasen der Rezession oder verlangsamten Wachstums oft der Fall ist. Ein Grund sind sinkende Boni und Gewinne im Finanzbereich und anderen Sektoren mit hohen Gehältern, während Transferzahlungen und Renten schneller steigen als die Erwerbseinkommen. Tatsächlich ist nach Auskunft der Weltbank Großbritannien das Industrieland, in dem die Ungleichheit seit der Finanzkrise am stärksten zurückgegangen ist.[38] Seit 2007 sind die verfügbaren Einkommen der Haushalte der ärmsten 20 Prozent um 5 Prozent gestiegen, während die der reichsten 20 Prozent um den gleichen Wert gesunken sind.

Die Einkommenslücke zwischen allen sozialen Schichten ist kleiner geworden, aber diejenigen in der Mitte des Einkommensspektrums sind am stärksten unter Druck geraten, wobei das mittlere Fünftel der Haushalte heute näher am unteren Fünftel liegt als das obere Fünftel. Vor 20 Jahren lebten mehr als ein Drittel aller Haushalte der Mittelschicht im eigenen Haus, und weniger als ein Viertel der Einkommen stammte aus Transferzahlungen. Heute lebt nur noch die Hälfte im eigenen Haus, und der Anteil der Transferzahlungen und Steuerfreibeträge am Einkommen ist auf ein Drittel gestiegen.[39] Außerdem wächst die Ungleichheit auf der Ebene der Vermögen, was zum Teil mit dem steigenden Wert von Immobilien zu tun hat und stark von der Region abhängig ist, in der man lebt.

Die Angleichung von ärmeren und mittleren Haushalten ist Teil der „Squeezed middle"-Theorie und hat auch damit zu tun, dass Menschen aus ärmeren Haushalten meist nur schlecht bezahlte Arbeit finden – sie müssen solche Jobs annehmen, damit sie nicht die verschärften Sanktionen des Sozialsystems zu spüren bekommen. Mehr als die Hälfte der Armen in Großbritannien sind erwerbstätig. Das bedeutet aber auch, dass der Anteil der Kinder, die in einem Haushalt ohne Erwerbseinkommen leben, von 20 Prozent (1994) auf 12 Prozent (2015) gesunken ist.[40]

Die Zahl der armen Haushalte – per Definition alle mit einem Einkommen unter 60 Prozent des mittleren nationalen Einkommens, was etwa 280 Pfund pro Woche für ein kinderloses Paar entspricht – ist vom Höchststand Mitte der Neunzigerjahre mit mehr als 25 Prozent auf heute 21 Prozent gesunken (beide Zahlen nach Abzug der Wohnkosten).[41]

Mehr als 20 Jahre lang hatte die Arbeitsmarktpolitik hierzulande eigentlich nur ein Ziel: möglichst viele Leute in die Erwerbstätigkeit zu bringen. Die Mittel dazu waren Steuerfreibeträge und Sanktionen bei den Transferzahlungen. Für manche Menschen ist irgendein Job besser als keiner. Aber der Anstieg schlecht bezahlter un- und angelernter Tätigkeiten seit 1979 – von 13 Prozent der Erwerbstätigen auf 22 Prozent im Jahr 1997; seitdem hat er sich bei 30 Prozent stabilisiert – gehört zu den düsteren Charakteristika der britischen Wirtschaft. Nach Auskunft der Low Pay Commission wird im Jahr 2020 jeder sechste Job in der Privatwirtschaft mit Mindestlohn bezahlt werden.[42]

Es ist erwiesen, dass der Rückgang des verarbeitenden Gewerbes die Tendenz gegen mittlere Jobs und für höhere akademische und schlecht bezahlte ungelernte Tätigkeiten verstärkt hat. Eine weitere „Tendenz gegen die Mitte“ hat mit den Bereichen zu tun, in denen Großbritannien führend ist. Einige der einkommensstärksten Sektoren – Finanzwesen, höhere Dienstleistungen, der Kreativbereich und so weiter – sorgen am Ende der Leiter eher für wenige Jobs mit mittlerem Einkommen und Status. Die hoch bezahlten Akademiker, die diese Sektoren beherrschen, schaffen lediglich Nachfrage nach Tätigkeiten mit geringer Qualifikation und niedriger Bezahlung: Sicherheit, Reinigung, Lieferservice, Haushaltshilfen, Bars und Restaurants. Die Zahl der Jobs in der Gastronomie ist seit dem Jahr 2000 um 16 Prozent gestiegen und macht heute 7 Prozent des gesamten Arbeitsmarkts aus.[43]

Doch bedeutet das, dass die Jobs weniger sicher oder in irgendeiner Weise unsozial geworden sind, wie so oft behauptet wird? Tatsächlich ist die Zahl der Arbeitsverträge ohne garantierte Mindestbeschäftigung, bei denen lediglich auf Bedarf und Anforderung gearbeitet wird, von 200.000 (2000) auf 800.000 (2015) gestiegen, und diese Jobs können in der Tat unsicherer sein. Andererseits werden sie oft geschlossen, weil sie beiden Parteien nützen. Und die schlimmsten Auswüchse, zum Beispiel das Verbot, sich zusätzlich anderweitig Arbeit zu suchen, wurden gestoppt. Die durchschnittliche Dauer eines Arbeitsvertrags ist im letzten Jahrzehnt hingegen nicht gesunken, sondern sogar leicht gestiegen. Sie liegt bei gut acht Jahren bei den Frauen und etwas über neun Jahren bei den Männern. Nur eine von 25 Arbeitskräften arbeitet Teilzeit, würde aber lieber mehr arbeiten. Und die Zahl der Arbeitskräfte, die mehr als einen Job haben, ist die niedrigste seit 25 Jahren, wie die Resolution Foundation im November 2016 meldete.[44]

Leider ist es aber auch wahr, dass die britische Job-Schaffungs-Maschinerie in den letzten Jahren weniger rosig läuft, als man denkt, einfach weil sie eine unverhältnismäßig hohe Zahl an schlecht bezahlten oder Teilzeit-Jobs mit einschließt. Ein noch höherer Anteil sind Jobs von Selbstständigen – mehr als 80 Prozent aller Erwerbseinkommen von 2007 bis 2014 gehen darauf zurück, so ein Bericht von Morgan Stanley.[45] Selbstständige sind mit 4,8 Millionen Beschäftigten die zweitgrößte Gruppe nach dem Öffentlichen Dienst (5,3 Millionen). Der größte Teil der Selbstständigen arbeitet freiwillig in diesem Sektor, darunter viele ältere Leute, die die Zeit bis zur Rente überbrücken.

Nach Auskunft der British Social Attitudes Survey ist das Stressniveau von Menschen mit einfachen Jobs drastisch gestiegen. 2005 war die am meisten gestresste Gruppe die der Manager und Akademiker (fast 40 Prozent). Bei Personen mit Routinejobs lag der Anteil unter 20 Prozent. Bei den Managern fühlten sich 2015 immer noch rund 40 Prozent gestresst, aber in den Routinejobs war der Anteil der Gestressten auf nahezu 40 Prozent angestiegen. Und nur 65 Prozent der Beschäftigten sind der Ansicht, ihre Stelle sei sicher.

Angesichts all dieser deprimierenden Statistiken über ‚schlechte Jobs' sollte man aber nicht aus den Augen verlieren, dass 71 Prozent aller britischen Arbeiter der Ansicht sind, sie hätten einen guten Job. Das hat die British Social Attitudes Survey von 2015 ergeben.[46] Andrew Oswald von der Warwick University stellt überhaupt keine Verbindung zwischen Bildungsniveau und Jobzufriedenheit fest.[47] Relativ viele Menschen mit einfachen Jobs sind sehr zufrieden, während es durchaus Menschen mit Hochschulabschluss und einem Jahresgehalt von 200.000 Pfund gibt, die unzufrieden sind.

Außerdem müssen die Jobs mit mittlerem Einkommen und Status im Blick behalten werden. Selbst wenn wir von 40 Prozent hochqualifizierter und 30 Prozent niedrig qualifizierter Jobs ausgehen, bleiben immer noch 30 Prozent in der Mitte. Und so klar eine Aushöhlung der Qualifikationslevel festzustellen ist, gibt es viel weniger Aushöhlung der Einkommen. Die Zahl der Personen mit mittlerem Einkommen hat sich nicht signifikant verringert.

Die unheilige Allianz zwischen kurzfristigen Unternehmenszielen und Unternehmensverkäufen ins Ausland

Da dieses Buch auch von mancherlei gemischten Segnungen der von Anywheres favorisierten Offenheit handelt, will ich kurz beschreiben, wie sich die in der britischen Wirtschaft verbreiteten Faktoren „Shorttermism“, also kurzfristige Unternehmensziele, und „Financialisation“, der Primat des Finanziellen in der Wirtschaft in Verbindung mit einer ungewöhnlichen Offenheit für ausländische Eigentümer, auswirken. Diese Dreiheit macht es schwieriger, genau jene großen, erfolgreichen Unternehmen entstehen zu lassen, die gebraucht würden, um eine Wirtschaft mit höheren Löhnen und höherer Produktivität zu erhalten.

Die Verschiebung weg von der verarbeitenden und Schwerindustrie, die in den Siebzigerjahren begann, war unvermeidlich und sogar wünschenswert. Aber das Tempo, in dem sich diese Verschiebung vollzog, war gelegentlich brutal, und die Art des Rückgangs hat es schwierig gemacht, aus den verbleibenden Resten ein erfolgreiches Herzstück zu machen.

Heute gibt es im Produktionssektor unseres Landes nur noch recht wenige große Firmen mit Sitz im Inland. Viele wurden zerschlagen und verkauft: General Electric Company, Lucas Industries, TI Group, Imperial Chemical Industries, die ich nachfolgend beschreibe. Weniger als 2000 Fabriken beschäftigen heute noch mehr als 200 Arbeiter, und etwa ein Drittel der Produktionsjobs befinden sich in der Hand von Firmen, die ausländische Eigentümer haben. Ausländische Eigentümer können ein großer Segen sein, denken Sie nur an Nissan in Sunderland. Aber „ihr Ehrgeiz ist oft auf ihre Rolle in den globalen Versorgungsketten beschränkt … und kleine britische Fabrikanten sind regelmäßig den Entscheidungen multinationaler Konzerne unterworfen, ohne die Unwägbarkeiten solcher wirtschaftlicher Entscheidungen selbst beeinflussen zu können“, so das CRESC-Paper „Rebalancing“, von dem bereits die Rede war.[48]

Natürlich muss jede moderne Wirtschaft relativ offen sein. Denken Sie nur daran, wie das Pfund nach der Brexit-Volksabstimmung fiel und der FTSE100-Index gleichzeitig stieg, weil so viele Firmengewinne und -vermögen in Dollar und Euro berechnet werden – beide sind jetzt stärker im Verhältnis zum Pfund. Der FTSE250 stieg mäßiger an, weil die darin verzeichneten Firmen der zweiten Reihe eher aufs Inlandsgeschäft fokussiert sind.

Doch die Frage bleibt: Wie offen muss eine solche Wirtschaft sein? Kein anderes entwickeltes Wirtschaftssystem hat seine Vermögenswerte so leichtsinnig nach draußen gegeben wie unseres. Das gilt für führende Unternehmen in allen Bereichen bis hin zu Dienstleistern und Flughäfen. In seinem Buch *Britain for Sale* beschreibt Alex Brummer, dass damit nicht nur die Gewinne, sondern auch Schlüsselfunktionen in Management und Forschung und Entwicklung häufig ins Ausland verlagert werden.[49] Frankreich und Deutschland sind im Hinblick auf die politische Integration Europas sicher offener als Großbritannien, aber sie sind viel vorsichtiger, was die Verlagerung „strategischer Vermögen" in ausländische Hände angeht. Das gilt im Falle Frankreichs auch für den Lebensmittelkonzern Danone.

Inzwischen hat die rasante Deindustrialisierung zu sogenannten „gerissenen Versorgungsketten" geführt. Will sagen: Selbst erfolgreiche Produzenten müssen erhebliche Teile ihrer Produkte aus dem Ausland beziehen. Der Baumaschinenkonzern JCB, oft als große britische Erfolgsstory bezeichnet, bestand 1979 zu praktisch 100 Prozent aus im Inland produzierten Einzelteilen. Heute ist es gerade noch ein Drittel. Dyson-Staubsauger werden in Großbritannien nur noch entwickelt, die Produktion findet komplett im Ausland statt. Globale Versorgungsketten sind ein gemeinsames Merkmal der heutigen Weltkonzerne, aber wenn man CRESC glauben darf, importieren britische Produzenten wesentlich mehr als ihre deutschen Gegenstücke.[50]

Der Dyson-Effekt kann durchaus Dynamik erzeugen, aber das gilt wohl nur für einige Nischen, in denen die britische Industrie zu kleinen Werkstätten zurückkehrt, wie wir sie zuletzt zu Beginn der industriellen Revolution kannten. Solche kleinen Einheiten sind zu schwach, um schwache Exporte und starke Importe gesamtwirtschaftlich auszugleichen. Es wäre weder wünschenswert noch möglich, die produzierenden Riesen der Vergangenheit wiederzubeleben, aber wir brauchen ein gewisses Maß in allen Sektoren, um die Jobs und Exportgewinne der Zukunft zu kreieren.

Deutschland hat wesentlich weniger Startup-Unternehmen als Großbritannien, aber es exportiert deutlich mehr und verfügt über Firmen, die groß genug sind, um die kurzfristigen Fluktuationen des

Wirtschaftslebens zu überstehen. Im Gegensatz dazu rangiert Großbritannien in der OECD bei den Neugründungen zwar an dritter Stelle, aber nur an Platz 13 bei der Zahl der Firmen, die später zu bedeutenden Unternehmen werden.[51]

Frühere konservative Regierungen deuteten an, sie wollen wieder dazu übergehen, bei ausländischen Übernahmen das öffentliche Interesse zu prüfen. Eigentlich sollte diese Prüfung sogar bei allen Übernahmen stattfinden. Im Herbst 2016 wurden 400 Millionen Pfund dafür bereitgestellt, den Ausverkauf der florierenden Technologie-Einhörner ins Ausland zu stoppen. Ein schöner Plan, aber er wird wahrscheinlich zu nichts führen und kann nicht mit der Brexit-Abwertung konkurrieren, die britische Unternehmen um etwa 15 Prozent attraktiver gemacht hat.

Wie auch immer: Die außergewöhnliche Offenheit der britischen Wirtschaft für ausländische Eigentümer hat zu der Geschichte des Niedergangs beigetragen. Doch die größere Schuld trägt der Einfluss eines altbekannten Schreckgespensts, das ich Short-termism, die kurzfristige Betrachtungsweise, nenne. Der enge Focus auf Aktiengewinne und die aktive Marktpolitik der Unternehmensführungen, noch gefördert von den Investmentbanken in der City of London, verhindert langfristige Planungen und Investitionen.

Das angelsächsische Modell der Unternehmensführung benachteiligt britische Unternehmen gegenüber ihren Konkurrenten in Europa und Asien. Deutsche Firmen, vor allem die mittelständischen Familienunternehmen, tauchen auf dem Aktienmarkt in der Regel gar nicht auf. In diesen Firmen kann das Management vorausplanen, zum Beispiel, was die Entwicklung neuer Exportmärkte angeht, ohne sich um Übernahmen, Job- oder Bonusverluste zu sorgen.

Das größere Gewicht von Aktionären und Börsenpsychologie in britischen Unternehmen zwingt das Management allzu oft zur Maximierung kurzfristiger Gewinne. Oder um es mit Bob Bischof, dem Vorsitzenden des German-British Forum zu sagen: „Viele der besten britischen Firmen sitzen auf großen Geldhaufen. Sie geben das Geld aber nicht für Produktentwicklung oder die Entwicklung ostasiatischer Exportmärkte aus, weil sie schädliche Auswirkungen auf den Aktienwert befürchten. Sie geben das Geld an die Aktionäre zurück, indem sie Aktien zurückkaufen oder weitere Firmen dazukaufen, statt ihre Firmen organisch weiterzuentwickeln. Und wenn alles schiefgeht, können sie das Unternehmen immer noch ‚auf den Markt werfen‘ und teuer verkaufen.“[52]

In Deutschland sind selbst börsennotierte Unternehmen vor Übernahmen geschützt – und in der Regel auch vor dreisten Deal-Making-Strategien ihrer Vorstände. Dafür sorgen die Aufsichtsräte, in denen auch Arbeitnehmervertreter sitzen. Das deutsche Modell ist alles andere als perfekt und kann den Aufbau von Firmenimperien nicht immer verhindern – man denke nur an die Chrysler-Übernahme durch Daimler. Außerdem hat Deutschland eine viel schlechtere Bilanz, was den Aufbau von Unternehmen im Hochtechnologiesektor angeht – in der Biotechnologie liegt Großbritannien weit vorn. Aber anders als in Großbritannien sind Unternehmen dort mehr als nur der Besitz der Aktionäre. Sie arbeiten in einer stabileren Umgebung und sind nicht so radikalen Brüchen unterworfen, wie sie in Großbritannien üblich sind.

Das Ende des symbolträchtigen britischen Konzerns Imperial Chemical Industries (ICI) ist ein gutes Beispiel für derartige Brüche, die zum Teil durch den Fluch von börsengemachten Moden verursacht werden.[53] Der Fall ICI ist nicht einfach zu erklären, und einige große Chemiekonzerne haben eine Generation zuvor ähnliche Umwälzungen erlebt. Aber so viel ist sicher: Zu Beginn der Neunzigerjahre war ICI der größte und ehrwürdigste britische Industriekonzern mit Forschungslaboren, die für eine Reihe historischer Durchbrüche verantwortlich waren: Plastik und Polyethylen, neue Arten von Farben (Dulux gehörte zu ICI), Agrarchemikalien, Baustoffe und in jüngerer Zeit pharmazeutische Innovationen wie der Betablocker gehörten dazu. Heute gibt es diesen Konzern nicht mehr. Er wurde zerschlagen, und seine Einzelfirmen und Fabriken wurden entweder geschlossen oder verkauft, im Wesentlichen an ausländische Konkurrenten. In der Teeside-Region, wo Zehntausende Beschäftigte ihre Arbeit verloren, hinterlässt er eine besonders große Lücke.

Die zersplitterte Struktur des Konzerns missfiel den Befürwortern des Shareholder Value in den Achtzigern und Neunzigern. Um sich gegen die drohende feindliche Übernahme durch den Hanson Trust zu schützen, verkaufte ICI im Jahr 1993 seinen pharmazeutischen Zweig Zeneca. 20 Jahre lang hatte dieser Zweig nach dem Zweiten Weltkrieg Verluste eingefahren, aber in den Sechzigerjahren kam der

Betablocker und damit der Durchbruch, der Zeneca in den Achtziger- und Neunzigerjahren zum profitabelsten Teil des Konzerns machte. 1999 fusionierte Zeneca mit der schwedischen Pharmafirma Astra; heute findet ein Großteil der einst so erfolgreichen Forschung und Entwicklung in Schweden statt.

ICI bestand jetzt nur noch aus einem Gemischtwarenladen, und so fiel die Entscheidung, die viele global operierende Chemiekonzerne zu dieser Zeit trafen: weniger wertvolle Haushaltschemikalien aufzugeben und sich auf profitablere, spezialisierte Chemikalien zu konzentrieren. Als 1997 Charles Miller Smith von Unilever in die ICI-Führung kam, versuchte er den Markt zu beeindrucken, indem er für 5 Milliarden Pfund die entsprechende Sparte seiner alten Firma aufkaufte. Das war der Anfang vom Ende. Der Kaufpreis war zu hoch, die Schulden machten ICI kaputt, zehn Jahre später wurde der Konzern an die niederländische AkzoNobel-Gruppe verkauft. Doch auch die niederländische Firma hatte sich übernommen und geriet 2009 in einen Strudel von Schließungen und Verkäufen von dem, was von ICI noch übrig war.

Kein Unternehmen hat das Recht auf ewiges Leben: Wenn eine Firma schlecht geführt wird, kann eine drohende oder tatsächliche Übernahme von außen sehr disziplinierend wirken. Aber der Zusammenbruch von ICI – und das gilt auch für GEC und andere Riesen – und der Verlust so vieler wertvoller Unternehmen und der Entwicklungs-Infrastruktur war zumindest zum Teil durch den Druck von Aktionären und Börsen verursacht, der ab den Achtzigerjahren immer stärker wurde. Das britische System sorgte dafür, dass die Firmen zur Spielmasse wurden.

Wenn man sich im Gegensatz dazu die drei deutschen Chemieriesen BASF, Bayer und Hoechst ansieht, so haben auch sie in den letzten 30 Jahren große Umwälzungen erlebt, aber sie existieren alle noch und sind fast alle gesund. Hoechst (heute Aventis) hat seine Chemiesparte komplett abgestoßen und sich voll auf den Bereich Pharmaindustrie konzentriert. Bayer und BASF sind und bleiben große diversifizierte Chemiekonzerne. Die deutsche chemische Industrie ist bei Weitem die größte in Europa und auch der weltweit größte Exporteur von Chemikalien. BASF in Ludwigshafen ähnelt der alten ICI sehr. Heute ist der Konzern mit einem Umsatz von 70 Milliarden Euro und einem Gewinn von knapp 7 Milliarden das größte Chemieunternehmen der Welt. Es beschäftigt 120.000 Menschen weltweit, davon 53.000 in Deutschland. Das darf man in Teeside niemandem erzählen.

Der Vorteil einer Arbeitnehmervertretung auf der höchsten Ebene aller großen deutschen Unternehmen – etwas, worüber noch die May-Regierung nachgedacht hat – zeigt sich auch, wenn man die allmähliche Deindustrialisierung des Ruhrgebiets in den Achtziger- und Neunzigerjahren betrachtet und mit den Entwicklungen in Großbritannien vergleicht.

Anfang der Achtzigerjahre nahm die Deindustrialisierung in Großbritannien erheblich Fahrt auf, weil das Pfund unter dem Einfluss des Nordseeöls stieg und Margaret Thatchers neoliberaler Kurs alle Kapitalkontrollen eliminierte. In einigen Fällen wurden auch die Subventionen von staatlich kontrollierten Industriezweigen gestrichen – die Schließung der unwirtschaftlichen Kohlebergwerke führte zu einem ein Jahr andauernden Streik und erheblichen Problemen für die gesamte Wirtschaft. Hunderttausende von Industriearbeitern verloren binnen weniger Jahre ihre Arbeit, weil eine Fabrik nach der anderen dichtmachte. Ehrgeizige Umschulungsprogramme wurden angekündigt, brachten aber nicht viel. Der Staat reagierte mit einem vereinfachten Antragsverfahren für Berufsunfähigkeitsrenten, mit deren Hilfe das Arbeitslosengeld aufgebessert werden konnte. Einige Teile des einstigen Industrielandes Großbritannien haben sich bis heute nicht aus ihrer Depression erholt, ähnlich wie die „neuen" deutschen Bundesländer, die aus der ehemaligen DDR hervorgegangen sind und den wirtschaftlichen Schock der Wiedervereinigung zum großen Teil noch nicht verwunden haben.

Im Ruhrgebiet hingegen gab es relativ wenige Konflikte, und die Umschulungsprogramme halfen den Menschen in manchen Fällen in die neuen Industrien. Man steckte sehr viel Geld in die Regeneration und Renaturierung der alten Stahl- und Bergwerke, und in den neuen Unternehmen der Bereiche Elektronik und Umwelttechnik fanden einige der ehemaligen Stahlarbeiter und Bergleute Arbeitsplätze. Dass die Umschulungsmaßnahmen in Deutschland besser funktionierten, lag zum Teil daran, dass sie innerhalb der bisherigen Unternehmen stattfanden. Alle großen Firmen müssen Sozialpläne vorlegen, wenn sie Mitarbeiter entlassen, und diese Pläne müssen von den Betriebsräten genehmigt werden. Oft ist es billiger, jemanden so umzuschulen, dass er in einem anderen Unternehmensbereich eingesetzt werden kann, als ihm zu kündigen.

Trotz aller hier beschriebenen altbekannten Fehler haben sich die Lebensverhältnisse der Briten in den letzten 70 Jahren stetig verbessert – zumindest bis zur Finanzkrise 2007/2008.

Die übliche Kritik an der modernen kapitalistischen Wirtschaft und Gesellschaft, was Ungleichheit und Unsicherheit von Arbeitsplätzen angeht, erzählt nur einen Teil der Geschichte. Und wie wir gesehen haben, ist sie häufig ziemlich übertrieben.

Die Kritiker übersehen mit ihren Vorschlägen jedoch das Gefühl der Entwurzelung – sowohl psychologisch als auch einkommensbasiert –, das der Wandel von einer Industriegesellschaft zu einer Wissensgesellschaft mit sich bringt. Viele Somewheres, die sich in der unteren Hälfte des Einkommens- und Bildungsspektrums befinden, fühlen sich dadurch demoralisiert und nicht wertgeschätzt.

Die Kultur der Facharbeiter, die unsere Gesellschaft einst mit der nötigen sozialen und ökonomischen Erdung versah, wurde praktisch hinweggefegt. Ein Wirtschaftssystem, in dem reichlich Platz für Menschen mit mittleren und einfachen Fähigkeiten war, bevorzugt heute die kognitiven Eliten und die Gebildeten – mit anderen Worten: die Anywheres.

7 Die auf Leistung programmierte Gesellschaft

Soziale Mobilität und Meritokratie: Sie sind für uns so selbstverständlich wie Sonne und Regen. Wer kann schon etwas gegen eine offene Gesellschaft haben, in der fähige Leute aus ärmerem Milieu aufsteigen und weniger fähige aus reicherem Milieu ein paar Stufen fallen? Eine Gesellschaft, in der die Verbindung zwischen dem Einkommen und dem Klassenstatus der Eltern und dem ihrer Kinder nicht zu starr ist? Und ausgehend von diesen beiden Punkten, eine Gesellschaft, die ihre Führungspositionen auf politischem, wirtschaftlichem und sozialem Gebiet mit den fähigsten Kandidaten besetzt, egal woher sie kommen?

Die Förderung sozialer Mobilität scheint heute – im Gegensatz zur Angleichung der Einkommen – in den reichen Demokratien der Weg schlechthin zu sozialer Gerechtigkeit zu sein. Auch in der britischen Politik ist sie praktisch unumstritten und wird von den gemäßigten Kräften von Links und Rechts lautstark unterstützt. Die Social Mobility Commission ist ein hoch effektiver Thinktank im Umfeld der Regierung, der das Thema im Fokus der Öffentlichkeit hält: Mit regelmäßigen Reports über den starren Charakter der britischen Gesellschaft. Der „Life Chances"-Plan zur Förderung der Aufstiegschancen von Menschen mit weniger privilegiertem Hintergrund wurde sowohl von David Cameron als auch von Theresa May enthusiastisch unterstützt.

Doch Fortschritte auf diesem Gebiet sind schwer zu messen und leicht in Frage zu stellen. Irgendwie scheinen stets die Zyniker rechtzubehalten, wenn es um soziale Mobilität und Meritokratie geht. Sehr viel Aufmerksamkeit erhalten Entwicklungen auf der Ebene der Eliten, beispielsweise der Rückgang der Studenten mit dem Abschluss einer staatlichen Schule, wie er in Oxbridge in den Achtzigerjahren zu beobachten war. Oder die politische Prominenz einiger Eton-Absolventen. Tiefe Verschiebungen unter der Oberfläche werden dadurch oft verschleiert.

Und weil soziale Mobilität ein so komplexes Phänomen ist, fällt es schwer, wirksame politische Maßnahmen zu entwickeln, um sie zu fördern. Stets sind sie zu kraftlos, wie der Versuch des Office for Fair Access, die Zahl der ärmeren Studenten an Eliteuniversitäten zu steigern, oder der Versuch der Social Mobility Commission, gut vernetzte junge Leute daran zu hindern, die besten Praktikumsstellen zu monopolisieren. Oder Probleme erscheinen zu groß und offensichtlich wie die Verbesserung der Bildungsstandards für ärmere Schüler.

Soziale Mobilität und Meritokratie sind ein zentrales Element im progressiv-individualistischen Denken der Anywheres; die Somewheres haben dagegen Grund, das Ganze zweischneidig zu sehen. Denn beide Erscheinungen setzen stillschweigend eine Leistungsgesellschaft voraus. Es geht mindestens so sehr um Ehrgeiz und Erfolg wie um Fairness. Ehrgeiz und Erfolg sind schon in Ordnung – eine erfolgreiche Gesellschaft muss Wert auf diese beiden Prinzipien legen und Menschen fördern, die sie verfolgen. Aber wie sieht es mit all den anderen aus?

Befürworter sozialer Mobilität machen sich zu selten Gedanken über die Wirkung auf jene, die nicht die Leiter hochsteigen – und wie ich schon mehrfach betont habe, gibt es per definitionem in der Gesamtbevölkerung immer eine untere Hälfte des Spektrums, was Einkommen und kognitive Fähigkeiten angeht. In einer zunehmend individualistischen und wettbewerbsorientierten Gesellschaft werden wir, zumindest in der Öffentlichkeit, nicht an unserem Sein, sondern an unserer Leistung gemessen. Und das birgt die latente Gefahr für die weniger Erfolgreichen, auch weniger Wertschätzung zu erhalten. An sich ist das ein unvermeidlicher Aspekt unseres modernen Lebens, aber es widerspricht der egalitären Verheißung, dass wir alle Anspruch auf Sicherheit und ein anständiges Leben haben, vielleicht sogar auf Anerkennung und Wertschätzung. „The workers have struck for fame“, sang David Bowie einst.

Je mobiler Gesellschaften werden und je weniger Kasten- oder Klassenzugehörigkeit es gibt, desto stärker treten die Unterschiede in den kognitiven Fähigkeiten der Menschen hervor. Examen und Talent sind mehr wert als Herkunft und Altherren-Netzwerke. Und tatsächlich haben heute viel mehr Menschen in Großbritannien Chancen, von denen ihre Großeltern nur träumen konnten. Mit den größeren Chancen kommen aber auch die größeren Risiken. In einer Leistungsgesellschaft, in der man sich seinen Platz verdienen muss, statt ihn zugeteilt zu bekommen, wird es wohl unvermeidlich mehr Verlierer geben.

Die Meritokratie ist im Prinzip kaum angreifbar, aber wie Michael Young in seiner berühmten Parabel *The Rise of the Meritocracy* schrieb: In der Praxis kann sie Ungleichheit legitimieren und dem Mitgefühl für die Armen schaden. „In allen Gesellschaften brauchen die Besitzer von Macht und Wohlstand eine moralische Rechtfertigung für ihr Glück. Andernfalls kann keine herrschende Klasse mit der uneingeschränkten Gewissheit regieren, die die verborgene Quelle des Charismas darstellt.“[1]

Wenn man Meritokratie zu ernst nimmt, wird sie zur Demütigung und Beleidigung der Mehrheit. Oder um es mit Andrew Marr zu sagen: „Meritokratie verleitet zu der Annahme, diejenigen, die nicht an der Spitze stehen – die also um einen Platz in der Mitte kämpfen oder arm und machtlos ganz unten stehen –, hätten nicht einfach Pech gehabt, sondern es sei der Status, den sie verdienen.“[2] Er schrieb über die Queen, ein möglicher Grund für die andauernde Beliebtheit der Monarchie sei, dass sie außerhalb des Systems von Leistung und Verdienst stehe. Sie sei einfach da.

Die Linke sollte ein wachsames Auge darauf werfen, wie sehr soziale Mobilität und Meritokratie zum gesellschaftlichen Konsens geworden sind anstelle einer Gesellschaft, die gerechtere Chancen anstrebt. Und die Rechte sollte im Interesse der Fairness auf den Grad achten, in dem sie dem natürlichen Wunsch folgt, die Interessen und den Erfolg nur der eigenen Kinder zu fördern. Eine wirklich meritokratische und durchlässige Gesellschaft würde so stark in die persönliche Wahlfreiheit der Menschen eingreifen, dass sie mit einer offenen, liberalen Gesellschaft nicht mehr kompatibel wäre.

Kein vernünftiger Mensch kann etwas dagegen haben, dass die bestqualifizierten Leute die richtigen Jobs bekommen. Und niemand, der bei Verstand ist, wird helle Köpfe daran hindern wollen, so weit zu kommen, wie ihre Begabung sie trägt, unabhängig von ihrer Herkunft. Aber wenn man Anywheres zuhört, wie sie über soziale Mobilität reden (und das tun sie häufig), klingt es oft so, als würden die Aufsteiger verlangen, dass jeder mehr oder weniger so wird wie sie. Das ist nicht nur unlogisch, denn der Platz an der Spitze des Arbeitsmarktes ist begrenzt, sondern äußert auch eine engstirnige Vorstellung, woraus ein gutes und erfolgreiches Leben eigentlich besteht.

Wenn Politiker über soziale Mobilität als hohes Gut sprechen, scheinen sie oft nicht zu verstehen, welche Kosten und Nachteile damit einhergehen. Menschen sind für ein Leben in der Gruppe geschaffen, und soziale Aufsteiger geben – ebenso wie Einwanderer

– freiwillig die Sicherheit der Gruppe auf, um die Vorteile einer höheren Klasse zu genießen. Oder im Fall des Einwanderers, um in einem reicheren, erfolgreicheren Land zu leben. Politiker neigen dazu, Gruppenbindungen zu übersehen, und malen häufig das Bild einer reibungslosen Gesellschaft aus lauter Individuen, die sich durch harte Arbeit oder großes Talent in der sozialen Hierarchie nach oben bewegen.

Sie achten auch zu wenig auf eine der großen Fragen von Gesellschaften wie der unseren: Wie können wir eine offene, durchlässige Gesellschaft – und Elite – erreichen und trotzdem sinnvolle, will sagen relativ stabile, Gemeinschaften wertschätzen, ohne den Schatten des Versagens auf diejenigen fallen zu lassen, die nicht aufsteigen oder dazu nicht in der Lage sind?

Wenn jedem eine Karriere mit hohem Status offenstünde, gäbe es das Problem nicht. Aber das ist nicht möglich, und es wird immer Millionen von einfachen Jobs geben, die erledigt werden müssen: in Bereichen wie Pflege, Handel, Transport, Reinigung, Bau und so weiter. Eine relativ offene Einwanderungspolitik stellt eine Möglichkeit dar, das Problem zu lösen, aber auf Kosten einer entfremdeten einheimischen Arbeiterklasse.

Vorurteile und ungerechte Hierarchien abzubauen, bedeutet auch das Ende jener stabilen, in Klassen denkenden Prä-Leistungsgesellschaft, in der sich viele Menschen wohl fühlten. Der Wegfall klarer gruppenbasierter Identitäten machte den Weg frei für individuellere, mobilere Lebenserfahrungen. Das Versprechen der Freiheit brachte aber auch eine größere Selbstverantwortung mit sich. Starke Klassenidentitäten konnten in der Vergangenheit vor dem Gefühl persönlichen Scheiterns schützen. Die Menschen konnten ihre Erfolglosigkeit als Ergebnis ihrer Stellung in der gesellschaftlichen Hierarchie begreifen.

Heute, nachdem das Klassensystem sich gelockert und umgeschichtet hat und eine größere Mittelschicht mit unscharfen Begrenzungen entstanden ist, nachdem das höhere Bildungswesen ausgebaut wurde und die Arbeiterklasse schrumpft, sind viel mehr Menschen einem direkten Wettbewerb um Status ausgesetzt.

Nur ein Viertel der Jobs verlangt heutzutage zumindest zum Teil Routinearbeiten, obwohl je nach Fragestellung bis zur Hälfte der Bevölkerung sich selbst als Angehörige der Arbeiterklasse identifiziert.[3]

Das Verschwinden der ausgeprägten Industriearbeiterkultur mit Fabriksiedlungen, großen Landgütern und der damit verbundenen Lebensweise wird von manchen bedauert, von anderen begrüßt. Es war eine enge Welt mit eingeschränkten Chancen, aber auch eine Welt mit psychologischem Schutz. Wenn fast alle Klassenkameraden nach der Schule einen ähnlich simplen Job bekamen, musste keiner darüber verzweifeln. Dass alle Arbeit fanden, darin lag der Trost. Dass es diesen Trost nicht mehr gibt, muss ein Grund für den Anstieg von Stress und Depressionen im modernen Großbritannien sein.[4]

Die allgegenwärtige Annahme und Realität von Meritokratie und Aufstiegsmentalität hat zur Folge, dass Menschen unnötigerweise ihr eigenes Leben eher mit dem der Reichen und Erfolgreichen vergleichen und nicht mit denen, die direkt über oder unter ihnen stehen. Die berühmte These von der „relativen Deprivation" – die Vorstellung, dass Menschen ihr Einkommen und ihren Status nur mit denjenigen vergleichen, die eine oder zwei Stufen höher oder niedriger stehen – ist ein Element unserer transparenten, vernetzten Gesellschaft und der naiven Gleichmacherei in einem Bildungswesen, das suggeriert, jedes Kind könne alles werden, was immer es nur werden wolle.

Dasselbe Phänomen überträgt sich auch auf die globale Migration. Ehrgeizige und fähige junge Leute in armen Ländern haben früher danach gestrebt, in ihrer eigenen Gesellschaft bis an die Spitze aufzusteigen. Heute denken sie darüber nach, wie sie übers Meer kommen in Gesellschaften wie die unsere, die ihre Attraktivität durch die globalen Medien zur Schau stellen.

Wie sieht's wirklich aus mit der sozialen Mobilität?

Wir setzen zu viel auf soziale Mobilität und Meritokratie und scheuen doch vor den harten Konsequenzen zurück, die sie verlangen. Schließung der Privatschulen? Erbschaftssteuer auf das gesamte Erbe? Sie sind zu Politiker-Schlagworten geworden, ähnlich den frommen Sprüchen vom Sozialismus in den Sonntagsreden früherer Gewerkschafter. Wer den „Knoten von Bevorzugung und Privilegien" lösen will, der über Generationen hinweg festgezurrt wurde (wie Clare Foges schrieb), steht vor einer großen Aufgabe.[5] Und es wäre gut zu wissen, dass unser Fortschritt wenigstens ein klein wenig in die richtige Richtung geht.

Doch Konsens unter den Eingeweihten in den letzten Jahren ist, dass die soziale Mobilität stockt und einen Neustart braucht. Die „Life Chances"-Agenda von David Cameron und Theresa May ist zum Teil eine Reaktion auf diese Analyse. Sie ist wichtig und politisch notwendig für die Konservativen, die immer noch im Ruf stehen, eine Partei der Reichen zu sein, dennoch trifft die Behauptung vom „Ende der sozialen Mobilität" nicht zu. Sie trägt lediglich zu der Vorstellung bei, die Politik ändere nichts und Großbritannien sei eine statische Gesellschaft, geführt von einer unveränderlichen Elite, und die riesigen Ausgaben für Bildung und eine Verringerung der Kinderarmut hätten keinerlei Auswirkungen auf die tatsächlichen Lebenschancen.

Die These vom Ende der Mobilität wurde durch ein Papier der London School of Economics von 2005 in die Welt gesetzt und vom Sutton Trust veröffentlicht, übrigens einem weiteren wirkungsvollen Thinktank in Sachen sozialer Mobilität. Dieses Papier verglich die Kinder der Geburtsjahrgänge 1958 und 1970 und stellte fest, dass die soziale Mobilität nach oben eher abgenommen hat. Den Grund machte das Papier an wachsender Ungleichheit der Einkommen in den Achtzigerjahren fest und daran, dass die Ausweitung der höheren Bildung von den Wohlhabenden monopolisiert worden sei.[6]

Soziale Mobilität ist nicht nur schwer messbar – und erfordert gute Daten über Einkommen und Beruf, die mehrere Jahrzehnte zurückreichen –, sondern als Gedankenkonstrukt ziemlich komplex. Die Mobilitätsdebatte überschneidet sich mit den Debatten über Ungleichheit, Meritokratie und den Zugang zu Elitejobs. Diese Bereiche sind zwar verwandt, aber nicht deckungsgleich, und es ist nicht gut, wenn man sie verwechselt. Wer von sozialer Mobilität spricht, meint oft eine Gesellschaft – immer vorausgesetzt, Begabung sei mehr oder weniger zufällig verteilt –, die es fähigen Leuten aus ärmeren Familien gestattet aufzusteigen. Was natürlich auch bedeutet, dass weniger fähige Leute aus reicheren Familien absteigen.

Diese Form der Mobilität nennt man auch „relative Mobilität" oder „Nullsummen-Mobilität". Für jeden, der aufsteigt, muss einer absteigen. Es gibt aber auch die Form der „absoluten Mobilität" oder „Positivsummen-Mobilität", bei der Menschen zu besseren Jobs aufsteigen können, ohne dass jemand absteigt. Gründe dafür können Veränderungen in der Wirtschaftsstruktur sein, wie wir sie in der Phase von den Vierziger- bis zu den Siebzigerjahren erlebt haben und – in langsamerem Tempo – immer noch erleben. Dabei entsteht „mehr Raum an der Spitze“, wie John Goldthorpe schreibt, der führende Soziologe auf diesem Gebiet.[7]

In den Sechzigerjahren gab es eine Verschiebung von den Produktionsjobs hin zu Managerjobs und akademischen Berufen, nicht zuletzt durch den sich erweiternden Wohlfahrtsstaat. Hatte in den Fünfzigerjahren nur jeder Zehnte einen Job im Management oder einen akademischen Beruf, ist es heute ungefähr jeder Dritte, je nach Definition.[8]

Es gibt zwei verschiedene Möglichkeiten, die beiden Definitionen von Mobilität zu messen – am Einkommen oder an der Klassenzugehörigkeit und dem Beruf, in beiden Fällen über Generationen hinweg. Dazu wird in der Regel ein siebenstufiges Modell verwendet, von höheren Managementpositionen und akademischen Berufen an der Spitze bis hinunter zu den Routinetätigkeiten.

Obwohl es eine gewisse Überlappung zwischen diesen beiden Messmethoden gibt, können sie auch auffallend unterschiedliche Ergebnisse liefern. Die Studie des Sutton Trust wurde von Wirtschaftswissenschaftlern durchgeführt, die zwischen den Geburtsjahrgängen 1958 und 1970 ein Sinken der Mobilität feststellten, gemessen am Einkommen. Für beide Geburtsjahrgänge wurde das Einkommen des Vaters im 16. Lebensjahr des Kindes mit dem Einkommen verglichen, das das Kind selbst mit 30 Jahren erzielte.

Wenn man sich aber die tatsächlichen Zahlen ansieht, die Bewegungen zwischen verschiedenen Einkommensgruppen anzeigen, fallen zwei Dinge auf: Zum einen ist der Unterschied zwischen den beiden Geburtsjahrgängen ziemlich gering, jedenfalls nicht so groß, dass man daraus ein dramatisches Absinken der Mobilität ablesen könnte. Zum anderen ist in beiden Geburtsjahrgängen die Bewegung relativ groß für ein Land, von dem man behauptet, es sei so starr. Einige Beispiele: Im Jahrgang 1958 blieb nur ein Drittel derer, deren Vater zur untersten Einkommensgruppe gehörte, in dieser Gruppe. 37 Prozent erreichten die beiden obersten Einkommensgruppen, 22 Prozent die zweite, 17 Prozent die oberste. Im Jahrgang 1970 hatten sich die Zahlen etwas nach unten verschoben. 38 Prozent der Kinder aus der untersten Einkommensgruppe befanden sich mit 30 Jahren immer noch dort, nur 33 Prozent landeten in den beiden obersten Gruppen.

Soziologen und Wirtschaftswissenschaftler sind sich einig, dass es einen gewissen Rückgang der sozialen Mobilität seit Mitte des 20. Jahrhunderts gegeben hat. Allerdings sind die Werte sowohl absolut als auch relativ gesehen hoch – höher, als die meisten Experten erwartet hätten. Auf dem Höhepunkt lag die Mobilitätsrate bei 80 Prozent, will sagen, nur 20 Prozent der Kinder blieben in der Einkommensklasse, in die sie geboren wurden. Eine Studie von Goldthorpe und Colin Mills über jüngere Raten spricht von 65 Prozent der Söhne, die sich in einer anderen Klasse befinden als ihre Väter. Und in der Regel führt die Bewegung nach oben.

Die meisten Wirtschaftswissenschaftler verbinden die geringere Mobilität in den Achtzigerjahren mit dem starken Anstieg wirtschaftlicher Ungleichheit in jenem Jahrzehnt. Das erscheint logisch: Wenn sich das Einkommensspektrum erweitert, braucht man einen sehr viel besser bezahlten Job, um von einer Einkommensgruppe in die andere aufzusteigen. In den Beschäftigungsstatistiken der Soziologen wird dies jedoch nicht sichtbar, was möglicherweise daran liegt, dass ein Großteil der Einkommensunterschiede innerhalb der Berufsgruppen und dort am oberen Ende entstand: Es gibt eben große Unterschiede zwischen einem bescheidenen Kleinstadtnotar und dem Mitglied einer großen Anwaltskanzlei in der Londoner City. Beide Formen der Analyse sind vollkommen korrekt, wobei das Einkommen als nützlicher „Gesundheitscheck" gegenüber den Launen der Berufsgruppen fungiert.

Im Übrigen ist in den letzten Jahrzehnten sozial und politisch vieles passiert, was sich nicht mit solchen recht grob angelegten Analysen einfangen lässt und die die Mobilität sowohl im Guten als auch im Schlechten beeinflussen könnten. So nehmen Frauen inzwischen wesentlich mehr Jobs mit hohem Status ein, und es gibt unter den Studierenden an Universitäten deutlich mehr Frauen als Männer. Das hat zwangsläufig Auswirkungen auf Männer mit niedrigerem Einkommen, weil der Platz an der Spitze noch enger wird. „Der Feminismus triumphiert über den Egalitarismus", hat der Tory-Denker David Willetts vor einigen Jahren geschrieben.[9]

Hinzu kommt die Abschaffung der meisten Gymnasien in den Sechziger- und Siebzigerjahren. Die Soziologen mit ihrem Fokus auf ‚Mobilität durch Wandel der Wirtschaftsstruktur' betrachten Bildungsinstitutionen lediglich als Transportmittel, nicht als Mittel zur Schaffung von Mobilität. Hätte es in den Fünfzigerjahren keine Gymnasien gegeben, dann hätte es trotzdem irgendeinen Auswahlmechanismus gegeben, um die richtigen Bewerber für die neuen Jobs mit höherem Status zu finden. Bevor Schulen diese Aufgabe übernahmen, agierten große Organisationen wie die Armee oder Großbetriebe als „Scouts" für Mobilität. Sie entdeckten die talentierten Leute mit wenig Bildung und brachten sie oft genug bis an die Spitze.

Weiterhin weisen die Soziologen darauf hin, dass nie mehr als 15 Prozent eines Jahrgangs das Gymnasium besuchten. Die meisten stammten aus der Mittelschicht, außer in sehr von der Arbeiterklasse dominierten Gebieten wie im Süden Yorkshires. Weniger als 20 Prozent der Gymnasiasten stammten aus der Arbeiterklasse, und sie schnitten in der Regel deutlich schlechter ab als ihre Mitschüler aus der Mittelschicht.

Insgesamt maßen Linke und Rechte den Gymnasien zu viel Bedeutung bei. Durchaus denkbar, dass diese Schulform einige Leute von ganz unten nach ganz oben gebracht hat. Der Verlust ihres rigoros akademischen Ethos hat vielleicht auch dafür gesorgt, dass in den Achtzigerjahren weniger Schüler von staatlichen Schulen in Oxbridge landeten. Doch seit der Abschaffung der weitaus meisten Gymnasien ist die Durchlässigkeit der Eliten stärker geworden, nicht schwächer.

Zusätzlich wird die Sache kompliziert durch eine Veränderung des Bewusstseins in der zweiten Hälfte des 20. Jahrhunderts. In dieser Zeit setzte sich ein demokratischeres, egalitäres Bewusstsein durch, das alle Klassen als mehr oder weniger gleichwertig betrachtete. Snobismus gegenüber der Arbeiterklasse sah man als unmöglich an. Das bedeutete aber auch: Die alte Vorstellung, man mache etwas Besseres aus sich, wenn man seine Herkunft hinter sich ließ, wurde moralisch komplexer.

Man redet heute viel vom aufkeimenden Snobismus gegenüber den „Chavs", den jugendlichen „Baseballkappen-Prolls". Aber die „Chavs" sind nur – wie in der britischen „Carry On"-Serie – eine Art moderner Karikatur des Unterschicht-Grobians, ebenso wie der geschickte Cockney, der kluge Yorkshireman, der geizige Schotte und der herablassende Schnösel. Die wenigsten nehmen so etwas ernst. Interessanter ist die echte kulturelle Ambivalenz gegenüber jenen, die zu einem Mittelschicht-Einkommen aufstiegen, dabei aber gern die Kultur und die Verhaltensmuster der Arbeiterklasse behalten wollen.

Und der Weg nach oben?

Der Sprung in die Elite oder aus ihr heraus unterscheidet sich von der allgemeinen sozialen Mobilität, obwohl beide Erscheinungen oft miteinander verbunden sind. Nach wie vor sind die 7 Prozent Absolventen von Privatschulen in der Politik und bestimmten Top-Berufen überrepräsentiert, das ist einfach eine Tatsache, auch wenn ihre beherrschende Stellung nicht mehr so stark ist wie noch vor einigen Jahrzehnten. Heute haben die Privatschulen nur noch einige wenige Nischen fest im Griff: die Sphäre der Top-Juristen (71 Prozent), des Offizierskorps der Armee (62 Prozent) und des Journalismus in den führenden Printmedien (51 Prozent).

Um dieses Bild ins richtige Verhältnis zu setzen, sollte man sich daran erinnern, dass noch vor 60 Jahren, im Kabinett des konservativen Premierministers Anthony Eden 1957, alle 18 Mitglieder eine Privatschule besucht hatten, zehn von ihnen, darunter auch Eden selbst, waren in Eton gewesen. 22 Jahre später, im ersten Thatcher-Kabinett 1979, hatten alle bis auf zwei eine Privatschule besucht, aber nur noch sechs waren Eton-Absolventen. John Majors erstes Kabinett 1990 bestand immer noch zu zwei Dritteln aus Privatschulabsolventen, aus Eton kamen aber nur noch zwei.

David Camerons erstes Kabinett 2010 war das erste Tory-Kabinett, in dem mehr als die Hälfte der Mitglieder eine staatliche Schule besucht hatten: zwölf von 22. Cameron war der einzige Etonian. Theresa Mays Kabinett hatte einen noch geringeren Privatschulanteil, hier waren es nur noch fünf. Der einzige Eton-Absolvent blieb jedoch deutlich sichtbar.

Natürlich sollten wir dafür sorgen, dass unsere Eliten durchlässiger werden und die Gesamtbevölkerung repräsentieren, aber wir müssen anerkennen, dass die britische Gesellschaft inzwischen weniger statisch ist, als viele denken. Das gilt nicht nur für die Tory-Regierungen, sondern auch für die Wirtschaft. Ende der Achtzigerjahre waren 70 Prozent der Führungskräfte in den Top-100-Unternehmen unseres Landes auf eine Privatschule gegangen. Heute sind es nur noch 34 Prozent (wobei das auch an der Internationalisierung in den Vorstandsetagen liegen kann).

Einem Artikel über Elitejobs zufolge – „Introducing the Class Ceiling: Social Mobility and Britain's Elite Occupations" von Daniel Laurison und Sam Friedman – kommt heute etwa die Hälfte der Beschäftigten in Elitejobs aus Familien ohne entsprechenden Hintergrund. Der Anteil ist in den letzten Jahren sogar noch leicht gestiegen.[10] Und das hat nicht einfach damit zu tun, dass mehr derartige Jobs entstanden, tatsächlich ist diese Zahl langsamer gestiegen als in den großen Berufskategorien – zwischen 1980 und 2014 von 14 auf 17 Prozent.

In einigen traditionelleren Berufen – Juristen, Mediziner, Finanzwesen – dominieren noch die Kinder von Führungskräften und Akademikern. In der Medizin ist es aber nur noch die Hälfte – fast 18 Prozent der Ärzte sind Kinder von Ärzten. In fast allen anderen höheren akademischen Berufen stammt weniger als ein Drittel aus entsprechenden Familien. Führungsjobs in der IT, im Ingenieurwesen und in der öffentlichen Verwaltung sind in dieser Hinsicht am offensten. In dem Papier ist allerdings auch von einer fortgesetzten soziokulturellen Schieflage die Rede, weil diejenigen, die ohne entsprechenden Hintergrund in Elitejobs aufsteigen, deutlich weniger verdienen als ihre Kollegen aus dem Umfeld höherer akademischer Berufe. Sie schaffen es also letztlich doch nicht bis ganz nach oben. Das gleiche gilt für die wachsende Mittelschicht in den ethnischen Minderheiten, die ebenfalls an eine gläserne Decke stoßen, wie der Report „Bittersweet Success“ zeigt.[11]

Durchaus möglich, dass es schwierig sein wird, auf lange Sicht noch höhere Mobilitätsraten zu bekommen, sowohl auf absoluter als auch relativer Ebene. Das gilt vor allem ganz oben und ganz unten. Soziale Mobilität hat eine gewisse Klebewirkung: Wenn Menschen ein gewisses Level in Bezug auf Wohlstand und berufliche Stellung erreicht haben, fallen ihre Kinder in der Regel nicht allzu weit zurück. Das war sogar im Ostblock so. Die altgedienten Banker, die durch den großen Knall aus der City katapultiert wurden, sind heute eher Immobilienmakler als Müllmänner.

Und dann verwenden Familien aus der mittleren und oberen Mittelschicht eine nie gekannte Aufmerksamkeit darauf, die Situation ihrer Kinder zu verbessern oder wenigstens zu halten. Überall findet eine Art „Wettrüsten“ statt, sei es um die Plätze in den besten privaten oder staatlichen Schulen, sei es um Tutoren und Praktika. Und wenn die recht unbewegliche Gruppe der Akademikerfamilien langsam wächst, wird wohl insgesamt weniger Bewegung stattfinden, zumindest auf relativer Ebene.

Die Beharrlichkeit der elitären Akademikerschicht wird durch einen weiteren Faktor verstärkt, dem man die hässliche Bezeichnung „assortative Paarung" verlieh – gebildete und erfolgreiche Leute verheiraten sich innerhalb ihrer Gruppe. Ehen innerhalb der eigenen Klasse waren immer schon die Regel, aber bis vor ein oder zwei Generationen neigten männliche Ärzte dazu, Krankenschwestern und nicht Ärztinnen zu heiraten, weil es so wenige von letzteren gab, und Geschäftsleute heirateten aus demselben Grund eher ihre Sekretärinnen als Geschäftsfrauen. Mit anderen Worten: Männer tendierten dazu „abwärts" in Bezug auf Bildung und Status zu heiraten, Frauen „aufwärts". Nachdem in den letzten 40 Jahren der Anteil von Frauen in der höheren Bildung, im Geschäftsleben und in akademischen Berufen erheblich gestiegen ist, wird wesentlich mehr innerhalb der eigenen Gruppe geheiratet: Hochschulabsolventinnen heiraten Hochschulabsolventen. Und so weiter.

Für die Kinder aus solchen Familien hat das zur Folge, dass sie über doppelt so viele Kontakte und Verbindungen verfügen als früher. Mütter mit beruflichem Erfolg können die Interessen ihrer Kinder ebenso fördern, wie die Väter es immer schon getan haben. Und natürlich werden heute die Interessen der Töchter in gleicher Weise gefördert wie die der Söhne.

Alison Wolf hat in ihrem Buch *The XX Factor* beschrieben, wie sich diese Verschiebung auch unter den britischen Spitzenpolitikern zeigt: „Die männlichen Premierminister vor und nach Margaret Thatcher hatten ‚traditionelle' Ehefrauen. Doch dann vollzog sich ein Generationswechsel, und bei den heutigen Parteiführern und Nachwuchskräften ist es der Normalfall, dass beide Ehepartner beruflichen Erfolg haben, als Anwältinnen und Designer, Journalistinnen und Führungskräfte im öffentlichen Dienst oder in Unternehmen."[12] Denken Sie an die erfolgreichen Ehefrauen von Tony Blair, Nick Clegg, Gordon Brown, Ed Miliband, David Cameron und George Osborne.

Derlei Haftkraft am oberen Ende der Skala gibt es auch am unteren Ende, sie zeigt sich als „Long Tail des sozialen Scheiterns" – oft über viele Generationen hinweg. Soziale Mobilität ist nicht nur im „Wettrüsten" der Mittelschicht sichtbar, sondern auch in vielen Reports über relativen Erfolg und Misserfolg, der bereits im Alter von drei Jahren vorprogrammiert scheint. Denn in diesem Alter ist ein Kind aus einem Akademikerhaushalt seinen Altersgenossen aus armen Familien in der Sprachentwicklung schon um fast ein Jahr voraus.

Technologie und wirtschaftliche Freizügigkeit haben viele gute Arbeiterjobs überflüssig gemacht, die jungen Männer und Frauen, die früher diese Jobs bekommen hätten, fühlen sich oft nicht in der Lage, im Wettrennen um die beste Bildung mitzuhalten. Das führt dazu, dass sie im zweiten oder dritten Jahr der Sekundarschule mehr oder weniger aufgeben.

Die Aushöhlung des Arbeitsmarkts, von der im letzten Kapitel schon die Rede war – weniger Jobs mit mittlerem Status, die als Sprungbrett zu Stellen mit höherem Status dienen könnten –, hat zwangsläufig auch Auswirkungen auf die soziale Mobilität. John Goldthorpe, der Doyen der Mobilitätssoziologen, ist der Ansicht, der Niedergang der produzierenden Industrie habe nicht nur eine breite Gruppe von Jobs mit mittlerem Status ausgelöscht, sondern auch den Karriereweg „von der Fabrikhalle in den Vorstand". Man kann eben nicht als Sekretärin oder Wachmann in der City anfangen und als Fondsmanager enden, jedenfalls nicht, ohne dafür die Firma zu wechseln und auf einem höheren Level neu anzufangen. Ein weiteres Hindernis für den internen Aufstieg ist die Tatsache, dass viele postindustrielle Dienstleistungsjobs bestimmte „Soft Skills" verlangen – das richtige Auftreten, die richtige Persönlichkeit, sogenanntes Kulturkapital. Und die haben etwas mit Stallgeruch und Erziehung zu tun.

Viele Möglichkeiten von Eltern, ihren Kindern insbesondere durch Netzwerke und Kontakte zu helfen, lassen sich in einer liberalen Gesellschaft kaum ausschließen. Der Trend zu „Credentials", zu mehr nachprüfbarer Qualifikation für immer mehr einfache Jobs, hilft zwar Menschen auf höherem und mittlerem Bildungsniveau, schließt aber einen Großteil jener 40 Prozent unter den jungen Leuten aus, die die Schule ohne ordentliche Noten im Abschlusszeugnis und damit ohne gute berufliche Chancen verlassen.

Nur wenige Kinder aus der ohnehin geschrumpften Arbeiterklasse schaffen es bis in die Elite. Diejenigen, deren Eltern an die Spitze gelangen, bleiben zumindest relativ weit oben. Aber im Mittelfeld gibt es eine überraschend hohe soziale Fluktuation.

Vielleicht sollte man Mobilität ebenso wie das Glück lieber auf indirektem Wege suchen. Goldthorpe schreibt dazu: „Ich bin skeptisch, der Mobilität zu viel Bedeutung beizumessen."[13] Dies liegt nicht daran, dass er eine starre Gesellschaftsordnung unterstützt, sondern vielmehr daran, dass er wie Michael Young das Misstrauen eines alten Sozialisten gegenüber Meritokratie und Mobilität hat und sich um die Wertschätzung der Zurückgebliebenen sorgt. Ihm wäre es beispielsweise lieber, man würde mehr Geld für eine stärkere Förderung derjenigen Menschen ausgeben, die weder erwerbstätig noch in Ausbildung oder Schule sind, statt den Anteil derer, die auf die Universität gehen, auf 50 Prozent eines Jahrgangs zu pushen. Es gibt allerdings ein Dilemma für moralische Skeptiker wie Goldthorpe: Eine hohe soziale Mobilität trägt das Risiko in sich, die Zurückbleibenden zu demoralisieren. Eine niedrige soziale Mobilität riskiert die Demoralisierung derjenigen, die sonst aufsteigen würden.

Kein Zweifel: Es gibt immer noch Vorurteile in den Auswahlsystemen, die entscheiden, wer an einer Spitzenuniversität studiert oder einen Top-Beruf ergreift. Menschen neigen dazu, diejenigen zu fördern, mit denen sie sich wohlfühlen und die kulturell passend erscheinen. Das lässt sich kaum vermeiden. Trotzdem sind sich die meisten großen Universitäten und Firmen des Problems bewusst und versuchen, etwas dagegen zu unternehmen.

Soziale Mobilität und Meritokratie werden zum Glück nie das ganze Bild bestimmen. Wir sollten sie anstreben, auch wenn sie für einige Menschen immer mit Frustration und Enttäuschung verbunden sind. Doch solange fast 20 Prozent der Schulabgänger kaum lesen oder einfache Rechenaufgaben lösen können, scheint klar, welche Politik zur Förderung sozialer Mobilität die Regierung verfolgen sollte: die Verbesserung der Grundbildung im unteren Bereich.

Wenn wir über soziale Mobilität nachdenken, müssen wir sensibler auf die sehr unterschiedlichen Startbedingungen eingehen und nicht immer gleich den großen Sprung an eine Eliteuniversität in den Blick nehmen. Statt jede Menge Schulabgänger aus ärmeren Familien in die Universitäten und im Anschluss in minderwertige Abolventenjobs zu drängen, wäre die Regierung gut beraten, mehr Geld in die berufsbegleitende Aus- und Weiterbildung und in Sprungbrett-Jobs zu stecken – beispielsweise in den Schulen oder bei der Polizei. So könnten viel mehr Menschen eine zweite Chance auf eine ordentliche Karriere bekommen.

Es wäre schön, wenn wir mal wieder positive Nachrichten über soziale Mobilität zu hören bekämen. Denn es gibt überraschend viele solche Nachrichten. Warum erhielt das außergewöhnlich breit aufgestellte Kabinett von Theresa May nicht mehr Aufmerksamkeit?

Somewheres haben in der Regel nichts gegen Aufstieg und Ehrgeiz, vor allem wenn es um Menschen von ganz unten geht. Aber sie wissen besser als die Anywheres, dass jeder Erfolg, der Menschen von zu Hause wegtreibt, einen Schatten auf das Leben derer wirft, die zurückbleiben. Eine gute Gesellschaft ist keine Ansammlung von Leitern, wie so viele Anywheres glauben. Im Idealfall ist sie ein Kreis gemeinsamer Interessen: die Besten und Klügsten werden nach wie vor den Weg nach oben schaffen, aber alle tragen ihren Teil bei, und das wird auch gewürdigt.

Unsere marktwirtschaftlich geprägte Kultur des individuellen Wettstreits wird in reichen Wohlfahrtsdemokratien durch eine politische Kultur gleicher Bürgerrechte abgefedert, die den Erfolgreichen ein paar Grenzen aufzeigt. Gleichzeitig kann man in einer Leistungsgesellschaft aber leichter scheitern, weil die Möglichkeit zum Erfolg für viel mehr Menschen besteht. Was wir heute haben, ist eine Leistungsgesellschaft, in der zu viele das Gefühl haben, sie könnten nicht bestehen. Und Rollen außerhalb des Wettbewerbs, beispielsweise als Hausfrau oder Hauptverdiener, existieren nicht mehr oder wurden entwertet. Unsere Agenda der sozialen Mobilität scheint manchmal mit all dem Stress und den Ängsten, die sie unweigerlich mit sich bringt, mit unserer Agenda des Wohlergehens über Kreuz zu liegen.

Die meisten Somewheres machen sich Sorgen darüber, wie sie in ihrem ganz normalen Leben Würde und Ehre bewahren können, wo sie doch in einer Welt leben, in der Status und Wohlstand so ungleich verteilt sind. Ehrgeiz und Erfolgsstreben sind ganz und gar verständliche menschliche Impulse, aber die meisten Menschen wissen, dass Wertschätzung wichtiger ist als Erfolg.

Oder um es mit den Worten des Schriftstellers Eamonn Callan zu sagen: „Wir schämen uns nicht, unscheinbare Katzen und Hunde zu lieben, unbedeutende Bücher, triviale Jobs, hässliche Häuser mit nichtssagenden Gärten. Übrigens auch unsere ganz und gar gewöhnlichen Freunde, Verwandten und Liebsten … Wer liebt, ist sich möglicherweise vollkommen bewusst, dass der oder das Geliebte im großen Weltgeschehen eher von bescheidenem Wert ist. Aber dieses Wissen tut der Liebe keinen Abbruch.“

8 Wie geht's der Familie?

Es war in den Sechzigern, als die Sache mit dem modernen Großbritannien und mit dem Streit zwischen Anywhere und Somewhere begann. Die Werteverschiebung, die in diesem Jahrzehnt einsetzte, hatte enormen Einfluss auf das Leben von Familien und die Rolle von Frauen und Männern. Bis heute hallen diese Veränderungen nach.

Die britische Nachkriegskultur war von einem Individualismus gekennzeichnet, den sie mit den USA teilte und der großen Wert auf persönliche Freiheit und Meritokratie legte. Gleichzeitig war es eine Zeit der sozialen Demokratie, die sie mit Europa teilte, in der sich der Wohlfahrtsstaat als teilweiser Ersatz für die traditionellen Unterstützungssysteme innerhalb der Familien ins Spiel brachte.

Am Anfang sah das alles sehr freundlich aus. Die gesellschaftlichen Reformen der Sechzigerjahre vollendeten die politische Gleichstellung der Frauen, die in den Zwanzigerjahren begonnen hatte. Sie brachte ihnen wesentlich mehr rechtliche und wirtschaftliche Unabhängigkeit von den Männern und von der traditionellen Familie: vereinfachte Ehescheidung, frauenfreundlichere Einstellungspraxis und mehr Gleichheit auf dem Arbeitsmarkt, Sozialleistungen, die direkt an die Frauen ausbezahlt wurden, später auch noch die Einzelbesteuerung von Ehepartnern. Dazu kam die Erfindung der Anti-Baby-Pille und die Reform der Gesetze zum Schwangerschaftsabbruch. All diese Faktoren trennten Geschlecht und Familienorientierung sowie langfristige Verpflichtungen voneinander.

Doch wie einige andere Aspekte der Sechzigerjahre-Liberalisierung hatten diese Familien-Reformen und damit verbundene wohlfahrtsstaatliche Arrangements auch weniger freundliche Folgen. Der private Familienbereich trat in Ansehen und Bedeutung zurück gegenüber Berufstätigkeit und öffentlichem Leben. Und in der intellektuellen und populären Kultur wurde die Familie mindestens zum Teil zum Synonym für die Unterdrückung individueller Freiheit und weibliche Unterordnung.

Das ambivalente Verhältnis zur Familie – einer Sphäre, die durch Pflichterfüllung und absolute Bindung gekennzeichnet war – ging Hand in Hand mit dem Bedeutungsverlust der Religion, aber auch mit der wachsenden Ökonomisierung des öffentlichen Lebens. Shirley Burggraf zeigt in ihrem Buch *The Feminine Economy and Economic Man*, wie orthodoxe Feministinnen und orthodoxe Vertreter der Marktwirtschaft plötzlich gemeinsame Sache machten und die Familie als Institution von sinkendem Wert betrachteten: für die Marktwirtschaftler, weil sie nicht unmittelbar zum Bruttoinlandsprodukt beitrug, für die Feministinnen, weil sie Frauen daran hinderte, ihr Potenzial im einzig bedeutsamen Bereich zu entfalten: im männlich dominierten öffentlichen Leben.[1]

Natürlich beschränkte die traditionelle Familie mit einem männlichen Broterwerber die Möglichkeiten der Frau. Das empfand die Generation „Rosie the Riveter" besonders hart – jene Frauen, die während des Zweiten Weltkriegs in fordernden, verantwortlichen Positionen die Männer ersetzt hatten und nach dem Krieg aus fast allen höheren Stellungen herausgedrängt wurden, sobald sie heirateten. Dabei ist der Begriff „traditionelle Familie" eigentlich irreführend, denn in dieser Form gab es sie nur ein paar Generationen lang; sie entstand erst Ende des 19. Jahrhunderts. Bis dahin waren sowohl Männer als auch Frauen lohnabhängig beschäftigt, die Frauen allerdings oft zu Hause. Die Erziehung der Kinder war eine Sache der erweiterten Familie – hier spielten Geschwister, Tanten, Cousinen und Großeltern eine wichtige Rolle.

Wie auch immer: Die Hausfrauen, die während eines großen Teils des 20. Jahrhunderts die Kinder großzogen und oft genug die lokalen Gemeinschaften zusammenhielten, weil Frauen aus der Mittelschicht sich stark ehrenamtlich engagierten: Sie wären überrascht, wenn man ihnen erzählen würde, das alles hätte keinen Wert gehabt. Sie arbeiteten für andere und brachten den traditionellen „weiblichen Altruismus" zum Tragen, einen der wichtigsten gesellschaftlichen Klebstoffe seit Anbeginn der Zeit.

Die Frauenbewegung in der Zeit zwischen den beiden Weltkriegen hatte Männer und Frauen als durchaus verschieden angesehen und einen Wandel der Gesellschaft hin zum Weiblichen gefordert. Die Frauenbewegung nach dem Zweiten Weltkrieg jedoch stand dem Familienleben entweder desinteressiert oder feindselig gegenüber. Sie betrachtete Männer und Frauen nicht nur als gleichberechtigt, sondern als gleich, und hielt eine Gleichheit im öffentlichen Bereich für das wichtigste Merkmal des Fortschritts. Die

Bewegung für ein Hausfrauengehalt in den Siebzigern bildet hier eine Ausnahme.

Technologie, Wirtschaft und Genderpolitik trugen eine Vielzahl dieser Veränderungen in jeden Winkel der britischen Gesellschaft. Dank der Pille bekamen Frauen mehr Kontrolle über ihre Fruchtbarkeit, und die Familien wurden kleiner. Gleichzeitig verlor schwere körperliche Arbeit an Bedeutung, während Verwaltungs- und andere Bürojobs zunahmen. Da in diesen Jobs die „Soft Skills" von Frauen wichtig sind, führte diese Entwicklung auch zu einer Ausweitung wirtschaftlicher Selbstständigkeit von Frauen. Und weil sich auch auf anderen Gebieten das Wertesystem verändert hat – mehr individuelle Autonomie, größere Bedeutung von Geschlechtergleichheit –, wird weniger geheiratet, werden wesentlich mehr Kinder werden außerhalb konventioneller Familien geboren und erzogen, sind Frauen heute insgesamt viel weniger abhängig von einem männlichen Versorger.

Frauen aus der Mittelschicht können heute ebenso gebildet sein und ebenso großen beruflichen Erfolg haben wie ihre männlichen Gegenüber. Auch deshalb neigen sie dazu, das Kinderkriegen möglichst lange hinauszuschieben. Und Frauen mit niedrigerem Einkommen können vom Staat Unterstützung erwarten, wenn sie ihre Kinder ohne dauerhaften Partner großziehen. Noch 1970 lag der Anteil der vollzeitbeschäftigten Frauen mit kleinen Kindern bei etwa 18 Prozent. Nur etwa 12 Prozent aller Frauen arbeiteten in akademischen Berufen. Heute liegt der Anteil in beiden Fällen bei etwa einem Drittel.[2]

Viele dieser kulturellen Veränderungen und politischen Reformen während der letzten zwei Generationen waren außerordentlich positiv, nicht nur für die Frauen. Heute sind weniger Menschen in gescheiterten Ehen gefangen; Frauen können ihre Kinder, wenn es sein muss, allein großziehen, ohne stigmatisiert zu werden; und der öffentliche Bereich kann die Intelligenz und Begabungen der weiblichen Hälfte unserer Bevölkerung nutzen. Frauen ohne familiäre Verpflichtungen sind Männern heute im Grunde komplett gleichgestellt, was Bildung und Arbeit angeht. Tatsächlich sehen wir viele hochgebildete Frauen, die die Männer in beiden Bereichen überflügeln.

Doch bei all dem wurden die größere Autonomie von Frauen und die zentrale Bedeutung der Berufstätigkeit so stark betont, dass wir ein ebenso wichtiges Ziel aus dem Blick verloren haben: Wie kann es uns gelingen, in einer Ära der Gleichberechtigung neue Formen von Interdependenz zu beiderseitigem Nutzen zwischen Männern und Frauen zu schaffen? Und wie können wir in einer Ära größerer Freiheit die Zwei-Eltern-Familie so gut wie möglich erhalten?[3]

Beides gelingt uns derzeit nicht besonders gut. Es gibt viel zu viele erschöpfte Frauen, die darum kämpfen, Kindererziehung und Berufstätigkeit miteinander zu verbinden, die meisten mit Partner, viele ohne Partner. Und auch wenn man sich schwertut, eine echte Reaktion von Männern gegen die größere Autonomie und Gleichheit von Frauen zu finden – eine Umfrage der Fawcett Society von 2016 hat ergeben, dass sogar mehr Männer (86 Prozent) als Frauen (81 Prozent) die volle berufliche Gleichberechtigung unterstützen –,[4] gibt es doch viele Männer, die das Gefühl haben, durch die Veränderungen des Familienlebens aufs Abstellgleis geraten zu sein. Das Internet und die Kommentarspalten der Zeitungen sind voll von männlicher Unzufriedenheit – auch wenn diese Unzufriedenheit von den Mainstream-Medien kaum ernstgenommen wird.

Tatsächlich kommt der ungeheure Wandel der Familie in den letzten 40 Jahren, nimmt man alles zusammen, fast einer Revolution gleich, und das gerade für Menschen im unteren Einkommensbereich. Wie die neue Realität aussieht, soll hier genauer betrachtet werden.

Der Anteil von Haushalten mit einem alleinerziehenden Elternteil, das sind zu 90 Prozent alleinerziehende Frauen, lag 1970 bei gerade 8 Prozent. Heute sind es 25 Prozent, in England und Wales sogar 29 Prozent.[5] Der Anteil von Familien mit nur einem Elternteil hat sich in der Zeit von 1971 bis 1991 verdoppelt und ist dann bis in die Zweitausender Jahre weitergestiegen. Seitdem bleibt er ungefähr gleich. Der anfängliche Anstieg hat wohl mit der hohen Zahl von Ehescheidungen nach der Reform des Scheidungsrechts 1969 zu tun, aber nach 1985 stieg die Zahl der Mütter, die nie verheiratet gewesen waren oder, in den meisten Fällen, der Mütter, die unverheiratet mit ihrem Partner zusammengelebt hatten. Tatsächlich verdoppelte sich der Anteil außerehelicher Geburten in nur 16 Jahren (1985 bis 2001) von 19 auf 40 Prozent. In den meisten Fällen leben die Eltern unverheiratet zusammen.

Alleinerziehende Eltern bilden keine homogene Gruppe, aber sie sind tendenziell ärmer als der Durchschnitt. Der Anteil der Berufstätigen unter den Alleinerziehenden ist in den letzten Jahren auf fast 60 Prozent gestiegen, aber man bekommt auch eine annehmbare staatliche Unterstützung, wenn man zu Hause bleibt. New Labour hat neue Leistungen für alleinerziehende Eltern eingeführt und erklärt, alle Formen des Familienlebens seien gleich viel wert – eine Umkehrung der feindseligen Rhetorik der Konservativen gegenüber alleinerziehenden Müttern.

In den Achtziger- und Neunzigerjahren schnellte der Anteil unverheiratet zusammenlebender Paare in die Höhe, Geburten in dieser Gruppe erhöhten sich von 10 Prozent (1986) auf ein Drittel (2013).[6] Nun sind aber außereheliche Partnerschaften weniger stabil als konventionelle Ehen. Von den Paaren, die in den Jahren 2000 bis 2004 zusammenzogen, lebte nach fünf Jahren etwa ein Viertel immer noch zusammen, 35 Prozent hatten sich getrennt, 40 Prozent hatten geheiratet. Mütter in außerehelichen Partnerschaften sind, ebenso wie alleinstehende Mütter, tendenziell ärmer und jünger als verheiratete.

Die konventionelle Ehe, in der Eltern gemeinsam ihre Kinder großziehen, ist immer noch die verbreitetste Form der Familie, aber der Anteil der Kinder, die in solchen Familien leben, ist von 84 Prozent (1970)[7] auf knapp über 60 Prozent (heute) gesunken. 15 Prozent leben in außerehelichen Gemeinschaften, 23 Prozent werden von Alleinerziehenden großgezogen. Und wenn man die Frauen aus der Rechnung herausnimmt, die nicht in Großbritannien geboren wurden, läge der Anteil der Kinder aus konventionellen Ehen bei unter 50 Prozent.[8]

Etwa eins von drei Kindern, die in einer Ehe aufwachsen, wird vor seinem 16. Geburtstag die Trennung seiner Eltern erleben.[9] Die Zahl der Scheidungen ist in letzter Zahl gesunken, aber das liegt hauptsächlich daran, dass weniger geheiratet wird: 1973 gab es etwa 400.000 Eheschließungen, heute sind es noch etwa 250.000 pro Jahr. Die Zahl der Scheidungen liegt konstant bei etwas über hunderttausend.[10] Betrachtet man alle Kinder, die heute in Großbritannien leben, so liegt ihre Chance, im Alter von 16 Jahren noch mit beiden Eltern zusammenzuleben, etwa bei 50:50.

Hinzu kommt, die Ehe scheint zunehmend ein Privileg der Wohlhabenden und Gebildeten zu sein. Fast 80 Prozent aller Ehepaare leben in einem eigenen Haus, die Hälfte aller verheirateten Mütter hat einen Hochschulabschluss, und ein Viertel der Ehepaare besucht mindestens einmal pro Monat einen Gottesdienst. Bei unverheiratet zusammenlebenden Paaren liegen alle genannten Werte deutlich niedriger.[11]

All das deutet auf eine weitreichende Schwächung der Familie mit zwei verheirateten Eltern hin, vor allem unter den ärmeren Somewheres. Eine gewisse Lockerung war eine ebenso unvermeidliche wie willkommene Folge der Gleichstellung und größeren Autonomie von Frauen, aber die heutigen Verhältnisse sind weder wünschenswert noch besonders populär. Es gibt eine breite, tief verwurzelte Unterstützung für mehr Gleichberechtigung – wie wir schon gesehen haben, ohne große Meinungsunterschiede bei Männern und Frauen zu diesem Thema. Aber eine komplette Abschaffung der Arbeitsteilung unter den Geschlechtern einschließlich der Vorstellung, dass der Mann der hauptsächliche (nicht unbedingt der einzige) Verdiener sein sollte, solange die Kinder klein sind, findet deutlich weniger Unterstützung, wie alle Meinungsumfragen zeigen.

Weitere unbeabsichtigte Folgen dieser Schwächung sind die ungeheuren Sonderausgaben des Staats in diesem Bereich; Millionen Kinder, die nachweisbar unter negativen Folgen des Heranwachsens außerhalb einer stabilen Zwei-Eltern-Familie leiden; und die Demoralisierung vieler Männer mit niedrigem Einkommen, die keinen existenziellen Anreiz zur Arbeit mehr sehen, wenn sie keine Familie zu versorgen haben.

Wo ist die Verbindung dieser Effekte zum großen Thema dieses Buchs über die Dominanz von Anywhere-Werten? Die posttraditionellen Familienwerte, die in den Sechzigerjahren aus der Avantgarde des linksliberalen Anywhere-Denkens entstanden, haben sich recht schnell in der Gesamtgesellschaft ausgebreitet. Doch während die wohlhabenderen Anywheres gleichen Status für alle Formen von Kindererziehung predigten, praktizierten sie selbst weiterhin relativ orthodoxe Familienformen. Und umgekehrt redeten die weniger wohlhabenden Somewheres von der zentralen Bedeutung der konventionellen Familie, praktizierten aber oft die neuen Formen.[12]

Frauen mit gut bezahlten akademischen Berufen können unabhängig von Männern leben, selbst wenn sie Kinder haben. Sie bezahlen dann schlicht für die verschiedenen Arten der Unterstützung. Männer mit hoch angesehenen Berufen brauchen keine familiären Verpflichtungen, die sie zum Arbeiten motivieren. Die Somewheres mit niedrigerem Einkommen und Status genießen keinen dieser Vorteile und leiden am Ende unter dem Schaden, den eine Veränderung des Familienlebens anrichtet: Alleinerziehende Elternschaft, Scheidung und Trennung, Aufwachsen von Kindern mit nur einem Elternteil. All das ist viel wahrscheinlicher, wenn Sie zur unteren Hälfte des Einkommensspektrums gehören.

Frauen sind ebenso wenig ein homogener Block wie Männer. Und die Bewegung hin zu mehr Gleichberechtigung ebenso wie die moderne Familienpolitik sind zu stark von den Bedürfnissen der hoch gebildeten, wohlhabenden Anywhere-Frauen geprägt. Diese Frauen brauchen keinen verlässlichen männlichen Versorger, sondern kümmern sich aus gutem Grund viel mehr um die Ungerechtigkeiten am oberen Ende der Karriereleiter und darüber, wie sie Kindererziehung und Karriere unter einen Hut bringen. Ihr Einfluss hat dafür gesorgt, dass selbst eine konservative Regierung, die sich einen modernen und liberalen Anstrich geben wollte, viel mehr Zeit, Energie und Geld für die Gleichberechtigung am Arbeitsplatz und die Kinderbetreuung aufgebracht hat, statt Familie und Ehe steuerlich zu fördern. Dabei hätte man mit Letzterem den Niedergang der Zwei-Eltern-Familie im Großbritannien der niedrigen Einkommen aufhalten können.

Alle großen Parteien haben auf diesem Gebiet ähnliche Prioritäten. Ich zitiere Caroline Dinenage, eine konservative Ministerin, die bei der UN-Tagung im März 2016 zum Thema „Weibliche Autonomie“ sagte: „Ich stimme Glora Steinem zu: ‚Nichts verändert das Verhältnis zwischen den Geschlechtern so sehr wie die ökonomische Freiheit der Frauen.‘ Und das heißt, unsere Priorität muss bei der Steigerung der Lebenschancen von Frauen am Arbeitsplatz liegen.“

Und ich zitiere aus Theresa Mays erster Rede als Premierministerin, in der sie eine ganze Liste von Ungerechtigkeiten anführte, um die sich ihre Regierung kümmern wollte: „Wenn Sie eine Frau sind, verdienen Sie weniger als ein Mann.“ Dabei ist die Lücke in der Bezahlung bei gleicher Arbeit nur noch sehr gering, vor allem bei Erwerbstätigen unter vierzig Jahren, wie Alison Wolf in ihrem Buch *The XX Factor* zeigt. Tatsächlich verdienen Frauen in Vollzeitbeschäftigung und im Alter von 22 bis 29 Jahren seit 2009 sogar mehr als Männer. Die Lücke, von der May sprach, ergibt sich, wenn man die Einkommen sämtlicher Frauen aller Altersgruppen zusammennimmt, in allen Berufen und ungeachtet der Wochenarbeitszeit, und sie mit den Einkommen sämtlicher Männer vergleicht. Da sehr viele

Frauen Teilzeit arbeiten (43 Prozent, verglichen mit nur 13 Prozent bei den Männern) und sich in einigen schlecht bezahlten Sektoren konzentrieren (darunter Reinigung und Pflege), liegt das Durchschnittseinkommen von Frauen pro Arbeitsstunde nach wie vor fast 20 Prozent niedriger als das der Männer. Und wenn man nur die Vollzeitbeschäftigten anschaut, wo das Durchschnittseinkommen von Frauen 9,4 Prozent unter dem der Männer liegt, dann deshalb, weil das Gros der Männer und Frauen in unterschiedlichen Sektoren des Arbeitsmarktes tätig ist.[13]

Ein weiterer Grund für die Dominanz von Anywhere-Prioritäten in der Familienpolitik liegt darin, dass der Mix aus Feminismus in seinen vielen Spielarten und Individualismus typische Werte der liberalen Sechzigerjahre-Babyboomer ist, die heute in der britische Gesellschaft und Politik dominieren. Aber Somewhere-Interessen und -Präferenzen können auf Dauer nicht komplett unterdrückt werden, wie wir bereits in den vorangegangenen Kapiteln gesehen haben. Und es gibt Anzeichen, dass die nächste Generation sowohl in der Familienpolitik als auch sonst etwas skeptischer und wählerischer mit Aspekten des Babyboomer-Liberalismus umgeht. Wie wir noch sehen werden, legen jüngere Frauen wieder mehr Wert auf Häuslichkeit und den Privatbereich, vor allem in den unteren Einkommensgruppen.

Eine letzte einleitende Beobachtung: Der Anywhere-Liberalismus hat sich in der Familienpolitik wie auch in einigen anderen Bereichen von einem Generationeninteresse zu einem Klasseninteresse entwickelt. In den Sechziger- und Siebzigerjahren wurde der Widerstand gegen Autorität und Tradition in der Familie von jungen Menschen aller Schichten geteilt. Aber der Fokus auf berufliche Gleichstellung und die Unterbewertung des Privatbereichs spiegelt eher die Interessen akademisch gebildeter, voll berufstätiger Mittelschichtfrauen. In den Werte-Studien, die wir in diesem Kapitel noch betrachten, zeigt sich eine ganz klare gesellschaftliche Schlagseite.

Mehr Staat, weniger Familie

In Großbritannien und in der übrigen entwickelten Welt ist die Rolle des Staates und seiner Ausgaben in Sachen Familienpolitik während der letzten 50 Jahre stark gewachsen. Das ging Hand in Hand mit den großen Veränderungen des Familienlebens, wie ich sie bereits beschrieben habe, und einem Wachstum aller Arten von Betreuungsarbeit außerhalb der Familie.

Die Ausweitung des Wohlfahrtsstaats seit den Siebzigerjahren hat ein ganzes Netz von Unterstützungsleistungen hervorgebracht, das es möglich macht, Kinder auch ohne Partner großzuziehen: Hilfen zum Lebensunterhalt, Steuerfreibeträge, Wohngeld, Bevorzugung auf der Warteliste für eine kommunale Wohnung ... Und wie schon bemerkt, wurden einige dieser Leistungen erhöht, als New Labour 1997 an die Regierung kam - die Hilfen zum Lebensunterhalt für alleinstehende Eltern mit zwei Kindern unter elf Jahren waren 2002 ein Drittel höher als 1997.

Unser Staat wird immer mehr zum Wohlfahrtsstaat. 2014/15 machten Wohlfahrtsleistungen inklusive der staatlichen Renten, etwa die Hälfte des Betrags, eine Summe von 258 Milliarden Pfund aus, das sind 35 Prozent des gesamten Staatshaushalts. Die Summe selbst und auch der Anteil am Haushalt steigen, auch in einer Zeit der Austerität.[14] Zählt man das Gesundheitswesen und die Bildungsausgaben dazu, kommt man auf nahezu zwei Drittel der staatlichen Ausgaben. Es ist nicht einfach auszurechnen, wie viel davon heute für die Unterstützung von Familien ausmacht und um wie viel diese Unterstützung in den letzten Jahrzehnten gestiegen ist. Aber die Relationships Foundation hat errechnet, dass allein die Kosten für das Auseinanderbrechen von Familien – also die verschiedenen Extrakosten, die der Staat aufbringen muss, um alleinstehende Eltern zu unterstützen und die Auswirkungen zerbrochener Beziehungen abzufedern – bei etwa 48 Milliarden Pfund pro Jahr liegen. 2009 waren es noch 37 Milliarden.[15]

Ein Teil dieser Summe ist notwendig, um alleinstehende Eltern mit niedrigem Einkommen zu unterstützen und die Kinderarmut zu senken. Aber die Art, wie die Ausgaben heute strukturiert sind, fördert die Abhängigkeit von Wohlfahrtsleistungen - dies auch mit hohen finanziellen Strafen in Form gestrichener Leistungen bei denjenigen, die eine Arbeit aufnehmen oder mehr Stunden arbeiten wollen. Oft erscheint es armen Eltern finanziell ratsamer, nicht (zu offensichtlich) eine Familie zu gründen.

Etwa die Hälfte aller Alleinerzieher-Haushalte (und ich wiederhole, in neun von zehn solchen Haushalten handelt es sich um alleinstehende Mütter) sind ohne Erwerbseinkommen, verglichen mit weniger als 10 Prozent bei den Haushalten von Paaren.[16] Etwa 60 Prozent dieser Haushalte bekommen Wohngeld, denn die meisten wohnen zur Miete, verglichen mit 10 Prozent bei den Paaren. Aber die verschiedenen Leistungen wie Arbeitslosengeld, Hilfen zum Lebensunterhalt, Steuerkredite fallen für alleinerziehende Mütter deutlich geringer aus, wenn sie zugeben, dass sie mit einem Partner zusammenleben. Das sogenannte ‚Pärchen-Bußgeld' schafft einen starken Anreiz, neue dauerhafte und unterstützende Beziehungen nicht zu formalisieren. Für ein Paar mit einem Kind kann der Unterschied bis zu 7100 Pfund pro Jahr ausmachen.

Und wenn ein Paar mit Kindern sich zum Zusammenleben bekennt, werden zusätzliche Erlöse aus Arbeit mit niederschmetternd hohen Steuerlasten belegt, da in solchen Fällen Steuervergünstigungen und Wohngeld gestrichen werden. Das läuft auf eine Abgabenlast von mindestens 75 Prozent hinaus, die höchste weltweit. Allerdings soll ein neues Punktesystem diese Last etwas reduzieren. Steuervergünstigungen kompensieren also überhaupt nicht die Tatsache, dass unsere Einkommenssteuer keinerlei Rücksicht auf familiäre Verpflichtungen nimmt, was in den reichen Ländern ungewöhnlich ist. Etwa 60 Prozent aller Familien mit Kindern bekommen überhaupt keine Steuererleichterungen.

Großbritannien gibt auch immer mehr Geld für außerfamiliäre Kinderbetreuung aus. Es ist inzwischen das Land mit den zweithöchsten Ausgaben unter den 36 Staaten der Organisation für wirtschaftliche Zusammenarbeit und Entwicklung. Und das, obwohl die Kosten für Kinderbetreuung im Vorschulalter wesentlich höher sind als die Steuereinnahmen durch Zweitverdiener in der Familie und ungeachtet der Tatsache, dass die weitaus meisten Frauen mit kleinen Kindern die Betreuung am liebsten zu Hause regeln möchten. Die jüngste Initiative der Regierung schlägt vor, dass ab September 2017 alle berufstätigen Eltern von Drei- und Vierjährigen Anspruch auf 30 Stunden kostenlose Kinderbetreuung haben sollen, und dies in 38 Wochen pro Jahr. Das IFS hat dazu kürzlich geschrieben: „Dabei fehlen uns immer noch eine richtige Begründung und Evidenzbasis für Ausgaben von mehr als 7 Milliarden Pfund an staatlichen Geldern, die jetzt schon für Kinderbetreuung ausgegeben werden."[17]

Die meisten bisher beschriebenen Veränderungen sind vernünftig und in der Regel auch wünschenswert, wenn man sie einzeln betrachtet, aber wie auf anderen Politikfeldern produziert der kumulative Effekt Ergebnisse, die niemand will – vor allem für Kinder. Und wenn eine bestimmte Politik und gewisse Geldströme einmal etabliert sind, wird es schwierig, sie wieder zurückzufahren, selbst wenn sie das Problem eher verschärfen als lösen. Wer spricht sich schon dagegen aus, eine finanziell strauchelnde alleinstehende Mutter zu unterstützen?

Eine zunehmend individualistische Gesellschaft hat zu einem größeren, sich stärker einmischenden Staat geführt, indem sie die Familie und unmerklich auch die Gemeinschaft geschwächt hat. Und das liegt vor allem daran, dass die Pflege von Alten, Kranken und Jungen, die einst in der Familie verrichtet wurde, jetzt außerhalb geleistet wird – durch das staatlich finanzierte Gesundheitswesen, durch staatlich finanzierte Pflegekräfte und staatlich subventionierte Erzieherinnen und Erzieher. Viele Frauen leisten jetzt eine Arbeit im öffentlichen Bereich des Wohlfahrtsstaats, die ihre Großmütter unbezahlt innerhalb der Familie geleistet haben.

Ein großer Teil davon ergibt sich notwendig aus dem Wunsch vieler Frauen, berufstätig zu sein, zumindest sobald ihre Kinder zur Schule gehen. Und nur noch wenige Familien können gut von einem einzigen Einkommen – dem des Mannes – leben.

Das Problem liegt jedoch in der Form und dem Ausmaß, das die Arbeit außer Haus angenommen hat, und in den Verhaltensweisen und Abhängigkeiten, die durch die Struktur unserer Wohlfahrtsausgaben gefördert werden. In Großbritannien haben diese Ausgaben den Niedergang der Zwei-Eltern-Familie nicht verursacht, aber sicher verstärkt. Und das, obwohl sie auf der fragwürdigen Anywhere-Annahme beruhen, dass Männer und Frauen die gleichen Lebensziele haben und gleichermaßen an einer Berufstätigkeit außerhalb der Familie interessiert sind, auch wenn sie Kinder großziehen. Tatsächlich finden – so eine Studie von British Social Attitudes aus dem Jahr 2012 – nur 5 Prozent der Befragten (Männer wie Frauen), dass Frauen Vollzeit arbeiten sollten, wenn sie Vorschulkinder haben. Und nur 28 Prozent finden dies okay, sobald die Kinder zur Schule gehen.[18]

Doch dank all der bereits genannten Anywhere-Annahmen hat Großbritannien heute eins der familienfeindlichsten Steuer- und Sozialleistungssysteme in der gesamten entwickelten Welt. Anders als in fast allen anderen reichen Demokratien gibt es keinerlei direkte

Unterstützung für verheiratete oder zusammenlebende Paare. Und Paar-Haushalte, in denen nur einer verdient, werden regelrecht bestraft.

Dazu kommt, dass sehr viel Geld dafür ausgegeben wird, das Scheitern von Partnerschaften abzufedern, statt die Familien vorher zu unterstützen (wie gesagt, die Relationships Foundation spricht von 48 Milliarden Pfund). Selbstverständlich werden Beziehungen auch weiterhin scheitern, egal wie das Steuersystem und die Sozialleistungen strukturiert sind. Aber es scheitern im Verhältnis viel mehr Beziehungen in Haushalten mit niedrigem Einkommen, und man darf vermuten, dass Streit ums Geld sehr häufig die Situation verschärft. Fast die Hälfte aller Kinder aus Haushalten mit niedrigem Einkommen, in den untersten 20 Prozent also, leben nicht mit beiden Eltern zusammen. Bei den obersten 20 Prozent ist es gerade ein Kind von 14, so Samantha Callen vom Centre for Social Justice, die ihre Zahlen von Understanding Society bezieht.[19]

Kultureller und politischer Wandel haben die Familie geschwächt und aufgelöst. Nichts anderes kann man in einer individualistischeren, weniger traditionengebundenen Gesellschaft erwarten, die viel Wert auf Geschlechtergleichheit legt. Doch die Familie ist und bleibt die zentrale Instanz für Betreuung, Unterstützung und ganz allgemein für menschliches Wohlergehen. Das gilt vor allem für abhängige Junge und Alte.

In den Sechziger- und Siebzigerjahren schien die Großfamilie auf dem Rückzug zu sein, aber die Großeltern haben in den vergangenen Jahrzehnten eine wachsende Rolle in der Kinderbetreuung gespielt. Fast zwei Drittel aller Großeltern helfen bei der Betreuung ihrer Enkel aus und verbringen im Schnitt fast zehn Stunden pro Woche mit dieser Tätigkeit. Das weist darauf hin, dass die meisten Familien weniger geografisch mobil sind, als von den mobilen Anywheres angenommen wird.

Es ist heute eine weithin akzeptierte Tatsache, dass die Lebenschancen für Kinder in einer Familie mit beiden Eltern, die darüber hinaus verheiratet sind, wesentlich besser sind als in Familien mit einem alleinstehenden Elternteil oder mit unverheirateten Paaren.[20] Allerdings sind Ursache und Wirkung hier schwer zu trennen, und es wird oft argumentiert, dass Menschen, die sich zu einer Ehe entschließen, generell wohlhabender und erfolgreicher sind und dazu noch verantwortungsvollere Eltern. Das kurzfristige Trauma für Kinder bei einer Trennung und die langfristigen negativen Auswirkungen auf das psychologische Wohlergehen und die Schulleistungen sind jedenfalls gut dokumentiert.

Die ersten Lebensjahre prägen Muster, die ein Leben lang wirksam bleiben. Und ein stabiles, liebevolles Zuhause ist in der Regel unabdingbar für die kognitive und emotionale Entwicklung. Ein solches Zuhause können auch liebevolle Alleinerziehende schaffen, aber sie haben es schwerer.

Kinderbetreuung kann ein Ersatz sein, aber wir wissen heute, dass ein langer Aufenthalt in einer Betreuungseinrichtung vor allem Kleinkindern schadet – außer, sie kommen aus extrem schwierigen Verhältnissen oder die Qualität der Betreuung ist extrem hoch.[21]

Unumstritten sind all diese Argumente freilich nicht. Und die Daten für etwas ältere Kinder sind wesentlich besser. Aber wann finden in der politischen Debatte die Bedürfnisse von Babys und Kindern schon Gehör? Diese Debatte wird hoch emotional geführt, mit mächtigen Interessen auf der Seite des Status quo, während die Argumente und Fakten, die ich hier präsentiere, generell eher vom Rand der öffentlichen Diskussion kommen: von religiösen Gruppen und Mütterorganisationen, die als altmodisch oder verschroben gelten.

Wer die derzeitige Anywhere-getriebene Familien- und Sozialpolitik umkehren will, muss mit Widerstand rechnen. Doch ein paar eher kleine Änderungen im Steuer- und Sozialleistungssystem würden bereits helfen, die Verzerrung zu Lasten konventioneller Familien zu lindern. Es handelt sich um Veränderungen, die der Mehrheit der Frauen entgegenkämen, eine stabilere Umgebung für kleine Kinder schaffen würden und auch noch helfen könnten, die Staatsausgaben zu senken.

Nach Auskunft von CARE, der christlichen Forschungsorganisation, die die wirtschaftliche Lage von Familien analysiert, zahlen Familien heute wesentlich mehr Einkommenssteuer als noch 1990. Und obwohl das britische Steuersystem aufs Ganze gesehen nicht belastender ist als die Systeme anderer entwickelter Länder, bürdet es der traditionellen Familie mittleren Einkommens mit zwei Eltern und einem Verdiener eine besonders schwere Last auf. Im Jahr 2014 zahlten Familien mit einem Verdiener und zwei Kindern 25 Prozent mehr Einkommenssteuer als der OECD-Durchschnitt. Eine Familie mit einem Verdiener und einem Bruttoeinkommen von 30.000 Pfund zahlt ganze 2000 Pfund mehr als eine Familie mit gleichem Einkommen, das sich gleichmäßig auf zwei Verdiener verteilt. Das liegt zum Teil daran, dass der nicht erwerbstätige Erwachsene in dem Haushalt mit einem Verdiener seinen Steuerfreibetrag nicht auf den Erwerbstätigen übertragen kann.[22]

Großbritannien hat ein gemischtes System, in dem der Anspruch auf Leistungen nach Bedürftigkeitsprüfung und Steuererlass nach dem gemeinsamen Einkommen berechnet wird, während Steuerpflicht und Beiträge zur Sozialversicherung vom individuellen Einkommen abhängig sind. Wie sind wir in eine Situation geraten, in der familiäre Verpflichtungen und Zusatzkosten für Kinder keinerlei Einfluss auf den Einkommenssteuersatz haben, während ärmere Familien mit Kindern je nach Bedürftigkeit von Steuern befreit werden?

Die unabhängige Besteuerung von Eheleuten wurde 1990 eingeführt, um mehr steuerliche Unabhängigkeit möglich zu machen. So weit, so unumstritten. Gleichzeitig wurde vorgeschlagen, das alte Ehegattensplitting aus den Sechzigerjahren, das nur für verheiratete Männer galt, in ein beiderseitiges Splitting umzuwandeln, sodass der Steuerfreibetrag für Ehepaare einfach doppelt so hoch war wie für eine unverheiratete Person. Dieser Plan wurde aber nie in die Tat umgesetzt. Stattdessen trat ein weniger großzügiges Splittingsystem in Kraft, das dann von aufeinander folgenden Tory-Finanzministern reduziert und unter Gordon Brown 2000 ganz abgeschafft wurde.

In dem Moment, als die Einkommenssteuer keine Rücksicht mehr auf familiäre Verpflichtungen nahm, stieg die Zahl der Kinder in Armut dramatisch an. Die Steuerbefreiungen wurden unter anderem eingeführt, um dieses Problem zu lösen, aber es wird dann umso schlimmer, wenn Familien versuchen, sich selbst aus der Armut zu befreien. Außerdem untergräbt dieses System das Prinzip individueller Besteuerung von Eheleuten, denn wer als Paar eine Steuerbefreiung beantragt, muss dies gemeinsam tun.

In einer Zwei-Eltern-Familie mit Kindern muss ein Teil des Einkommens auf mehrere Personen verteilt werden, anders als in einem Haushalt ohne Kinder oder mit nur einem Elternteil. Doch das Steuersystem verhindert, dass das Einkommen (von einem oder zwei Verdienern) weiter reicht und den persönlichen Einkommenssteuerfreibetrag – derzeit etwa 11.500 Pfund – auch auf Eltern und Kinder auszudehnen.

Ein nicht berufstätiger Ehepartner oder ein Ehepartner, der weniger als 11.500 Pfund verdient, kann seinen Freibetrag nicht auf den berufstätigen oder mehrverdienenden Partner übertragen, wie es in den meisten entwickelten Ländern auf die eine oder andere Weise möglich ist.

Interessanterweise war dies offenbar Margaret Thatchers einzige feministische Initiative. Nach Auskunft von Nigel Lawson, der die unabhängige Besteuerung einführte, wurde das großzügigere Splitting nicht eingeführt, weil Margaret Thatcher „eine deutliche Abneigung gegen Mütter hatte, die zu Hause blieben, um sich um ihre kleinen Kinder zu kümmern, statt außer Haus zu arbeiten".[23]

In der breiten Gesellschaft der Achtziger- und Neunzigerjahre gab es einen Anstieg der außerehelichen Partnerschaften und der Haushalte mit einem alleinerziehenden Elternteil. Es war die Zeit, in der, wie man sagt, die Rechte auf wirtschaftlichem Gebiet siegte, die Linke aber gesellschaftlich und kulturell. Unter Anywheres galt es als falsch, eine bestimmte Form der Familie zu diskriminieren. Und man nahm ja ohnehin an, dass Männer und Frauen nicht nur rechtlich und politisch gleichgestellt seien, sondern auch dieselben Prioritäten verfolgten. Man ging davon aus, dass die meisten Frauen auch mit kleinen Kindern Vollzeit arbeiten wollten und den öffentlichen Bereich dem privaten vorzogen. Dabei zeigt sich immer wieder, dass das Gegenteil der Fall ist.

Was wünschen sich die Frauen?

Erwachsene Frauen im heutigen Großbritannien lassen sich in drei Gruppen aufteilen, so die Sozialwissenschaftlerin Catharine Hakim: auf den Beruf fokussierte Frauen, die ihrer Karriere höchste Priorität zuschreiben (15 bis 20 Prozent, die Anywhere-Professionals); auf ihre Familie konzentrierte Frauen, die ihr Leben dem Haushalt und der Familie widmen (ebenfalls 15 bis 20 Prozent); und die ‚adaptiven' Frauen, die beides in ihrem Leben unter einen Hut bringen (60 bis 70 Prozent der Bevölkerung). Diese Gruppe neigt dazu, die Familie in den Vordergrund zu stellen, solange die Kinder klein sind, und Teilzeitarbeit oder einen Karriereknick in Kauf zu nehmen.[24]

Die Soziologin Belinda Brown schreibt dazu: „Studie auf Studie belegt, dass wir eben nicht unserer Karriere höchste Priorität einräumen, sondern Wert darauf legen, unsere Führungsrolle in der Familie zu behalten und Teilzeitarbeit bevorzugen.“[25] Hier folgen nun einige dieser Studien. Netmums hat 2006 4000 Mütter von kleinen Kindern befragt und festgestellt, dass von denen, die Vollzeit arbeiteten, nur 12 Prozent mit dieser Lösung zufrieden waren. Bei den Teilzeitbeschäftigten waren es 62 Prozent. Und mehr als 30 Prozent würden sich am liebsten ausschließlich um die Kinder kümmern, wenn sie es sich leisten könnten.[26] Die letztgenannte Zahl ergab sich auch bei einer Studie des Bildungsministeriums von 2014 mit 6393 befragten Eltern. Sie stellte fest, dass 57 Prozent der Mütter weniger arbeiten und mehr Zeit mit den Kindern verbringen würden, wenn sie es sich leisten könnten.[27] Eine Studie des Centre for Social Justice von 2011 kam zu dem Ergebnis, dass 88 Prozent der Mütter mit kleinen Kindern als Grund für ihre Rückkehr zum Arbeitsplatz finanziellen Druck angaben. Etwa ebenso viele sagten, es müsse mehr für Eltern getan werden, die zu Hause bleiben wollen.

Netmums fragte auch 1300 Frauen, was moderner Feminismus für sie bedeute. Mehr als zwei Drittel sagten dazu, die größte Aufgabe des Feminismus bestünde darin, den Wert der Mütter wiederherzustellen. Etwas weniger als ein Drittel fand, die Zahl der Politikerinnen müsse erhöht werden.[28]

Eine Studie von British Social Attitudes (BSA) fand heraus, dass fast die Hälfte aller Frauen sich vor allem über ihre Rolle in Familienbeziehungen identifiziert. 49 Prozent der Befragten räumten ihrer Rolle als Mutter, Ehefrau oder Partnerin höhere Priorität ein als ihrer Rolle im Beruf oder in der Öffentlichkeit.[29]

Und eine jüngere BSA-Studie (2012) zeigte, dass jüngere Frauen eher traditionelle Haltungen zur Familie an den Tag legen. Sie sind in ihrer Haltung zu Heim und Familie ihren Großmüttern näher als der Babyboomer-Generation ihrer Mütter.[30]

Das alles muss natürlich im Kontext einer dauerhaften Wende weg vom konventionellen Modell des männlichen Alleinverdieners gesehen werden. In der BSA-Studie von 1984 äußerten 41 Prozent der Frauen Zustimmung zu dem Satz: „Männer sollten das Geld verdienen, Frauen sollten sich um Heim und Familie kümmern.“ 2012 lag die Zustimmung nur noch bei 12 Prozent (die Zahlen waren bei den Männern praktisch gleich).[31] Und die große Verschiebung seit den Siebzigern, die so viel mehr Frauen auf den Arbeitsmarkt gebracht hat – zunächst vor der Familiengründung, später parallel dazu – hat eine korrespondierende Zustimmung zur Berufstätigkeit von Frauen bewirkt. Heute ist die Berufstätigkeit von Frauen wieder so normal wie seit Jahrtausenden. Die Zahl der „Nur-Hausfrauen" mit Kindern ist seit 1970 dramatisch gesunken, von etwa 50 Prozent auf etwa 10 Prozent heute. Der Anteil der „Nur-Hausmänner" liegt übrigens bei 0,6 Prozent.

Doch diese Studien zeigen auch, dass die Bindung an unterschiedliche Männer- und Frauenrollen nicht komplett verschwunden ist, wie Anywhere-Politiker oft meinen. Diese Rollen haben sich lediglich einer Ära mit mehr Gleichberechtigung, Autonomie und Möglichkeiten für Frauen angepasst – und dem Ende des Familieneinkommens auf männlicher Seite. Die Unterstützung für die Tätigkeit im Haus jedoch ist ungebrochen. 1989 stimmten 41 Prozent der Befragten dem Satz zu: „Die Arbeit einer Hausfrau ist genauso erfüllend wie eine Erwerbstätigkeit." Im Jahr 2012 waren es sogar 45 Prozent. Und der Anteil der Frauen, die sagen: „Die größte Freude im Leben besteht darin, Kinder heranwachsen zu sehen", liegt seit fast drei Jahrzehnten unverändert bei knapp über 80 Prozent.

Interessant ist auch die breite Zustimmung zu einer modifizierten Version des männlichen Versorgermodells: der Mann arbeitet Vollzeit, die Frau Teilzeit, solange die Kinder klein sind. Eine BSA-Studie von 2012 zur besten Organisationsform für Familien stellte fest, dass 68 Prozent der Frauen gern den Männern die Hauptverdienerrolle überlassen würden, unter Befragten mit eigenen Kindern lag der Anteil noch höher. Niemand war der Ansicht, die Väter sollten länger in Elternzeit gehen als die Mütter, wenn ein Kind geboren wird. Und bei verheirateten oder zusammenlebenden Paaren mit Vorschulkindern waren nur 10 Prozent der Mütter der Hauptverdiener. Das heißt, die Männer spielen nach wie vor eine wichtige Rolle als Versorger.[32]

Eine weitere BSA-Studie, ebenfalls aus dem Jahr 2012, fragte nach der Zustimmung zum folgenden Satz: „Die meisten Mütter mit kleinen Kindern hätten lieber einen männlichen Partner, der für das Familieneinkommen sorgt, als selbst Vollzeit zu arbeiten." Nur 15 Prozent der Befragten lehnten diese Aussage ab, nur 1,6 Prozent lehnten sie stark ab.[33]

Interessanterweise gibt es in diesem Bereich eine große und dauerhafte Differenz zwischen den Einkommensgruppen. Häuslichkeit spielt bei den Wohlhabenden und Gebildeten eine deutlich geringere

Rolle als in der Arbeiterschicht. Bei einer BSA-Studie aus dem Jahr 2006 stimmten 67 Prozent der Frauen aus der Arbeiterschicht dem Satz zu: „Ein Job ist schon in Ordnung, aber die meisten Frauen wollen ein Heim und Kinder.“ Bei den Frauen aus der Mittelschicht lag die Zustimmung nur bei 44 Prozent.

Geoff Dench hat die BSA-Studien bis zurück in die Achtzigerjahre untersucht und festgestellt, dass die Berufsorientierung von Frauen Mitte der Neunzigerjahre ihren Höhepunkt erreichte. Das war in dem Moment, als New Labour an die Macht kam und einige Maßnahmen in Kraft setzte, um Frauen zur Aufnahme einer Vollzeit-Tätigkeit zu ermuntern, darunter auch Mütter mit kleinen Kindern und Alleinerziehende.[34]

Doch all diesen Erkenntnissen zum Trotz bleibt ein Großteil der Familienpolitik, egal welche Partei gerade die Regierung stellt, dominiert von den Annahmen jener 15 bis 20 Prozent Anywhere-Frauen mit Hochschulabschluss, die den Beruf an erste Stelle setzen. Lassen Sie mich noch einmal Belinda Brown zitieren: „Natürlich ist es wichtig, dass Frauen, die dies wünschen, im öffentlichen Bereich so viel Status und Wertschätzung erfahren, wie sie wollen. Das Problem liegt in ihrer Neigung anzunehmen, dass wir alle das wollen. Und diejenigen unter uns, die ihr Zuhause, ihre Kinder und Ehemänner wichtiger finden, sind viel weniger sichtbar als diejenigen, die das nicht tun. Schlimmer noch: Frauen im öffentlichen Bereich glauben, sie hätten allein aufgrund ihres Geschlechts ein Mandat, für uns alle zu sprechen. Und die Männer mit politischer Macht glauben ihnen, weil das, was sie sagen, so gut zum männlichen Weltbild passt.“[35]

Wenn sich aber nun die Mehrheit der Frauen einen Mann wünscht, der die Familie versorgt, dann müssten die Probleme von Männern in Sachen Bildung und Beruf – vor allem die Probleme von Männern aus niedrigen Einkommensgruppen – eine viel größere Rolle in der Familienpolitik spielen. Die britische Durchschnittsfrau interessiert sich weniger für eine höhere Zahl von Frauen in Unternehmensvorständen – so wünschenswert sie auch wäre –, sondern braucht einen unterstützenden Lebenspartner mit anständigem Einkommen, mit dem sie ihre Kinder großziehen kann.

Doch die meisten derzeitigen gesellschaftlichen Trends unterstützen das Fortkommen der Frauen, nicht der Männer. Die Beschäftigungsrate der Frauen ist seit Anfang der Siebzigerjahre von etwa 50 auf 70 Prozent gestiegen, die der Männer ist im selben Zeitraum von 92 auf 79 Prozent gefallen. Das heißt, es sind heute wesentlich mehr Männer ohne Arbeit als früher. In der nächsten Generation könnte sich das Verhältnis sogar umkehren. Wenn man sich Studien aus den USA ansieht, könnte es sein, dass ein hoher Anteil an Alleinerziehenden in Zusammenhang steht mit einer höheren Arbeitslosigkeit bei Männern, weil immer mehr Männern eine Familie als Motivation zu arbeiten, fehlt. Tatsächlich scheint sich das Aufwachsen in einer Ein-Eltern-Familie auf Jungen schädlicher auszuwirken als auf Mädchen.

Jungen hinken den Mädchen in fast allen Bereichen des Bildungssystems hinterher. Fast ein Viertel der Jungen in staatlichen Schulen braucht spezielle Betreuung. Jedes Jahr fallen die Jungen bei den Abschlussprüfungen der Sekundarschule gegenüber den Mädchen weiter zurück, und auch beim Abitur liegen die Mädchen in den meisten Fächern vorn, einschließlich den ehemals männlichen Domänen höhere Mathematik, Physik und Wirtschaft.

Noch im Jahr 1980 waren 63 Prozent der Hochschulabsolventen männlich, heute befindet sich unter Studienanfängern ein Drittel mehr Mädchen als Jungen. 60 Prozent aller Hochschulabsolventen in Großbritannien sind Frauen.[36] Frauen beherrschen auch die betriebliche Ausbildung. Und während immer noch große Anstrengungen unternommen werden, mehr Frauen in die natur- und ingenieurwissenschaftlichen Fächer zu locken, tut niemand etwas gegen die weibliche Vorherrschaft bei den Lehrkräften, vor allem in den Grundschulen.

Arbeitslosigkeit trifft hartnäckig mehr Männer als Frauen, selbst unter den Hochschulabsolventen. Und auch im öffentlichen Dienst, das sind etwa 16 Prozent aller Jobs in Großbritannien, verschiebt sich der Anteil zu den Frauen, inzwischen liegt er bei 67 Prozent. Und in den freien Berufen wird der weibliche Anteil ebenfalls größer, wenn auch nicht an der Spitze, weil doch immer noch viele einen Karriereknick in Kauf nehmen, um eine Familie zu gründen. Und dieser Bereich spielt in der Politik und im Denken der Anywheres eine besonders große Rolle. Frauen mit Hochschulabschluss arbeiten viel in Vollzeit eher als Frauen ohne Hochschulabschluss. Sie bekommen es zwar zu spüren, wenn sie ihrer Familiegründung wegen weniger

Stunden arbeiten, aber der Anteil derer, die das tun, ist in den letzten Jahren gesunken. Im Management und bei den Führungskräften liegt der Frauenanteil inzwischen bei 50 Prozent.[37] Unter den Jurastudierenden stellen sie ebenfalls die Hälfte, die medizinischen Fakultäten sind fast alle weiblich dominiert. Und in der Politik haben sie längst zu den Männern aufgeschlossen, wie die Beispiele Deutschland und Großbritannien zeigen.

Währenddessen bevölkern die schlechter ausgebildeten Männer, die keiner mehr braucht, die Obdachlosenheime und Gefängnisse. Auch die Selbstmordrate ist in keiner Bevölkerungsgruppe höher. Die meisten dieser deprimierenden Zahlen beziehen sich auf Weiße aus der Arbeiterschicht, die mehr als jede andere Gruppe ihren Platz in der Gesellschaft eingebüßt haben und die niemand mehr motiviert, sich anzustrengen. Bei jungen Frauen und ethnischen Minderheiten sieht das ganz anders aus.

Viele Männer stehen diesen Entwicklungen mit Ressentiments gegenüber. Am wütendsten sind sicher die, die sich als Opfer der proweiblichen Familiengerichte sehen. Doch im Großen und Ganzen haben die Männer sehr gelassen auf die Veränderung der Geschlechterrollen in den letzten fünfzig Jahren reagiert. Der oft vorhergesagte Gegenschlag hat nicht stattgefunden, aber es gibt auch nicht allzu viele „neue Männer", die fröhlich und gleichberechtigt die Haushalts- und Betreuungsarbeit mit den Frauen teilen. Die meisten Studien stellen fest, dass Frauen mindestens doppelt so viel im Haushalt leisten wie Männer.

Doch Geoff Dench argumentiert in seinem Buch *Transforming Men*, dass die größere „Freiheit" der Männer aufgrund lockerer oder nicht existierender familiärer Verpflichtungen weitgehend eine Illusion ist. Die Männer, so Dench, bräuchten den zivilisierenden Einfluss der abhängigen Familienmitglieder mehr als die Frauen, und wir riskierten viel, wenn wir die altmodische Vorstellung aufgäben, dass familiäre Verpflichtungen das Beste im Mann zum Vorschein bringen. „Nach meiner Feststellung erhöhte (im Zeitraum 2005 bis 2008) allein die Existenz einer Ehefrau oder Freundin signifikant die Wahrscheinlichkeit, dass Männer einen Job hatten. Bei Akademikern mit interessanten, gut bezahlten Berufen ist die Differenz recht klein: 98 Prozent der männlichen Hochschulabsolventen im Alter zwischen 35 und 49 Jahren mit einer Partnerin hatten einen Job, verglichen mit 85

Prozent bei den Männern ohne Partnerin. Bei Männern ohne Berufsausbildung, die die Familie als Anreiz brauchen, um einen schlechter bezahlten Job anzunehmen, ist die Differenz wesentlich größer: 83 Prozent zu 50 Prozent."[38]

Die Liebe in den Zeiten der Gleichberechtigung

Über 50 Jahre hinweg entwickelte sich Großbritannien von einer Gesellschaft mit fast starrer Arbeitstrennung der Geschlechter, in der Männer und Frauen verschiedene Sphären besetzten, zu einer weit flexibleren Gesellschaft. Die meisten Frauen sind berufstätig, und in den meisten Haushalten ist das auch nötig. Doch trotz aller Strategien hin zu mehr Chancengleichheit und ökonomischer Unabhängigkeit setzen die meisten Mütter das Familienleben an die erste Stelle und wollen nicht zu intensiv außerhalb ihrer Familie arbeiten, solange die Kinder klein sind. Tatsächlich hätten die meisten Paare gern mehr Kinder, wenn sie es sich leisten könnten. Eine Studie des *Guardian* aus dem Jahr 2014 stellte fest, dass ein Drittel der Paare mehr Kinder hätte, wenn die finanzielle Belastung nicht so groß wäre.[39] Eine Studie des *Economist* kam zu demselben Ergebnis bezogen auf ganz Europa, einschließlich Großbritannien.

Die Anywhere-Annahmen, die das Denken unserer Regierungen über eine Generation hinweg geprägt haben, spielen diese nach wie vor bestehenden Unterschiede zwischen männlichen und weiblichen Prioritäten herunter und neigen dazu, Frauen – selbst alleinerziehende Mütter – als potenzielle Arbeitskräfte zu sehen, die durch ihre Kinder behindert werden.

Außerdem sieht die Anywhere-Politik bei der Förderung gleichberechtigter Beziehungen zwischen Männern und Frauen nur Individuen, obwohl Familien eine Einheit bilden. Und man denkt zu wenig darüber nach, ob diese Einheiten noch zusammenhalten und welchen Platz die Männer in den neuen Verhältnissen einnehmen. Wenn Frauen der Mittelschicht heute finanziell ebenso auf eigenen Beinen stehen wie Männer und wenn viele Frauen aus der Arbeiterschicht vom Staat unterstützt werden (z.B. mit Transferzahlungen und Vorrang bei Sozialwohnungen), welche Funktion hat dann noch der männliche Versorger?

Die traditionelle Vorstellung, man könne Männer durch Familienpflichten zu braven Bürgern machen, ist weitgehend verschwunden. Und unsoziales Verhalten der verschiedensten Art konzentriert sich im Wesentlichen auf junge Männer zwischen sechzehn und vierundzwanzig Jahren. Tatsächlich hat sich seit den Neunzigern die Meinung breit gemacht, auch ältere Männer seien ein wenig aus der Zeit gefallen und emotional rückständig. Man denke nur an viele moderne Serienhelden.

Niemand hat große Lust darauf, das traditionelle Alleinverdiener-Hausfrau-Modell wiederzubeleben, aber wir haben gesehen, dass die meisten Frauen einen männlichen Versorger gern als nützliche Unterstützung sehen und nicht als nervigen Chef. Die wenigsten Männer haben – ebenso wenig wie die Frauen – ein Interesse an männlicher Herrschaft, sehr wohl jedoch an der richtigen Form freiwilliger Verpflichtung füreinander, auch in einem egalitären Zeitalter.

Der Anywhere-Ansatz verlangt vom Staat Neutralität in der Frage, ob Paare zusammen bleiben oder nicht, erwartet dann aber verschiedene Formen staatlicher Intervention, wenn Familien auseinanderbrechen. Der Somewhere-Common sense fände es besser, wenn Paaren das Zusammenbleiben erleichtert würde.

Wie kann man nun das Steuer- und Sozialsystem so ändern, dass eine neue Art gegenseitiger Verpflichtung entsteht, ein neuer Vertrag zwischen Familie und Staat? Die wichtigste Einzelmaßnahme wäre, wie schon angedeutet, eine vollständige Durchführung der Pläne von 1990, sodass verheiratet oder unverheiratet zusammenlebende Eltern eine Möglichkeit zum Steuersplitting bekommen.

Damit wäre auf einen Streich die Bestrafung vom Tisch, die Paare mit nur einem Verdiener derzeit erleiden. Außerdem würde die Bestrafung von Paaren im System der Sozialleistungen ausgeglichen, und Paare ständen nicht mehr besser da, wenn sie getrennt leben oder so tun als ob.

Das Prinzip wurde mit der Reform der Finanzgesetzgebung von 2014 bereits akzeptiert, aber die Übertragbarkeit von Steuerfreibeträgen wurde auf 10 Prozent der 11.500 Pfund beschränkt und gilt nur für Verheiratete. Es wäre wichtig, sie auf alle Paare auszudehnen, solange sie nachweisen können, dass sie seit mindestens zwei Jahren zusammenleben. Und es wäre wichtig, die Regelung auf Paare mit Kindern zu beschränken.

Befürworter der klassischen Ehe argumentieren, Paare würden viel eher zusammen bleiben, wenn sie verheiratet sind. Und es ist eine Tatsache, dass eins von elf Ehepaaren sich vor dem fünften Geburtstag des Kindes trennt, während drei von elf unverheirateten Paaren in dieser Zeit auseinandergehen. Doch größere finanzielle Vorteile und gesellschaftliche Anerkennung könnten mehr zögernde Paare dazu bringen, den Schritt in die Ehe zu wagen, die nach wie vor etwas schwerer wieder aufzulösen ist als eine „inoffizielle" Partnerschaft.

Ein volles Steuersplitting für Paare käme den Staat teuer zu stehen, man rechnet mit etwa 5 Milliarden Pfund, je nachdem wie groß der Kreis der Berechtigten wäre. Aber nach Ansicht des Institute for Fiscal Studies (IFS) brächte eine solche Regelung wesentlich mehr als die in letzter Zeit eingeführten höheren Freibeträge. Und in einigen Fällen würde sogar die Berechtigung zum Steuererlass entfallen.[40] Eine geplante weitere Erhöhung des persönlichen Freibetrags auf 12.500 Pfund würde ja auch mehr als 3 Milliarden kosten. Eine Idee wäre, diese nächste Erhöhung auf Paare mit Kindern zu beschränken. Einfacher wäre es, einen neuen persönlichen Freibetrag für alle Steuerzahler mit Kindern unter achtzehn Jahren einzuführen.

Eine weitere Reform, die die Somewhere-Prioritäten stärker berücksichtigt, wäre die Möglichkeit für Mütter (und Väter), das Geld, das sonst für eine Kinderbetreuung außer Haus vorgesehen wäre, selbst zu erhalten, wenn sie ihre Kinder selbst betreuen. Statt 7 Milliarden Pfund pro Jahr für Betreuungseinrichtungen auszugeben und Eltern praktisch zu zwingen, ihre Kinder fremden Leuten zu übergeben, könnten Mütter einen gewissen Betrag bekommen, wenn sie zu Hause bleiben und sich selbst um ihre Kinder kümmern. Verschiedene europäische Länder haben solche Regelungen, die den Eltern Wahlfreiheit ermöglichen. Und trotz aller derzeitigen Anreize wird ohnehin nur ein Drittel der Vorschulkinder in Einrichtungen betreut.

In den letzten Jahrzehnten gab es eine Verschiebung, was die Vorstellungen von Ehe anging. Aus einer Institution, in der Eltern gemeinsam und getragen vom Gefühl einer Gemeinschaft ihre Kinder großzogen, ist eine individualisierte Ansammlung von Menschen geworden, in der vor allem darauf geschaut wird, ob die emotionalen und physischen Bedürfnisse jedes Einzelnen erfüllt werden. Das baut hohe Anforderungen vor der Ehe auf und macht es schwerer für Paare, beispielsweise Untreue zu überleben oder irgendeine Form der Beziehung auch nach einer Trennung aufrechtzuerhalten, basierend auf Toleranz, gemeinsamen Zielen und Liebe zu den Kindern. Schätzungen zufolge haben etwa ein Drittel aller Kinder, die nur mit einem Elternteil aufwachsen, drei Jahre nach der Trennung der Eltern keinen Kontakt mehr zum Vater.

Der Staat kann Menschen nicht zwingen, sich mehr anzustrengen, um Ehen und Partnerschaften auch in schwierigen Zeiten am Leben zu halten. Doch er kann einen unterstützenden finanziellen Rahmen schaffen, wie schon beschrieben. Er könnte auch dafür sorgen, Paarberatung so selbstverständlich zu machen wie Kurse zur Geburtsvorbereitung. Um es mit Samantha Callan zu sagen: „Es ist schwierig, Beziehungen ein Leben lang aufrechtzuerhalten, vor allem, wenn die Leute ständige emotionale Erfüllung erwarten. Aber es lohnt sich, Menschen zu helfen, damit sie schlafende Leidenschaft wieder entfachen und den Partner in einer neuen Lebensphase neu entdecken. In dieser Hinsicht kann eine gute Paarberatung sehr hilfreich sein."

Die hier aufgezählten kleinen Reformen könnten Zwei-Eltern-Familien stärken und mehr Müttern die Unterstützung sichern, die sie sich wünschen, ohne Abstriche an der Gleichberechtigung von Männern und Frauen zu machen. Und sie wären populär. Unsere Anywhere-dominierte Familienpolitik würde mit Misstrauen auf Maßnahmen reagieren, die konventionelle Familien wieder stärker fördern. Ihre Vertreter würden befürchten, dass auf diese Weise andere Lebensformen stigmatisiert würden. Aber das muss gar nicht der Fall sein. Frauen (und Männer), die eine berufliche Karriere vorziehen, könnten das weiterhin tun, auch wenn das System der Sozialleistungen sie nicht davon abhalten sollte, neue dauerhafte Partnerschaften einzugehen. Und eine Ehe sollte nicht zur Bedingung für Steuersplitting gemacht werden. Ausschlaggebend dafür sollten das Zusammenleben und gemeinsame Kinder sein.

Familien sind von zentraler Bedeutung, wenn Kinder einen guten Start ins Leben haben sollen. Und wir verlangen zu viel von unserem Bildungssystem, wenn wir erwarten, dass es Chancengleichheit schafft, obwohl wir wissen, dass die Grundlagen im Alter von sieben Jahren bereits gelegt sind. Etwa 80 Prozent des Schulerfolgs haben nichts mit der Schule zu tun, sondern mit dem Zuhause der Schüler und ihren Erfahrungen im näheren Lebensumfeld. Deshalb gibt es keine bessere Möglichkeit zur Förderung sozialer Mobilität als die Stärkung von Familien. Familien, in denen die Kinder von beiden Eltern unterstützt werden, die ihre Mittel und Energien zusammenlegen und alles tun, um die Kinder zu fördern.

Belinda Brown schreibt dazu, eine Abkehr von der Annahme, dass Männer und Frauen dieselben Prioritäten setzen und dass Gleichheit der Geschlechter auch gleiches Verhalten im öffentlichen und privaten Raum bedeute, könnte paradoxerweise echte Gleichheit fördern. „Nur selten wird anerkannt, dass ein hoher Anteil von erwerbstätigen Frauen negative Auswirkungen auf die Gleichheit hat. Wer Frauen auf den Arbeitsmarkt drängt, fördert Geschlechtertrennung und Ungerechtigkeit bei der Bezahlung. Denn inzwischen befinden sich nicht mehr nur die Frauen auf dem Arbeitsmarkt, die den Beruf an erste Stelle setzen, sondern alle. Und Frauen, denen ihr Familienleben wichtiger ist als ihr Beruf, lassen sich auf weniger fordernde Jobs und Teilzeitbeschäftigung ein und drängen nicht auf Beförderung. Das führt zu mehr Geschlechterunterschieden am Arbeitsmarkt, sodass alle Versuche, mehr Gleichheit zu erreichen, zum Scheitern verurteilt sind.“[41]

Historiker werden sich später die Frage stellen, warum Großbritannien in den letzten Jahren so schlecht mit seinen konventionellen Familien umgegangen ist und warum selbst konservative Politiker Ideen befürworten, die noch vor wenigen Jahrzehnten zur Gegenkultur gehörten. Vielleicht liegt es an unseren protestantisch-individualistischen Traditionen, die sich vom Katholizismus in weiten Teilen Europas unterscheiden. Vielleicht liegt es auch an der ungewöhnlich mächtigen Lobby von Anywhere-Elitefrauen und Paaren mit zwei Einkommen aus akademischen Berufen, die sich vor allem auf Gleichheit im öffentlichen Bereich fokussieren.

In der Diskussion um Familie und Gleichstellung stehen Anywhere- und Somewhere-Frauen trotz unterschiedlicher Prioritäten nicht immer auf verschiedenen Seiten. Zweifellos existiert in Teilen der Wirtschaft und des öffentlichen Lebens immer noch eine männliche Dominanz: Zu viele sehr durchschnittliche Männer bekleiden Führungspositionen, die sie nicht verdienen, weil sie die kräftigeren Ellbogen haben, von anderen Männern gefördert werden und keinen familienbedingten Karriereknick hinnehmen müssen. Die meisten

Somewhere-Frauen unterstützen ihre Anywhere-Geschlechtsgenossinnen, wenn es darum geht, damit so weit wie möglich aufzuräumen. Aber im Somewhere-Weltbild ist all das Teil einer viel größeren Geschichte. Und diese Geschichte erzählt von der gegenseitigen Interdependenz der Geschlechter.

Eine Korrektur der Familienpolitik in Richtung Somewhere-Prioritäten würde nicht darauf abzielen, die Uhr zurückzudrehen. Sie will lediglich den engen Fokus auf Karriereförderung von Frauen in Spitzenpositionen ersetzen durch einen erweiterten Blickwinkel auf die Interessen von Frauen und auf freundlichere Lebensbedingungen für Familien. Das ist es, was Geoff Dench meint, wenn er von „Gleichheit mit Pluralismus" spricht.

9 Eine neue Verständigung zwischen Anywheres und Somewheres

Wo findet der Aufstieg der Anywheres seine Grenzen? Oder die Gegenreaktion der Somewheres? In diesem letzten Kapitel will ich einige Argumente zusammenführen, das Gleichgewicht der Kräfte betrachten und Vorschläge entwickeln, wie man zu einer neuen Verständigung zwischen den beiden großen unterschwelligen Werteblöcken im heutigen Großbritannien gelangen könnte.

Dabei möchte ich das Wort „unterschwellig" betonen. In den letzten beiden Kapiteln habe ich mich manchmal selbst dabei ertappt, wie ich von den beiden Blöcken spreche, als wären es politische Einheiten, die sich ihrer selbst bewusst sind. Das ist aber überhaupt nicht der Fall. Sie sind sehr locker in sich verbundene Weltsichten, die die Grenzen zwischen Klassen und Parteien überschreiten und sich vielleicht ganz vage der Gemeinsamkeiten mit anderen bewusst sind, wenn große politische Entscheidungen anstehen wie das Brexit-Referendum.

Ein neues Gleichgewicht der Kräfte bedeutet vor allem, dass die Anywhere-dominierte politische Klasse den Somewhere-Interessen wieder mehr Raum gibt. Das wiederum bedeutet mehr Berücksichtigung staatsbürgerlicher Bedürfnisse von Seiten der Wirtschaft und des Staates. Eine niedrigere Einwanderungsquote und eine stärkere Differenzierung, wenn es um die Offenheit Großbritanniens für globale Trends geht, sind nur ein Teil der Geschichte. Es geht auch um eine Erneuerung des Gesellschaftsvertrags – und das heißt unter anderem attraktivere und besser geschützte Möglichkeiten für jene Schulabgänger (im Wesentlichen Somewhere-Jugendliche), die keine Universität besuchen, verbunden mit einer erweiterten Vorstellung von sozialer Mobilität.

Manche Anywheres glauben, die Geschichte sei auf ihrer Seite und man müsse nur abwarten, bis die älteren Somewheres aussterben. Tatsächlich sind in den reichen, liberalen Demokratien starke liberalisierende Kräfte am Werk: Wohlstand, Bildung und Mobilität können unsere Bindung an feste Orte und aneinander lockern. Der

Economist-Autor Jeremy Cliffe schrieb nach der Unterhauswahl von 2015 einen Essay mit dem Titel „Großbritanniens kosmopolitische Zukunft“, in dem er eine „Londonisierung“ des Landes vorhersagte: eines Landes, wie er behauptete, das zunehmend von den großen Städten mit ihren international vernetzten jungen Leuten geprägt sein werde, mit einem rasant wachsenden Hochschulsektor und einer schnell wachsenden Bevölkerungsgruppe aus ethnischen Minderheiten.[1]

Eine kühne Behauptung angesichts der Tatsache, dass mehr als die Hälfte der Wähler gerade eben für die Konservativen oder UKIP gestimmt hatte, und dies in einer ziemlich entschiedenen Wendung gegen einen wie auch immer von London geprägten Liberalismus der Metropolen.

Es stimmt sicher, dass einige gesellschaftliche Trends wie die Expansion der höheren Bildung und eine größere kulturelle und wirtschaftliche Durchlässigkeit den progressiven Individualismus fördern. Aber es gibt auch Gegenbewegungen, und keiner von Cliffes drei Faktoren entwickelt sich derzeit so deutlich auf eine kosmopolitische Zukunft hin, wie er sich das vorstellt.

Zunächst einmal scheinen die jüngeren Menschen in unserem Land nicht durchgehend einen Anywhere-Weg zu verfolgen, was ihre Präferenzen und Prioritäten angeht. Umfragen zeigen, dass die Generation, die um die Jahrtausendwende erwachsen wurde, und die sogenannte Generation Z, die um die Jahrtausendwende geboren wurde, tendenziell vorsichtiger und konservativer denken als die Babyboomer und die Generationen danach – obwohl sie gesellschaftspolitisch liberal denken und mit der EU-Mitgliedschaft ganz zufrieden waren.[2]

Und wie sieht es mit dem liberalisierenden Effekt der weiter verbreiteten höheren Bildung aus? Es gibt durchaus Themen, bei denen der Liberalismus der Hochschulabsolventen den Rest der Gesellschaft mit sich zieht. In vielen wichtigen Fragen reduziert sich die Meinungs-Kluft zwischen Hochschulabsolventen und dem Rest der Gesellschaft. Noch in den Achtzigerjahren waren Hochschulabsolventen in aller Regel 30 bis 40 Prozent liberaler als alle anderen. Bei den Themen Homosexualität und Geschlechtergleichheit ist der Unterschied auf 10 bis 20 Prozent geschrumpft, Tendenz sinkend. (1985 betrachteten 65 Prozent der Nicht-Hochschulabsolventen Homosexualität als generell falsch, aber nur 27 Prozent der Hochschulabsolventen. 2013 lag der Wert bei 13 Prozent für die Nicht-Hochschulabsolventen und bei 7 Prozent bei den Hochschulabsolventen.)[3]

Bei anderen Themen gehen die Meinungen unverändert weit auseinander. Bei der Todesstrafe beträgt die Lücke immer noch 30 Prozent. Im Jahr 1989 waren 77 Prozent der Nicht-Hochschulabsolventen für die Todesstrafe, verglichen mit 45 Prozent bei den Hochschulabsolventen. Heute liegen die Werte bei 56 und 27 Prozent. Und auf einigen anderen Gebieten, vor allem bei der Frage der Sozialleistungen, sind beide Gruppen restriktiver geworden.

Einige prognostizieren, der relative Liberalismus der Hochschulabsolventen würde schwinden und durch Somewhere-Haltungen verwässert, sobald ein Studium kein Vorrecht der Elite mehr sei. Dafür gibt es keine Belege; allerdings kann es sein, dass sich hier noch etwas ändert, wenn Studium und Internatsleben nicht mehr so eng miteinander verknüpft sind. In den USA hat sich gezeigt, dass der liberalisierende Effekt schwindet, je mehr höhere Bildung zum Massenphänomen wird, vor allem wenn Studierende ihre Heimatstadt nicht mehr verlassen.

Und die Behauptung, ein größerer Anteil an ethnischen Minderheiten habe einen liberalisierenden Effekt auf die Gesellschaft, ist schlicht und einfach falsch. In den letzten fünfundzwanzig Jahren haben wir mehr Einwanderung und ein Wachsen der ethnischen Minderheiten erlebt. Beides ging mit einer Verringerung von Vorurteilen in der Mehrheitsbevölkerung einher, aber eben auch mit einer wachsenden Ablehnung von Einwanderung im großen Stil und mit einem Anwachsen der „Nostalgie für das gute alte Britannien".

Die Angehörigen ethnischer Minderheiten selbst neigen politisch zur Linken, doch je mehr sie in der britischen Gesellschaft aufgehen, desto eher wählen sie im Einklang mit ihren sozioökonomischen Interessen. Der Anteil der Konservativen in dieser Wählergruppe war bei der Unterhauswahl 2015 so hoch wie nie zuvor und hat sich 2017 nur wenig verringert. Das gilt vor allem für die erfolgreichsten und wohlhabendsten Minderheiten, vor allem für Inder und Chinesen. Und die Meinungsunterschiede bei den Themen Reduzierung der Einwanderung und Notwendigkeit von Integration ist zwischen ethnischer Mehrheit und den Minderheiten geringer, als die meisten glauben (80 zu 60 Prozent).[4]

Vor allem aber übersieht Cliffe den gesellschaftspolitischen Konservatismus innerhalb vieler Minderheitengruppen. Die verschiedenen Minderheiten-Communitys, die in Großbritannien existieren, zeigen ein breites Wertespektrum, aber fast alle sind religiöser und stärker familienorientiert als die Mehrheit. Man findet deutlich seltener liberale Ansichten zum Verhältnis zwischen den Geschlechtern und zur Homosexualität – das gilt ganz besonders für Muslime aus Südasien. Minderheiten sind tendenziell auch weniger mobil als Briten mit europäischen Wurzeln, und obwohl inzwischen der Prozentsatz der Hochschulabsolventen bei jungen Briten aus ethnischen Minderheiten größer ist als bei ihren weißen Mitschülern, leben sie während des Studiums eher bei den Eltern und bleiben damit eher immun gegen Liberalisierung.

Künftige Minderheiten-Generationen werden wohl allmählich auf den liberaleren Konsens des britischen Mainstreams einschwenken, aber es kann auch sein, dass sie die Liberalisierung bremsen. So ist in den letzten 25 Jahren der Anteil religiöser Menschen in London relativ gleich geblieben – wegen des wachsenden Minderheiten-Anteils – während er in der Provinz deutlich gesunken ist. Das schnelle Wachstum der Minderheiten in Bezug auf Größe und Sichtbarkeit ist ein Zeichen der Anywhere-Offenheit, kann sich aber als trojanisches Pferd mit Somewhere-Werten in seinem Bauch erweisen.[5]

Die Dominanz der Babyboomer-Generation hat dafür gesorgt, dass sich Anywhere-Werte in den letzten fünfundzwanzig Jahren weithin durchgesetzt haben. Symbole für diese Dominanz waren die Präsidentschaft von Bill Clinton in den USA und die Regierung von Tony Blair in Großbritannien. Den großstädtisch geprägten Anywhere-Liberalismus darf man also auch Teil einer „Ära“ nennen.[6]

Doch es kann sein, dass diese Ära nun zu Ende ist und dass wir eine weltweite Rückkehr der Somewhere-Interessen erleben. Also der Interessen jener Menschen, die in den Provinzstädten und auf dem Land leben, die Trump gewählt und für den Brexit gestimmt haben. Ähnliche Entwicklungen gibt es auch an anderen Orten, wie Francis Fukuyama vor Kurzem beschrieben hat: „Putin ist bei den gebildeten Wählern in den Großstädten wie St. Petersburg und Moskau nach wie vor unbeliebt, aber er hat eine riesige Machtbasis im übrigen Land. Ähnliches gilt für den türkischen Präsidenten Erdogan, der in der konservativen ländlichen Mittelschicht begeistert unterstützt wird, oder für den Ungarn Viktor Orbán, der überall beliebt ist, nur nicht in Budapest."[7]

Großbritannien wird auch nach dem Brexit ein Land bleiben, in dem die Anywheres dominieren, aber ihr Einfluss kann nicht unbeschränkt wachsen, und die Somewheres werden ihnen nicht den Gefallen tun auszusterben. Anywhere-Prioritäten ändern sich offenbar stark mit dem Lebensalter. Sie sind am stärksten in der Lebensphase zwischen 20 und 30, bevor Kinder kommen. Im Laufe der Jahre bewegen sich dann viele in die Somewhere-Richtung, wie das Überdauern autoritärer Haltungen in vielen Studien nahelegt – interessanterweise denken nämlich zwei Drittel der Befragten heute ebenso wie schon vor dreißig Jahren, die jungen Leute hätten „nicht genug Respekt vor traditionellen britischen Werten". Und da auch die britische Gesellschaft langsam altert – bereits heute ist mehr als ein Drittel der Menschen über 50 –, muss man mit einer Wende in Richtung Stabilität und Ordnung rechnen, beides klare Somewhere-Werte. Im Übrigen sollten wir nicht vergessen, dass Somewheres im Schnitt größere Familien haben als Anywheres.

Pat Dade von der Studie British Values Survey stellt ebenfalls fest, dass die Anywheres (bei ihm heißen sie Pioniere) nie alle anderen auf ihre Seite ziehen werden. Es gibt offenbar einen harten Kern von Menschen, die ihrer Grundstruktur nach Vertrautheit, Stabilität und Routine dem Kick der Neuartigkeit und der Veränderung vorziehen.

Und das ist der Punkt. In diesem Buch ging es mir auch darum zu zeigen, wie sich bestimmte Lebensumstände auf Haltungen und Werte auswirken. Mobilität und Bildung führen zum progressiven Individualismus der Anywheres, während eine stärkere Verwurzelung zusammen mit steigendem Alter und gesicherten Lebensverhältnissen den besonnenen Populismus der Somewheres fördert. Doch wie Eric Kaufmann in seiner Umfrage nach der Brexit-Abstimmung gezeigt hat (siehe *Kapitel 1*), liegen autoritäre Vorstellungen (weiche ebenso wie harte) teilweise außerhalb solcher Faktoren. Sie haben ihre Wurzeln in Persönlichkeit und Erziehung, vielleicht sogar in den Genen.[8]

Kaufmann befragte für die British Election Study 24.000 Personen und stellte eine relativ schwache Verbindung zwischen Einkommen und Abstimmungsverhalten fest. Die Verbindung zwischen autoritären Haltungen und der Brexit-Entscheidung war dagegen sehr eng. Nur 20 Prozent derer, die die Todesstrafe kategorisch ablehnen, stimmten für den Brexit, verglichen mit 70 Prozent bei denen, die die Todesstrafe klar befürworten. Wohlhabende, gebildete Leute, die für die Todesstrafe sind, stimmten für den Brexit; ärmere, weniger gebildete Leute, die gegen die Todesstrafe sind, stimmten gegen den Brexit.[9]

Weder Dade noch Kaufmann können sagen, wie viele Menschen künftig noch zu der eher autoritären Gruppe gehören werden. Doch es scheint klar, dass alle Gegenbewegungen zusammengenommen in den kommenden Jahrzehnten dafür sorgen werden, dass der Vormarsch der Anywheres gebremst wird.

Cliffe und einige andere haben einen zentralen Punkt missverstanden. Sie betrachten den ironischen, leicht anarchischen, postmodernen, konsumorientierten britischen Großstadtbewohner unter vierzig und sehen in ihm ein Abbild des progressiven Anywhere-Individualismus. Aber sie verwechseln äußeren Stil mit innerer Substanz und unterschätzen, welche Mischungen es bei politischen Werten gibt. Besonnene Populisten, auch solche, die in einer Großstadt leben und sich modische Tattoos stechen lassen, gehen mit Abweichungen von der Norm toleranter um als ihre Eltern und Großeltern, aber sie legen unverändert Wert auf Normen. Ein Blick auf die Umfrageergebnisse lässt vernünftigerweise nur den Schluss zu, dass sie am klassischen Familienmodell mit zwei Elternteilen festhalten, die Verantwortung für kleine Kinder und alte Familienmitglieder übernehmen. Sie wollen an sicheren Orten leben, wo Vertrauen möglich ist, an Orten mit niedriger Kriminalitätsrate und einer gewissen Nachbarschaftskultur. Sie wünschen sich eine verantwortungsbewusste Wirtschaft, die junge Leute aus der näheren Umgebung ausbildet, statt billigere Arbeitskräfte aus Osteuropa zu importieren. Sie sind freundlich zu dem einzelnen Einwanderer, stellen aber die Interessen der Mitglieder ihres eigenen lokalen oder nationalen Clubs (unabhängig von Hautfarbe und Religion) über die von Menschen außerhalb dieses Clubs.

Der besonnene Populismus ist gemischter und weniger konsistent als der progressive Individualismus, was auch kein Wunder ist bei Menschen, die dazu neigen, weniger über Politik nachzudenken. Die größte Gruppe der besonnenen Populisten hat Vorbehalte gegen die Richtung, in die sich der moderne Liberalismus bewegt, ist aber im Großen und Ganzen nicht illiberal eingestellt. Oder andersherum gesagt: Diese Menschen sind tolerant im Sinne von „leben und leben lassen", verfolgen aber nicht die gleichen Ziele wie die Liberalen. Lässt man die hart autoritär Denkenden beiseite, dann ist der besonnene Populismus im Grunde genommen eine Mainstream-Weltsicht, auf deren Boden der größte Teil der britischen Politik steht.

Dieser besonnene Populismus blickt uns aus den Überschriften moderner Umfragen entgegen – ich habe das in Kapitel 2 ausführlich dargelegt. Die Liberalisierung bei Themen wie ethnischer Herkunft, Sexualität und Geschlecht hat zu großen Mehrheiten am liberalen Ende des Meinungsspektrums geführt: Noch Anfang der Achtzigerjahre waren etwa 70 Prozent der Befragten der Ansicht, gleichgeschlechtliche Beziehungen seien falsch, heute unterstützen fast ebenso viele die gleichgeschlechtliche Ehe. Darunter sind auch viele Somewheres: besonnene Populisten.

Gleichzeitig lehnt eine große Mehrheit die Masseneinwanderung ab, hält große Stücke auf nationale Bindungen, ist gegen zu viel Wohlfahrt ohne Gegenleistung und steht dem modernen Multikulturalismus (zumindest in seiner separatistischen Form) negativ gegenüber. Und genau im Schnittpunkt dieser sich überlappenden Mehrheiten ist der besonnene Populismus zu finden.

Ein Blick zurück auf die New Labour-Regierungen 1997 bis 2010 macht deutlich, dass sich zu viele besonnene Populisten schlecht vertreten, ja ignoriert fühlten. Tony Blairs Regierungen markieren den Höhepunkt des Glaubens, dass Globalisierung und Wirtschaftsliberalismus fröhlich nebeneinander existieren könnten. In vielerlei Hinsicht war Blair der Inbegriff eines modernen Politikers, der für kurze Zeit sogar für eine breite Anywhere-Somewhere-Koalition zu sprechen schien. Aber sein populärer Touch verblasste schnell vor seinem Selbstverständnis als Anywhere.

Als New Labour nach der Macht griff, wurden einige Somewhere-Ängste, zum Beispiel zum Thema Kriminalität, respektiert und angegangen, was zum Teil dem Labour-Meinungsforscher Philip Gould zu verdanken war. Aber als Blair und seine Berater, fast alle Hochschulabsolventen aus der Babyboomer-Generation, selbstbewusster wurden, spielte ihnen ihr übergroßes Anywhere-Weltbild einen Streich. Sie waren nicht mehr fähig oder bereit, auf kulturelle Sorgen zu Themen wie Einwanderung oder allzu schneller Wandel zu reagieren. Und selbst der Verlust anständiger Arbeitsmöglichkeiten für Menschen ohne Studium schien sie kaum zu interessieren, weil sich ihr Blick immer mehr auf universitäre Vorstellungen von Aufstieg und sozialer Mobilität verengte.

In der Frühzeit verkörperte Blair auf fast schon geniale Weise den gemäßigt sozialdemokratischen Konsens der Briten. Doch die Tatsache, dass er die Bedeutung der soziokulturellen Politik nicht verstand, hat dafür gesorgt, dass sich sein Erbe förmlich auflöste. In Schottland hat die SNP Labour praktisch ausgelöscht, und der Zorn der Somewheres über Einwanderung und das ungehörte Verhallen ihrer Stimme führt uns jetzt hinaus aus der EU.

Die Somewheres werden nicht verschwinden

Sämtliche Regierungen der letzten Jahre waren Koalitionen aus Anywhere- und Somewhere-Perspektiven. Doch wie ich bereits beschrieben habe, spielten die Anywhere-Präferenzen und -Interessen auch in diesen Koalitionen eine allzu große Rolle: von der offenen Haltung zur Globalisierung über den dramatischen Ausbau des Hochschulwesens und die Einwanderungspolitik bis hin zur Familienpolitik und zu einem liberalen Interventionismus in der Außenpolitik.

Es gab aber auch Gegenbewegungen, zum Teil als Antwort auf eine übers Ziel hinausschießende Anywhere-Politik. Ein solcher Gegentrend ist die Art, mit der die Kinder von Bohemiens aus den Sechziger- und Siebzigerjahren auf das Versagen ihrer „Anything goes"-Elterngeneration reagieren. Viele negative Erscheinungen haben in den letzten zwanzig Jahren abgenommen, darunter Kriminalität, Drogenmissbrauch, Teenager-Schwangerschaften, einfach weil der Anteil der Jüngeren an der Gesamtbevölkerung gesunken ist. Diese Erscheinungen wurden nicht durch den progressiven Individualismus hervorgerufen, aber er war doch eher bereit, sie zu tolerieren, als der heutige etwas härtere sozialpolitische Konsens. Der Reflex „Die Gesellschaft ist an allem schuld" ist in Teilen der Öffentlichkeit noch ziemlich präsent, steht inzwischen aber in Konkurrenz zu einer Ethik der Selbstverantwortung und Selbsthilfe. Und in einigen Fällen hat sich die Politik einfach verändert, weil man an der Wahrheit nicht mehr vorbeisehen konnte.

Die Liberalisierung der modernen Gesellschaften und das Abnehmen von Diskriminierung, das an sich sehr zu begrüßen ist, ging oft

Hand in Hand mit einem allgemeinen Abbau von Grenzen. Für einige Einwandererfamilien aus eher traditionellen Kulturen ergibt sich daraus ein spezielles Problem, weil sie den Eindruck haben, sie verlieren ihre Kinder an eine schrankenlose Gesellschaft. Es kann auch durchaus sein, dass diese Schrankenlosigkeit der Grund für den steigenden Konsum von Alkohol und Drogen in der Unterschicht ist.

Der Abbau von negativer Diskriminierung (aufgrund von Hautfarbe, Geschlecht oder sozialer Herkunft) ging auch einher mit einem Abbau positiver Diskriminierung, die gutes, anständiges Verhalten im Alltag fördert. Diese Entwicklung lässt sich bis in die Sechzigerjahre zurückverfolgen; seitdem sind beide Bewegungen eng miteinander verzahnt. Die Revolution hin zu mehr Rechten für Frauen und Minderheiten war ein großer Sprung nach vorn, was menschliche Freiheit und Gleichheit angeht. Aber es gab auch einen allgemeinen „emanzipatorischen" Impuls weg von Verpflichtungen und Traditionen, der dazu beitrug, jene negativen gesellschaftlichen Erscheinungen zu fördern, von denen wir uns erst heute erholen – den vorsichtigen jungen Leuten sei Dank.

Der besonnene Populismus hat auch in einigen anderen Bereichen einen Rückzug von den Anywhere-Präferenzen und gewisse Konzessionen bewirkt. Dazu gehört beispielsweise eine Normalisierung des Blicks auf nationale Identität und Bindung in den letzten Jahren, selbst unter den Liberalen. Ein Höhepunkt war die von Danny Boyle gestaltete Eröffnungsfeier zu den Olympischen Spielen 2012 in London, der es kurzzeitig gelang, Anywheres und Somewheres in einen gemeinsamen Union Jack einzuwickeln. Es gibt inzwischen auch eine klarere und weitgehend von der Frage der Hautfarbe abgekoppelte Debatte über Immigration und Integration – deren Höhepunkt, so könnte man argumentieren, in der allgemeinen Akzeptanz der Tatsache erreicht war, dass die UKIP trotz all ihrer intoleranten Züge nicht wirklich eine rassistische Partei ist. Und dass seit zehn Jahren über eine reduzierte Einwanderungsquote diskutiert wird – nach 2010 sind die Zahlen der Nicht-EU-Einwanderer ein wenig gesunken –, hat sicher damit zu tun, dass die Somewheres den Meinungsforschern immer wieder ins Heft diktieren, die Quote sei ihrer Ansicht nach viel zu hoch.

Es gibt noch weitere Bereiche, in denen sich der Somewhere-Einfluss bemerkbar macht. Dazu gehört die Wohlfahrts- und Sozialpolitik. Wir alle haben Anteil an den Erfolgen und Misserfolgen der anderen, weil wir in den reichen Gesellschaften das Risiko verteilen, sei es mit Hilfe von Pflichtversicherungen wie in Frankreich und Deutschland, sei es mit steuerbasierten „Common pool"-Systemen wie in Großbritannien und Schweden. Doch in den modernen Staaten ist die noble Idee von der gegenseitigen Unterstützung in bürokratischer Gleichgültigkeit untergegangen. Vielleicht ist das auch gar nicht zu vermeiden.

So sind in den letzten Jahrzehnten die Forderungen nach Steuersolidarität gestiegen, während der Instinkt für Solidarität in der Gesellschaft schwächer wurde. Ein Wohlfahrtsstaat, wie ihn Großbritannien in den Vierzigerjahren kannte, ist heute kaum noch vorstellbar. Tatsächlich sinkt im Zuge einer moralischen und ethnischen Diversifizierung und Individualisierung auch in unserem Land die Bereitschaft, in das System einzuzahlen. Entsprechend langsam steigen die Sozialausgaben. (Nur etwas mehr als die Hälfte aller Steuerzahler in Großbritannien sind tatsächlich Beitragszahler.)[10]

Unsere Gesellschaft ist in Teilen immer noch eine moralische Gemeinschaft, auch wenn die Bindungen und Vorschriften sich gelockert haben. Die meisten Menschen hierzulande gehen mit Recht davon aus, dass ihre Mitbürger moralisch handeln, auch wenn das im konkreten Einzelfall von Herkunft und Lebensumständen abhängig ist. Aus diesem Grund sind Somewheres durchaus bereit, zwischen Personen zu unterscheiden, die Unterstützung verdienen, und solchen, die sie weniger verdienen. Das gilt für hochbezahlte Banker ebenso wie für Wohlfahrtsempfänger. Die Anywheres hingegen fühlen sich bei einer solchen Unterscheidung oft unwohl, vor allem wenn sie politisch links stehen. Es geht ihnen aber nicht darum, die Unterscheidung als solche abzuschaffen, sondern sicherzustellen, dass sie im Einklang mit unserer weniger hart urteilenden heutigen Gesellschaft geschieht – und nicht aufgrund von Weltanschauungen, die vor 50 Jahren galten.

Die Ausweitung unseres Wohlfahrtssystems in den letzten Jahrzehnten steht allerdings im Widerspruch zu den moralischen Empfindungen der Somewheres. Ein System, das ursprünglich dafür gedacht war, durch eine Sozialversicherung das Risiko zu verteilen, dient heute als Sicherheitsnetz für ärmere Haushalte, sobald sie sich als bedürftig erweisen.[11]

Somewheres neigen aber eher zu einer Sicht, die auf „Clubmitgliedschaft“ statt Bedürftigkeit beruht. Bei vielen Anywheres scheint es umgekehrt zu sein, wieder vor allem denen im linken Teil des politischen Spektrums. Somewheres sind der Ansicht, Wohlfahrtszahlungen sollten denjenigen zustehen, die ins System eingezahlt haben oder aus anderen Gründen Unterstützung verdienen, sei es aufgrund früherer Leistungen oder aufgrund ihrer Unfähigkeit, sich selbst zu helfen.

Das britische Wohlfahrtssystem wirkt sich in hohem Maße umverteilend aus, noch mehr als das schwedische, gilt aber trotzdem oft als ebenso verschwenderisch wie geizig. Viele Steuerzahler, vor allem Somewheres, haben das Gefühl, das derzeitige System fördere Abhängigkeit von anderen und leiste zu wenig, wenn sie es selbst brauchen. Menschen, die während der Finanzkrise kurzzeitig auf Stütze angewiesen waren, waren oft schockiert, als sie feststellten, dass das System, in das sie ein Leben lang eingezahlt hatten, ihnen gerade mal 71,70 Pfund zur Verfügung stellte. Wer noch Ersparnisse hatte oder einen erwerbstätigen Partner fiel bereits nach sechs Monaten aus der Leistung. Und Personen mit guten Arbeitsnachweisen bekamen keinen Penny mehr als alle anderen.

Die letzten britischen Regierungen haben zum ersten Mal die Wohlfahrtsleistungen pro Haushalt gedeckelt. Sie haben auch versucht, Anreize zum Arbeiten zu schaffen, indem sie den Zugang zu Leistungen erschwerten und die Steuerfreibeträge erhöhten (Letzteres hat allerdings nicht viel gebracht). Diese Maßnahmen und der breite Konsens für ein strengeres und mehr auf Beitragszahlungen basierendes Sozialsystem sind den Präferenzen der Somewheres zu verdanken. Strenger ist es in den letzten Jahren sicher insofern geworden, als die Anreize zum Arbeiten stiegen. Eine stärkere Betonung von Beitragszahlungen ist aber nicht in Sicht. Tatsächlich sinkt der Beitragsanteil eher, und etwa zwei Drittel der Sozialleistungen werden nur aufgrund einer Bedürftigkeitsprüfung gewährt. 1979 war es ein Drittel.

Lassen Sie mich noch ein paar andere Bereiche erwähnen, in denen sich der Somewhere-Einfluss bemerkbar macht. Die Verbrechensbekämpfung und das Strafrecht stehen sogar unter starkem Einfluss der Somewheres, die strengere Strafen insgesamt und speziell mehr Haftstrafen fordern. Und die Liebesgeschichte zwischen den Somewheres und der Monarchie lässt überhaupt nicht nach – eine Liebesgeschichte, die jede organisierte Initiative für eine republikanische Verfassung sinnlos macht (sodass es auch niemanden gibt, der von einer möglichen künftigen Krise im Königshaus profitieren könnte).

Auch der Konflikt zwischen dem Entwicklungshilfeministerium und dem Außenministerium ist ein Musterbeispiel für übermäßigen Anywhere-Einfluss, der allmählich zurückgedrängt wird. Die meisten Mitarbeiter im Entwicklungshilfeministerium fühlen sich eher den Bedürftigen in der Ferne verpflichtet als ihren nächsten Nachbarn. Sie sehen in Umfrageergebnissen, in denen mehr als die Hälfte der Bevölkerung die jüngsten Erhöhungen der Zahlungen für Entwicklungshilfe ablehnen, lediglich den Beweis für die Kleinkariertheit der Briten.[12]

Das Entwicklungsministerium hat eine globale, universale Vision und ist stolz darauf, nationale Interessen an zweite Stelle zu setzen. Im Gegensatz zum Schwesterministerium in den USA lehnt es gebundene Hilfsleistungen ab, sodass britische Steuergelder nicht notwendigerweise für britische Hilfsgüter (beispielsweise Moskitonetze oder Zelte) ausgegeben werden.

Im Außenministerium sieht man das anders. Es sieht seine Rolle darin, britische Interessen zu schützen und zu fördern. In den letzten Jahren hat man das Budget dieses Ministeriums eingedampft – viele Analysten und Experten wurden in Pension geschickt oder in den privaten Sektor entlassen.

In den meisten afrikanischen Ländern hat das dortige Büro unseres Entwicklungsministeriums ein höheres Budget, mehr Mitarbeiter und Mittel als ein High Commissioner. Und die Mitarbeiter fühlen sich berechtigt, vollkommen unabhängig vom High Commissioner zu arbeiten, was man im Ausland nicht wirklich versteht. Den Gipfel seiner Macht erreichte das Ministerium, als 2015 ein Gesetz verabschiedet wurde, das den Staat zu Entwicklungshilfeausgaben von mindestens 0,7 Prozent des Bruttoinlandsprodukts verpflichtet. Aber es scheint, als würde das Blatt sich jetzt wenden. Ein Regierungspapier zum Thema Entwicklungshilfe hat festgelegt, dass ein Viertel der Ausgaben des Entwicklungsministeriums für Aufgaben außerhalb des Ministeriums geleistet werden müssen, beispielsweise als Hilfen für Flüchtlinge, die sich in Großbritannien ansiedeln.

Wir sind also nicht wirklich auf einer Einbahnstraße unterwegs, auch wenn die Dominanz der Anywheres nach wie vor eine Tatsache ist.

Im Rückblick über die letzten 20 Jahre fällt es viel leichter, wichtige politische Initiativen im Geiste des Anywhere-Denkens aufzuzählen – was wohlgemerkt nicht heißt, dass die meisten Somewheres diese Initiativen ablehnen würden. Die Liste ist lang, und sie könnte noch länger sein.

Abschaffung des Ehegattensplittings bei der Einkommenssteuer; der Human Rights Act; die Entscheidung von 2003, den britischen Arbeitsmarkt sieben Jahre früher als nötig für Mittel- und Osteuropäer zu öffnen; die Entscheidung, die Pläne für einen nationalen Personalausweis aufzugeben; die Entscheidung 2007, den EU-Beitritt von Rumänien und Bulgarien trotz der Ablehnung durch die EU-Kommission zu unterstützen; Unterstützung für TTIP und eine weitere globale Öffnung des Handels; die Entscheidung, nicht gegen Übernahmen von großen Betrieben durch ausländische Unternehmen vorzugehen; Ehe für alle; Entscheidung über den Entwicklungshilfesatz von 0,7 Prozent des Bruttoinlandsprodukts; Frauenquoten für Unternehmensvorstände; bis vor Kurzem jährliche Steigerungen der Treibstoffsteuer; Referendum zur Einführung des Verhältniswahlrechts; unausgewogenes Rückführungsabkommen ohne Berücksichtigung britischer Interessen; Einführung von Studiengebühren bis zu einer Höhe von 9.000 Pfund und unbegrenzte Einstellungen bei den Universitäten; drastische Senkung des Budgets für Weiterbildung; Verbot der Fuchsjagd; hohe Subventionen für erneuerbare Energien (werden jetzt zurückgefahren); unverhältnismäßig hohe Investitionen in Transport und Kultur in London; Senkung der beitragsbasierten Sozialleistungen bei gleichzeitiger Steigerung der Zahlungen aufgrund von Bedürftigkeit; die militärischen Interventionen im Irak, Iran und Afghanistan. Diese Aufzählung könnte man beliebig verlängern.

Gebt den Somewheres eine Stimme

Viel wird davon abhängen, ob britische Politiker eine neue Verständigung zwischen Anywheres und Somewheres zustande bringen. Wenn die Interessen der Somewheres nicht stärker in den Mainstream integriert werden, kann es zu weiteren Schocks wie dem Brexit kommen. Lange Zeit war der Brexit nur ein Streitthema zwischen zwei verschiedenen Anywhere-Gruppen innerhalb unserer politischen Klasse. Bis die Somewheres ihre Chance ergriffen.

Die Brexitabstimmung stellt eine riesengroße Herausforderung für die Macht der Anywheres und die Parteien dar, die seit einer Generation von ihnen beherrscht werden. Schon jetzt ist ein neues Gleichgewicht zwischen den beiden Wertegruppen hergestellt. Es wird für etwas weniger Öffnung des Landes sorgen und dafür, dass der nationale Gesellschaftsvertrag für Bereiche wie Arbeitsmarkt und Wohlfahrt wieder gestärkt wird. Doch Großbritannien wird nach internationalen Standards und auch im Vergleich zu seiner jüngeren Geschichte ein sehr offenes Land bleiben, wie heftig auch immer enttäuschte Anywheres über Fremdenfeindlichkeit und Kleingeistigkeit klagen.

Die Verschiebung wird auf Widerstand stoßen. Durchaus möglich, dass es in den nächsten Jahren zunächst ein Patt gibt, eine veränderte Neuauflage der Situation in den Sechziger- und Siebzigerjahren, als weder Labour noch das Establishment stark genug für einen Durchbruch waren. Bis zur Wahl der Thatcher-Regierung 1979.

Die May-Regierung vor der Wahl 2017 hat mit ihrem Engagement für den Brexit und einigen anderen Reden und Taten gezeigt, dass sie offener für Somewhere-Haltungen ist als jede andere Regierung in den letzten Jahrzehnten. Das konservative Wahlprogramm 2017 war der Versuch, eine neue Verständigung zwischen Anywheres und Somewheres zu finden – ohne allzu großen Erfolg.

Ich möchte mich nun noch mit einigen Ideen zur Politik einer neuen Verständigung beschäftigen, die jede künftige Regierung erwägen sollte. Dabei muss bedacht werden, dass es große Bereiche gibt, in denen sich unsere Gesellschaft über Klassen- und Werteunterschiede hinweg einig ist. Das gilt für den Abbau von Ungleichheit, für erschwinglichen Wohnraum vor allem in London und im Südosten, für eine Linderung der Krise der sozialen Fürsorge für Ältere. Zumindest über die Ziele ist man sich weitgehend einig, wenn auch nicht immer über die Mittel.

In beiden Koalitionsregierungen wie auch in der nachfolgenden konservativen Regierung Cameron war man sich der Tatsache bewusst, dass die ausschließliche Fokussierung auf sozialen Aufstieg durch den Ausbau höherer Bildung fast die Hälfte aller Schulabgänger schlichtweg ignoriert. George Osbornes Mindestlohnpolitik und die Ausbildungsabgabe waren Beispiele dafür. Ich schlage vor, die beiden nicht-universitären Ausbildungswege – Fachschule und betriebliche Ausbildung – entschieden zu fördern, ihnen mehr Prestige zu verschaffen und sie staatlich zu subventionieren.

Kulturelle Unterschiede lassen sich in Großbritannien schwerer versöhnen als materielle, aber es ist oft gar nicht möglich, die beiden voneinander zu trennen.[13] Ich will hier keine detaillierte politische Straßenkarte zeichnen, und einige der hier genannten Ideen wurden schon erwähnt, aber man kann die entsprechenden Vorschläge drei Gruppen zuordnen: Stimme, Nation, Gesellschaft.

Zunächst zur Stimme: Rhetorik und Symbole sind in der Politik von geradezu lebenswichtiger Bedeutung. Theresa Mays Verwendung des Begriffs „Arbeiterklasse“ und ihr Tadel der Global Villagers als „Bürger, die nirgendwo daheim sind“ (beides in ihrer Rede auf dem Parteitag der Konservativen im Oktober 2016) wurden von beiden Seiten zur Kenntnis genommen. Im Rückblick bestand wohl einer der großen Fehler von New Labour darin, den Wandel so kritiklos zu feiern. Selbstverständlich verändert sich die Welt ununterbrochen, aber die meisten von uns fühlen sich damit nicht so wohl. Politik hat die Aufgabe, den Wandel zu managen, der sich oft unabhängig von menschlichem Tun und menschlicher Absicht vollzieht. Die Menschen akzeptieren ihn leichter, wenn sie das Gefühl haben, die politische Führung teile ihre vorsichtige Haltung, die letztlich heißt: „Veränderung heißt Verlust.“ Sie möchten ganz allgemein hören, dass die politische Führung Empfindungen zum Ausdruck bringt, die ihren eigenen entsprechen.

Karen Stenner und Erick Kaufmann haben in Bezug auf schnelle ethnische Veränderungen den Rat gegeben: Wenn ihr wollt, dass die Menschen sie akzeptieren, verlangsamt den Prozess so weit wie möglich und betont Kontinuität und Gemeinschaft zwischen den Gruppen, nicht die Vielfalt. Denn Vielfalt ist den Leuten unheimlich. Das weist übrigens auf ein Identitätsparadox der Somewheres hin. Es zeigte sich 2016 sowohl in Großbritannien als auch in den USA in einer Art halb bewusster Politik der Mehrheitsidentität. Aber konventionelle Identitätspolitik ist der Feind aller Solidarität und steht damit den gemeinschaftsorientierten Aspekten des Somewhere-Weltbildes entgegen.

Dieses Weltbild ist in unserer öffentlichen Kultur durchaus sichtbar. Teile der Boulevardpresse, darunter die beiden auflagenstärksten Zeitungen, *Daily Mail* und *The Sun*, spiegeln es auf ihre Weise. Und unsere Politiker verfolgen Meinungsumfragen und Fokusgruppen viel genauer als ihre Vorgänger. Doch Teile der Mainstream-Politik und -Kultur werden nach wie vor von Anywhere-Haltungen beherrscht, und Somewhere-Werte werden oft grausam karikiert. Hören Sie eine Woche BBC 4, vor allem die Comedy-Sendungen, und Sie wissen, was ich meine. Kein Wunder, dass einige Anywheres das Gefühl hatten, nach der Brexitabstimmung im falschen Land aufgestanden zu sein, nicht zuletzt weil die May-Regierung sich nicht zum Vorteil auf die Großstadt-Eliten konzentrierte.

Wie kann man dem besonnenen Populismus mehr Gewicht und Stimme geben? Alles, was unter die Überschrift „Lokales" fällt – Stärkung der Kommunal- und Regionalpolitik und der Bürgermeister – kann helfen, Menschen ein Gefühl von mehr Kontrolle und Handlungsmöglichkeiten zu geben, vor allem in Regionen mit wirtschaftlichen Problemen, in denen das Gefühl, abgehängt zu sein, leicht ansteckend sein kann. Die meisten Menschen interessieren sich fürs Nahe und Spezielle. Politik sollte bei den positiven Gefühlen ansetzen, die die Menschen ihrer nächsten Umgebung entgegenbringen. (Das könnte heißen, dass man historische und populäre Namen für bestimmte Orte und Plätze offiziell macht. Nach Aussage von Maurice Glasman hat eine Untersuchung der Labour Party ergeben, dass zwei Drittel der Menschen ihren Wohnort falsch angeben, weil sie mit den dauernden Eingemeindungen und kommunalen Neuorganisationen nicht mehr Schritt halten.)

Mehr Gewicht fürs Lokale heißt auch, weniger Gewicht für London. Weniger Gewicht für große Prestigeprojekte, mehr Beschäftigung mit, sagen wir, lokalen Flaschenhälsen im öffentlichen Nahverkehr. Eine Politik der kleinen Schritte, nicht der großen Gesten. In Kapitel 6 habe ich die schlechten Verbindungen zwischen den kleineren Städten rund um Manchester, Sheffield und Leeds erwähnt, die ihre Industriebetriebe verloren haben, aber nicht über den öffentlichen Nahverkehr verfügen, der ihre Einwohner schnell in die relativ gut florierenden Großstädte bringen könnte. Das Projekt HS3 soll das in Zukunft ändern, aber es hat viel weniger nationale Priorität als HS2, die Hochgeschwindigkeitsverbindung zwischen Manchester und London, die nach Ansicht der meisten die Dominanz der Hauptstadt nur noch weiter stärken wird. Das Crossrail-Projekt in London wird in den Jahren 2016 bis 2021 mit 4,6 Milliarden Pfund mehr Geld verschlungen haben als alle Verkehrsprojekte in Nordengland zusammengenommen.[14]

Der eigene Ort, der für das stärker verwurzelte Somewhere-Bewusstsein so wichtig ist, betrifft auch einen Aspekt des Anywhere-Bewusstseins, nämlich dort, wo es um Umweltschutz geht. Die starken lokalen Bindungen der Somewheres und die grüne Sensibilität der Anywheres könnten helfen, Brücken zu schlagen. Eine weitere Brücke könnte das gemeinsame Interesse an politischen Reformen sein. Die Einführung einer Wahlpflicht würde die politischen Parteien zwingen, sich weniger auf Wechselwähler und ohnehin stark an Wahlen interessierte Gruppen zu konzentrieren. In Teilen der politischen Anywhere-Klasse ist die Einführung des Verhältniswahlrechts ein Lieblingsthema – tatsächlich könnte sie ein besseres Gleichgewicht in der Vertretung von Anywhere- und Somewhere-Interessen herbeiführen. Besonnener (und auch weniger besonnener) Populismus, der in den großen Parteien untergeht, könnte ein Ventil in kleineren Parteien wie UKIP finden, die es verdient haben, stärker im Parlament und letztlich auch in Koalitionsregierungen vertreten zu sein. Wie in *Kapitel 3* beschrieben, zeigen Erfahrungen auf dem Kontinent, dass populistische Parteien eine gewisse Zähmung und Mäßigung erfahren, wenn sie stärker eingebunden werden. So können aus Trollen Somewhere-Politiker werden. (UKIP ist heute eine stark geschwächte Kraft. Ihre führenden Köpfe verließen die Partei, um die neue Brexit-Partei zu gründen, als es so aussah, als ob das Vereinigte Königreich auf einen weichen Brexit zusteuerte. Die Brexit-Partei erreichte bei den Europawahlen 2019 30 Prozent der Stimmen. Als Boris Johnsons Torys die Wahlen im Dezember 2019 mit einer Mehrheit von 87 Sitzen überzeugend gewannen und Großbritannien schließlich die EU verließ, brach die Unterstützung sowohl für die UKIP als auch für die Brexit-Partei zusammen.)

Kommen wir zum Thema Nation und Nationales. Ein gemäßigter Nationalismus ist der Lokalismus der globalisierten Welt, und er stellt eine Möglichkeit dar, den Prozess der Globalisierung demokratisch zu kontrollieren. Es gibt zwar eine kleine und langsam wachsende Gruppe von Kosmopoliten in allen reichen Gesellschaften, aber ihre Bindungen sind schwächer und enger definiert als der gemäßigte Nationalismus der Gegenwart. Deshalb lohnt es sich, ihn zu erhalten.

Die Brexit-Abstimmung war zum Teil ein Aufstand gegen die Erosion nationaler Bindungen, die sich in der Bevorzugung der eigenen Mitbürger zeigt. Ein Beispiel für diese Erosion war der starke Zustrom osteuropäischer Arbeitskräfte, die damit Zugang zum britischen Sozialsystem bekamen.

Es ist ein heikles Unterfangen, das britische Einwanderungssystem umzubauen, ohne der Wirtschaft zu schaden, ein Unterfangen, das einige Jahre in Anspruch nehmen wird. Auf lange Sicht müssten wir aber – ich sprach darüber schon in Kapitel 5 – eine viel klarere Unterscheidung zwischen zeitweisen und dauerhaften Bewohnern unseres Landes zustande bringen, um unseren Wohlfahrtsstaat und das Gefühl für Staatsangehörigkeit vor den kurzfristigen, oft ökonomisch begründeten Strömen über unsere Grenzen zu schützen.

Es gibt aber durchaus kurzfristig umsetzbare, zum Teil symbolische Maßnahmen, die den Menschen das Gefühl geben, unsere Grenzen seien vernünftig gesichert und es gäbe eine gewisse Kontrolle darüber, wer ins Land kommt und es wieder verlässt. Das ist keine geringfügige administrative Sache, sondern in einer Zeit starker Migrantenströme eine zentrale Regierungsaufgabe. Und um ihr Priorität und Bedeutung zuzumessen, sollten wir deutlich mehr Geld für unsere Grenzsicherung ausgeben.

Außerdem müssen wir die Diskussion über Personalausweise und ein Bevölkerungsregister wieder aufnehmen. Viele Menschen, die für den Brexit gestimmt haben, fühlen sich unwohl bei dem Gedanken, dass unsere Behörden nicht wissen, wie viele Menschen im Land leben und wo sie ihren Wohnsitz haben. Und diese Menschen haben recht. Es ist an der Zeit, dass wir unsere Migrationsstatistiken überholen und mehr Klarheit über den Grenzverkehr herstellen. Nicht-EU-Ausländer, die sich zeitweise bei uns aufhalten, sind inzwischen mit einer biometrischen Aufenthaltserlaubnis ausgestattet, und nach dem Brexit könnte dies auf alle Bewohner unseres Landes mit fremdem Pass ausgeweitet werden. Es gibt einen gewissen Widerstand gegen die „Big Brother"-Anmutung eines Personalausweises für alle Bürger, aber die Angst vor einem Missbrauch der Bewegungsfreiheit in unserem Land ist größer. Irgendeine Art von Bevölkerungsregister, verbunden mit einem Ausweis und einer personengebundenen Nummer (es könnte beispielsweise die NHS-Nummer sein) wäre geeignet, Staatsangehörigkeit und Berechtigungen aneinander zu koppeln. Das wäre eine populäre und leicht machbare Maßnahme.

Viele Kommentatoren sind sich darüber einig, dass unser öffentlicher Dienst auch schneller reagieren muss, um „Staus" zu verhindern oder rasch abzubauen, wenn sich irgendwo besonders viele Neuankömmlinge einfinden. Eine solche „schnelle Eingreiftruppe" ist allerdings leichter gefordert als eingerichtet.

Nach unserem Abschied von der EU sollte es möglich sein, den Menschen wieder stärker das Gefühl zu vermitteln, dass der öffentliche

Sektor allen Briten gehört. Anstellungen im öffentlichen Dienst sollten – von Ausnahmen abgesehen – an die Staatsangehörigkeit gekoppelt sein, und bei Jobs mit Publikumskontakt sollten Sprach- und Kulturtests die Regel werden. Öffentliche Leistungen, vor allem staatliche Wohnungen, sollten Staatsangehörigen vorbehalten sein oder zumindest Personen, die seit mindestens fünf Jahren bei uns leben. Wenn möglich, sollten auch die lokalen Wurzeln eine Rolle spielen. Und Kürzungen von Staatsausgaben sollten nicht zu stärkerer Einwanderung führen wie beispielsweise bei der Streichung von Ausbildungsplätzen in der Krankenpflege. (Die May-Regierung hat zum Glück bereits die Obergrenze von 6000 Studienplätzen für Ärzte abgeschafft, was hoffentlich dazu führt, dass weniger Ärzte aus dem Ausland zu uns kommen, zumal aus armen Ländern, in denen sie dringend gebraucht werden.)

Bei öffentlichen Aufträgen sollten lokale Firmen und Arbeitskräfte so weit wie möglich unterstützt und bevorzugt werden. Und so verantwortungsbewusst ausländische Eigentümer oft im Interesse britischer Arbeitskräfte sein mögen: So sehr sollte auch bei der Übernahme von Firmen überprüft werden, ob diese nationale Interessen berührt – es geht um Beschäftigtenzahlen, den Standort von Forschungs- und Entwicklungsabteilungen und so weiter. Dafür sollte es gesetzliche Regelungen geben.

Kommen wir zur Gesellschaft. Die einseitige Betonung universitärer Ausbildungswege wird zum Glück gerade überdacht. Alle Schulabgänger sollten drei gleichermaßen anständige Möglichkeiten haben: Studium an einer Universität, Ausbildung an einer technischen Fachschule (am liebsten eine Variante der alten Polytechnics) oder betriebliche Ausbildung. Und alle drei Optionen sollten vom Staat gleichermaßen gefördert werden.

Derzeit gibt es eine staatliche Unterstützung für die Ausbildung nur bis zum Alter von 18 Jahren. Wer mit 16 auf eine Fachschule geht, bekommt etwas weniger Geld, als wenn er weiter die Schule besuchen würde. Danach jedoch gehen die Leistungen stark auseinander, und tatsächlich bekommen Kinder aus wohlhabenden und gebildeten Familien deutlich mehr Unterstützung. Das ist nicht gerechtfertigt und sollte geändert werden. Alle jungen Leute von 18 bis 21 Jahren sollten finanziell unterstützt werden, ob sie nun eine anerkannte betriebliche Ausbildung machen, die Technikerschule besuchen oder zur Universität gehen. Studenten der Medizin, der

Natur- und Ingenieurwissenschaften werden zusätzliche Leistungen benötigen.

Heutzutage wird das Studium an einer Universität ganz klar gefördert und staatlich unterstützt, was dazu führt, dass es viel mehr Studenten gibt, als es wirtschaftlich oder gesellschaftlich wünschenswert wäre. Die Einführung von Darlehen für Studiengebühren und Unterbringung hat die staatliche Unterstützung etwas reduziert und einen Teil der Kosten auf die Studierenden verlagert, aber man schätzt, dass etwa die Hälfte von ihnen ihre Darlehen nicht vollständig zurückzahlen werden.

Wer dagegen an einer Fachschule eine National Vocational Qualification (NVQ) oder ein Higher National Diploma (HND) anstrebt, bekommt das Darlehen nicht. Es gibt allerdings für einige Kurse finanzielle Unterstützung. Und betriebliche Ausbildung und duales Studium werden fast komplett von den Arbeitgebern finanziert, die den jungen Leuten schon deshalb so wenig wie möglich zahlen. Schließlich sind Ausbildungsverhältnisse von der Mindestlohnregelung ausgenommen.

Es sollte in Zukunft möglich sein, dass Studenten an technischen Fachschulen dieselbe Unterstützung bekommen wie die Studenten an einer Universität. Und Auszubildende, die heute wirklich nur Hungerlöhne bekommen, sollten vom Staat mit 3000 Pfund pro Jahr unterstützt werden. Außerdem sollten dem Ausbildungsbetrieb die Sozialversicherungsbeiträge erlassen werden.

Diese Reform muss einhergehen mit einem vielschichtigen, subtilen Nachdenken über soziale Mobilität, die heute viel zu sehr auf ein Universitätsstudium fokussiert ist. Denn was Mobilität für den Einzelnen heißt, ist selbstverständlich abhängig vom Ausgangspunkt. Wer aus einer Familie kommt, in der beide Eltern arbeitslos sind, für den ist ein anständig bezahlter Job mit Entwicklungsmöglichkeiten ein bedeutender sozialer Aufstieg. Oder – anderes Beispiel – wenn man im ersten Anlauf das Abitur nicht erreicht hat, aber schlau und ehrgeizig genug ist für einen juristischen Beruf, für den sollte es einen einfachen und angemessen unterstützten Weg in eine entsprechende Ausbildung geben.

Die beste Art, soziale Mobilität zu fördern, besteht darin, „oben“ mehr Platz zu schaffen, also mehr gut bezahlte, professionelle Jobs. Das steht nicht unbedingt in der Macht einer Regierung. Aber Regierungen können dafür sorgen, dass für intelligente Menschen, die nicht studiert haben, mehr Aufstiegschancen bestehen.

Die Familienpolitik wird derzeit von den Interessen der Anywhere-Paare mit doppeltem Einkommen dominiert. Sie konzentriert sich auf die finanzielle Unterstützung von Kinderbetreuung und die Gleichstellung am Arbeitsplatz. Umfragen zeigen aber, dass die meisten Frauen weder Vollzeit, noch überhaupt berufstätig sein möchten, solange ihre Kinder noch klein sind. Eine Rückkehr zur vollen Anerkennung von Ehe oder Lebensgemeinschaft im Steuersystem sowie eine Unterstützung von Frauen (oder in wenigen Fällen Männern), die sich selbst um ihre Kinder kümmern wollen, könnte den finanziellen Druck auf Familien mit niedrigem Einkommen verringern. Das würde vielen Paaren helfen, zusammen zu bleiben oder überhaupt eine Familie zu gründen. Es könnte sogar die Geburtenrate erhöhen – denn eigentlich brauchen wir wieder größere Familien – und damit die Notwendigkeit der Einwanderung in den Arbeitsmarkt verringern.

Schließlich und endlich sollten Staat und Sozialsysteme klarer auf jenen moralischen Grundregeln aufbauen, die nach wie vor Konsens finden, beispielsweise die Belohnung von Mühe und Eigenleistung. Dies lässt sich auf vielerlei Weise bewerkstelligen. Man könnte Menschen belohnen, die sich um ein gesundes Leben bemühen, man könnte das gesamte Wohlfahrtssystem stärker auf Beitragsleistungen aufbauen, man könnte auch die Steuerfreibeträge für Menschen erhöhen, die für ihren Unterhalt wieder selbst aufkommen. All das ist sehr schwierig, wenn man bedenkt, was das System insgesamt zu leisten hat. Aber Duncan O'Leary hat den Vorschlag gemacht, das britische Rentensystem als Modell für eine Reform der Arbeitslosenhilfe anzusehen, mit einer anständigen staatlichen Grundleistung ohne Bedürftigkeitsprüfung und mit Anreizen zur Selbsthilfe über das Steuersystem.[15] Weniger aufwendig wäre die Möglichkeit, Menschen zu belohnen, die lange in das System eingezahlt haben, sagen wir zehn oder 15 Jahre, indem man für sie die Hürden senkt, wenn sie Unterstützung brauchen.

Ein entwurzeltes, gleichgültiges und allzu individualistisches Großbritannien nach Londoner Vorbild hat nichts mit der Art zu tun, wie die meisten Menschen leben – oder leben wollen. Wir wollen aber natürlich auch nicht den Wohlstand und die Möglichkeiten aufgeben, die erst durch unsere ökonomisch und kulturell offenen Gesellschaften denkbar geworden sind.

Der Philosoph Isaiah Berlin hat einmal gesagt: Die Menschen wünschen sich eigentlich überall dieselben Dinge – Sicherheit, Anerkennung, Liebe, sinnvolle Arbeit, ausreichenden Wohlstand und die Freiheit, auf alle nur denkbaren Arten ein gutes Leben zu führen. Um das für möglichst viele Menschen zu gewährleisten, brauchen wir eine Politik, die sich sowohl aus der Freiheit der Anywheres als auch aus der Verwurzelung der Somewheres speist. Diese beiden Aspekte werden immer in einem Spannungsverhältnis stehen, aber in Großbritannien sind sie in den letzten Jahrzehnten aus dem Gleichgewicht geraten.

Yuval Levin schreibt in seinem Buch über die US-Politik mit dem Titel *The Fractured Republic*, der historische Moment, in dem man die beiden Weltsichten auf angenehme Weise miteinander verbinden konnte, sei möglicherweise verstrichen.[16] Er weist auf die ersten Nachkriegsjahrzehnte in den USA hin, als die Wirtschaft boomte und das Land liberaler und weniger konformistisch werden konnte, ohne sich so unordentlich und zerrissen anzufühlen, wie das heute oft der Fall ist, zumindest in den Augen der vielen Millionen Wähler, die für Donald Trump gestimmt haben. Dasselbe könnte man wohl von Großbritannien Mitte der Neunzigerjahre sagen, kurz vor der neuen Welle der Veränderungen, die New Labour anstieß.

Wenn Levin mit seinem Pessimismus recht hat, steht uns noch ein holpriger Weg bevor. Es ist noch nicht so lange her, dass Europa Diktaturen, Pogrome, Völkermord und die Vertreibung von Minderheiten erlebt hat. Die Geschichte wiederholt sich wahrscheinlich nicht, aber es ist durchaus denkbar, dass politische Gewalt auf die Straßen Europas und Großbritanniens zurückkehrt.

Wahrscheinlicher ist eine Entwicklung hin zu einem immer weiter fragmentierten, unbehaglichen und unzufriedenen Land, wenn die auf London zentrierten Anywhere-Interessen weiterhin so stark dominieren. Zu einem Land mit starken Bewegungen in der Population und vielen Parallelkulturen, in die sich die verschiedenen sozialen und ethnischen Gruppen zurückziehen. Und das alles regiert von einer zunehmend schrillen politischen Klasse, die aus ihren Gated communities heraus die Segnungen der Offenheit feiert.

Wir könnten aber auch dem besonnenen Populismus der Somewheres eine lautere Stimme geben und unseren Abschied von der EU dazu nutzen, zu niedrigeren Einwanderungsquoten zurückzukehren, mehr Wert auf Stabilität zu legen und unseren nationalen Gesellschaftsvertrag zu erneuern, vor allem mit Blick auf Ausbildung und Arbeitsmarkt.

Wenn besonnene populistische Empfindungen und Interessen in unserer Anywhere-dominierten Gesellschaft nicht mehr Raum bekommen, werden wir immer wieder destabilisierende Ereignisse wie die Brexit-Abstimmung erleben, vielleicht sogar politisch motivierte Gewalt, wenn es Terroristen gelingt, in den am stärksten fragmentierten Städten unseres Landes Panik zu erzeugen. Auch in unserer reichen und mobileren Gesellschaft sind die meisten Menschen in ihren Familien und Gemeinschaften verwurzelt und empfinden Veränderung als Verlust. Ihre Bindungen und moralischen Verpflichtungen anderen Menschen gegenüber sind nicht wahllos, sondern haben eine gewisse Hierarchie. In den letzten Jahrzehnten hat der Anywhere-Liberalismus auf solche Menschen herabgesehen – oder an ihnen vorbei. Aber ihre Affinitäten sind keine Hindernisse auf dem Weg zu einer guten Gesellschaft, sondern gehören zu ihren Grundlagen.

Nach dem Schock von 2016 ist eine friedlichere Koexistenz denkbar. Das heißt aber, in den nächsten Jahrzehnten muss unsere Politik danach streben, eine neue, stabilere Verständigung zwischen Anywheres und Somewheres zustande zu bringen. Eine Versöhnung der beiden Hälften, aus denen die politische Seele der Menschheit nun einmal besteht.

Dank

Dieses Buch ist zum Teil eine Reaktion auf Ereignisse in jüngster Zeit. Es setzt meine frühere Auseinandersetzung mit Einwanderung und Multikulturalismus (in meinem Buch *The British Dream*) fort und stellt den Versuch einer breiter aufgestellten Kritik am derzeitigen Liberalismus dar, und zwar aus der Position der radikalen Mitte. Was den Titel angeht, hatte ich mir ursprünglich etwas Abstrakteres und Zeitloseres rund um den Begriff „Postliberal" vorgestellt. Aber dann passierte sehr viel, sodass ein aktuelleres und spezifischeres Buch daraus geworden ist. Es greift Dinge auf, die ich in den drei Jahren nach der Veröffentlichung von *The British Dream* geschrieben habe, unter anderem den Essay „A Postliberal Future", der in *Demos Quarterly* erschienen ist. Tatsächlich ist dieses Buch von postliberalem (und Blue Labour) Denken beeinflusst, aber ich verwende den Begriff „postliberal" trotzdem nicht, weder im Titel noch im Buch selbst, weil er zu undurchsichtig ist und allzu leicht zu Fehlinterpretationen einlädt.

Es gibt eine Menge Menschen, denen ich für ihre Unterstützung und ihre Beiträge danken möchte, sowohl beim Schreiben dieses Buches als auch generell bei der Entwicklung meiner Gedanken. In diesem Zusammenhang weise ich auch auf das Quellenverzeichnis am Ende des Buches hin. Ganz besonders danke ich: Andrew Adonis, Katharine Birbalsingh, Belinda Brown, Geoff Dench, Eric Kaufmann, Michael Lind, Paul Morland, Toby Mundy, Bob Rowthorn, Allen Simpson plus Michael Dwyer, Jon de Peyer, Alison Alexanian und dem Team bei Hurst.

Weiterhin danke ich Michelle Bannister, Jamie Bartlett, Hannah Beard, Phillip Blond, Sam Bright, Alex Brummer, Andrew Cahn, Samantha Callan, Daisy Christodoulou, Jon Cruddas, René Cuperus, William Davies, Swati Dhingra, Stephen Driver, Bobby Duffy, Daniel Finkelstein, Janan Ganesh, Maurice Glasman, Dean Godson, Maud Goodhart, Matthew Goodwin, Charles Grant, Andrew Green, Francis Green, Kathy Gyngell, Jonathan Haidt, Daphnem Halikiopoulou, Ernst Hillebrand, Nick Hillman, Sunder Katwala, Inara Khan, Shiria Khatun, Ivan Krastev, David Landsman, Tim Leunig, Warwick Lightfoot, Alexander Linklater, John Lloyd, Rebecca Lowe Coulson, Pam Meadows, Anand Menon, David Metcalf, Jasper McMahon, Richard Norrie, Liav Orgad, Geoff Owen, Marie Peacock, Trevor Phillips, John Philpott, Avi Posen, Rachel Reeves, Christopher Roberts, Shamit Saggar, Paul Scheffer, Tom Schuller, Roger Scruton, Jonathan Simons, Jon Simmons, David Soskice, Philippa Stockley, Nick Timothy, David Willetts, Max Wind-Cowie, Alison Wolf, Philip Wood und Michela Wrong.

Anmerkungen

Vorwort

1 https://www.welt.de/politik/deutschland/article190037115/AKK-antwortet-Macron-Europa-richtig-machen.html

Kapitel 1

1 Umfrage für David Goodhart durch YouGov, Fieldwork 11/12 Januar 2011. Vgl. Peter Kellner: „Class Politics“, in: Progress, 20 April 2011, www.progressonline.org.uk/2011/04/20/class-politics/

2 „Clinton, Trump supporters have starkly different views of a changing nation: 3. Views of the country and feelings about growing diversity.“ Pew Research Center, www.people-press.org/2016/08/18/3-views-of-thecountry-and-feelings-about-growing-diversity

3 Rede von Tony Blair in Blenheim Palace, 1. Oktober 2007: The Office of Tony Blair, www.tonyblairoffice.org/speeches/entry/tony-blair-speech-atblenheim-palace/

4 Robert Ford & Matthew Goodwin: *Revolt on the Right: Explaining Support for the Radical Right in Britain.* London: Routledge, 2014

5 Ludi Simpson & Nissa Finey: „Understanding Society: How Mobile Are Immigrants After Arriving in the UK?“, University of Essex Institute for Social and Economic Research, 2012, https://www.understandingsociety.ac.uk/d/24/Understanding-Society-Findings-2012.pdf?1355227235

6 Eric Kaufmann: „Trump and Brexit: why it's again not the economy, stupid', in: LSE British Politics and Policy, 9 November 2016, http://blogs.lse.ac.uk/politicsandpolicy/trump-and-brexit-why-its-again-not-theeconomy-stupid/

7 British Social Attitudes survey Libertarian-Authoritarian scale 2014

8 „They don't like drugs or gay marriage, and they hate tattoos: Is >Generation Z< the most conservative since WW2?“, in: Mail Online, 15. September 2016, www.dailymail.co.uk/news/article-3790614/Theydon-t-like-drugs-gay-marriage-HATE-tattoos-Generation-Z-conservative-WW2.html, based on a survey of 2,000 young people by the brandconsultancy Gild

9 „Brexit Voters: NOT the Left Behind“, in: Fabian Society, 24. Juni 2016, http://www.fabians.org.uk/brexit-voters-not-the-left-behind/

10 http://unctad.org/Sections/dite_dir/docs/WIR2013/WIR13_webtab28.xls

11 Jeremy Cliffe: „Britain's Cosmopolitan Future“, Policy Network paper, Mai 2015

12 „Michael Ignatieff on the lessons for liberals in Nick Clegg's memoir", in: Financial Times, 7. September 2016, https://www.ft.com/content/baee9688-743a-11e6-bf48-b372cdb1043a

13 Mark Leonard: „It's no again to all things Euro: the rise of the new Eurosceptics", in: New Statesman, 28. Februar 2014, www.newstatesman.com/2014/02/no-again-all-things-euro

14 Prospect, Februar 2004

15 David Goodhart: *The British Dream: Successes and Failures of Post-war Immigration*. London: Atlantic Books, 2013

16 Robert Ford & Philip Cowley (Hg.): *More Sex, Lies and the Ballot Box*. London: Biteback 2015

Kapitel 2

1 Sunder Katwala, Jill Rutter & Steve Ballinger: Disbanding the Tribes: What the Referendum Told us about Britain (and What it Didn't). British Future, Juli 2016

2 „How Britain Voted", YouGov, https://yougov.co.uk/news/2016/06/27/how-britain-voted/

3 Ebd. Unter den Brexit-Befürwortern lagen Personen mit einem Einkommen unter £ 20.000 nur 10 Punkte vor denjenigen mit einem Einkommen über £ 60.000, während der Unterschied zwischen Personen ohne Berufsausbildung und denen mit Hochschulabschluss bei fast 50 Punkten lag. Matthew Goodwin & Oliver Heath: „Brexit vote explained; poverty, low skills and lack of opportunities", Joseph Rowntree Foundation, 31. August 2016, https://www.jrf.org.uk/report/brexit-vote-explainedpoverty-low-skills-and-lack-opportunities

4 Dame Louise Casey: „The Casey Review: A Review into Opportunity and Integration", Dezember 2016, https://www.gov.uk/government/uploads/system/uploads/attachment_data/_le/575973/The_Casey_Review_Report.pdf

5 Vgl. z.B. Marisa Abrajano & Zoltan Hajnal: White Backlash: Immigration, Race and American Politics. Princeton, NJ: Princeton University Press, 2015; ebenso Alberto Alesina & Edward Glaeser: Fighting Poverty in the US and Europe: A World of Difference. Oxford: Oxford University Press, 2004

6 Gillian Tett: „Did Obamacare Help Trump?", in: Financial Times, 2 Dezember 2016. Vgl. auch http://www.theatlantic.com/politics/ archive/2015/03/support-for-the-a_ordable-care-act-breaks-down-along-raciallines/431916/?utm_source=eb

7 Etwa 77 Prozent wünschten sich eine leicht oder stark reduzierte Einwande-

rung bei der Umfrage von 2013: „Immigration: A nation divided?“, British Social Attitudes Survey 31, 2014, http://bsa.natcen.ac.uk/media/38190/bsa31_immigration.pdf

8 British Social Attitudes survey (im Folgenden BSA), 2013. Die Daten finden sich unter http://www.britsocat.com/

9 BSA 2013, http://www.britsocat.com

10 Ebd.

11 http://www.worldvaluessurvey.org/

12 Christian Welzel: *Freedom Rising: Human Empowerment and the Quest for Emancipation.* Cambridge: Cambridge University Press, 2013

13 Jonathan Haidt: *The Righteous Mind: Why Good People are Divided by Politics and Religion.* London: Penguin, 2013

14 Thomas Sowell: *A Conflict of Visions: Ideologial Origins of Political Struggles*. New York: William Morrow & Co, 1987

15 Jonathan Haidt: „The Ethics of Globalism, Nationalism, and Patriotism“, Centre for Humans and Nature, Sepember 2016, www.humansandnature.org/the-ethics-of-globalism-nationalism-and-patriotism

16 Karen Stenner: *The Authoritarian Dynamic.* Cambridge: Cambridge University Press, 2005

17 Andere führende britische Stimmen, die denen von Gus O'Donnell ähneln, sind Shami Chakrabarti, frühere Direktorin der Menschenrechtsorganisation Liberty, der Times-Kommentator Oliver Kamm, der frühere leitende Beamte und Thinktank-Mitglied Jonathan Portes, der Thinktanker und EU-Berater Phillipe Legrain, Danny Dorling, der Australier Peter Singer, beide Universitätsdozenten, sowie der Umweltaktivist George Monbiot.

18 http://www.bbc.co.uk/news/uk-politics-18519395

19 Jonathan Haidt: „When and Why Nationalism Beats Globalism“, in: The American Interest, 12, 1, (2016), www.the-american-interest.com/2016/07/10/when-and-why-nationalism-beats-globalism/

20 http://www.bsa.natcen.ac.uk/media/39094/bsa33_social-class_v5.pdf

21 Daniel Finkelstein: „Left and right are dead in our social revolution“, in: The Times, 1 Juli 2015

22 Mark Lilla: „The End of Identity Liberalism“, in: New York Times, 18. November 2016, http://www.nytimes.com/2016/11/20/opinion/sunday/the-end-of-identity-liberalism.html?_r=0

23 Robert Ford & Philip Cowley (Hg.): *More Sex, Lies and the Ballot Box.* London: Biteback 2015

24 Nick Hillman: „Why do students study so far from home?“, in: Times Higher

Education, 23. Juli 2015, https://www.timeshighereducation.com/features/why-do-students-study-so-far-from-home

25 Daten von Higher Education Statistics Agency (HESA). „Rise of the stay-at-home students“, in: The Guardian, 12. August 2011, https://www.theguardian.com/money/2011/aug/12/stay-at-home-students; „Do students who live at home miss out on uni life?“, in: The Guardian, 4. September 2013, https://www.theguardian.com/education/mortarboard/2013/sep/04/do-students-who-live-at-home-miss-out

26 Higher Education Statistics Agency (HESA)

27 European Sociological Review, http://esr.oxfordjournals.org/content/early/2015/03/05/esr.jcv008.abstract

28 Ludi Simpson and Nissa Finey: „Understanding Society: How Mobile Are Immigrants After Arriving in the UK?“, University of Essex Institute for Social and Economic Research, 2012, https://www.understandingsociety.ac.uk/d/24/Understanding-Society-Findings-2012.pdf?1355227235

29 „Understanding Society: Waves 1–6, 2009–2015“, 8th Edition, http://dx.doi.org/10.5255/UKDA-SN-6614–7

30 „Understanding Society: Waves 1–5, 2009–2014“, 7th Edition. http://dx.doi.org/10.5255/UKDA-SN-6614–7

31 „Citizenship Survey, 2010–2011“, UK Data Service. SN: 7111, http://dx.doi.org/10.5255/UKDA-SN-7111–1

32 Sämtliche Zahlen in diesem Abschnitt vgl. http://www.britsocat.com/

33 Umfrage für David Goodhart durch YouGov, Fieldwork 11./12. Januar 2011. Vgl. Peter Kellner: „Class politics“, in: Progress, 20. April 2011, www.progressonline.org.uk/2011/04/20/class-politics/

34 Global Trends 2014: Navigating the new’, Ipsos MORI, www.ipsosglobaltrends.com/_les/gts_2014_web.pdf

35 Financial Times, 10 September 2016

36 http://cultural-dynamics.co.uk/viewpoints.html

37 BSA survey, http://www.britsocat.com/

38 Ein weiterer Hinweis auf die Ansichten von Global Villagers findet sich in denjenigen BSA-Umfragen, die Personen mit weiterführenden Hochschulqualifikationen identifizieren. Dies trifft auf viele Global Villagers zu. Ihre Ansichten lassen sich fast komplett am äußersten liberalen Ende des Spektrums verorten.

39 Umfrage für David Goodhart durch YouGov, Fieldwork 11./12. Januar 2011. Vgl. Peter Kellner: „Class Politics“, in: Progress, 20. April 2011, www.progressonline.org.uk/2011/04/20/class-politics/

40 „Nostalgia and Tradition“, Ipsos MORI Global Trends 2014, www.ipsosglobaltrends.com/nostalgia-and-tradition.html

41 BSA-Daten von 2014 und 1986, vgl. http://www.britsocat.com/

Kapitel 3

1 Paul Scheffer: „Het multiculturele drama“, in: NRC Handelsblad, 29. Januar 2000, http://retro.nrc.nl/W2/Lab/Multicultureel/sche_er.html

2 Er schrieb danach 2007 ein ausgezeichnetes Buch über die Geschichte und die Probleme von Einwanderung und Multikulturalismus in liberalen Gesellschaften: Paul Scheffer, *Immigrant Nations.* Cambridge: Polity Press, 2011

3 Alain Tolhurst: „Next up Nexit? Leader in Dutch polls ahead of their election is demanding his nation quits the EU too“, in: The Sun, 12. October 2016; https://www.thesun.co.uk/news/1960403/leader-in-dutch-pollsahead-of-their-election-is-demanding-his-nation-quits-the-eu-too/

4 Charles Leadbeater: „The five ways the left can win back the Leavers“, in: New Statesman, 8 Juli 2016, http://www.newstatesman.com/politics/uk/2016/07/_ve-ways-left-can-win-back-leavers

5 Andrew Marr: „The Summer's over, so we're back to the battle of holding Britain together“, in: The Times, 4. September 2016, www.thetimes.co.uk/edition/comment/look-up-from-your-lilo-the-battle-tohold-britain-together-is-still-raging-2cqdvrls5

6 Richard Hofstadter: „Everyone is Talking About Populism, But No One Can Define It“, in: Isaiah Berlin u.a.: „To Define Populism, Government and Opposition, 3, 2, April 1968, S. 137–180, http://onlinelibrary.wiley.com/doi/10.1111/j.1477–7053.1968.tb01332.x/pdf

7 Das war letztlich der Grund für den Streit, nachdem der britische oberste Gerichtshof Anfang November 2016 erklärt hatte, die Regierung könne den Austritt aus der EU nicht ohne Zustimmung des Parlaments einleiten.

8 Krastev, Ivan: „Between Elite and People: Europe's Black Hole“, in: Open Democracy, 3.8.2016, https://www.opendemocracy.net/globalization-institutions_government/europe_blackhole_3796.jsp

9 John Lloyd: „For left-behinders, populists paint a picture of a better future“, in: Financial Times, 16.8.2016, https://www.ft.com/content/bbf0f4e0–5d74–11e6-bb77-a121aa8abd95

10 Ed Conway: „Politicians are to blame for Brexit and Trump“, in: The Times, 26.8. 2016, www.thetimes.co.uk/past-six-days/2016–08–26/comment/politicians-are-to-blame-for-brexit-and-trump-sx8fmc9pg

11 Cas Mudde: „The Populist Radical Right: A Pathological Normalcy“, in: West European Politics, Vol. 33, Iss. 6, 2010

12 Vgl. Sidney Blumenthal: The Rise of the Counter Establishment: The Conservative Ascent to Political Power, New York: Union Square, 2008

13 https://smithinstitutethinktank.files.wordpress.com/2015/05/whogoverns-britain.pdf

14 Julian Baggini: *A Very British Populism*, Counterpoint, 2013; http://counterpoint.uk.com/publications/a-very-british-populism/

15 „Middle-class university graduates will decide the future of the Labour Party, in: New Statesman, 14.7.2016, http://www.newstatesman.com/politics/staggers/2016/07/middle-class-university-graduates-willdecide-future-labour-party

16 Matt Singh: „The 2.8 Million Non-Voters Who Delivered Brexit“, in: Bloomberg, 4.7.2016, https://www.bloomberg.com/view/articles/2016-07-04/the-2-8-million-non-voters-who-delivered-brexit

17 Christopher H. Achen & Larry M. Bartels: *Democracy for Realists: Why Elections Do Not Produce Responsive Government*. Princeton, NJ: Princeton University Press, 2016

18 Michael Lind: „Insider Nation v. Outsider Nation“, April 2016, http://thesmartset.com/insider-nation-v-outsider-nation/

19 Martin Gilens: „Under the Influence“, in: Boston Review, Juli 2012, http://bostonreview.net/forum/lead-essay-under-influence-martin-gilens

20 Jamie Bartlett: *Radicals*. London, William Heinemann 2017

21 Ivan Krastev: „America Hasn't Gone Crazy. It's Just More Like Europe“, in: New York Times, 14.4.2016, www.nytimes.com/2016/04/15/opinion/america-hasnt-gone-crazy-its-just-more-like-europe.html

22 Die Angaben zum Einkommen in den USA stammen aus zwei verschiedenen Quellen:
a. Vergleich der Daten von 1999 zu denen von 2012: US Bureau of the Census: „Real Median Household Income in the United States', retrieved from FRED, Federal Reserve Bank of St. Louis, https://fred.stlouisfed.org/series/MEHOINUSA672N
b. John Coder & Gordon Green: „Comparing Earnings of White Males by Education for Selected Age Cohorts“, Sentier Research, October 2016, www.sentierresearch.com/StatBriefs/Sentier_Income_Trends_WorkingClassWages_1996to2014_Bricf_10_05_16.pdf

23 Frank Newport: „Fewer Americans Identify as Middle Class in Recent

Years“, Gallup, 28.4.2015,www.gallup.com/poll/182918/fewer-americans-identify-middle-class-recent-years-aspx

24 John Harris: „Donald Trump supporters are not the bigots the left likes to demonise“, in: The Guardian, 13.5.2016, https://www.theguardian.com/commentisfree/2016/may/13/donald-trump-supporters-bigots-left-demonise

25 Fast alle Countys mit einem hohen Anteil an hochgebildeten Bewohnern verzeichneten 2016 einen starken Anstieg der Unterstützung für Hilary Clinton. In den Countys mit den am geringsten gebildeten Bewohnern war es umgekehrt. Vgl. http://fivethirtyeight.com/features/education-not-income-predicted-whowould-vote-for-trump/

26 Vgl. New York Times, 9.11.2016, Bericht über ein County in Ohio, das Obama 2012 mit einem Vorsprung von 22 Prozent gewonnen hatte und das 2016 mit einem Vorsprung von 6 Prozent an Trump ging

27 YouGov/Policy Exchange/Birkbeck survey August 2016

28 Vgl. Jens Hainmueller & Daniel Hopkins: „Public Attitudes Toward Immigration“, in: Annual Review of Political Science, 2014

29 http://blogs.lse.ac.uk/politicsandpolicy/trump-and-brexit-why-its-again-not-the-economy-stupid/

30 Ariel Edwards-Levy: „Nearly half of Trump voters think Whites face a lot of discrimination“, in: Huffington Post, 21.11.2016, http://www.huffingtonpost.com/entry/discrimination-race-religion_us_5833761ee4b099512f845bba

31 Anne Case & Angus Deaton: „Rising morbidity and mortality in midlife among white non-Hispanic Americans in the twenty-first century’, in: Proceedings of the National Academy of Sciences of the United States of America, September 2015, http://www.pnas.org/content/112/49/15078.abstract

32 Die experimentelle Forschung zeigt immer wieder, dass Weiße mit kulturell ähnlichen Einwanderern besser zurechtkommen, in Großbritannien also mit Westeuropäern und Australiern. Vgl. Peter Kellner: „Why we like migrants but not immigration“, in: YouGov, 2.3.2015, https://yougov.co.uk/news/2015/03/02/why-we-like-migrants-not-immigration/

33 Leonid Bershidsky: „Elites must either engage populists or lose to them“, in: Bloomberg View, 6.12.2016, https://www.bloomberg.com/view/articles/2016–12–06/elites-must-either-engage-populists-or-lose-to-them

34 Anne-Sylvaine Chassany: „How France’s National Front is winning working-class voters’, in: Financial Times, 21.10.2016, https://www.ft.com/content/ad9502f4–8099–11e6-bc52–0c7211ef3198

35 Peter Kellner: „Labour is not just the party of the working class“, in: The Guardian, 31.8.2010, https://www.theguardian.com/commentisfree/2010/

aug/31/labour-party-working-class; „How Britain voted in 2015“, Ipsos MORI, 26.8.2015 https://www.ipsos-mori.com/researchpublications/research-archive/ 3575/How-Britain-voted-in-2015.aspx?view=wide

36 Tim Bale & Monica Poletti, ESRC Party Members Project (PMP), Juli 2016, https://esrcpartymembersprojectorg._les.wordpress.com/2016/07/tables-of-labour-selectorate.pdf, zuletzt aufgerufen am 8.12.2016; „Graduates in the UK Labour Market: 2013“, Office for National Statistics, 19.11.2013, https://www.ons.gov.uk/employmentandlabourmarket/peopleinwork/employmentan-demployeetypes/articles/graduatesintheuklabourmarket/2013–11–19; George Arnett: „UK became more middle class than working class in 2000, data shows“, in: The Guardian, 26.2.2016, https://www.theguardian.com/news/datablog/2016/feb/26/uk-more-middle-class-than-workingclass-2000-data

37 Harvey Redgrave, Berater von Ed Miliband zum Thema Migration, schrieb im Jahr 2016: „Miliband war sich durchaus bewusst, dass er eine Position entwickeln musste, die die dringend benötigten eher konservativen Wähler ansprach (die gegen Einwanderung waren), ohne seine liberale Hauptstadtbasis zu vergrätzen (die überwiegend pro Einwanderung war). Alles musste sorgfältig abgewogen werden, was manchmal darauf hinauslief, dass vor lauter Vorbehalten und Nuancen niemand mehr verstand, was er meinte.“ Harvey Redgrave: „Migration: A Social Democratic Response“, in: Fabian Society, 13.4.2016, http://www.fabians.org.uk/wp-content/uploads/2016/04/Redgrave_Future-Left_Migration.pdf

38 Umfrage im Auftrag von David Goodhart, YouGov, Fieldwork 11./12.1.2011. Vgl. Peter Kellner: „Class politics“, in: Progress, 20.4.2011, www.progress-online.org.uk/2011/04/20/class-politics/

39 Patrick Wintour: „Middle-class voters >more leftwing< than the working-class“, in: The Guardian, 26.10.2012, https://www.theguardian.com/politics/2012/oct/26/middle-class-leftwing-working-poll

Kapitel 4

1 Guido Mingels: „Global Migration? Actually, The World is Staying Home“, in: Spiegel Online, 17.5.2016, www.spiegel.de/international/world/why-global-migration-statistics-do-not-add-up-a-1090736.html

2 Ebd.

3 Dani Rodrik: „Who Needs the Nation State?“, Harvard University and Centre for Economics Policy Research discussion paper, http://drodrik.scholar.harvard.edu/_les/dani-rodrik/_les/who-needs-the-nation-state.pdf

4 Ivan Krastev: „Fear and loathing of a world without borders“, in: Financial

Times, 6.4. 2016, https://ft.com/content/328f15da-fa4e-11e5-8f41-df5bda-8beb40

5 Alexander Betts & Paul Collier: Refuge: *Transforming a Broken Refugee System*. London: Penguin

6 Thomas L. Friedman: *The World is Flat: The Globalized World in the Twenty-First Century*, Penguin, 2007

7 Pankaj Ghemawat: „Distance Still Matters", in: Harvard Business Review, September 2001

8 „The World Economy Special Report", in: The Economist, 1.10.2016

9 Etwa 10,7 % lebten 2013 von weniger als $1,90 pro Tag. „Overview", The World Bank, www.worldbank.org/en/topic/poverty/overview

10 Adam Corlett: „Examining an elephant: Globalisation and the lower middle class of the rich world". Resolution Foundation, September 2016, www.resolutionfoundation.org/app/uploads/2016/09/Examininganelephant.pdf

11 Ebd., S. 33

12 Douglas Irwin: Free Trade Under Fire. Princeton University Press, 2009

13 Joao Paulo Pessoa: „International Competition and Labor Market Adjustment", CEP Discusssion Paper No. 1411, March 2016, http://cep.lse.ac.uk/pubs/download/dp1411.pdf

14 Dani Rodrik: „Who Needs the Nation State?" Harvard University and Centre for Economics Policy Research discussion paper, http://drodrik.scholar.harvard.edu/_les/dani-rodrik/_les/who-needs-the-nation-state.pdf

15 Ebd.

16 Barry Eichengreen: „Spinning Beyond Brexit", in: Prospect, November 2016

17 Lawrence Summers: „Voters deserve responsible nationalism not reflex globalism", in: Financial Times, 10.7.2016, https://www.ft.com/content/15598db8–4456–11e6–9b66–0712b3873ae1

18 Hugo Young: This Blessed Plot: Britain and Europe from Churchill to Blair, London: Macmillan,1998

19 Brendan Simms: *Britain's Europe: A Thousand Years of Conflict and Cooperation*. London: Allen Lane, 2016

20 David Owen: Europe Restructured: The Eurozone Crisis and the UK Referendum. London: Methuen, 2012; David Goodhart: „The Path Not Taken", in: Demos Quarterly, Issue Two April 2014 http://quarterly.demos.co.uk/article/issue-2/the-path-not-taken/

21 Mehrere Quellen:
a. [EU-Bevölkerung im arbeitsfähigen Alter]

b. [Britische Bevölkerung mit Herkunft aus der EU im arbeitsfähigen Alter] Table 1.2, 2015 data, „Dataset: Population of the United Kingdom by Country of Birth and Nationality", Office for National Statistics, 25.8.2016, https://www.ons.gov.uk/peoplepopulationandcommunity/populationandmigration/internationalmigration/datasets/populationoftheunitedkingdombycountryofbirthandnationality

c. [EU-Bürger in niedrig qualifizierten Jobs in GB] „Number and proportion of people in employment: by country of birth, nationality, occupation and industry, ages 16 and over, April 2015 to March 2016", Office for National Statistics, 14.7.2016, https://www.ons.gov.uk/employmentandlabourmarket/peopleinwork/employmentandemployeetypes/adhocs/005913numberandproportionofpeopleinemploymentbycountryofbirthnationalityoccupationandindustryages16andoverapril2015tomarch2016, Berechnung gemäß der Angaben des Migration Advisory Committee 2014 über Jobs mit niedriger Qualifikation

d. [Britische Bürger im Ausland] „The British in Europe – and Vice Versa", Migration Watch UK, https://www.migrationwatchuk.org/briefingpaper/354

22 Ruben Atoyan u.a.: „Emigration and Its Economic Impact on Eastern Europe", IMF Staff Discussion Note, July 2016, https://www.imf.org/external/pubs/ft/sdn/2016/sdn1607.pdf

23 James Fontanella-Khan: „Romanians despair that wealthy Britain is taking all their doctors", in: Financial Times, 14.1.2014, https://www.ft.com/content/f4c0b734-7c70–11e3-b514-00144feabdc0

24 United Nations Department of Economic and Social Affairs/Population Division, „World Population Prospects: The 2015 Revision", United Nations, 2015, https://esa.un.org/unpd/wpp/Download/Standard/Population/

25 Justyna Salamonska & Ettore Recchi: „Europe between mobility and sedentarism: Patterns of cross-border practices and their consequences for European identification", European University Institute, Oktober 2016, http://cadmus.eui.eu/bitstream/handle/1814/43545/RSCAS_2016_50.pdf?sequence=1

26 Michael Lind: „The Liberal Roots of Populism", in: Demos Quarterly, Issue 4, Herbst 2014, http://quarterly.demos.co.uk/article/issue-4/liberalroots-of-populism/

27 „National identity: Exploring Britishness", British Social Attitudes 31,2014, http://bsa.natcen.ac.uk/media/38984/bsa31_national_identity.pdf

28 Philip Stephens: „A return to the world of Hobbes", in: Financial Times, 27.10.2011

29 David Miller: *Strangers in Our Midst: The Political Philosophy of Immigration.* London: Harvard University Press, 2016

30 Naoko Shimazu: *Japan, Race and Equality: The Racial Equality Proposal of 1919.* Abingdon: Routledge, 1998

31 Jonathan Franzen: „Liking is for cowards. Go with what hurts", in: New York Times, 28.5.2011, http://www.nytimes.com/2011/05/29/opinion/29franzen.html

32 Richard Webber & Trevor Phillips: „Scotland's many subcultures", in: Demos Quarterly, 18.7.2014, http://quarterly.demos.co.uk/article/issue-3/516/

33 Bonnie Honig: „The Politics of Public Things: Neoliberalism and the Routine of Privatization", University of Helsinki, 2013, www.helsinki.fi/nofo/NoFo10HONIG.pdf

34 „Global Citizenship A Growing Sentiment Among Citizens of Emerging Economies: Global Poll", GlobeScan, 27.4.2016, www.globescan.com/news-and-analysis/press-releases/press-releases-2016/383-globalcitizenship-a-growing-sentiment-among-citizens-of-emerging-economies-global-poll.html

35 Umfrage für David Goodhart durch YouGov, Fieldwork 11./12.1.2011

36 „Nextdoor Launches in Neighbourhoods Across the UK", Nextdoor, 14.9.2016, https://nextdoor.co.uk/press/20160914/

37 Trevor Philips: „Watching the box in our ethnic boxes", http://www.integrationhub.net/watching-the-box-in-our-ethnic-boxes/

38 Janan Ganesh: „Boxing's centre of gravity has shifted east", in: Financial Times, 16.9.2016

Kapitel 5

1 Kwame Anthony Appiah: *The Ethics of Identity.* Princeton, NJ: Princeton, 2005

2 Michael Walzer: *Spheres of Justice: A Defense of Pluralism and Equality.* New York: Basic Books, 1983, Kap. 2

3 Vgl. Ted Cantle & Eric Kaufmann: „Is segregation on the increase in the UK?", www.opendemocracy.net, 2 November 2016

4 Office for National Statistics: „Migration Statistics Quarterly Report: August 2016", 25.8.2016, http://www.ons.gov.uk/peoplepopulationandcommunity/populationandmigration/internationalmigration/bulletins/migrationstatisticsquarterlyreport/august2016

5 Eine Untersuchung der Haltung ethnischer Minderheiten zur Einwanderung findet sich bei Scott Blinder: „UK Public Opinion Toward Migration: Determinants of Attitudes", Migration Observatory, University of Oxford, 27.5.2011.

6 Sunder Katwala, Jill Rutter & Steve Ballinger: „What Next After Brexit?“, British Future, August 2016, http://www.britishfuture.org/wp-content/uploads/2016/09/What-next-after-Brexit.pdf

7 NatCen Social Research: ‘British Social Attitudes Survey, 31st Edition’, 2014

8 Pew Research Center: „World Publics Welcome Global Trade – But Not Immigration’, 4.10.2007, http://www.pewglobal.org/2007/10/04/world-publics-welcome-global-trade-but-not-immigration/

9 NatCen Social Research: „British Social Attitudes Survey, 33rd Edition“, 2016

10 Migration Advisory Committee: „Analysis of the Impacts of Migration“, Januar 2012

11 The British Dream: *Successes and Failures of Post-war Immigration.* London: Atlantic Books, 2013

12 „Britain’s immigration paradox“, in: The Economist, 8.7.2016

13 NatCen Social Research: „British Social Attitudes Survey, 33rd Edition“, 2016

14 „Can We have Trust and Diversity?“, Ipsos MORI, 19.1.2004, https://www.ipsos-mori.com/researchpublications/researcharchive/792/Can-We-Have-Trust-And-Diversity-8212-Topline-Results.aspx

15 ONS dataset: „Population of the United Kingdom by Country of Birth and Nationality“, https://www.ons.gov.uk/peoplepopulationandcommunity/populationandmigration/internationalmigration/datasets/populationoftheunitedkingdombycountryofbirthandnationality

16 Shamit Saggar, Richard Norrie, Michelle Bannister & David Goodhart: *Bittersweet Success? Glass ceilings for Britain's ethinc minorities at the top of business and the professions.* Policy Exchange, November 2016, https://policyexchange.org.uk/wp-content/uploads/2016/11/PEXJ5011_Bittersweet_Success_1116_WEB.pdf

17 ONS: „Migration Statistics Quarterly Report, August 2016“, http://www.ons.gov.uk/peoplepopulationandcommunity/populationandmigration/internationalmigration/bulletins/migrationstatisticsquarterlyreport/august2016

18 ONS dataset: „Population of the United Kingdom by Country of Birth and Nationality“, https://www.ons.gov.uk/peoplepopulationandcommunity/populationandmigration/internationalmigration/datasets/populationoftheunitedkingdombycountryofbirthandnationality

19 Ein Insider hat mir berichtet, führende Labour-Politiker hätten gewusst, dass die Schätzungen zu niedrig angesetzt waren, hätten aber angenommen, es

würde kaum Schwierigkeiten geben, da die Neuankömmlinge weiße Europäer seien.

20 Geoffrey Evans & Yekaterina Chzhen: „Explaining Voters' Defection from Labour over the 2005–10 Electoral Cycle: Leadership, Economics and the Rising Importance of Immigration", https://www.researchgate.net/publication/264638473_Explaining_Voters%27_Defection_from_Labour_over_the_2005-10_Electoral_Cycle_Leadership_Economics_and_the_Rising_Importance_of_Immigration

21 ONS: „Long-Term International Migration", http://webarchive.nationalarchives.gov.uk/20160105160709/http://www.ons.gov.uk/ons/rel/migration1/long-term-international-migration/index.html

22 ONS: 'Migration Statistics Quarterly Report: August 2016", 25.8.2016 (Zahl bezieht sich auf nicht EEA-Bürger)), http://www.ons.gov.uk/peoplepopulationandcommunity/populationandmigration/internationalmigration/bulletins/migrationstatisticsquarterlyreport/august2016

23 Ein Sozialarbeiter aus Leicester hat vor Kurzem zu mir gesagt, seine Stadt sei gut integriert, was man daran sähe, dass es keine größeren Rassenunruhen gegeben habe.

24 Vgl. Geoff Dench: *Minorities in the Open Society*. Transaction Publishers, 1986, ein viel zu wenig bekanntes Buch.

25 Frans Timmermans: „The EU can help Europeans rediscover the ties that bind us", in: New Statesman, 23.5.2016, http://www.newstatesman.com/politics/staggers/2016/05/eu-can-help-europeans-rediscover-ties-bind-us

26 Dame Louise Casey: 'The Casey Review: A Review into Opportunity and Integration", Dezember 2016, https://www.gov.uk/government/uploads/system/uploads/attachment_data/_le/575973/The_Casey_Review_Report.pdf

27 Zahlen von YouGov: „Why we like migrants but not immigration", 2.3.2015, https://yougov.co.uk/news/2015/03/02/why-we-like-migrants-not-immigration/

28 Integration Hub: „Residential Patterns", www.integrationhub.net

29 Census 2011, Table DC6205EW, Wirtschaftliche Aktivitäten nach Religion, Geschlecht und Alter; https://www.ons.gov.uk/census/2011census

30 Untersuchung von ICM Unlimited survey für die Channel-4Sendung „What Muslims really think", 11.4.2016

31 „Unsettled Belonging: A Survey of Britain's Muslim Communities", Policy Exchange, 2.12.2016, https://policyexchange.org.uk/publication/unsettled-belonging-a-survey-of-britains-muslimcommunities/

32 Eric Kaufmann: „Half Full or Half Empty? How Has Ethnic Segregation in

England and Wales Changed Between 2001 and 2011", www.demos.co.uk/files/ethnicdistributione+w.pdf

33 Integration Hub: „Education", www.integrationhub.net

34 Nissa Finney & Ludi Simpson: *Sleepwalking to segregation? Challenging Myths About Race and Migration.* Bristol: Policy Press, 2009

35 2012, Ipsos MORI Umfrage für British Future: „Mapping Integration", David Goodhart (Hg.), 2014

36 Ipsos MORI Generations: „Integration in Schools", www.ipsos-mori-generations.com/integration

37 YouGov: „The Challenge Survey results", Oktober 2016; https://d25d2506sfb94s.cloudfront.net/cumulus_uploads/document/qkp8raq0wu/TheChallenge_Results_161004_Integration_W.pd

38 Trevor Phillips: „Race and Faith: The Deafening Silence", Civitas, Juni 2016

39 Jonathan Haidt: *The Righteous Mind: Why Good People are Divided by Politics and Religion.* London: Penguin, 2012

40 Michael Lind: „The Open-Borders >Liberaltarianism< of the New Urban Elite", in: National Review, 15.9.2016, http://www.nationalreview.com/article/440055/open-borders-ideology-americas-urban-elite-threat-nationalism

41 www.ukpopulation2016.com

42 Peter Mandler: „Britain's EU Problem is a London Problem", Dissent, 24.6.2016

43 Jon Kelly: „London-centric", www.bbc.co.uk/news/resources/idt-248d9ac7–9784–4769–936a-8d3b435857a8

44 Tim Hames: „Britain's capital punishment", in: Progress, 7.11.2013

45 Richard Florida: *The Rise of the Creative Class: And How It's Transforming Work, Life, Community and Everyday Life.* New York: Basic Books, 2002

46 Simon Parker: „Interview: Ken Livingstone", in: Prospect, 29.4.2007

47 Eric Kaufmann & Gareth Harris: „Changing Places: Mapping the white British response to ethnic change …", Demos, 2014

48 Sarah Bell & James Paskins (Hg.): *Imagining the Future City: London 2062.* London: Ubiquity Press, 2013

49 Ian Gordon: „Displacement and Densification: Tracing Spatial Impacts of Migration Inflows to London", LSE London/RUPS MSc seminar series, 17.2.2014

50 Migration Watch UK: „MW286 – Who is getting local authority housing in

London? Are some London councils telling the full story?“, 2.1.2013, https://www.migrationwatchuk.org/briefing-paper/286

51 James Pickford: „First time buyers in London still priced out despite Help to Buy“, in: Financial Times, 11.12.2015, https://www.ft.com/content/09eed7fe-9e92–11e5-b45d-4812f209f861; Peter York: „The fall of the Sloane Rangers“, in: Prospect, 19.2.2015, www.prospectmagazine.co.uk/magazine/the-fall-of-the-sloane-rangers-made-in-chelsea

52 ONS, Statistical bulletin: „Personal well-being in the UK: 2015 to 2016“, 7.7.2016, https://www.ons.gov.uk/peoplepopulationandcommunity/wellbeing/bulletins/measuringnationalwellbeing/2015to2016

53 Yorkshire Building Society: „Yorkshire Building Society Trust Study“, 2013: www.ybs.co.uk/images/media-centre/YorkshireBuildingSocietyTrustStudy.pdf

54 Hannah Aldridge, Theo Barry Born, Adam Tinson & Tom MacInnes: „London’s Poverty Profile 2015“, Trust for London, 2015, S. 23

55 „How the other three-quarters live“, in: The Economist, 17.9.2016

56 Census 2011, DC6213EW – Beschäftigung nach ethnischer Gruppe, Geschlecht, Alter. https://www.ons.gov.uk/census/2011census

57 Ian Richard Gordon & Ioannis Kaplanis: „Accounting for big-city growth in low-paid occupations: immigration and/or service-class consumption“, in: Economic Geography, 90 (1), S. 67–90, 2014

58 Will Dahlgreen: „37 per cent of British workers think their jobs are meaningless“, YouGov, 12.8.2015, https://yougov.co.uk/news/2015/08/12/british-jobs-meaningless/

59 Social Integration Commission: „How integrated is modern Britain?“, 2014, http://socialintegrationcommission.org.uk/SIC_Report_WEB.pdf

60 YouGov: „YouGov/ESRC, Demos and Birkbeck Survey Results“, 2013, d25d2506sfb94s.cloudfront.net/cumulus_uploads/document/kf5d231qce/YG-Archive-ESRC-Demos-Birkbeck-results-300713.pd

61 Zadie Smith: „Fences: A Brexit Diary“, in: New York Review of Books, 18.8.2016

62 Department for Education: „Schools, pupils and their characteristics: January 2016“, 28.6.2016, https://www.gov.uk/government/statistics/schools-pupils-and-their-characteristics-january-2016

63 Trevor Phillips& Richard Webber: „Labour’s New Majority’, in: Demos Quarterly, 18.7.2014, http://quarterly.demos.co.uk/article/issue-3/537/

64 British Election Study 2015, zitiert bei Eric Kaufmann: „The Myth of London Exceptionalism“, in: Demos Quarterly, 5.2.2015, http://quarterly.demos.co.uk/article/issue-5/ukip-in-london/

65 Daniel Harari: „Regional and local economic growth statistics“, House of Commons Library, 30.8.2016

66 Janan Ganesh: „A censorious creed that gnaws away at the Conservative vote“, in: Financial Times, 11.8.2014

67 Ben Judah: *This is London: Life and Death in the World City*. London: Picador, 2016

Kapitel 6

1 Robert Ford & Matthew J. Goodwin: *Revolt on the Right: Explaining Support for the Radical Right in Britain*, Abingdon: Routledge, 2014

2 „UK economy shows shift to low-skilled jobs, research finds“, in: Financial Times, 19.1.2015, http://www.ft.com/cms/s/0/6a8544ae-9d9e-11e4-8ea3-00144feabdc0.html#axzz4JBcFfD2o

3 Das Institute for Fiscal Studies hat auch berechnet, dass in den letzten 20 Jahren der Anteil mittlerer Jobs von 36 auf unter 30 % gesunken ist, während in derselben Zeit (1993 bis 2013) der Anteil der un- und angelernten Jobs von 28 auf 31 % stieg. Vgl. Abb. 1 in Katie Schmuecker: „Future of the UK Labour Market“, Joseph Rowntree Foundation, Februar 2014, https://www.jrf.org.uk/report/future-uk-labour-market

4 http://www.centreforcities.org/press/nearly-a-million-new-jobw-created-in-british-cities-since-2010-but-average-salary-drops-by-1300-per-city-resident/

5 Vgl. Theodore Dalrymples Beobachtungen zum Schwinden der Unterscheidung zwischen Dienst und Dienerschaft: Theodore Dalrymple: „Why Britain (and Europe) depends on migrants“, in: The Spectator, 26.3.2016, http://www.spectator.co.uk/2016/03/why-britain-and-europe-depends-on-migrants/

6 Eine YouGov-Umfrage stellte fest, dass 37 % der Arbeiter, das sind etwa 11,5 Millionen Menschen, das Gefühl hatten, sie leisteten mit ihrer Arbeit keinen bedeutenden Beitrag zur Gesellschaft. Tom W. Smith: „Job satisfaction in the United States“, University of Chicago, 17.4.2007, www-news.uchicago.edu/releases/07/pdf/070417.jobs.pdf. „Work“, British Social Attitudes 33, 2016, http://bsa.natcen.ac.uk/media/39061/bsa33_work.pdf

7 Sammy Rashid & Greg Brooks: „The levels of attainment in literacy and numeracy of 13- to 19-year-olds in England, 1948–2009“, University of Sheffield, 2010

8 Brendan Cole: „Young people in England have >lowest literacy levels< in developed world says OECD“, International Business Times,

http://www.ibtimes.co.uk/young-people-england-have-lowest-literacy-levels-developed-world-says-oecd-1540711

9 Vgl. die Arbeiten von Verhaltensgenetikern wie Robert Plomin und Rosalind Arden

10 „The death of the Saturday job: the decline in earning and learning amongst young people in the UK", UK Commission for Employment and Skills, 16.6.2015, https://gov.uk/government/publications/the-death-of-the-saturday-job-the-decline-in-earning-and-learning-amongst-young-people-in-the-uk

11 http://www.trainingzone.co.uk/deliver/training/a-history-of-apprenticeships-pt2

12 „List of UK universities by date of foundation", Wikipedia, https://en.wikipedia.org/wiki/List_of_UK_universities_by_date_of_foundation; „Higher education providers", Higher Education Statistics Agency, https://www.hesa.ac.uk/support/providers; Haroon Chowdry u.a.: „Widening Participation in Higher Education: Analysis using Linked Administrative Data, IFS Working Paper W10/04, Institute for Fiscal Studies, Mai 2010, https://www.ifs.org.uk/wps/wp1004.pdf; „Students in Higher Education 2014/15", Higher Education Statistics Agency, 11.2.2016, https://www.hesa.ac.uk/data-and-analysis/publications/students-2014–15; „Finances", Higher Education Statistics Agency, https://www.hesa.ac.uk/data-and-analysis/providers/finances

13 Im Gespräch mit dem Autor

14 Andersherum wird ein Schuh draus. Viele ältere Menschen aus der Arbeiterklasse, die zur Universität gingen, erinnern sich lebhaft, dass sie von denen, die den üblichen Weg in lokale Jobs gingen, verachtet und sogar körperlich angegriffen wurden.

15 Eingeschlossen sind hier 4 Milliarden Pfund Forschungsgelder plus etwa 13 Milliarden Pfund Ausgaben für die tertiäre Bildung. „Public Expenditure: Statistical Analyses 2015", HM Treasury, Juli 2015, S. 83, https://www.gov.uk/government/uploads/system/uploads/attachment_data/_le/446716/50600_PESA_2015_PRINT.pdf; Shiv Malik: „Student fees policy likely to cost more than the system it replaced", in: The Guardian, 21.3.2014, https://www.theguardian.com/education/2014/mar/21/student-fees-policy-costing-more

16 Alison Wolf: „Heading for the precipice: Can further and higher education funding policies be sustained?", King's College London, Juni 2015, www.kcl.ac.uk/sspp/policy-institute/publications/issuesandideas-alison-wolf-digital.pdf

17 „Adult skills funding: what happened in the last Parliament?", Full Fact, 22.3.2016, https://fullfact.org/economy/adult-skills-funding-what-happened-last-parliament/

18 Sally Weale: „Colleges face deterioration without urgent funding, warn MPs", in: The Guardian, 16.12.2015, https://www.theguardian.com/education/2015/dec/16/colleges-further-education-funding-government

19 Alison Wolf, Gerard Dominguez-Reig & Peter Sellen: „Remaking Tertiary Education: Can we create a system that is fair and fit for purpose?", Education Policy Institute, King's College London, November 2016, http://epi.org.uk/wp-content/uploads/2016/11/remaking-tertiary-education-web.pdf

20 Das Chartered Institute of Personnel and Development schätzt, dass 35 % aller Bank- und Postangestellten heute einen Hochschulabschluss haben, zehn Mal mehr als 1979. 44 % der Polizisten, die mit dem Dienstrang Sergeant oder niedriger einsteigen, sind Hochschulabsolventen, verglichen mit 2 % 1979. Die Zahl der neu eingestellten Unterrichtsassistenten mit Hochschulabschluss liegt bei 37 Prozent (1979 waren es 6 %). Vgl. „Alternative pathways into the labour market", Chartered Institute of Personnel and Development (CIPD), 11.10.2016, https://www.cipd.co.uk/knowledge/work/trends/alternative-labour-market-pathways

21 House of Commons Science and Technology Committee: „Digital skills crisis", Second Report of Session 2016–17, House of Commons, 7.6.2016, www.publications.parliament.uk/pa/cm201617/cmselect/cmsctech/270/270.pdf

22 Sally Percy: „Vacancies left unfilled as skills shortage bites", in: The Telegraph, 29.1.2016, www.telegraph.co.uk/sponsored/education/uk-productivity/12128866/skills-shortage.html

23 Das liegt zum Teil am unsteten Charakter der Baubranche, vor allem im Zuge der Finanzkrise, der sie weniger attraktiv für langfristige Planungen macht. „How can the Construction Industry react to falling apprenticeship numbers?", UK Construction Online, 16.7.2015, www.ukconstructionmedia.co.uk/features/how-can-the-construction-industry-react-to-falling-apprenticeship-numbers/

24 Priya Khambhaita & Kalwant Bhopal: „Home or away? The significance of ethnicity, class and attainment in the housing choices of female university students", in: Race Ethnicity and Education, 18, 4, (2015), S. 535–566, https://dx.doi.org/10.1080/13613324.2012.759927; Lucy Tobin: „Rise of the stay-at-home students", in: The Guardian, https://www.theguardian.com/money/2011/aug/12/stay-at-homestudents

25 Etwa 38 % der Studierenden an Million+-Universitäten leben weniger als 20 km von ihrer Universität entfernt, verglichen mit nur 14 % an den Universitäten der Russell Group. Nick Hillman: „Why do students study so far from

home?“, in: Times Higher Education, 23.7.2015, https://www.timeshigher-education.com/features/why-do-studentsstudy-so-far-from-home

26 Alison Wolf: „Heading for the Precipice: Can Further and Higher Education Policies be Sustained?“, The Policy Institute at King’s, Juni 2015, http://www.kcl.ac.uk/sspp/policy-institute/publications/Issuesandideas-alison-wolf-digital.pdf

27 Francis Green u.a.: „What has been Happening to the Training of Workers in Britain?“, http://discoversociety.org/wp-content/uploads/2013/09/43.-Green-et-al.pdf

28 „Continuing Vocational Training Survey – CVTS4“, BIS Research Paper Nr. 102, Department for Business, Innovation and Skills, Februar 2013, https://www.gov.uk/government/uploads/system/uploads/attachment_data/_le/81645/bis-13–587-continual-vocational-trainingsurvey-cvts4.pdf

29 Julie Froud u.a.: „Rebalancing the Economy (Or Buyer’s Remorse)“, CRESC Working Paper Series, No. 87, January, 2011, https://www.search-lock.com/search?q=cresc+rebalancing+the+economy

30 Alison Wolf: „Heading for the Precipice: Can Further and Higher Education Policies be Sustained?“, The Policy Institute at King’s, Juni 2015, http://www.kcl.ac.uk/sspp/policy-institute/publications/Issuesandideas-alison-wolf-digital.pdf

31 Ebd.

32 Eine breitere Untersuchung der Education and Employers Taskforce mit 10.000 13- bis 18-Jährigen stellte fest, dass mehr als die Hälfte ihren Ehrgeiz auf gerade einmal drei Bereiche konzentrierte: Kultur/Medien/Sport, Gesundheit, Management im wirtschaftlichen Sektor oder öffentlichen Dienst. Weniger als 1 Prozent der Jugendlichen zeigten Interesse an den sieben Beschäftigungsbereichen, in denen Millionen von Arbeitern tätig sind. Graeme Atherton u.a.: „How Young People Formulate their Views about the Future“, Research Report DCSF-RR152, University of Westminster, Oktober 2009, https:// core.ac.uk/download/pdf/4160330.pdf

33 Anthony Mann u.a.: „Nothing in common: The career aspirations of young Britons mapped against projected labour market demand (2010 – 2020)“, http://www.educationandemployers.org/wp-content/uploads/2014/06/nothing_in_common_final.pdf

34 Philip Inman: „Don’t teach Brexit schoolkids about Tennyson: teach them maths“, in: The Observer, 20.11.2016, https://www.theguardian.com/politics/2016/nov/20/brexit-dont-teach-schoolkids-tennyson-teach-them-maths-gcse

35 David Goodhart: „Exploring the cultural challenges to social democracy“,

Policy Network, 2011, http://www.policy-network.net/publications_download.aspx?ID=7374

36 Die realen Stundenlöhne sind etwa 25 % niedriger als sie wären, wenn sie im gleichen Maß gewachsen wären wie in den Jahren 2000–2007. Stefano Scarpetta: „Editorial: Back in work, but still out of pocket", OECD Employment Outlook 2016, OECD 2016, https://www.oecd.org/els/emp/Employment-Outlook-2016-Editorial.pdf

37 „FTSE chiefs earn 183 times average salary of UK workers", in: Financial Times, 17.8.2015, https://www.ft.com/content/b3d0225e-4416-11e5-af2f-4d6e0e5eda22

38 Shawn Donnan: „Inequality decreased after global financial crisis", in: Financial Times, 2.10.2016, https://www.ft.com/content/5aae6948-88a2-11e6-8cb7-e7ada1d123b1

39 Chris Belfield u.a.: „Living standards, poverty and inequality in the UK: 2016", Institute for Fiscal Studies, 19.7.2016, https://www.ifs.org.uk/publications/8371

40 „Working and workless households: 2015", Office for National Statistics, 6.10.2015, https://www.ons.gov.uk/employmentandlabourmarket/peopleinwork/employmentandemployeetypes/bulletins/workingandworklesshouseholds/2015–10–06/pdf

41 Jonathan Cribb u.a.: „Living Standards, Poverty and Inequality in the UK: 2013", IFS Report R81, Institute for Fiscal Studies, http://www.ifs.org.uk/comms/r81.pdf; 2Households below average income: 1994/95 to 2014/15", Department for Work and Pensions, 28.6.2016, https://www.gov.uk/government/statistics/households-below-average-income-199495-to-201415

42 „National Minimum Wage: Low Pay Commission Report Spring 2016", Gov.uk, März 2016, https://www.gov.uk/government/uploads/system/uploads/attachment_data/_le/571631/LPC_spring_report_2016.pdf

43 Cameron Tait: „March of the Waiters", Fabian Society, 29.10.2016, www.fabians.org.uk/march-of-the-waiters/

44 Adam Corlett & David Finch: „Double take: workers with multiple jobs and reforms to National Insurance", Resolution Foundation, November 2016, www.resolutionfoundation.org/app/uploads/2016/11/Double-take.pdf

45 Jonathan Ashworth u.a.: „The UK's self-employment phenomenon: why the labour market isn't so strong after all", Morgan Stanley Research, 2014

46 „Work", British Social Attitudes 33, 2016, http://bsa.natcen.ac.uk/media/39061/bsa33_work.pdf

47 Jonathan Gardner & Andrew Oswald: „How does education affect mental

well-being and job satisfaction?', Warwick University, Juni 2002, www2.warwick.ac.uk/fac/soc/economics/sta_/ajoswald/reveducationgardneroswaldjune2002.pdf

48 Julie Froud u.a.: „Rebalancing the Economy (Or Buyer's Remorse)“, CRESC Working Paper Series, No. 87, Januar 2011, https://www.searchlock.com/search?q=cresc+rebalancing+the+economy

49 Alex Brummer: *Britain For Sale: British Companies in Foreign Hands*, The Hidden Threat to Our Economy. London: Random House, 2013

49 Julie Froud u.a.: „Rebalancing the Economy (Or Buyer's Remorse)“, CRESC Working Paper Series, No. 87, Januar 2011, https://www.searchlock.com/search?q=cresc+rebalancing+the+economy

50 Theresa May: „The new role for business in a fairer Britain“, in: Financial Times, 21.11.2016, https://www.ft.com/content/12a839d4-af18-11e6-a37c-f4a01f1b0fa1

51 Bob Bischof: „Tackling the UK's export malaise“, Reaction, 20.9.2016, http://reaction.life/tackling-uks-export-malaise/

52 Vgl. Geoff Owen: *From Empire to Europe: The Decline and Revival of British Industry since the Second World War*. London: HarperCollins, 2000

Kapitel 7

1 Michael Young: *The Rise of the Meritocracy,* 1870–2033: An Essay on Education and Equality. London: Penguin, 1961

2 Andrew Marr: „The Queen at 90“, in: The Sunday Times, 17.4.2016, www.thesundaytimes.co.uk/sto/newsreview/article1687659.ece

3 Etwa 22 % aller Angestellten erledigten von Juli bis September 2016 Routinetätigkeiten. „EMP11: Employment by socio-economic classification', Office for National Statistics, 16.11.2016, https://www.ons.gov.uk/employmentandlabourmarket/peopleinwork/employmentandemployeetypes/datasets/employmentbysocioeconomicclassificationemp11. 2015 gaben 23 % der Befragten an, sie gehörten zur Arbeiterklasse. Wenn man sie zwischen Arbeiterklasse und Mittelschicht wählen ließ, waren es sogar 60 %. Das traf auch auf fast die Hälfte derjenigen zu, die eine Managementtätigkeit oder einen akademischen Beruf ausübten. „Social class“, British Social Attitudes 33, 2016, www.bsa.natcen.ac.uk/media/39094/bsa33_social-class_v5.pdf

4 Eine YouGov-Umfrage im Jahr 2015 stellte fest, dass 29 % aller Befragten sich immer oder oft gestresst fühlen. 24 % gaben an, immer oder häufig unter Ängsten zu leiden, und 17 % fühlten sich immer oder oft deprimiert. Die meisten Männer unter 45 Jahren sterben durch Selbstmord. Im Jahr 2014 gab

es in Großbritannien 4623 Selbstmorde von Männern. „Nearly one in three people are regularly stressed, survey for Mental Health Awareness Week reveals". Mental Health Foundation, 10.5.2015, https://www.mentalhealth.org.uk/news/nearly-one-three-people-are-regularly-stressed-survey-mental-health-awareness-week-reveals; Jamie Doward: „Let's reach out to men to halt shocking suicide rate", in: The Observer, 31.10.2015, https://www.theguardian.com/society/2015/oct/31/social-media-campaign-male-suicide

5 Clare Foges: „How to create a level playing field for young people to be inspired",in: Evening Standard, 11.8.2016, http://www.standard.co.uk/comment/comment/clare-foges-how-to-create-a-level-playing-field-for-young-people-to-be-inspired-a3317626.html

6 Jo Blanden, Paul Gregg & Stephen Machin: „Intergenerational Mobility in Europe and North America", Centre for Economic Performance, http://cep.lse.ac.uk/about/news/IntergenerationalMobility.pdf

7 John H. Goldthorpe: „Understanding – and Misunderstanding – Social Mobility in Britain: The Entry of the Economists, the Confusion of Politicians and the Limits of Educational Policy", University of Oxford, 2012, https://www.spi.ox.ac.uk/_leadmin/documents/PDF/Goldthorpe_Social_Mob_paper_01.pdf

8 Im Zeitraum Juli bis September 2016 waren 42,5 % der Angestellten im Management oder in akademischen Berufen tätig. „EMP11: Employment by socio-economic classification", Office for National Statistics, 16.11.2016, https://www.ons.gov.uk/employmentandlabourmarket/peopleinwork/employmentandemployeetypes/datasets/employmentbysocioeconomicclassificationemp11

9 Rosa Prince: „David Willets: feminism has held back working men", in: The Telegraph, 1.4.2011, www.telegraph.co.uk/education/education-news/8420098/David-Willets-feminism-has-held-back-workingmen.html

10 Daniel Laurison & Sam Friedman: „Introducing the Class Ceiling: Social Mobility and Britain's Elite Occupations', http://www.lse.ac.uk/sociology/pdf/Working-Paper_Introducing-the-Class-Ceiling.pdf

11 Shamit Saggar, Richard Norrie, Michelle Bannister & David Goodhart: „Bittersweet Success? Glass Ceilings for Britain's Ethnic Minorities at the Top of Business and the Professions", Policy Exchange, November 2016, https://policyexchange.org.uk/wp-content/uploads/2016/11/PEXJ5011_Bittersweet_Success_1116_WEB.pdf

12 Alison Wolf: *The XX Factor: How Working Women are Creating a New Society*, New York: Crown Publishing, 2013

13 David Goodhart: „They're wrong – social mobility is not going downhill", in: The Sunday Times, 26.7.2009, http://www.timesonline.co.uk/tol/news/politics/article6727099.ece

Kapitel 8

1 Shirley Burggraf: The Feminine Economy and Economic Man: Reviving The Role Of Family In The Postindustrial Age. New York: Basic Books, 1998

2 Institute for Employment Studies: „Report Summary: Women in the Labour Market, Two Decades of Change and Continuity", http://www.employment-studies.co.uk/report-summaries/report-summary-women-labour-market-two-decades-change-and-continuity

3 „Women and Work: The Facts", in: Business in the Community, http://gender.bitc.org.uk/all-resources/factsheets/women-and-work-facts

4 Jemima Olchawski: „Sex Equality: State of the Nation", http://www.fawcettsociety.org.uk/wp-content/uploads/2016/01/Sex-equality-state-of-the-nation-230116.pdf

5 Centre for Population Change: „The Changing Demography of Lone Parenthood in the UK", S.4, http://www.cpc.ac.uk/publications/cpc_working_papers/pdf/2014_WP48_The_changing_demography_of_lone_parenthood_Berrington.pdf

6 Ann Berrington & Juliet Stone: „Cohabitation trends and patterns in the UK", http://www.cpc.ac.uk/publications/Cohabitation%20trends%20and%20pat-terns%20in%20the%20UK.pdf

7 American College of Pediatricians: „The Impact of Family Structure on the Health of Children – Effects of Divorce", November 2014, www.acpeds.org/wordpress/wp-content/uploads/11.26.14_Impact-of-Family-Structure.pdf

8 Etwa 63 % der abhängigen Kinder lebten 2016 in einer Familie, in der die Eltern verheiratet waren. „Families and households in the UK: 2016", Office for National Statistics, 4 November 2016, https://www.ons.gov.uk/people populationandcommunity/birthsdeathsandmarriages/families/bulletins/familiesandhouseholds/2016

9 One Plus One: „Children Affected by Separation", http://www.oneplusone.org.uk/content_topic/breaking-up/limiting-the-effects-of-separation-on-children/

10 John Bingham & Ashley Kirk: „Divorce rate at lowest level in 40 years after cohabitation revolution", in: The Telegraph, 23.11.2015, www.telegraph.co.uk/news/uknews/12011714/Divorce-rate-at-lowest-level-in-40-years-after-cohabitation-revolution.html

11 Ann Berrington & Juliet Stone: „Cohabitation trends and patterns in the UK“, ESRC Centre for Population Change, Februar 2015, www.cpc.ac.uk/publications/Cohabitation%20trends%20and%20patterns%20in%20the%20UK.pdf

12 Darauf weist Charles Murray in seinem Buch *Coming Apart* hin, das sich mit Weißen in Amerika und Verhaltensmustern in zwei imaginären Städten namens Belmont und Fishtown beschäftigt. Charles Murray: *Coming Apart. The State of White America*, 1960–2010, Crown, 2013

13 Equal Pay Portal: „United Kingdom Data on the Gender Pay Gap“, http://www.equalpayportal.co.uk/statistics/

14 Office for National Statistics: „How is the Welfare budget spent?“, http://visual.ons.gov.uk/welfare-spending/

15 Relationships Foundation: „Counting the Cost of Family Failure“, http://knowledgebank.oneplusone.org.uk/wp-content/uploads/2016/03/Counting-the-Cost-of-Family-Failure-2016-Update.pdf

16 Office for National Statistics: „Working and Workless Households: 2015“, http://www.ons.gov.uk/employmentandlabourmarket/peopleinwork/employmentandemployeetypes/bulletins/workingandworklesshouseholds/2015–10–06#households

17 Paul Johnson: „IFS Budget Analysis 2014: Introductory Remarks“, https://www.ifs.org.uk/budgets/budget2014/opening_remarks.pdf

18 British Social Attitudes 30: „Gender Roles, An incomplete revolution?“, http://www.bsa.natcen.ac.uk/media/38457/bsa30_gender_roles_final.pdf

19 Samantha Callan: „The state of the nation report: Fractured families“, http://www.centreforsocialjustice.org.uk/core/wp-content/uploads/2016/08/BreakdownB_family_breakdown.pdf

20 Focus on the Family: „Marriage: Talking Points“, http://www.focusonthefamily.com/social-issues/marriage/marriage/marriage-talking-points. Vgl. auch die Reports von Norman Denis und George Erdos auf der Basis der nationalen Kohortenstudie von 1958; John Ermisch u.a. in Journal of the Royal Statistical Society 2004; die Studie 2009 von Ann Mooney u.a. im Institute of Education; sowie jede Menge Datenmaterial aus den USA.

21 Marco Francesconi & James J. Heckman: „Child Development and Parental Investment“, in: Economic Journal, 126, Oktober 2016, http://onlinelibrary.wiley.com/doi/10.1111/ecoj.12388/abstract

22 Alistair Pearson & David Binder: „The Taxation of Families“, https://www.care.org.uk/sites/default/files/Care_The-Taxation-of-Families-International-Comparisons-2012.pdf

23 Don Draper & Leonard Beighton: „Independent taxation: 25 years on“, Care Research paper, Christian Action Research and Education (Care), September 2013
24 Catharine Hakim: „Competing family models, competing social policies“, http://www.catherinehakim.org/wp-content/uploads/2011/07/AIFSarticle.pdf
25 Belinda Brown: „Family-friendly feminism“, http://quarterly.demos.co.uk/article/issue-4/family-friendly-feminism/
26 Ann Fennell: „Who cares about the family?“, http://www.landisfree.co.uk/who-cares-about-the-family-by-ann-fennell/
27 Tom Huskinson u.a.: „Childcare and early years survey of parents 2014–2015“, https://www.gov.uk/government/uploads/system/uploads/attachment_data/_le/516924/SFR09–2016_Childcare_and_Early_Years_Parents_Survey_2014–15_report.pdf.pdf
28 „Rise of the modern FeMEnist—Latest Netmums Survey Results“, Netmums, Oktober 2012, www.netmums.com/coffeehouse/general-coffeehouse-chat-514/news-current-a_airs-12/836486-rise-modern-femenist-latest-netmums-survey-results-all.html
29 Geoff Dench: *What Women Want: Evidence from British Social Attitudes*, England: Hera Trust, 2010
30 Belinda Brown: „Family-friendly feminism“, http://quarterly.demos.co.uk/article/issue-4/family-friendly-feminism/
31 British Social Attitudes 30: „Gender Roles, An incomplete revolution?“, http://www.bsa.natcen.ac.uk/media/38457/bsa30_gender_roles__nal.pdf
32 Ebd.
33 British Social Attitudes Information System, http://www.britsocat.com/
34 Dies gilt vor allem für jüngere Frauen. Fast ein Drittel der 18- bis 39-Jährigen stimmte den Aussagen zu: „Ein Vorschulkind leidet wahrscheinlich darunter, wenn die Mutter berufstätig ist“ und „Ein Job ist in Ordnung, aber die meisten Frauen wünschen sich ein Heim und Kinder“. Die Prozentsätze lagen 2002 bei 22 und 15 Prozent. Eine Untersuchung des Young Woman's Trust ergab bei 37 Prozent der jungen Frauen die Ansicht, Frauen seien besser geeignet, sich um ihre Kinder zu kümmern, als um einen bezahlten Job. Vgl. Geoff Dench: What Women Want: Evidence from British Social Attitudes. England: Hera Trust, 2010
35 Belinda Brown: „Family-friendly feminism“, http://quarterly.demos.co.uk/article/issue-4/family-friendly-feminism/
36 Business in the Community: „Women and Work: The Facts“, http://gender.bitc.org.uk/all-resources/factsheets/women-and-work-facts
37 Office for National Statistics: „Women in the labour market 2013“,

http://www.ons.gov.uk/employmentandlabourmarket/peopleinwork/employmentandemployeetypes/articles/womeninthelabourmarket/2013–09–25

38 Geoff Dench: *Transforming Men: Changing Patterns of Dependency and Dominance in Gender Relations*. Transaction Publishers, 1998

39 Amelia Hill: „Cash-strapped parents choosing to have only one baby", in: The Guardian, Oktober 2014, https://www.theguardian.com/lifeandstyle/2014/oct/31/one-child-families-costs-expensive-survey

40 David Binder: „David Binder: Why we need a fully transferable tax allowance in the budget", in: Conservative Home, 11.3.2014, www.conservativehome.com/platform/2014/03/david-binder-the-ever-increasing-tax-burdens-on-one-earner-couples-with-children.html

41 Belinda Brown: „Family-friendly feminism", http://quarterly.demos.co.uk/article/issue-4/family-friendly-feminism/

Kapitel 9

1 Jeremy Cliffe: „Britain's Cosmopolitan Future", in: Policy Network, May 2015; http://www.policy-network.net/publications/4905/Britains-Cosmopolitan-Future

2 Will Jennings u.a: „Thatcher's Children, Blair's Babies", in: British Journal of Political Science

3 Die Daten finden sich unter http://www.britsocat.com/; www.britsocat.com/BodyTwoCol_rpt.aspx?control=CCESDMarginals&MapID=HOMOSEX&SeriesID=12

4 „Immigration Policy and Black and Minority Ethnic Voters", in: Migration Watch UK, 25.3. 2015, https://www.migrationwatch.org/briefing-paper/357

5 Die britischen Juden sind vielleicht ein Sonderfall, weil sie, wie die meisten Minderheiten, eine Mischung aus Anywhere- und Somewhere-Prioritäten zeigen. Stalin hat sie als „entwurzelte Kosmopoliten" abgetan, aber die meisten Juden, die heute in Israel oder in westlichen Ländern leben, sind ganz froh darüber, Wurzeln zu haben. Die britischen Juden sind im Schnitt besser ausgebildet und vielleicht auch stärker international vernetzt als der Durchschnittsbrite, und insofern sind sie Anywheres. Aber sie sind auch stark an bestimmte Regionen gebunden, und ihre Geschichte, die von Verfolgung geprägt war, verleiht ihnen ein besonderes Interesse an sozialer Stabilität. Hier sehen wir also starke Somewhere-Empfindungen. Im Übrigen ist die am schnellsten wachsende Gruppe innerhalb dieser Gemeinschaft die der ultra-Somewhere eingestellten Haredim.

6 In *Kapitel 1* habe ich dargelegt, wie Meinungsforscher Veränderungen von Grundhaltungen betrachten. Sie fragen nach Kohorteneffekten, die hauptsächlich eine Gruppe betreffen (z.B. junge Leute), nach Lebenszeiteffekten, die mit steigendem Alter ausgeglichen werden, und nach Ära-Effekten, die fast die gesamte Gesellschaft betreffen.

7 Francis Fukuyama: „US against the world?“, in: Financial Times, 12.11.2016

8 Eric Kaufmann „Trump and Brexit: why it's again not the economy, stupid“, in: LSE British Politics and Policy, 9.11.2016, http://blogs.lse.ac.uk/politicsandpolicy/trump-and-brexit-why-its-again-not-the-economy-stupid/

9 „Brexit Voters: NOT the Left Behind“, in: Fabian Society, 24.6.2016, http://www.fabians.org.uk/brexit-voters-not-the-left-behind/

10 Matthew Holehouse: „More than half of homes take more than they contribute“, in: The Telegraph, 26.6. 2014, www.telegraph.co.uk/finance/personalfinance/tax/10929370/More-than-half-of-homes-take-more-than-they-contribute.html

11 Vgl. Duncan O'Leary: „Making Welfare Popular“, in: Demos Quarterly, 31.7.2015, http://quarterly.demos.co.uk/article/issue-6/making-welfare-more-like-pensions/

12 Ein Wahlplakat der UKIP aus dem Jahr 2015, das in Teilen von Kent und Essex aufgehängt wurde, zeigte nur ein Foto von David Cameron und ein Zitat, in dem er die Anhebung des Entwicklungshilfebudgets auf 0,7 Prozent als größte Leistung seiner Amtszeit feierte.

13 Will Jennings & Gerry Stoker: „The Bifurcation of Politics: Two Englands“, Vol. 86, Issue 3, Juli–September, 2016, Political Quarterly, http://onlinelibrary.wiley.com/doi/10.1111/1467–923X.12228/abstract

14 „Transport Secretary urged to close £1,600 per person London-North spending gap“, in: IPPR North, 8.8.2016, http://www.ippr.org/news-and-media/press-releases/transport-secretary-urged-to-close-1-600-per-person-london-north-spending-gap

15 Duncan O'Leary: „Making Welfare Popular“, in: Demos Quarterly, 31.7.2015, http://quarterly.demos.co.uk/article/issue-6/making-welfare-more-like-pensions/

16 Yuval Levin: *The Fractured Republic: Renewing America's Social Contract in the Age of Individualism.* New York: Basic Books, 2016

Literatur

Baggini, Julian, *A Very British Populism*, London: Counterpoint, 2013.

Bowen, Innes, *Medina in Birmingham, Najaf in Brent: Inside British Islam*, London: Hurst, 2014.

Brown, Belinda, 'Family-friendly Feminism', *Demos Quarterly*, Issue 4, Autumn 2014.

Brummer, Alex, *Britain for Sale: British Companies in Foreign Hands, The Hidden Threat to our Economy*, London: Random House, 2013.

Cliffe, Jeremy, *Britain's Cosmopolitan Future: How the Country is Changing and Why its Politicians Must Respond*, London: Policy Network, 2015.

Dench, Geoff, *Transforming Men: Changing Patterns of Dependency and Dominance in Gender Relations*, New Brunswick and London: Transaction Publishers, 1998.

(ed.), *The Rise and Rise of Meritocracy*, Oxford and London: Blackwell Publishing and Political Quarterly, 2006.

Minorities in the Open Society, New Brunswick and London: Transaction Publishers, 2003.

What Women Want: Evidence from British Social Attitudes, London: Hera Trust, 2010.

Fawcett, Edmund, *Liberalism: The Life of an Idea*, Princeton and Oxford: Princeton University Press, 2014.

Ford, Robert and Matthew Goodwin, *Revolt on the Right: Explaining Support for the Radical Right in Britain*, London: Routledge, 2014.

Gilens, Martin, 'Under the Influence', Boston Review, July 2012.

Goodhart, David, 'Too Diverse?', Prospect, February 2004.

The British Dream: Successes and Failures of Post-War Immigration, London: Atlantic Books, 2013.

'A Postliberal Future?', *Demos Quarterly*, Issue 1, Winter 2013/2014.

'The Path not Taken', *Demos Quarterly,* Issue 2, Spring 2014.

'London: all that glistens...', *Demos Quarterly*, Issue 4, Autumn 2014.

'Racism: Less is More', *Political Quarterly*, July—September 2014.

Haidt, Jonathan, *The Righteous Mind: Why Good People are Divided by Politics and Religion*, London: Allen Lane, 2012.

'When and Why Nationalism Beats Globalism', *The American Interest*, July 2016.

Hansen, Randall, *Citizenship and Immigration in Post-War Britain*, Oxford: Oxford University Press, 2000.

Judah, Ben, *This is London: Life and Death in the World City*, London: Picador, 2016.

Katwala, Sunder, Jill Rutter and Steve Ballinger, 'What Next After Brexit: Immigration and Integration in Post-Referendum Britain', London: British Future, 2016.

Kaufmann, Eric and Gareth Harris, 'Changing Places: Mapping the white British response to ethnic change...', London: Demos, 2014.

Krastev, Ivan, *Populism Today*, Aspen Institute, 2007.

Lasch, Christopher, *The Revolt of the Elites and the Betrayal of Democracy*, New York: WW Norton & Company, 1995.

Lind, Michael, 'The Rubes and the Elites', *Salon*, 2008.

'The Coming Realignment', *The Breakthrough*, April 2014.

'The Liberal Roots of Populism', *Demos Quarterly*, Issue 4, Autumn 2014.

'Why Both Sides Are Wrong About Trade', *Politico*, April 2015.

Miller, David, *Strangers in our Midst: The Political Philosophy of Immigration*, Cambridge, MA and London: Harvard University Press, 2016.

Mudde, Cas, *The Populist Radical Right: A Pathological Normalcy*, Malmo University, 2008.

Murray, Charles, *Coming Apart: The State of White America* 1960—2010, New York: Crown Forum, 2012.

O'Leary, Duncan, 'Making Welfare Popular', *Demos Quarterly*, Issue 6, Summer 2015.

Orgad, Liav, *The Cultural Defense of Nations: A Liberal Theory of Majority Rights*, Oxford: Oxford University Press, 2015.

Owen, David, *Europe Restructured: The Eurozone Crisis and its Aftermath*, York: Methuen, 2012.

Owen, Geoff, *From Empire to Europe: The Decline and Revival of British Industry Since the Second World War*, London: Harper Collins, 1999.

Peal, Robert, *Progressively Worse: The Burden of Bad Ideas in British Schools*, London: Civitas, 2014.

Phillips, Trevor, *Race and Faith: The Deafening Silence*, London: Civitas, 2016.

Putnam, Robert, 'E Pluribus Unum: Diversity and Community in the Twenty-first Century, The 2006 Johan Skytte Prize Lecture', *Scandinavian Political Studies*, Volume 30, Issue 2, 15 June 2007, http://onlinelibrary.wiley.com/doi/10.1111/j.1467-9477.2007.00176.x/abstract

Rodrik, Dani, 'Who Needs the Nation State?', Harvard University and Centre for Economics Policy Research discussion paper.

Rowthorn, Robert, 'The Costs and Benefits of Large-Scale Immigration', London: Civitas, 2015.

Scheffer, Paul, *Immigrant Nations*, Cambridge: Polity Press, 2011.

Scruton, Roger, *News from Somewhere: On Settling*, London: Bloomsbury, 2004.

Siedentop, Larry, *Democracy in Europe*, London: Penguin, 2011.

Simms, Brendan, *Britain's Europe: A Thousand Years of Conflict and Cooperation*, London: Allen Lane, 2016.

Sowell,Thomas, *A Conflict of Visions*, NewYork: William Morrow & Co, 1987.

Stenner, Karen, *The Authoritarian Dynamic*, Cambridge: Cambridge University Press, 2005.

Williams, Joan, *White Working Class: Overcoming Class Cluelessness in America*, Boston: Harvard Business Review Press, 2017.

Williams, Karel et al., 'Rebalancing the Economy (or Buyer's Remorse)', Centre for Research on Socio-Cultural Change, 2011.

Wolf, Alison, *The XX Factor: How Working Women are Creating a New Society*, London: Profile Books, 2013.

Young, Michael, *The Rise of the Meritocracy*, London: Thames & Hudson, 1958.

Index

C

H

I

J

K

L

M

R

S

T

U

V

W

X

Y

Z

Impressum

The Road to Somewhere

Osterseenstraße 10 B, 82393 Iffeldorf.

Autor: David Goodhart
Übersetzung: Ulrike Strerath-Bolz, Thomas Käsbohrer, Susanne Guidera
Lektorat: Susanne Guidera
Layout: Wolfgang Appun – bora-dtp, Susanne Guidera
Coverdesign: Josef Schaaf

ISBN 978-3-96706-018-8 Paperback
ISBN 978-3-96706-019-5 gebunden mit Schutzumschlag
ISBN 978-3-96706-020-1 eBook

www.millemari.de